［第5版］

民法の基礎

1 総則

佐久間 毅——著

有斐閣

第5版　はしがき

　債権関係の規定を大幅に見直す「民法の一部を改正する法律」（平成29年法律第44号）の成立および公布を受けて，2年前に，第4版を刊行した。第4版では，改正前の規定をもとにした解説を維持したうえで，改正法に関する解説をそれに付け加える形をとり，その際，改正法の施行にあわせて，もっぱら改正法の規定に基づく内容に大きく改めることを予告していた。そして，このたび，改正法が本年4月1日から施行されることになったことから，予告どおりもっぱら改正法の規定に基づく内容とすることを主な目的として，ここに第5版を刊行することにした。

　また，第4版の刊行後に，本書に関連するものとして，たとえば，成年年齢を20歳から18歳に引き下げる民法の改正，消費者契約の取消原因および不当条項を追加する消費者契約法の改正，法人のとくにガバナンスの充実を図るための医療法・社会福祉法・私立学校法等の改正がされた。なかには未施行のものもあるが，この際，それらの改正も折り込んで改訂することにした。

　さらに，大幅に書き改めることになるのを機に，法改正によって規定が新設され，または規定の内容が変更された事項（たとえば，錯誤による意思表示，無効な法律行為に基づく利得の返還，時効障害）に限らず，内容を全体的に見直した。

　今回の改訂にあたっても，有斐閣書籍編集部（京都支店）の一村大輔さんに大変お世話になった。心よりお礼を申し上げる。

　2020年3月18日

佐久間　毅

第 4 版　はしがき

　債権関係の規定を大幅に見直した「民法の一部を改正する法律」（以下，「改正法」という）が，昨年 5 月 26 日に成立し，6 月 2 日に公布された。民法総則中の規定にも変更されたものが数多くあるため，これを機に，本書を改訂することにした。

　今回の改訂では，現行法に関する本書旧版の解説を，変更，削除，追加をしつつ残し，改正法に関する解説をこれに付け加える形をとった。もっぱら改正法を前提とするものに書き改めることも考えたが，それは改正法の施行にあわせてすることにし，次の 2 つの理由から上記のようにすることにした。

　第 1 に，改正法は，2020 年 4 月 1 日から施行される。それまでは，現行法の規定が適用される。また，改正法の施行後も，改正法附則第 2 条以下の経過措置に関する規定からわかるとおり，施行日より前に締結された契約，生じた事実等に，現行法の規定が適用されることも少なくない。本書の前回改訂は 10 年前のことであるので，現行法に関する解説を現時点で見直すことにも一定の意味があると考えた。

　第 2 に，法律の改正は，改正前の法状況を踏まえてされる。そのため，改正法の規定を理解するためには，改正前の判例または学説と比較する必要がある。これは，今回の民法改正についても，また，民法をこれから学ぶ者にとっても同じである。その比較は，改正法の解説を読み，必要に応じて改正前の文献を参照することで，問題なくすることができる。しかしながら，その比較を一度に可能にするものが 1 冊あってもよいのではないかと考えた。

　このような次第で，本書では，現行法の解説と改正法の解説が混在することになる。そのため，両者を容易に区別することができるよう，次の工夫を施した。まず，基本的に現行法の解説をし，改正法による変更がある部分についてはその後に，現行法との関連がわかるような形で解説をしている。つぎに，改正法の解説部分は，現行法に関する部分と字体を変え，一見してそれとわかるようにした。さらに，新旧の規定を区別する必要がある場合には，現行法の規定を現○条，改正法の規定を改○条と表記し，その区別をすることができるようにした。

　今回の改訂にあたっても，有斐閣書籍編集部（京都支店）の一村大輔さんに大変お世話になった。心よりお礼を申し上げる。

　　　2018 年 3 月 18 日

　　　　　　　　　　　　　　　　　　　　　　　　　　　佐久間　　毅

　公益法人制度を根本的に見直し，新しい非営利法人制度を設ける三つの法律（いわゆる公益法人制度改革三法）が，2006年5月26日に成立し，同年6月2日に公布された。これに伴って，民法について，第1編「総則」の第3章「法人」から50か条近い規定を削除する改正がおこなわれた。上記三法と改正民法は，本年12月1日に施行される。そこで，この機会に本書の内容を見直し，第3版とすることとにした。

　今回の改訂では，主として，次のことをおこなった。

　第1に，非営利法人制度の抜本的変更に対応して，第4章を大幅に書き改めた。

　第2に，消費者団体訴権制度の創設を受けて，その内容を 発展学習 として紹介することにした。

　第3に，民法94条2項類推適用法理に関する新たな最高裁判決を受けて，同法理に関する記述を構成し直した。

　第4に，読者からの指摘を受けて，時効中断事由に関する記述を少し充実させた。

　第5に，発展学習 と 補論 に見出しをつけた。

　第6に，表現や説明の仕方を再検討し，必要と考える変更を加えた。

　以上の結果として，第2版と比べて頁数が約1割増えた。それと同程度以上に内容が改善されたことを願っている。

　なお，債権法の抜本的改正に向けた議論が本格化し始めており，その議論の対象は民法総則中の諸制度にも広範に及んでいる（とくに，意思表示・法律行為と消滅時効）。しかしながら，今回の改訂では，この議論を意識した記述の変更はしていない。

　今回の改訂にあたっても，有斐閣書籍編集第一部の一村大輔さんに大変お世話になった。心よりお礼を申し上げる。

　　2008年3月18日

　　　　　　　　　　　　　　　　　　　　佐久間　毅

第 2 版　はしがき

　2004年に，民法典が改正された。文体が現代語に改められたほか，いくつかの規定の新設，削除，文言の変更などがおこなわれた。本書が対象としている民法総則についても，その影響は小さくない。そこで，これを機に本書を改訂し，第2版とすることにした。

　今回の改訂では，主として，次のことをおこなった。

　第1に，民法典の改正に伴って，条数，表現などを変更した。

　第2に，初版刊行後の新たな最高裁判決や，民法典改正以外の立法動向を受けて，本書の記述内容を全体的に見直した。その結果，既存の記述に必要な修正，変更を施し，また，新たな記述をいくつか加えた。

　第3に，初版の読者からの声を受けて，*Case* 番号を通し番号に変更した。

　第4に，これも読者からの声を受けて，*Case* における記号について，主体は A，B，C……などに，客体は甲，乙，丙……などに統一することにした。また，*Case* の事例の把握が容易になるよう，図をいくつか増やした。

　本書が，今回の改訂によって，初版よりも理解しやすいものになっていれば幸いである。

　今回の改訂にあたっても，有斐閣書籍編集第一部の一村大輔さんに大変お世話になった。心より感謝を申し上げる。

　　　2005年 3 月18日

　　　　　　　　　　　　　　　　　　　　　　　　　　　　佐久間　毅

　ちょうど20年前の4月，大学2年生になった私は，講義ではじめて民法の世界に触れた。非常に著名な教授が，これまた極めて高名な著者の手になる定評ある体系書を注釈に注釈をつけながら読み上げる，という具合におこなわれる講義だった。格調高いと思った。が，とにかく参った。文字は読めたし，話される言葉も聞き取れた。しかし，意味がわからない。意味はとれたと思ったときも，何のためにそれを論じるのかがわからない。「抽象的な命題も具体例に関連づければ理解が容易になるよ」，と助言を受けた。しかし，それは無理な話だ。行為能力の制限（当時の呼称は無能力！）からようやく解放されるかどうかという年齢の，普通の人間が，たとえば取引にかかわる具体的な問題事例を自分で思いつけるわけがない。「民法は範囲が広いからね。今はわからなくても，全体を勉強してからもう一度勉強しなおすと，随分わかりやすくなるよ」，とも言われた。その通りかもしれないと思った（し，今もそう思う）。しかし，じっと辛抱していつまでも勉強し続けるほどの忍耐力を，持ち合わせてはいなかった。民法を知らなくても生きていけるさ，と思うようになった。

　幸運に恵まれて，数年後，大学で教える立場になった。それだけでも驚きだが，民法が専門とは絶句するしかない。実は別の分野を専門的に勉強しようと考えていたのだが，なぜか，こうなった。民法を知らなくても生きていけるとは，さすがに言えなくなった。と同時に，初学者にも理解でき，それでいて本格的な法的議論をするための知見を得られるような講義をしようと，生意気にも心に誓った。その後も幸運は続き，講義ノートをもとにした単著の教科書をシリーズで出版していただけることになった。その第1巻が本書である。

　本書の執筆に際しては，民法の勉強を総則から始める人に基礎的な事柄を伝えることを主たる目的としつつ，読者が少し高度な問題についても自ら論じられるようになることを目指した。初学者にも理解しやすいようにと，本書では次のような工夫を施した。第1に，記述は基本的に次のような構成で進めた。すなわち，はじめに，具体例をもとに問題の所在を明確にする。次に，その問題に関して一般的な説明をする。そしてそれを受けて，その説明が具体例においてどのように展開されるのかについて一例を示す，という構成である。第2に，専門用語や民法の他の領域で学ぶ制度については，できる限り，初出時に平易な言葉で説明し

たり，本書で後に詳しく扱う箇所を指し示したりすることにした。第3に，説明に際しては，なぜそのようになるのかという理由をなるべく付した。第4に，基本的な問題とやや高度な問題（あるいは細かな問題）を明確に分けて説明することにした。

　時代は変わり，具体例に基づいて平易に書かれている良質の教科書が，すでに多数存在している。それでも，上に述べた工夫が成功しているならば，そのような状況においてもなお，本書にも存在価値があるのではないかと思っている。

　もっとも，理想と現実，目標と結果はなかなか一致しないのが世の常である。初学者にわかりやすくと言っても，幸か不幸か，私はもはや初学者ではない。いろいろ説明できるようにはなったが，民法をはじめて学ぶ人が突き当たる困難がどのようなものであるかを，教師としての若干の経験をもってしても，完全には理解できないようになってしまっている。そこで，現役学生に助けを求めることにした。この求めに応じて，私の民法総則の講義を聴かれ，2002年度の私のゼミに参加されていた赤木真也さん，品田智史さん，竹内彰さん，野々上敬介さん，山田祥也さん，和島亜寿沙さんが草稿に丹念に目を通し，ほとんど無数と言ってもよいくらいの貴重な指摘をしてくださった。また，藤井徳展さん（京都大学大学院法学研究科博士後期課程2年）も，草稿段階から最終校に至るまで本書を何度も通読し，的確な助言を数多くくださった。熱心に勉強してこられたので，諸氏にとっても初学者であったのは遠い昔という状況ではあるが，私には思いもよらない数々の指摘のお陰で，本書の内容は草稿段階に比べて飛躍的に改善されたと思う。諸氏に，心よりお礼を申し上げる。

　最後に，本書がなるにあたっては，有斐閣書籍編集第一部の奥村邦男さん，一村大輔さんに大変お世話になった。両氏と共に仕事をさせていただいて，職業人の何たるかをあらためて教えられた。厚くお礼を申し上げる。

　　2003年3月18日

佐　久　間　　毅

「初版　はしがき」に述べたとおり，本書は，民法の勉強を総則から始める人を主たる対象として，読者に総則に関する基礎知識を伝えるとともに，より高度な問題に自ら取り組もうとする読者にも助力することを目指している。この目的を実現するために，本書は，大きく分けて，本文，発展学習，補論という3つの部分から構成されている。

本文は，多くの場合，*Case* とそれに対する一般的説明，その説明の *Case* への展開例（網かけの部分）からなっている。そして，*Case* については，そこで何が問題となっているのかを，問題の所在にまとめていることが多い。また，当該問題を論じるにあたって欠かせない前提知識であって，本書において当該箇所以前に説明のない制度や規定については，前提知識として説明している。

本文では，発展的な問題や細かな問題は，原則として扱っていない。それらの問題のうち必要と思われるものについては，発展学習において説明している。

本文と発展学習は，一部に例外はあるものの，法律の条文，判例，および学説における一般的理解に基づいて説明をしている。それに対し，補論では，著者自身の見方や考えを示した。

本文は，発展学習および補論における説明を前提とせずに，なるべく丁寧に説明するよう心がけた。したがって，民法を全くはじめて勉強される方は，発展学習および補論を完全に無視して読み進めていただいても構わない。本文を読み通すだけで，民法総則に関する最低限の基礎知識は身につくはずである。反対に，すでにある程度勉強が進み，*Case* をみただけで問題点を自ら把握できる方は，問題の所在や前提知識は読み飛ばしていただいて差し支えない。ただし，いずれの方にも，本書を読まれるにあたっては，法律の条文を丹念に確認されることを強くお勧めする。また，（余力があるならば）本書にあげられている判決を実際に読まれることが大変有益であることを付言する。

ある程度勉強が進んでくると，本文だけでは物足りなくなるかもしれない。そのように感じられた方は，是非，発展学習もお読みいただきたい。そこでは，本文の説明に関連する発展的な問題，複合的な問題，学説の対立，細かな知識，主張・立証責任の所在などが扱われている。ここまで読み込んでいただければ，か

なり実践的な力を養えると思う。ただし，$\boxed{\substack{\text{発展}\\\text{学習}}}$ の記述は，本文ほど丁寧ではないことを，予めお断りしておく。

　さらに，自分で考える際の参考にするために，少し変わった見方や考え方を知っておくのも悪くないと思われる方は，$\boxed{\text{補論}}$ もお読みいただければ幸いである。

| 第5章 | 時　　　　効 | 389 |

第6章　民法の基本原則　　　443

略 語 一 覧

1 主な法律等

一般社団財団	一般社団法人及び一般財団法人に関する法律	整備法	民法の一部を改正する法律の施行に伴う関係法律の整備等に関する法律
医療	医療法		
NPO	特定非営利活動促進法	税理	税理士法
会社	会社法	中間法人	中間法人法（廃止）
会社更生	会社更生法	手	手形法
家事	家事事件手続法	電子契約特	電子消費者契約及び電子承諾通知に関する民法の特例に関する法律
旧家審	旧家事審判法		
割賦	割賦販売法		
金融商取	金融商品取引法	投信	投資信託及び投資法人に関する法律
刑	刑法		
憲	憲法	独禁	私的独占の禁止及び公正取引の確保に関する法律
小	小切手法		
公益認定	公益社団法人及び公益財団法人の認定等に関する法律	日銀	日本銀行法
		任意後見	任意後見契約に関する法律
		農協	農業協同組合法
後見登記	後見登記等に関する法律	農地	農地法
国立大学	国立大学法人法	破	破産法
私学	私立学校法	不登	不動産登記法
資産流動化	資産流動化に関する法律	旧不登	平成16年改正前の不動産登記法
自治	地方自治法		
自賠	自動車損害賠償保障法	弁護	弁護士法
借地	借地法（旧法）	法適用	法の適用に関する通則法
借地借家	借地借家法	保険	保険業法
宗教	宗教法人法	民	民法*
商	商法	民事再生	民事再生法
消費者契約	消費者契約法	民執	民事執行法
消費生協	消費生活協同組合法	民訴	民事訴訟法
食品	食品衛生法	民保	民事保全法
製造物	製造物責任法	利息	利息制限法
		労基	労働基準法

＊ただし，民法の規定については，他の法律の規定と区別するためにとくに必要であると思われ
る場合を除き，単に条数のみで示している。

2 判　決

最判	最高裁判所判決
最大判（決）	最高裁判所大法廷判決（決定）
大判（決）	大審院判決（決定）
大連判	大審院連合部判決
高判	高等裁判所判決
地判	地方裁判所判決

3　判決登載誌

民集	最高裁判所民事判例集または大審院民事判例集
裁判集民事	最高裁判所裁判集民事
民録	大審院民事判決録
刑集	大審院刑事判例集
刑録	大審院刑事判決録
下民集	下級裁判所民事裁判例集
家月	家庭裁判月報
訟月	訟務月報
新聞	法律新聞
判時	判例時報
判タ	判例タイムズ
判評	法律学説判例評論全集
百選Ⅰ	潮見佳男・道垣内弘人編『民法判例百選Ⅰ　総則・物権（第8版）』（有斐閣，2018年）
百選Ⅱ	窪田充見・森田宏樹編『民法判例百選Ⅱ　債権（第8版）』（有斐閣，2018年）
百選Ⅲ	水野紀子・大村敦志編『民法判例百選Ⅲ　親族・相続（第2版）』（有斐閣，2018年）

第 **1** 章

民法総則とは何か

1 民法とは何か

1 形式民法（民法典）

　ごく普通の六法をみると，「民法」と題する法律（明治29年法律第89号。いわゆる民法典）の条文が載っている。「民法」と聞いて，この法律（およびそこにある規定）を思い浮かべる人も多いだろう。しかし，「民法」は，これと別の意味で使われることも多い。そこで，区別のために，法律としての民法のことを，**形式民法**（形式的意味における民法）と呼ぶことがある。

2 実質民法

　それに対して，民法典のなかに規定されているか否かを問わず，ある内容（実質）をもつ規範を総称して，民法と表現されることもある。この意味での民法を，**実質民法**（実質的意味における民法）という。

　法には実に様々なものがあるが，そのなかで，実質民法は，次の2点によって特徴づけられる。第一に，実質民法は，支配・従属の関係にない対等な人びと（私人）どうしの間に存する権利義務の関係（**法律関係**）を一般的に規律の対象にする。第二に，私人の間に生ずる法律関係の内容を定める。

　1　私法の一般法としての民法

　　(1)　私法としての民法

　　　(a)　**公　法**　　各種の行政法は，公的な権力をもつ国や自治体が当事者となって行政目的を実現する関係を規律の対象とする。刑法は，犯罪とそれに対する刑罰を定めることによって，公的な権力をもつ国が人びとの行動自由の範囲を明らかにするとともに，犯罪者に国が公権力の行使として刑罰を科す根拠となる法である。これらの法では，当事者の一方が国など公の権力の担い手である。また，これらの法は，公権力の担い手が一定の政策目的や結果を実現するための手段として使うものといえる。さらに，それらの法によって規制され，あるいは形成される関係は，かなりの社会的な広がりをもつ。このような法を，**公法**と呼ぶ。

　　　(b)　**私　法**　　それに対して，私人間の法律関係を規律の対象とする法もある。ここでは，当事者は対等な立場にあり，その間に支配と従属の関係は

3

予定されていない。また，この法は，人びとの間に権利義務の関係を直接に作り出すことを主たる目的としてはいない。むしろ，人びとが互いの権利義務関係を自分たちで作り出すことに助力したり，その際に生ずる紛争を中立的な立場から処理したりすることが，この法の主な役割である。そして，この法が扱う問題は，物の売買や貸借のような財産上の関係，結婚や離婚といった身分関係の形成や解消，あるいは相続というように，個人間の権利義務にかかわる関係（私法関係）である。このような法を，**私法**と呼ぶ。民法は，この私法の一種である。

(2) 一般私法としての民法　　民法は，私法のなかでも，一般的な適用範囲をもつ法である。

対等な立場にある人びとが契約をする場合にも，いろいろある。友人どうしが個人的に契約を結ぶこともあれば，企業間で契約が結ばれることもある。そのいずれについても，当事者の一方が勝手に契約を成立させることができるのでは困る，双方がきちんと合意をして契約を成立させる必要がある，ということができる。

しかし，個人間の契約と企業など商人が当事者になる契約とでは，違う面もある。商人は，日々取引を繰り返して利益をあげることを生業にしている。それに対し，個人はそうではない。そこで，たとえば，友人に適当な下宿を探して欲しいと頼んだ場合には，無報酬でよさそうである。それに対し，不動産業者に同じことを頼んだ場合には，報酬を支払わなければならないと考えるのが常識だろう。このように，個人どうしの関係と，商人が当事者になる関係とでは，異なったルールが必要になることもある。

そこで，私法に属する法は，大きく二つに分けることができる。一つは，私法関係全般に適用される法である。もう一つは，私法関係のうち，特定の領域にのみ適用される法である。前者を**一般私法**，後者を**特別私法**と呼ぶ。民法は，一般私法にあたる。

したがって，民法は，市民相互間の私法関係全般を規律する法であるということができる。

2　実体法の一つとしての民法　　以上では，誰と誰との間の法律関係を規律する法であるかという観点から，民法の性格を説明した。民法の性格を理解するには，さらに，私法関係が実現されるにあたって，民法がどのような役割を担うかを知っておく必要がある。

たとえば，AがBに100万円の支払を求めたところ，Bがそれを拒んだとする。この場合に，Aが実際に100万円を手にするには，次の二つの段階を経る必要がある。第一に，Aが，Bから100万円を受け取る権利を有すると認められることである。第二に，Bに実際の支払をさせることである。

　人びとの間に権利の存否をめぐって争いがある場合，その存否は，最終的に裁判官が判断する。この判断に際して，裁判官は，二種の異なった法に従う。

　たとえば，AがBから金銭の贈与を受ける契約を結んでいれば，Aは，Bに金銭の支払を求める権利を有する（549条）。ところが，贈与契約が書面によってされていなければ，Bは贈与を解除することができ（550条本文），それによって，Aの権利がなくなる。裁判官は，こういった権利義務の存否を判断するための基準を与える法に従って，権利義務の存否を判断する。

　ところが，裁判をするとなると，このような法だけでは足りない。たとえば，AB間で贈与契約が結ばれたかどうか，それが書面によるものであったかどうかを明らかにする作業が必要である。そこで，この作業をどのように進めるか（つまり，裁判の進め方）について基準を与える法も必要となる。

　Aの権利を実現するには，Aに権利があると認めるだけでは足りない。Bに実際に支払をさせることも必要になる。そのため，裁判でAの権利が認められたのにBが自発的に支払わないときには，国家の力を用いてBに強制的に支払わせることになる。ここでも，その手続の進め方を定める法が必要となる。

　以上から，法律関係の実現に，二種の法が関わることがわかる。第一に，法律関係の内容を定める法である。第二に，法律関係の内容を実現するための手段や方法を定める法である。前者を**実体法**，後者を**手続法**と呼んでいる。

　民法は，贈与の例からわかるように，人びとの間に，どのような場合にどのような権利義務が生ずるかを定める法である。したがって，民法は，実体法の一つといえる。それに対して，私法関係を実現するための手続法の代表的なものとして，民事訴訟法や民事執行法がある。

③　形式民法と実質民法

　形式民法と実質民法は重なり合うことが多いが，そうでない場合もある。

　一方で，民法典のなかには，実質民法にあたらない規定がある。たとえば，私人に行政罰を科す規定が民法典のなかに存在する（37条8項）。これは，国が公権力を行使して個人を罰する旨の規定であり，実質民法にあたらない。

他方で，実質民法は，民法典の外にも存在している。たとえば，金銭を貸すときには，利息をつけて返させるのが普通である。ところが，利息に関しては，貸主が借主の弱みにつけこんで，不当に高利の合意がされる恐れがある。そこで，利率の上限を定める規定が，利息制限法という法律のなかに設けられている。利息に関する規定は，私人間でされる契約の内容に関するものであり，実質民法に属する。しかし，民法典以外の法律のなかにある。

また，金銭の貸主が，借主に保証人を立てさせたり，価値のある物を担保に供させたりすることがある。この担保方法の一つとして，譲渡担保と呼ばれるものがある。これは，たとえば，借主が借金を返済できない場合に備えて，借金を完済すれば返してもらうという約束のもとで所有物を貸主に譲渡する，というものである。この譲渡担保に関連して，多くの準則が存在している。それらの準則は，対等な立場にある私人どうしのする担保設定についてのものであるから，実質民法に属する。しかし，それらは，民法典のなかに存在しない。判例によって形成されている準則にすぎないのである。

2 民法典の歴史と特徴

わが国の民法典は，明治29年（第1編〜第3編）と明治31年（第4編と第5編）に制定され，明治31年から施行されており，120年を超える歴史がある。

民法典は，最近に至るまで，大きな改正がほとんどされなかった。その主な理由は，民法典の規定は抽象度が高く，解釈の余地が大きいことから，解釈によって多くの問題に対処することが可能なものになっていること，判例および学説の蓄積により，民法典の条文と，とくに判例に従うことで現実の問題の対処に困らない状況が続いてきたことにある。

ところが，民法典の制定から長い時間が経ち，判例（および学説）の蓄積は膨大なものとなった。その結果，民法典の条文をみるだけでは私法関係についての基本的な準則の内容がわからない，このままでは民法典の私法関係についての基本法典という性格が失われるのではないか，と危惧されるようになった。

このような状況のもとで，平成29年5月26日に，債権，とくに契約による債権に関わる規定について大幅に見直す改正法が成立した（公布は同年6月2日）。確立した判例または定着した考え方の条文化が中心であるといえるが，規定の従来と大きく異なる内容への変更または新設もみられる（本書の扱う事柄では，たとえば，消滅時効に関する規定の改正がこれにあたる）。また，親族および相続に関して，

少し前から重要な改正が続いている。さらに，物権，担保物権に関しても，改正に向けた動きが現実化している。民法典は，今，大改正の時を迎えているということができる。

3 民法典の構成

◻1 パンデクテン方式による法典編纂

民法典が長い間大きな改正を受けずにすんできた理由の一つとして，規定の抽象度の高さをあげた。この高度の抽象性は，民法典が，ドイツ民法典の採用する法典編纂形式を受け継いだことによって実現されたものである。この形式は，パンデクテン方式と呼ばれている。

◻2 パンデクテン方式の特徴

パンデクテン方式の特徴は，次のことにある。すなわち，多くの生活事象について，ある観点から共通性をみつける。その共通性を基礎に，事柄の具体性を捨象して，ひとまとまりの抽象的な規定群を用意する。そして，それによって法典の体系化を図る，ということである。

この方式に則って，民法典は次のように構成されている。

◻3 財産法と家族法の区別

民法は，市民相互間の私的な生活関係を一般的に規律する法である。民法では，市民の私的な生活関係が財産にかかわる関係と家族など身分にかかわる関係に大きく分けられ，それぞれについて規定が設けられている。そして，一般に，前者に関する規定を集めた部分は**財産法**，後者に関する規定を集めた部分は**家族法**と呼ばれている。

◻4 財産法における物権法と債権法の区別

次に，財産法，家族法のそれぞれにおいて，さらに区別がされている。

財産にかかわる関係とは，要するに，社会の経済活動にかかわる関係である。そして，経済活動の基本は，所有と契約にあるといえる。人びとは，金銭や物を所有し，契約を通じて他人の金銭や物と交換する。それにより，各人が自らの必要を充たし，また，経済社会ができあがる。そこで，財産関係についての一般法である民法（の財産法）において，所有と契約を保障することが必要になる。

7

その際，必要な規定の簡潔な置き方としては，所有を保障するための所有権法，契約を保障するための契約法，そして，所有権や契約によって得た利益に対する他人による侵害から人びとを守るための不法行為法，という構成をとることも考えられる。しかしながら，パンデクテン方式においては，そのような構成は採用されていない。権利の性質に関する共通性をもとに，物権法，債権法という二分法がとられている。

1　**物権法**　「所有」は，人がある物を自由にできる，どのように使っても処分してもかまわない，ということを意味する。これは，人が物を完全に支配する関係とみることができる。そこで，所有の保障とは，人に物の完全な支配権を認めることと捉えられる。

人の物支配という関係に注目すると，所有権以外にもそれが存在することがわかる。たとえば，次のような場合である。金銭の貸主は，貸金がきちんと返済されることに一番の関心をもつ。そこで，返済されない場合には，借主の有する何か価値のある物を強制的に処分して金銭に換え，その金銭を返済にあてるものとすると合意されることがよくある。この場合，とくに価値があるのは，土地や建物である。ただ，土地や建物は，借主が住んだり使ったりしていることが普通である。そのため，借金の担保であるからといって，貸主に土地や建物を引き渡し，その自由にさせるわけにはいかない。そこで，借金の返済が滞らない限り，借主は自分の土地建物に住んだり，それを他人に貸すなどして利益をあげたりすることができる。ただし，返済が滞った場合には，貸主に，土地建物を処分するなどして金銭に換え，そこから貸金の回収を図る権利が認められる。この権利は，抵当権と呼ばれている。

抵当権は，このように，債権回収に必要な限度でのみ，権利者に物の経済的価値を把握することを認めるものである。これは，所有権のように完全にではないけれども，一定の範囲で，人が物を支配する権利とみることができる。こうして，経済社会に必須の所有の概念から出発して，人が物を支配する権利を考えることができる。この権利を，**物権**と呼んでいる。

所有権と抵当権は，同じく物権であるといっても，内容にも性質にも違う点がある。そのため，所有権に関する準則によって，抵当権についても全面的に規律することができるわけではない。そこで，所有権に関する準則と抵当権に関する準則は，それぞれ別個に用意されるべきことになる。しかしながら，それらの準則は，物権という概念のもとに包摂される権利に関する準則であるという点では，

やはり共通している。そこで，共通性を基礎に一群の規定を置くというパンデク
テン方式を採用するわが国の民法典は，それらの準則を一つのまとまった領域の
なかに置いている。この領域は，**物権法**と呼ばれている。

　2　**債権法**　「契約」は，人が他人に対して一定の行為を要求することがで
きるようにするためにおこなわれるものとみることができる。たとえば，売買契
約を結ぶと，売主は，買主に，代金を支払えと要求することができることになる。
雇用契約を結ぶと，雇主は，被用者に，指揮命令に従って働くよう要求すること
ができることになる。契約によって，ある人に，特定の他人に対して一定の行為
を求める権利が発生するのである。この権利は，人が人に行為を要求する権利で
あり，人の物支配権である物権と明らかに異なる。この権利のことを，**債権**と呼
んでいる。

　人が他人に一定の行為を要求する権利は，契約以外の原因からも発生する。た
とえば，交通事故の被害者は，加害者に対して賠償金の支払という行為を求める
権利をもつ。これも債権である。しかし，この債権は，当事者の合意から生ずる
のではない。加害者の違法な行為（不法行為）から発生している。

　契約と不法行為は，人びとの合意であるか，加害者の違法な行為であるかとい
う点からすると，性質が違うものである。そのため，両者を全面的に共通の準則
で規律することはできない。そこで，契約に関する準則と不法行為に関する準則
は，それぞれ別個に用意されるべきことになる。しかしながら，契約も，不法行
為も，債権を発生させる原因である。したがって，それらに関する準則は，債権
という権利に関する準則であるという点で，共通性を有する。そこで，パンデク
テン方式を採用した民法典は，それらの準則を一つのまとまった領域のなかに置
いている。この領域は，**債権法**と呼ばれている。

⑤　家族法における親族法と相続法の区別

　市民相互間の私的な関係として，財産にかかわる関係のほかに，家族など身分
にかかわる関係がある。この家族にかかわる関係も，伝統的に二つに分けられて
きた。一つは，家族（など身分関係）の形成にかかわる関係である。もう一つは，
人の死亡による財産の承継にかかわる関係である。

　前者については，他人どうしとは異なる特殊な身分関係が認められるのはどう
いう場合か（たとえば，夫婦や親子の関係），その身分関係はどのような場合に生じ，
なくなるのか，その身分関係の効果は何か（夫婦や親子の間の権利義務）といった

ことが問題となる。これに関して規律する領域は，**親族法**と呼ばれている。

　後者については，人が死亡した際にその財産や借金を，誰にどのようにして引き継がせるかが問題となる。これに関して規律する領域は，**相続法**と呼ばれている（この問題は，人の財産関係に関するものということができる。ただ，これは，伝統的に，主として家族間での財産承継関係と捉えられてきた。そのため，相続法は，家族法のなかに位置づけられている）。

6 「総則」の存在

　共通性を基礎に規定群を作るというやり方は，物権法や債権法，親族法，相続法の各領域において，また民法典全体においても，さらに徹底されている。

　たとえば，契約当事者の一方が債務を履行しない場合，他方当事者に一定の条件のもとで契約関係を解消する権利（解除権）を与えることが適当である。これは，履行されない債務が売買から生じていようと，賃貸借から生じていようと，雇用から生じていようと，同じことである。つまり，契約の解除に関する準則は，各種の契約に共通するものといえる。そこで，パンデクテン方式を採用した民法典は，この共通性を基礎に，各種の契約に固有の準則とは別個に，解除に関する準則をまとめて規定している（540条〜548条）。

　また，金銭を支払う債務を負っている者が期限を過ぎても支払わない場合，実際に支払うまでの間の利息または債権者が金銭を得られないことによって被る損害金も支払わせる必要がある。これは，金銭債務が契約から生じた場合でも，契約の解除によって生じた場合でも，不法行為から生じた場合でも同じである。つまり，利息等に関する準則は，各種の債権発生原因に共通するものといえる。そこで，パンデクテン方式を採用した民法典は，この共通性を基礎に，各種の債権発生原因に固有の準則とは別個に，利息等に関する準則をまとめて規定している（404条・405条・419条）。

　このように，わが国の民法典は，多くの法律関係に共通する事柄があると，それに関する準則をひとまとめに規定し，しかもそれらの規定を個々の法律関係に固有の規定に先立って配置している。このようにして，共通の準則として取り出された部分のことを，**総則**と呼ぶ。この総則の存在が，パンデクテン方式の最大の特徴である。

7　民法総則

　民法典のなかの，第2編物権，第3編債権，第4編親族，第5編相続は，いずれもその第1章が総則である（上述の利息等に関する規定は，第3編債権第1章総則のなかにある）。また，第3編債権でいえば，そのなかで契約について定める部分（第2章）の冒頭に総則（同第1節。上述の契約の解除に関する規定はこのなかにある）が置かれており，契約の一種である売買について定める部分（同第3節）も，総則から始まっている（同第1款）。

　そして，民法典の冒頭にある第1編には，第2編以下の物権，債権，親族，相続（の多く）に共通して妥当すると考えられる諸規定が配置されている。それらの規定がまとめて配置されている部分は，**民法総則**と呼ばれている。

民法典の構成

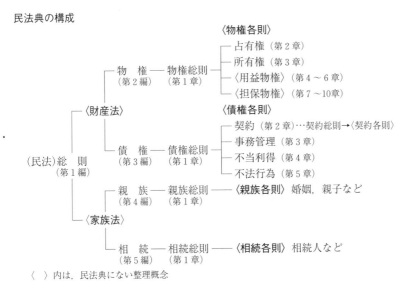

〈　〉内は，民法典にない整理概念

2　民法総則とは何か

1　民法総則とは何か

　民法総則は，上述のように，民法全体に広く共通する事柄に関する規定を集めた部分である。

2 民法総則の規定内容

　ということは，民法全体に広く共通する事柄は何かを考えれば，民法総則の規律の対象がわかることになる。

1　権利の体系としての民法と民法総則

　では，民法全体に共通する事柄とは何か。

　民法は，市民の生活関係を一般的に規律する法である。そして，民法は，人びとの生活関係全般を，権利（または，多くの場合にその裏返しである義務）という法的概念に置き換えることによって規律している。そうすると，「権利」が，民法全体に共通する事柄であると考えられる。その結果，民法総則では，権利に関して一般的に妥当する事柄について規定が置かれている。では，そのような事柄に，どのようなものがあるか。

　まず，権利という以上は，それを有する者がなければならない。所有権であれ，その他の物権であれ，あるいは債権であれ，それは誰かに帰属しているはずである。つまり，権利を観念する以上，権利主体が当然に必要となる。

　次に，権利概念は，決して無内容のものではありえない。たとえば，所有権によって，権利主体つまり所有者は，家や自動車など有体物について，自由に使ったり処分したりすることを認められる。債権については，金銭債権を例にとると，権利主体つまり債権者は，金銭の支払という行為を債務者に求めることを認められる。このように，権利を観念する以上，その権利には，権利の客体（対象）と権利の内容がなければならない。

　権利の主体と権利の客体，内容が確定すれば，それによって権利の存在については把握することができる。しかしながら，権利は，単に存在するだけのものではない。権利は，誰かに発生し，その後，別の誰かに移されたり，なくなったりすることがあるものである。たとえば，物の生産によって，生産者のもとでその物の所有権が生まれる。この物が売られることにより，生産者は所有権を失い，買主が所有権を取得する。他方，生産者であった売主に，代金債権が発生する。買主が代金を支払うと，この債権は消滅する。このような権利の変動によって人びとの相互関係が変化するが，これは，何らかの原因によって起こるものである。すなわち，権利というものは，何らかの原因によって変動するものである。

2　民法総則の全体像

　少なくとも以上のことが，権利一般に共通する事柄といえる。したがって，民法総則には，これらの事柄について定められるべきことになる。その結果，民法総則には，次のような事柄について定めが置かれている。

　まず，「人」（人間，自然人）と「法人」が権利主体と認められ，必要な規定が設けられている。

　次に，権利の客体と内容に関して，権利の客体の代表といえる「物」について，若干の規定が置かれている。ただし，権利の客体と内容一般についての共通準則にあたる規定が，総則中に置かれているわけではない。これは，権利の客体と内容は権利をその権利とするものであって，権利ごとに異なるため，抽出するに値する抽象的な共通事項がほとんどないためである（たとえば，物という客体を自由に支配するという内容の権利が所有権，不動産という客体の経済的価値だけを把握するという内容の権利が抵当権，あるいは，人の行為という客体を請求することができるという内容の権利が債権と呼ばれる）。したがって，それぞれの権利の客体と内容については，それぞれの権利に関する各則に定めを置くしかない。

　総則では，さらに，権利の変動原因について定めが置かれている。権利の変動原因については，物権法や債権法などに，個別具体的な変動原因に関する準則がある。そこで，総則に規定されているのは，それらの変動原因にさらに共通すると考えられる事柄である。これは，人の意思に基づく権利変動原因である「法律行為」と，時間の経過による権利変動原因である「時効」に分かれる。

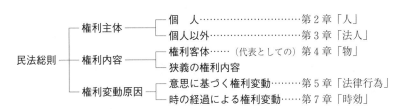

3　本書の構成

　本書では，民法総則のなかに規定が設けられている諸制度について説明していく。その際，民法典と異なる順序で説明をし，また，説明を省略するものもある。すなわち，本書では，①「人」の権利能力に関する問題（意思能力および行為能力

に関する問題を除く），②法律行為に関する問題（意思能力および行為能力に関する問題を含む），③法人に関する問題，④時効に関する問題（期間に関する問題を含む）の順に説明する。

　本書では，はじめに，権利を有し，義務を負うことができるのは誰か，という問題について扱う。これは，民法典が総則編の第2章「人」のなかに置いている規定の一部にあたる。第2章「人」には，権利を有し，義務を負うことができる者のうち，自ら取引によって権利を取得し，義務を引き受けることができるのは誰か，という問題に関する規定（意思能力に関する規定，行為能力に関する規定）も置かれている。ただ，それらの規定は，第5章「法律行為」により密接に関連する規定である。そこで，それらの規定については，法律行為の問題の一つとして取りあげることにした。

　民法典は，第2章「人」に続く第3章で，もう一つの権利主体である「法人」について規定している。しかし，本書では，この部分は後に回し，先に第5章「法律行為」に関連する問題を取りあげる。法人は，権利主体と認められているが，法人が自ら取引をおこなえるわけではない。法人は，誰か自然人に代わりに取引をしてもらうしかない。これは，代理という制度を利用するものである。そのため，代理制度についてある程度知っておいたほうが，法人に関する議論は理解しやすいと思われる。そして，代理制度に関する規定は，第5章「法律行為」のなかにある。そのため，代理制度を含む法律行為全体についてまず説明し，その後に，法人を取りあげることにした。

　本書ではその後に，法律行為とならぶ権利の変動原因である，第7章「時効」に関する問題を説明する。ここで，第6章「期間」中の規定に，ごく簡単に触れる。

　以上からわかるとおり，本書では，第4章「物」については，説明を省略する。これは，そこに規定されている事柄が重要でないということでは決してない。しかしながら，総則編のなかにある物に関する規定には，それだけを取りあげて独立に論ずる意味があるとはいいがたい。とくに物権法における関連問題のなかで説明することで，十分である。そこで，本書では，必要な箇所で必要に応じてそれらの規定にも触れる場合がある，ということにとどめる。

第2章

権利能力者としての人

社会において生ずる様々な関係を，権利と義務の概念を用いて把握しようとする場合，権利を有し，義務を負う主体が問題になる。この点に関して，民法は，人間（「人」。一般に**自然人**という）と法人を権利義務の主体（以下，単に**権利の主体**）と認めている（人という表現は，自然人と法人を含む意味で用いられることも多い。たとえば，賃貸人，賃借人，承継人という場合は，そうである）。

権利の主体となることができる資格を，**権利能力**（あるいは**法人格**）と呼ぶ。権利能力があれば，権利を有し，義務を負うことができる。権利能力がなければ，そもそも権利を有し，義務を負うことができない。

本章では，権利能力者のうち，自然人について取りあげる（法人については，第4章で扱う）。

権利能力者であることは，その者に権利や義務が帰属しうることを意味するだけである。その者が，自らの行為によって権利を取得し，義務を負担することができるかどうかは，別の問題である。たとえば，生まれたばかりの赤ん坊は，相続によって親の財産や義務を引き継ぎ，権利者または義務者になることができる。しかしながら，自ら売買したり，預金したりすることができるはずはない。また，そのような行為をする資格を，民法によって制限されてもいる。権利能力者のうち，どのような者が取引によって自ら権利を取得し，義務を負担することができるかについては，別に扱う（⇒p. 81の**2**，p. 86の**3**）。

2 **権利能力の始期**

1 民法3条1項

「私権の享有は，出生に始まる」（3条1項）。この条文は，私権を享有する主体を明示していない。しかしながら，3条1項は「人」の章にあるところから，自然人（以下，本章で単に「人」というときは，自然人を指すものとする）が私権の主体であることがわかる。

この条文から，次の二つのことが明らかになる。第一に，権利能力の始期は，出生時である。第二に，私権を享有するために求められているのが出生という事実だけであることから，すべての人が平等に権利能力を有する（ただし，外国人に

ついては，法令または条約の規定による例外がありうる〔3条2項〕）。このように，人はみな権利能力を平等にもつことを，**権利能力平等の原則**と呼ぶ。

2 出生の時点

人は，出生により権利能力を認められる。そうすると，何をもって出生と認めるかが重要になる。この点について，民法上は，母体外に全身が出た時点で生存していることをもって出生とする見解が多い。

3 胎児の法的地位

■1■ 胎児の法的地位

人は出生によって権利能力者になるとすると，胎児には権利能力がないことになる。しかしながら，胎児であった者が後に無事に生まれた場合，この原則を貫くことには問題がある。

Case 1

Aが，Bの過失によって起こった自動車事故で即死した。

① Aには，生後間もない子Cがいた。

② Aの妻は，Aの子Dを身ごもっていた。

 ①の場合，Cは，Bに慰謝料の支払を求めることができ（711条），相続によってAの財産上の権利を受け継ぐこともできる（887条1項）。それに対し，②の場合，胎児には権利能力がないという原則によると，Dは，その後に出生したとしても，Bに慰謝料の支払を求めることも，Aを相続することもできない。

胎児は，出生すれば，人となる。そうであるにもかかわらず，出生の時が少し早いか遅いかという偶然で，運命が大きく変わるのは公平でない。そこで，不公平がとくに問題となる事柄について例外が認められている。すなわち，不法行為を理由とする損害賠償（721条），相続（886条），遺贈（965条）については，胎児はすでに生まれたものとみなされる（⇒「みなす」の意義について，p.25の 用語解説 ）。

> *Case 1* ②のDは，Bに慰謝料の支払を求める権利を有し，また，Aを相続することができる。

■2■ 「既に生まれたものとみなす」の意味

1 **停止条件説と解除条件説** 胎児に例外的に権利能力を認めるのは，出生

した場合に不利益を受けないようにするためである。とすれば，胎児が出生しなかった場合には，出生を擬制する必要はない。そこで，相続と遺贈については，その旨の規定が設けられている（886条2項・965条）。不法行為を理由とする損害賠償についても，その種の規定はないが，同様に解されている。

　これによると，胎児に一定の範囲で権利能力が認められるといっても，実際にそうなるのは，胎児が出生した場合だけである。そうすると，この場合の権利能力の認め方としては，2通り考えられる。

　第一に，胎児の間は権利能力を認めない。ただし，出生した場合には，胎児であった時に遡って権利能力があったものとすることである。これは，出生まで権利能力の発生が停止されるとする考え方なので，停止条件説と呼ばれる（法人格の取得を過去に遡らせることから，人格遡及説と呼ばれることもある）。

　第二に，生まれたものとみなされる範囲では胎児である間にすでに権利能力を認めるが，死産の場合，権利能力は初めからなかったものとすることである。これは，権利能力の発生という効果が死産によって解除されることから，解除条件説と呼ばれる（胎児に制限的に法人格を認めることから，制限人格説と呼ばれることもある）。

　2　損害賠償請求について　　両説の違いは，次のような場合に現われる。

Case 2

　Aが，Bの過失によって起こった自動車事故で即死した。当時，Aの妻Cは，Aの子Dを身ごもっていた。Cは，Dの出生前に，Bとの間で，BがCおよびDに1000万円を支払う代わりに，以後CおよびDは損害賠償の請求を一切しない旨を合意した。ところが，Cは，Dの出生後に，Dの代理人として，Dに対する慰謝料1000万円の支払をBに求めた。この請求は認められるか。

　　この場合，CとDは，Bに対する慰謝料請求権を取得する（711条。このほかに，CとDは，AのBに対する損害賠償請求権を相続によって取得する。しかし，単純化のため，この相続については考えない）。Cは，自己のこの請求権を行使することも，放棄することもできる。したがって，Cは，Bとの間で，一定額の金銭支払と引換えにこの請求権を放棄する契約を，有効に結ぶことができる。

　　Dについてはどうか。その出生後にCがBとの間で設例のような契約をした場合，その契約の効果は，通常，Dに及ぶ。Cは，Dの母であるため，通常，Dの代理人として，Dに効力が生ずる契約を結ぶことができるからである（818条1項および3項・824条本文）。その場合，Dが慰謝料の支払を改めて求めることはできない。では，Cは，Dが胎児である間に，Dの出生後と同じように，Dを代理してDに効力が生ずる契約を結ぶことができるか。これが，ここでの問題である。

19

停止条件説によると，BとCの間で契約が締結された時に，Dには権利能力がない。そのため，その時点ではDに何の権利も帰属しえず，Dの権利の行使や放棄（以下，あわせて処分と呼ぶ）もありえない。したがって，BとCが結んだ契約は，Dに対し何の効力ももたない。その結果，Dが出生によりBに対する慰謝料請求権を遡って取得すると，CがDを代理してこの請求権を行使することは，原則として認められる（⇒p.315の**4**も参照）。

解除条件説によると，BとCが契約を締結する前に，Dは，慰謝料請求権を取得している。そのため，Dのこの権利の処分も考えられそうである。もちろん，胎児であるDが，自ら処分をすることができるはずはない。そうすると，問題となるのは，誰かがDに代わってこれをすることができるかである。そのような者に関して定める法規定は，存在しない。このことから，Dは，Aの死亡時に慰謝料請求権を取得するが，その処分は出生後でなければすることができないと考えることもできる。これによると，BとCの間でされた契約は，Dに対し効力がない。したがって，Dは，出生後に，（代理人を通じて）Bに慰謝料の支払を請求することができる。

これに対し，出生すれば代理が可能になるのであるから，胎児である間も同様に代理を許せばよい，とする考えもある。これによると，Cは，Dが出生すれば通常その法定代理人となることから，胎児である間もDの代理人と認められてよいとされ，BとCの間でされた契約は，Dに効力が及ぶ。その結果，Dが出生後に（代理人を通じて）改めてBに慰謝料の支払を請求することはできない。

大審院判決に，**Case 2** と似た事案で，Dの請求を認めたものがある（大判昭和7・10・6民集11巻2023頁）。この判決は，停止条件説をとったものと評価されている。確かに，判決文はその旨を述べているが，胎児への慰謝料請求権の帰属を認めたうえで，請求権の行使や放棄は代理の方法がないからすることができないと解することによっても，同じ結論になる（上記判決中にこの旨の指摘もある）。

大審院がDの請求を認めた背後に，代理人が胎児の利益を適切に図らない危険を胎児に負わせることは妥当でない，という考慮があるとの指摘がある。また，この考慮を踏まえて，解除条件説を前提に胎児を本人とする代理を許そうとする立場からも，その許される場合を制限する見解がある。すなわち，胎児の利益の保護を考えて，胎児に権利を失わせる行為（処分行為）の代理は認めず，胎児の権利を維持する行為（保存行為）の代理のみ認める，という見解である。しかしながら，代理人による不適切な行為による不利益の危険は，出生後の子にもあり，胎児だけをとくに保護すべき理由はない。

3　相続における両説の差異　相続に関しても，停止条件説と解除条件説は違いを生ずることがある。たとえば，次のような場合である。

Case 3

Aが，死亡した。当時，Aは，現金6000万円を有していた。また，Aには妻B，胎児である子C，母Dがあった。Aは遺言をしていなかった。Aが残した6000万円は，誰がどのように取得するか。

 死者の財産が現金のみから構成されていることは，現実には考えられない。しかし，説明の便宜のために，ここではそのように想定しておく。

人が死亡すると，その人（被相続人）が有していた財産は，他の人（相続人）に引き継がれる（相続。896条）。その際，誰が相続人になるかは民法の規定により定まる（886条〜894条）。また，相続人が複数ある場合，各相続人の財産の取り分の割合（相続分）も，被相続人の遺言による指定がなければ，民法の規定（900条・901条）によってひとまず定まる（法定相続分という）。そのうえで，具体的にどの財産を誰が引き継ぐかは，遺産分割という手続を経て最終的に定まる。そこでは，まず相続人全員で協議をし（協議分割。907条1項），その協議で分割することができないときは，家庭裁判所の審判によって分割されることになる（審判分割。907条2項。調停による分割もある）。このうち，協議による分割で，各相続人の実際の取り分の割合を法定相続分と異なることにしても，何ら問題ない。

停止条件説によると，相続開始（＝被相続人の死亡）の時点では，胎児に権利能力がない。そのため，胎児は相続人でないものとして相続人と相続分が定まり，また，遺産分割も可能になる。ところが，胎児が生きて生まれると，その子が初めから相続人であったことになる。そのため，相続人と相続分が前と異なることになり，遺産分割をやり直す必要がある。この場合，出生した子は，自己が相続すべき財産を，実際の相続分以上に財産を取得した相続人や相続人でなかったのに相続によって財産を取得した者から，回復することになる。もっとも，その実現が相当困難であることもありうる。

Case 3 では，次のようになる。Cは，Aの相続開始時には胎児であるため，さしあたりAの相続人にならない。そのため，相続人は，B（890条）とDになる（889条1項1号）。法定相続分は，Bが3分の2，Dが3分の1である（900条2号）。これを前提に，BとDの間で遺産分割の協議をすることができる。法定相続分どおりに，Bが4000万円，Dが2000万円を取得することで協議が調ったとしよう。ところが，Cが出生すると，相続人はBとCであったことになり（887条1項・889条1項1号・890条），法定相続分はともに2分の1である（900条1号）。そして，これを前提に，遺産分割を改めてしなければならない。必要な手続を経て，法定相続分どおりに，BとCがともに3000万円を取得すると決まったとすると，Cは，Bから1000万円，Dから2000万円を回復することになる。

これに対し，解除条件説によると，胎児は相続開始時に権利能力を認められるから，胎児も相続人になる。ただし，この場合には，胎児を遺産分割協議に参加させることができるかが問題になる。

胎児の代理を認めないならば，相続人である胎児は，分割協議に参加することができない。そのため，胎児の出生または死亡が確定するまで，協議分割をすることはできない。その間は，ありうるとしても審判分割だけとなる。

胎児の代理を認めるとしても，母も相続人である場合には，母が胎児を代理することは認められない。遺産分割では，母の利益と胎児の利益が相反することになるからである（⇒p.246の**2**参照）。そこで，相続人中に未成年者と親権者がいるときに準じて（826条1項），胎児のために特別代理人を選ぶことになる。これによって，協議分割も可能になる。

補論　**胎児が相続人になる可能性がある場合の遺産分割**
　　しかし，そうまでして協議分割をしても，死産の場合にはその協議は無効になり，かえって面倒な事態を生じかねない（*Case 3*でいえば，BとDで分割し，それに応じた相続財産の回復をしなければならない）。したがって，そのような代理は認めず，緊急を要する場合（たとえば，相続財産の処分を必要とするほどに相続人が困窮している場合）にのみ審判分割を認めればよいと思われる。

発展学習　**胎児名義の不動産登記**
　　胎児が不動産所有権を相続によって（遺産分割を経ずに）取得した場合には，実務上，胎児の名義での登記が認められている。この場合には，未成年者の法定代理に関する規定に準じ，母が代理人として登記申請行為をするものとされている。これは，解除条件説を前提に，保存行為についてのみ胎児の代理を許すという考え方を基礎にしている（ただし，登記申請行為は，厳密にいえば，私法上の行為ではない）。

---

3 権利能力の終期

1 権利能力の終期

自然人の権利能力は，死亡によってのみ消滅する。とくにこれを定める規定はないが，当然のこととされている。

2 複数人の死亡時の前後が明らかでない場合──同時死亡の推定

ある人が死亡したかどうか，どの時点で死亡したかは，とくに相続関係について大きな影響を生じうる。ただ，人の死亡に関しては，難しい問題が多い。

たとえば，互いに相続人となりうる複数人が死亡した場合，その死亡の前後関係は，相続に大きな影響を生ずる。ところが，その前後関係が明らかでないこともある。

Case 4

　Aには，配偶者B，子C，母Dがいた。AとCが山で遭難し，両者ともに死亡した。AはEに対する6000万円の貸金債権を有しており，Cに財産はなかった。AとCがともに遺言をしていなかった場合，相続関係はどうなるか。

　相続財産のうち金銭債権については，相続の開始と同時に，各相続人が当然に，相続分に応じて分割された債権を取得することがある（たとえば，貸金債権について大判昭和9・3・30大審院裁判例(6)民92頁，不法行為による損害賠償債権について最判昭和29・4・8民集8巻4号819頁〔百選Ⅲ65〕）。この場合，遺産分割の手続は必要ない（預貯金債権も同様とされてきたが，最大決平成28・12・19民集70巻8号2121頁〔百選Ⅲ66〕により，相続開始と同時に当然に相続分に応じて分割されることはなく，遺産分割の対象になると変更され，それを受けて909条の2が定められた）。

　AがCより先に死亡していたとすると，BとCが，Aを相続する（887条1項・890条）。両者の法定相続分は各2分の1であり（900条1号），BとCがともに3000万円の債権を取得する。その後のCの死亡により，CがAを相続したことにより取得した3000万円の債権は，Bが，Cを相続したことにより取得する（889条1項1号ただし書）。結果的に，Aが有していた貸金債権6000万円は，Bがすべて取得することになる。

　それに対し，CがAより先に死亡していたとすると，Aの相続人になるのは，BとDである（890条・889条1項1号）。法定相続分は，Bが3分の2，Dが3分の1であり（900条2号），Bが4000万円の債権，Dが2000万円の債権を取得する。

　このような場合に関する規定がとくになければ，相続分に相当する利益を実際に先に押さえた者が，それを維持することができることになると思われる。死亡の前後を証明することができない限り，その結果を訴訟で覆すことはできないからである。「早い者勝ち」となるこの結果は，自己の利益を守るのにより熱心であった者を優先するという考えにより，正当化することができなくもない。しかし，これでは余計な紛争の火種となり，やはり好ましくない。

　そこで，32条の2において，複数人の死亡の前後が明らかでない場合には，それらの者は同時に死亡したものと推定されている（⇒「推定する」の意義について，p.25の 用語解説 ）。その意味は， *Case 4* のような場合には，死亡の前後が不明である複数人は互いに相続人にならないということである（また，最判平成21・6・2民集63巻5号953頁は，現在の保険法46条に相当する平成20年改正前商法676条2項にいう「保険金額ヲ受取ルヘキ者ノ相続人」につき，生命保険金の指定受取人とその指定

受取人が先に死亡したとすれば相続人となるべき者〔X〕の死亡の前後関係が明らかでない場合には，民32条の２が適用され，Ｘもその相続人も「保険金額ヲ受取ルヘキ者ノ相続人」にあたらないとしている）。ただし，この推定によって不利益を受ける者は，反対の事実を証明することによって，推定を覆すことができる。

> (*Case 4*) では，ＡとＣの死亡の前後が明らかでなければ，ＡとＣの同時死亡が推定され，ＡとＣは互いに他方の相続人にならない。そのため，Ａの相続人は，ＢとＤということになり，Ｂが4000万円の債権を，Ｄが2000万円の債権を取得する。ただし，Ｂが，ＡがＣより先に死亡したことを証明したならば，Ａの相続人はＢとＣ，続いて死亡したＣの相続人はＢのみであったことになり，結果的に，Ａが有していた貸金債権6000万円は，Ｂがすべて取得することになる。

4 失踪宣告

1 意　義

> ## *Case 5*
> Ａは，家族と財産を残したまま，行方がわからなくなった。
> ① 事故に遭ったとの情報はないが，音信不通の状況が数年間続いている。
> ② 失踪後間もなく，Ａは沈没した船に乗っていたと判明した。

　この例のＡのように，従来の住所や居所を出て行って，容易に帰ってくる見込みがない者（**不在者**という）は，死亡している可能性もある。その場合，死亡が確認されないからといって，不在者をいつまでも死亡したものと扱えないとすることは適当でない。たとえば，不在者の配偶者が，離婚によらずに婚姻を解消したいと希望することがあるだろう。また，相続人となるはずの者（推定相続人）が，相続の開始を望むこともあるだろう。不在になった原因と不在期間しだいでは，そういった希望を否定すべきでない。

　そこで，民法に，生死不明の不在者を家庭裁判所の審判によって死亡したものとする制度が設けられている。この制度を**失踪宣告**という。

2 失踪宣告の種類

　失踪宣告がされる場合には，二つある。生死不明者が戦地に臨んだ，沈没した船舶のなかに在った，または死亡の原因となるべきその他の危難（それに巻き込まれると死亡の蓋然性が高い事変）に遭遇した場合（ *Case 5* ②）と，そうでない場合（ *Case 5* ①）である。後者を**普通失踪**，前者を**特別失踪**（または，**危難失踪**）と呼ぶ。このいずれであるかによって，失踪宣告がされるための要件と，宣告を受けた者（**失踪者**）が死亡したことになる時が異なる。

3 失踪宣告の効果

　失踪宣告の審判が確定すると，失踪者は，普通失踪の場合には失踪期間満了時に，特別失踪の場合には危難が去った時に，死亡したものとみなされる（31条）。これにより，相続が開始し，また，残存配偶者は再婚が可能になる。

　失踪宣告によって，失踪者の従来の住所を中心とする法律関係が，死亡とみなされる時点で清算されるが，失踪者が権利能力を失うわけではない。たとえば，失踪者が実は生きており，契約をした場合，失踪者はその契約により権利を取得し，または義務を負う。不法行為の被害者である場合，失踪者は，加害者に対し損害賠償の請求をすることができる。

4 失踪宣告の要件

　失踪宣告は，次の要件が充たされたときにされる。

　①　ある者の生死が不明であること（30条）。

　②　その生死不明の状態が一定期間継続していること。

　必要とされる期間は，普通失踪の場合に

用語解説「推定する」と「みなす」

　「推定する」，「みなす」という文言を用いる規定が，民法にいくつかある。

　「推定する」は，当事者の意思や事実の存否が明らかでない場合などに，ある事柄について法律が一応の判断を下す場合に用いられる。この場合，その判断は，反対の事実が証明されることなどにより，覆ることになる（たとえば，32条の2を参照）。

　「みなす」は，ある事柄の取扱いを法律が一律に決める場合に用いられる。この場合，その決定が事実に合致しているかどうかは，問われない。そのため，この決定は，反対の事実が証明されたとしても，それだけでは覆らない（たとえば，31条，721条，886条を参照）。

は，生存が証明された最後の時（多くは最後の音信の時）から7年間（30条1項），特別失踪の場合には，戦争が止んだ時，船舶が沈没した時，またはその他の危難が去った時から1年間である（30条2項）。

③　利害関係人が家庭裁判所に請求すること（30条）。

利害関係人とは，失踪宣告がされることによって権利を取得したり，義務を免れたりする者をいう。不在者の配偶者，その他の推定相続人，死亡保険金受取人が，その代表的な例である。

④　家庭裁判所が公告の手続を経ること（家事148条3項，家事規88条）。

①〜③の要件が充たされる場合，家庭裁判所は，不在者本人その他の者に不在者の生死に関する情報を届け出るよう促す手続をとる。この手続を経ても不在者の生死が明らかにならなければ，家庭裁判所が失踪宣告の審判をする。

> **発展学習** **失踪宣告前の不在者の法律関係**
>
> 　失踪宣告がされると，生死不明の不在者は失踪者とされ，その死亡が擬制される。これに対して，失踪宣告がされるまでは，生死不明の不在者をめぐる身分関係や財産関係は，次のように扱われる。
>
> 　身分関係に関して，残された配偶者は，失踪宣告を待たずに離婚することができる場合がある。すなわち，不在者が自らの意思で出て行き音信を絶ったとき（770条1項2号参照）や，生死不明が3年以上に及ぶとき（同項3号）には，残存配偶者は裁判によって離婚することができる。
>
> 　生死不明の不在者の財産関係は，**不在者の財産管理**（25条〜29条）の問題として処理される。すなわち，不在者の財産を管理する者（不在者財産管理人）が置かれ，この管理人が，場合によっては家庭裁判所の監督を受けながら，残留財産の原則的維持に努めることになる。
>
> 　不在者とは，従来の住所や居所を去り容易に帰ってくる見込みのない者をいうから，ここには，生死不明の者のほかに，その生存も所在も明らかな者（例：海外赴任者）も含まれる。しかしながら，両者では財産管理の方法に民法上違いが設けられており，生死不明の不在者については上記のようになる。

5　失踪宣告の取消し

　失踪宣告がされると，失踪者は，ある時点で死亡したものとされる。しかしながら，事実がこれと異なることもある。その異なる事実が明らかになった場合，宣告の存在によって不利益を受ける者は，真実に基づく法的主張を認められてよいはずである。もっとも，失踪宣告の効力が失われるには，宣告によって擬制された死亡または死亡の時が事実に反することが明らかになるだけでは足りず，家庭裁判所の審判による**失踪宣告の取消し**が必要である。

1 要　件

　家庭裁判所は，次の要件が充たされたときに，失踪宣告の取消しの審判をする（32条1項前段）。

　①　本人または利害関係人が請求すること。

　②　宣告の効果である失踪者の死亡または死亡の時が事実と異なることの証明があること。

　宣告の取消しには，次のいずれかが証明されなければならない。すなわち，失踪期間の起算点以後のある時点における失踪者の生存（本人が失踪宣告の取消しの審判を請求する場合は，これにあたる），または，宣告によって死亡したとみなされる時と異なる時に死亡したこと（異時死亡）のいずれかである。

2 効　果

　1　原　則　　失踪宣告の取消しの審判が確定すると，失踪宣告は，初めからされなかったことになる（遡及的消滅。32条1項後段参照）。そのため，死亡の擬制を原因とする権利義務の変動も，生じなかったことになる。これによると，終了したはずの婚姻は存続していたことになり，相続は開始しなかったことになる。異時死亡の場合には，証明された死亡の時に，死亡の効果が生ずることになる。そのため，相続関係に変化を生ずることがあり，また，死亡とみなされた時と証明された死亡の時の間に生じた権利義務の変動は，覆ることになる。

　2　例　外　　しかし，失踪宣告は，残された人びとの法律関係の確定を目指した制度であるから，宣告を信頼した者が取消しの遡及効によって著しい不利益を受けることは好ましくない。そこで，二つの例外が設けられている。

　(1)　善意の行為の効力維持　　失踪宣告の取消し前に，失踪宣告が事実に反することを知らない（善意）でした行為は，宣告の取消しによって効力に影響を受けない（32条1項後段）。すなわち，有効なものとして存続する（他に無効の原因があるときは別である）。

　ここでは，とくに，失踪宣告の結果として財産を取得した者がしたその財産に

┌─────────────────────────
│ **用語**　**「善意」と「悪意」**
│ **解説**
│
│　善意・悪意という表現は，法律
│ 上は，日常用語と異なる意味で用
│ いられる。**善意**とは，ある事実を
│ 知らないこと，または信じたこと
│ をいう。それに対し，**悪意**とは，
│ ある事実を知っていること，また
│ は信じたといえないことをいう。
│ 意図の善し悪しの問題ではない。
└─────────────────────────

関する行為の効力と，失踪宣告後に残存配偶者がした再婚の効力が問題となる。

(a) 財産上の行為

Case 6

Aについて失踪宣告がされ，Aの所有していた甲土地を，Bが相続により取得した。Bは，甲土地をCに売却した。ところがその後，Aが生きて戻り，失踪宣告が取り消された。Aは，甲土地の返還をCに請求することができるか。

 失踪宣告の取消しによって，Bは，甲土地を取得しなかったことになる。甲土地はA所有のままであって，Bは，他人の土地を勝手に売ったことになる。この場合，一般的にいえば，Aは，Cに甲土地の返還を請求することができる。しかしながら，それでは，失踪宣告が事実に反することを知らないで行動した者の利益が害されることになる。

Case 6 では，32条1項後段により，BとCの間の売買は，「善意でした行為」にあたる場合，失踪宣告の取消しによって効力に影響を受けないとされる。この場合，Cは，Bとの売買により甲土地の所有権を取得しており，Aの請求を退けることができる。

　問題は，どのような場合が「善意でした行為」にあたるかである。可能性としては，三つの場合が考えられる。①BとCがともに善意，②Bだけが善意，③Cだけが善意，の三つである。

　①の場合が「善意でした行為」にあたることに，疑いはない。この場合が該当しないとなれば，32条1項後段が適用されることがなくなってしまう。

　②の場合，Cは，Aの生存を知っている。Cは，Bによる甲土地の取得が後に否定されるかもしれないこと，そのときは権利を有しないBから譲り受けたことになることを知っている。この場合，失踪宣告の取消しにより，Cが予期していた結果が生ずるだけである。このようなCを保護する必要はない。したがって，この場合は「善意でした行為」にあたらない。

　③の場合に関して，権利移転を生ずる契約につき，32条1項後段の適用を否定する大審院判決がある（大判昭和13・2・7民集17巻59頁）。これは，次のような考えに基づくと思われる。すなわち，32条1項後段が適用されると，本来の権利者が権利を失うことになる。そこで，その原因が契約である場合には，その契約が，本来の権利者から権利を奪ってでも保護に値するものでなければならない。契約がそのようなものと認められるのは，契約の両当事者が善意である場合だけだ，というわけである。

これに対し，学説では，③の場合も「善意でした行為」にあたるとする見解が有力である。これは，32条1項後段を，失踪宣告を前提として新たに取引関係に入った者（C）を保護し，取引の安全を図るための規定と理解するものである。

 民法32条1項後段が適用される行為

この問題がどのような場合に生ずるかについて，次の2点に注意を要する。

第一に，この規定は，財産に関する行為の効力のうち，権利の移転や設定の効力（処分の効力）に適用がある（BからCへの所有権移転，つまりCの所有権取得の効力が問題になる）。権利移転等に向けた債権債務の発生には，原則としてこの規定の適用はない（したがって，BとCの間の売買そのものは，この規定によって無効になるわけではない）。債権債務は，その当事者（BとC）の間に生ずるだけで，失踪者の権利に影響しないからである。

第二に，処分のうち，目的物が不動産の場合に，とくに問題となる。目的物が動産の場合には，192条によって，Cは，Bの所有物と正当に信じて契約したならば，その物の所有者が実はAであってもその物の所有権を取得する。したがって，目的物が動産の場合には，32条1項後段を問題にする必要はそれほどない（善意のCに過失が認められる場合は，一応，別である。ただし，その場合には，そのようなCも，32条1項後段で保護されてよいかが問題になる）。なお，不動産と動産の区別については，p.30の 用語解説 を参照。

(b) 身分上の行為

身分上の行為については，とくに婚姻の効力が問題とされている。

Case 7

Aにつき失踪宣告がされ，Aの配偶者であったBは，その後，Cと再婚した。さらにその後に，Aが生きて戻り，失踪宣告は取り消された。AとBの間の婚姻（前婚），BとCの間の婚姻（後婚）は，それぞれのように扱われるか。

 この場合，A，BおよびCの三者が前婚と後婚のいずれを優先させるかについて合意したならば，実質上たいした問題にはならない。それに対し，そのような合意が成り立たない場合には，深刻な事態が生ずる。

失踪宣告が取り消された場合に，Aの従前の法的地位がすべて遡及的に復活すると考えると，AとBの間の婚姻が復活することになる。しかし，それによって，BとCの間の婚姻が自動的に無効になるわけではない。婚姻については742条に無効原因が定められており，この場合はそれに該当しないからである。結果として，Bは重婚状態となる。

その場合，732条の重婚禁止規定に違反することになるBとCの間の婚姻は，取消可能となる（744条）。この取消しは，婚姻の各当事者（BとC），検察官，そして配偶者（A）が，裁判所に請求することができる。AとBの間の婚姻に関しては，重婚は，Aにとって離婚原因となる（770条1項5号の「その他婚姻を継続し難い重大な事由があるとき」に該当する）。この結果，Aは，BとCの間の婚姻

物の代表的な区別に，不動産と動産の区別がある。土地とその定着物が不動産（86条1項）であり，それ以外の物が動産（86条2項）である。

不動産のうち，土地については説明の必要はないだろう。「その定着物」とは，土地に付着していて，取引観念上も土地に固定して使用される物である。木，門，フェンス，外灯などがその例である。土地の定着物を不動産とすることの意味は，定着物を土地のいわば付属物として扱うことにある。たとえば，土地の売買があると，異なる合意があり，その効力が認められない限り，定着物を含む土地が売買されたことになる。ただし，土地の定着物の最も代表的なものである建物は，例外的に，土地と別個の不動産とされている。そのため，土地と建物は，別個に所有・取引の対象とされることになる。

動産と不動産の区別は，両者の次のような違いを考慮してされている。第一に，文字どおり動かせるかどうかの違い。第二に，財産的価値の違い。第三に，世の中に存在する数の違いである。動産は簡単に動かせるのに対して，不動産は容易に動かせない。財産的価値については，一般に，動産よりも不動産の方が高いといえる（価額の点だけでなく，土地と建物は生活や事業の基盤をなすものである）。また，世の中に存在する数については，不動産は，確かに多いけれども限られているのに対し，動産は，それこそ無数に存在する。これらの違いから，民法は両者で異なった規制をしている。たとえば，ある物に誰がどのような権利を有するかを示すときに違いがある。不動産については所在が（容易に）変わることがなく，数も限られているので，権利者とその権利の内容を公に示す方法（公示方法）を整備することが比較的容易である。また，不動産は一般に高い価値が認められるので，費用をかけてでも権利者をはっきりさせることは，多くの人にとって意味がある。そこで，不動産については，不動産の存在と不動産に関する権利の変動を記録し，これを公示するための制度（不動産登記制度）が用意されている。これに対し，動産は，所在が一定しないうえに，よく似たものが多数存在する。そのため，誰がどのような権利を有するかを示す手段を整備することは相当難しい。そのうえ，動産にはそれほど財産的価値の高くないものが多く，費用をかけて権利の所在をはっきりさせることに，あまり意味がない。このことは，たとえば，時計や衣服について考えれば明白であろう。そこで，動産については，原則として，現にその物を所持しているという状態（占有という）が，その人が権利者であることを示すものであるとされている（ただし，動産についても，例外的に登記や登録の制度が用意されている場合がある）。

さらに，動産と不動産とでは，公示を信じて無権利者との間で権利取得行為をした者の保護にも違いがある。動産の場合，物の占有者の権利を過失なく信じていた者は，権利取得を認められる（192条）。それに対し，不動産の場合，登記を過失なく信じて不動産の取得行為をした者は，原則として，その行為により権利を取得することができない。取得行為者を保護した場合に真の権利者に生ずる不利益の大小と財の流通を保護する必要性の程度を考慮して，このようにされている。

の取消しを求めることも，Ｂと離婚することもできる。それに対し，ＢとＣは，
　　自分たちの婚姻の取消しを求めることしかできない。

　32条1項後段は，善意の行為の効力維持を定めている。ここに婚姻も含まれるとするならば，ＢとＣがともに善意の場合には，ＢとＣの間の婚姻の効力が維持されることになる。そのために，ＡとＢの間の婚姻は復活しないとすべきことになる。かつては，このように考えられていた。

　しかしながら，これには次の疑問が残る。婚姻については両当事者の真意を尊重するべきなので，第一に，ＢとＣが悪意であっても，婚姻の継続を望んでいるならば，それを認めるべきではないか。第二に，ＢとＣがともに善意であっても，ＡとＢが婚姻関係の復活を望むならば，（Ｃの意思に反してでも）それを認めるべきではないか。

　そこで，現在では，ＢとＣの主観的態様にかかわらず，ＡとＢの間の婚姻は復活しないとする立場が有力である。Ｂは，Ａの長期不在を理由に離婚することができた場合もあり（770条1項2号または3号），ＢをＡとの婚姻に拘束することは適当でない。また，ＡとＢの間の婚姻にまつわる関係は，相当の金銭的および社会的費用をかけていったん清算済みであるが，それを復活させるには非常に大きな費用を要する恐れがあり（たとえば，ＢとＣの間に子がある場合），適当でないと考えられる。

┌─────┐
│発展 │　**婚姻の扱い**
│学習 │
└─────┘
　　ＡとＢの間の婚姻が復活しないならば，ＢとＣの婚姻継続の希望は，常にかなえられる。これに対し，ＡとＢがともに婚姻関係の復活を望む場合には，かりにＢとＣがともに善意であったとしても，次のようにすることが考えられる。すなわち，Ａの帰来による失踪宣告の取消しとＡとＢの婚姻関係復活の希望を，ＢとＣの間の婚姻について，「その他婚姻を継続し難い重大な事由」（770条1項5号）と解する。これにより，ＢとＣの間の婚姻解消が可能になり，ＡとＢは再婚することができる。

*(2)　**直接取得者の返還義務の制限**　失踪宣告が取り消されると，失踪宣告*に基づく権利の移転は，生じなかったものとされる。したがって，失踪宣告の直接の効果として財産を取得した者（直接取得者という。相続人がその代表例である）は，権利を失い（32条2項本文），取得した財産を返還しなければならない。ところが，直接取得者が，財産をすでに使ってしまっていることもある。その場合，返還義務の範囲が問題になる。

Case 8

Aにつき失踪宣告がされ，Bが，5000万円を相続により取得した。ところが，Aが生きて戻り，失踪宣告が取り消された。宣告の取消しが確定した時点で，Bは，3000万円を使ってしまっていた。Bは，Aにいくら返せばよいか。

 ある者が他人の財産から法律上の原因なしに利益を受け，それによって他人が損失を被った場合，その結果をそのまま承認することは適当でない。そこで，利得者は，受けた利益を損失者に返還しなければならないとされている。これを，不当利得の返還という。

　直接取得者の返還義務の性質は，不当利得返還義務である。不当利得返還義務の範囲については，703条と704条に一般的な規定がある。それらの規定についての一般的理解によると，法律上の原因がなく利益を受けた者（受益者）は，受けた利益に利息をつけて返還（不法行為の要件が充たされるときはさらに損害賠償も〔最判平成21・11・9民集63巻9号1987頁〕）しなければならない（704条）。それに対し，法律上の原因がないことを知らずに利益を受けた者（善意の受益者）は，「利益の存する限度」で返還すればよい（**現存利益の返還**。703条）。現存利益の返還とは，利益がそのまま，または形を変えて残っている限度で返還するということである。形を変えて残っているとは，受けた利益を使って取得した物や権利がある場合，または受けた利益を使ったが，それは受益がなくてもしていた支出であった場合をいう（たとえば，生活費や債務の弁済にあてた場合。いずれにせよしたはずの出費を免れたという形で，利益が残っているとされる。この考え方を，「出費の節約」と呼ぶ）。善意の受益者の返還義務の範囲が制限されているのは，返還義務によって善意の受益者に新たな負担または不利益を課すべきではないという考えによる。ところが，出費の節約分は受益の有無に関係なくいずれにせよ支出または負担せざるをえなかったものについて認められるものであり，受益者の財産状態が本来生じたはずの減少を受益のゆえに免れたままになっていると考えられる。そのため，これについて返還義務を認めても，受益者に新たな負担または不利益を課すことにならないため，これは返還範囲に含まれる。それに対し，浪費分など受益に関係なく支出または負担されていたと評価することができないものについては，その返還を命ずると受益者に新たな負担または不利益を受益のゆえに課すことになるため，善意の受益者はその返還を免れることができる。

これによると，(Case 8)のBの負う返還義務の範囲は，次のようになる。Bは，原則として，受け取った5000万円に年利3％（404条2項）で計算した利息を加えて返還しなければならない。ただし，宣告が事実に反することを知らずに使っていたときは，手元に残っている2000万円（＋出費の節約分）だけを返せばよい。

　もっとも，失踪宣告の取消しについては，32条2項ただし書に特別の規定がある。それによると，直接取得者は，「現に利益を受けている限度」で返還すればよい（**現受利益の返還**）。現受利益の返還とは，703条の現存利益の返還と同じことであるとされている（現受利益については，p.106 の(2)も参照）。

　32条2項ただし書は，直接取得者の主観的態様による区別をしていない。これを素直に読めば，直接取得者は，善意でなくても現受利益だけを返還すればよいことになる。

　しかしながら，この規定は，善意の直接取得者にのみ適用されるとする見解が有力である。失踪宣告が事実と異なることを知らずに財産を取得し，費消した者だけが，返還義務による新たな負担または不利益を免れさせるという特別の保護に値すると考えられるからである。この見解によると，32条2項ただし書は必要のない規定（703条と704条の原則を確認するだけの規定）ということになる。

第**3**章

法律行為

法律行為総論

1 法律行為とは何か

　権利能力を有する者は，権利を有し，義務を負うことができる。現に，権利や義務がある人のもとで発生したり，消滅したり，内容が変わったりということ（これらを総称して，**権利義務の変動**〔権利で代表させて，権利の変動ということも多い〕または**法律関係の変動**という）が，日々いたるところで起こっている。

　権利の変動は，自然に起こるわけではなく，何らかの原因があって生ずる。この原因を，**権利（の）変動原因**と呼ぶ。

　権利の変動原因には，いろいろなものがある。その一つが，**法律行為**である。

　日常生活において，法律行為という言葉を耳にすることは，まずない。また，諸外国の民法を勉強したとしても，これにあたる概念に出会うことは，そう多くない。しかしながら，わが国の民法では，これは非常に重要な概念である。わが国の民法典の特質を理解するうえで，この概念の理解は欠かせないといっても過言ではない。

　法律行為とは，次のようなものである。法律行為は，権利の変動原因の一つである。法律行為は，そのなかでも，意思表示を要素に含む点に特徴がある（⇒p.38の**2**）。法律行為は，具体的な権利変動原因そのものではなく，個別の具体的な権利変動原因からなる抽象概念である（⇒p.40の**3**）。そして，法律行為は，法律要件の一種である（⇒p.40の**4**）。

1 各種の権利変動原因

　権利の変動原因には，様々なものがある。契約，契約の解除，遺贈，相続，不法行為，物の滅失などは，その例である。

Case 9
　① Aが，Bに，B所有のあるパソコンを20万円で買うと申し込み，Bがこれを承

諾した。

② ①において，Ａが代金を支払わなかったので，Ｂが契約を解除した。

③ Ｃが，所有する株式をすべて親友Ｄに与えるという遺言をして，死んだ。

④ ③において，Ｃは，その他の財産を誰に与えるかについては遺言をしなかった。

⑤ Ｅの前方不注意を原因とする自動車事故で，Ｆが重傷を負った。

⑥ Ｇの自宅建物が，地震のために全壊した。

Case 9 ①は，売買契約の例である。この契約を原因として，Ａが，パソコンの所有権，およびＢにそのパソコンの引渡しを求める権利を取得する。Ｂは，代金の支払をＡに求める権利を取得する。

②は，契約の解除の例である。当事者の一方が義務を履行しないのに，他方は義務を履行しなければならないとすることは，公平でない。そこで，そのような場合，履行を得られない当事者は，一定の手続を踏めば契約関係を解消することができる。これを契約の解除と呼ぶ。②では，Ｂが契約を解除すれば，その契約によりＡとＢの間に生じていた権利義務は，消滅する。その結果，たとえば，Ｂは，引き渡したパソコンの返還をＡに求めることができる。

③のＣがしたように，人が遺言によりある財産を自己の死後に他人に無償で与えることを，遺贈という。③では，遺贈を原因として，Ｄが株式を取得する。

死者が，財産の行方について遺言をしていないこともある。その場合，死者の財産は，法律の規定に従って，相続人が承継することになる。④では，相続を原因として，Ｃの相続人が，株式以外のＣの財産を承継する。

他人の不注意による事故（不法行為）によって損害を被った者は，加害者にその損害の賠償を求めることができる。⑤では，不法行為を原因として，Ｆが，Ｅに対する損害賠償債権を取得する。

物が滅失すると，その物を客体とする権利，たとえば所有権は消滅する。⑥では，滅失を原因として，Ｇの建物所有権が消滅する。

2 法律行為は意思表示を要素に含む権利変動原因である

1 法律行為は意思表示を要素に含む

これらの権利変動原因は，権利の変動を生ずる根拠の点で，契約・契約の解除・遺贈と，相続・不法行為・物の滅失に分けることができる。

前者では，当事者が権利の変動を求める意思の表明（意思表示）をしており，原則として，その意思表示の内容どおりに権利の変動が認められる。

Case 9 ①では，Ａは，20万円の支払と引換えにＢ所有のあるパソコンの入手を求めて，Ｂにその旨を伝えている（申込みの意思表示）。これに対し，Ｂが，これを

受け入れることを求めて，Aにその旨を伝えている（承諾の意思表示）。これにより，両者ともに，意思表示どおりの権利を取得し，義務を負担することになる。

②では，解除権を有するBが，契約関係の解消を求めて，Aにその旨を伝えている（解除の意思表示）。そして，そのとおりに，契約関係（契約の効果）は消滅する。

③では，Cが，所有株式を自己の死後にDに帰属させることを求めて，遺言にその旨を表している（遺贈の意思表示）。Cの死亡により，その意思表示どおりに株式はDに帰属する（ただし，Dは，その後に遺贈を放棄することができる）。

それに対し，後者では，当事者の意思と無関係に権利変動が認められる。

Case 9 ④では，Cの死亡によりCの有した財産を他人が取得する点では，③と同じである。しかしながら，相続による財産の承継は，Cの死亡によって法律上当然に生ずる（896条本文）。その承継は，これを求めるCの意思表示の結果ではない。

⑤では，Fは，法律の定め（709条）によって，損害賠償債権を取得する。その取得は，これを求めるF（とEの）意思表示の結果ではない。

⑥におけるGの所有権喪失がGの意思表示に基づくものでないことは，明らかであろう。

民法典では，パンデクテン方式が採用されている。この方式は，共通性をもつ事柄をひとまとめにして扱うという特徴をもつ。そして，契約，契約の解除，遺贈などには，意思表示を要素に含む権利変動原因である点で共通性がある。そこで，このような権利変動原因は，まとめて法律行為と呼ばれ，他の権利変動原因と区別して扱われている。つまり，法律行為は，意思表示を要素に含む権利変動原因である。

② 法律行為は意思表示以外の要素を必要とすることもある

法律行為は，一つの意思表示だけからなることもある（**Case 9** ②の契約の解除という法律行為はBの解除する旨の意思表示のみからなり，**Case 9** ③の遺贈という法律行為はCの遺贈する旨の意思表示のみからなる）。もっとも，法律行為が成立するためには，多くの場合，意思表示以外の要素も必要になる。

Case 9 ①では，売買という法律行為が成立している。その成立には，AとBそれぞれの意思表示に加えて，その合致が必要である（555条）。

同じ契約でも，金銭の貸し借りの契約（金銭消費貸借契約）は，一方の貸す旨の意思表示と他方の借りる旨の意思表示が合致するだけでは成立しない。そのほかに，目的物が借主に交付されること（587条。このように，成立のために目的物の交付を要す

る契約を**要物契約**という。それに対し，売買のように，当事者の意思表示の合致のみによって成立する契約を**諾成契約**という），または，契約が書面（587条の2第1項）またはその内容を記録した電磁的記録によってされること（同条4項）が必要である（このように，成立のために法令の定める方式に従うことが必要になる法律行為を**要式行為**という）。

③の遺贈は，Cが遺贈の意思を表示することによりおこなわれる。ただし，この意思表示は，民法に定められた方式でしなければならない（967条。したがって，遺贈は要式行為である）。

以上を図式的に表現するならば，次のようになる。

　　売買契約＝法律行為＝2個の意思表示＋その合致（555条）
　　金銭消費貸借契約＝法律行為＝2個の意思表示＋その合致＋金銭の授受（587条）または書面等の作成（587条の2第1項・第4項）
　　契約の解除＝法律行為＝解除の意思表示（540条1項）
　　遺贈＝法律行為＝遺贈の意思表示＋民法所定の方式の具備（967条）

したがって，法律行為＝意思表示＋aと表すことができる。aに何が入るかは，各種の法律行為によって異なる。

3 法律行為は意思表示を要素に含む権利変動原因の統括概念である

以上の説明からも明らかなように，法律行為は，個別・具体的な権利変動原因ではない。法律行為は，契約やその解除，遺贈といった意思表示を要素に含む各種の権利変動原因の統括概念である。

4 法律行為は意思表示を要素とする法律要件である

◼ 権利変動のメカニズム

法律行為は，権利の変動原因の一つである。

権利や義務は，泉から水が湧き出るのと違い，自然に生ずるわけではない。社会に存する事実や関係が一定の基準により法的に評価されて，権利や義務の発生を認めるにふさわしいと判断された場合に，権利や義務が生ずる（権利または義務の変更，消滅も同じである）。そうなると，この判断を，どのような基準に基づいて，誰がするかが問題になる。

このうち，判断の基準を与えるのは法規定（を中心とする法規範）である。すなわち，ある社会関係から権利の変動が認められるか，どのような権利の変動が認められるかは，法規定に照らして判断される。

法規定は，一般に，「（a，b，c…から構成される）原因Aがあるときは，結果

Xが生ずる」という形をとる。Xは一定の内容の権利や義務（または法的地位）として定められるので，原因Aがあると判断されると，権利の変動が生ずることになる。ここで，結果Xのことを**法律効果**，原因Aのことを**法律要件**と呼ぶ。そして，法律要件（原因A）は，通常，a，b，c…という数個の要素（講学上は，この要素を指して，単に「要件」と呼ばれるのが普通である。本書でもこの語法に従うことが多い）からなる。そして，それらの要素に該当する具体的事実は，**要件事実**と呼ばれる。したがって，権利変動は，次のようにして認められることになる。人びとの間に，法律要件を構成する要素に該当する要件事実が存在すると認められるときに，一定の法律効果，すなわち権利の変動が生ずる。

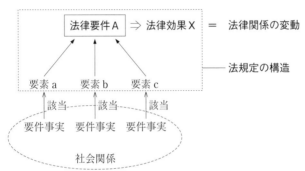

ただし，a，b，c…は，規範的評価概念（例：「正当な理由」，「過失」）であることもある。また，複数の要件事実から構成されることもある。

この権利変動のメカニズムを，次の例で具体的に確認しておこう。

Case 10
　A経営の電器店で，Aが，Bに，「このパソコンは，メーカー希望小売価格20万円ですが，展示品ですので12万円にしておきますよ」（発言1）と言った。Bは，Aに，「じゃあ，もらいます」（発言2）と言った。

　このような場合に関する規定として，555条がある。555条は，次のように定めている。「売買は，当事者の一方がある財産権を相手方に移転することを約し，相手方がこれに対してその代金を支払うことを約することによって，その効力を生ずる」。すなわち，財産権移転の約束（意思表示）という要素（要件）と，それに対応する代金支払の約束（意思表示）という要素（要件）があれば，売買契約（法律要件）が成立すること，売買契約の成立によってその効力（法律効果）が生ずることが定

められている。

Case 10 では，AとBは，「売る」とも「買う」とも述べていない。しかしながら，発言1は，Aが，パソコンの所有権をBに移転すると約束するものといえる。つまり，発言1は，財産権移転約束という要素（要件）に該当する事実（要件事実）である。発言2は，Bがそれに対応して代金12万円を支払うと約束するものである。つまり，発言2は，財産権の移転に対する代金支払約束という要素（要件）に該当する事実（要件事実）である。したがって，555条により，AとBの間に売買が成立し，その効力が生ずる。555条は，この効力の全部を明らかにはしていないが，その主なものは，当事者が互いに約束したこと，つまり売主から買主への所有権移転とそれに関連する権利義務，売主の代金債権（買主の代金債務）の発生である。

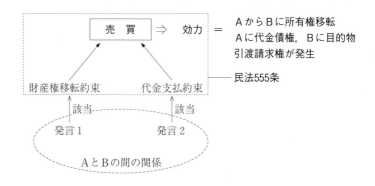

主張責任と立証責任

権利義務の存否をめぐって争いが生じた場合，争いに最終的な決着をつけるのは裁判所である。その際，要件事実の存否が決定的に重要な意味をもつ。法律効果（たとえば，ある人の権利や義務）の発生に必要とされる要件事実がすべて揃えば，法律効果の発生が認められるが，必要な要件事実が一つでも欠ける場合には，法律効果の発生は認められないからである。そこで，裁判は，まず一方が要件事実が充たされるとして何ごとかを求め，他方がその求めを否定することができる要件事実をあげて反論する。それに対して，請求者がその反論を覆すことができる要件事実をあげて反論する，という形で進む。最初の求めを請求，それに対する反論を抗弁，抗弁に対する反論を再抗弁，再抗弁に対する反論を再々抗弁，またそれに対する反論を再々再抗弁という。

わが国の民事訴訟では，弁論主義がとられている。これは，裁判に必要な事実と証拠の収集と提出を，当事者の権能と責任に委ねるという原則である。ここから，権利関係を直接に基礎づける事実については，当事者が主張しない限り，裁判所はそれを判決の基礎にすることができないとされる。そのため，ある法律効果の発生に必要な要件に該当する事実が弁論に現われなければ，たとえその事実が存在する場合であっても，法律効果の発生は認められない。その結果として，一方の当事者が，不利益または危険を負担することになる。この不利益または負担を，**主張責任**と呼んでいる。

また，主張された要件事実の存否が常に明らかになるとは限らない（**Case 10** のAが代金12万円の支払を求めてBを訴えた場合，Bが発言2をしたか否かがわからないことも

ある）。しかし，ある要件事実の存在が真偽不明である場合も，裁判所は判決を下さないわけにはいかない。そこで，その場合にどのように扱うかについても決まりがある。すなわち，ある要件事実の存否が不明である場合，それが存在していれば認められたであろう法律効果が認められないものとされる。これにより，ある要件事実の存否が不明に終わったときは，当事者の一方が，その求める法律効果を認められないという不利益を被ることになる。当事者の被るこの不利益を，**立証責任**（あるいは，証明責任，挙証責任）という。

　そうなると，ある要件事実について当事者のいずれに立証責任があるか（立証責任の分配）が，非常に重要になる。この問題につき，通説（法律要件分類説と呼ばれる）は，次のように考えている。すなわち，立証責任は，ある要件事実が立証されないことによって法律効果が認められない不利益である以上，争いにおいてその法律効果を求める者にある。そして，どのような法律効果が発生するかは，民法（など実体法）の定めるところである。そこで，民法の規定に定められている法律効果が，①権利の発生，②権利発生の障害，③権利の消滅に分類される。そして，それぞれの法律効果を求める当事者が，その法律効果が認められるために必要な要件事実について立証責任を負う。

② 法律要件としての法律行為

　法律行為は，権利の変動原因の一種である。つまり，法律効果を生ずる原因の一種であるから，これは，法律要件の一種ということになる。そして，すでに述べたとおり，法律要件たる法律行為は，必ず，意思表示を要素に含む。したがって，法律行為は，意思表示を不可欠の要素とする法律要件ということができる。

2 「法律行為」概念の存在意義

　法律行為は，意思表示を要素に含む各種の権利変動原因の統括概念である。これは，どのような場合にどういった権利変動が生ずるかはそれらの個別の権利変動原因の有無によって定まることを意味する。つまり，法律行為という概念がなくても，人びとの間にどういった権利義務の変動が生ずるかを把握することに困らない。実際，具体的な法律問題を考えるに際して，法律行為一般についてどうか，という議論がされることはあまりない。契約を念頭に置いて議論される場合がほとんどである。その意味で，法律行為概念に，実際的有用性はあまりない。では，法律行為概念の存在意義は，どこにあるのだろうか。

1 私 的 自 治

　私法においては，**私的自治**という考え方が存在する。これは，簡単にいえば，「自分のことは，自分で決められる」，「自分の生活関係は，自分で形成すること

ができる」という考え方である。そして，わが国の民法上，伝統的に，この私的自治を尊重することが原則とされてきた（**私的自治の原則**）。この考え方によるならば，法律行為には特別の意味が与えられる。

2 法律行為概念の存在意義

法律行為は，権利変動原因のなかで，当事者の意思表示に基づいて権利変動が認められる点に特徴がある。つまり，法律行為は，人びとが私的自治を私法関係の上で実現するための手段であるということができる。そこで，私的自治を私法における基本原則の一つと認める立場からは，法律行為は，権利変動原因のなかで特別の重要性をもつものということになる。見方を変えれば，意思表示に基づくという共通性を基礎にして法律行為という統括概念を設けることは，私的自治の基本原則性の承認を前提としているともいえる。

3 法律行為の分類

法律行為は，種々の具体的な権利変動原因を含んでいる。そして，それらの具体的な権利変動原因は，いろいろな観点から分類されている。

なかでも重要なものは，契約，単独行為，合同行為の区別である。これは，法律行為を組成する意思表示の個数と目的方向の違いに着目した区別であり，たとえば法律行為（意思表示）の解釈（⇒p.69の**5**）に関して意味をもつ。

1 契 約

1 契約とは

契約とは，目的が対立する複数の（多くの場合，2個の）意思表示が合致したときに成立する法律行為である。売買や贈与，賃貸借などが，その例である。

> (*Case 9*)①では，Aの「パソコンを20万円で買う」という意思表示と，Bのそれを受け入れる旨の意思表示という2個の意思表示がされている。そして，Aの意思表示は，パソコンの所有権を取得して，20万円の代金債務を負うという目的に向けられ，Bの意思表示は，パソコンの所有権を手放し，20万円の代金債権を取得するという目的に向けられている。これら反対の目的に向けられた2個の意思表示が合致することで，売買という契約が成立している。

❷ 契約自由の原則

私的自治の原則によれば，人は，自己の意思によって他者との法律関係を自由に形成することができる。ところが，その他者もまた，私的自治の原則から意思による法律関係形成の自由を認められている。そのため，必然的に，両者の形成自由の衝突が起こる。そこで，その衝突の調整が必要になる。

この調整の仕方はいろいろありうるが，当事者が対等な立場で自主的に調整するのなら，それに任せることが得策である（ある人にとって何が「よい」ことかは，その人にしか決められない。そのため，本人がそれを自ら決められる状況にある場合，〔国家も含めた〕他者が勝手に決めるべきではない）。ところで，契約は，当事者が自分たちの法律関係を合意によって形成する制度である。これはまさに，当事者が，相互の形成自由の衝突を自主的に調整する手段といえる。そこで，契約の締結や内容については，問題が起きない限り当事者の自治に任せておけばよく，法が介入する必要はないと考えられる。そのため，契約においては，当事者に広範な自由が認められてきた。すなわち，誰と（相手方選択の自由）契約を結ぶか（契約締結の自由。521条1項），どのような内容にするか（内容決定の自由。521条2項），どのようなやり方でするか（方式の自由。522条2項）は，基本的に人びとの自由に委ねられている。このように，契約について人びとの自由に広く委ねることを，**契約自由の原則**と呼ぶ。

ただし，契約自由の原則といっても，当事者に無制約の自由が認められるわけではない。契約は国家によって認められた制度であるから，契約をする者は，国家がその制度の利用について設けた制約に服することになる（たとえば，契約締結の自由と方式の自由は，「法令に特別の定めがある場合を除き」認められる〔521条1項，522条2項〕。内容決定の自由は，「法令の制限内において」認められる〔521条2項〕）。したがって，契約自由を原則として認めるということは，国家が契約制度の利用者に制約をあまり課さず，幅広く当事者の自治に委ねることを意味する。もっとも，最近では，契約自由に対する制約が，相当広くみられるようになっている（⇒p. 189の❸，p. 197の❾参照）。

2 単独行為

❶ 単独行為とは

単独行為とは，1個の意思表示だけで成立する法律行為である。契約の解除は，その例である。また，遺言も単独行為である。

❷ 相手方のある単独行為と相手方のない単独行為

　単独行為は，相手方のある単独行為と，相手方のない単独行為に分かれる。両者は，意思表示が特定の者（相手方）に対してされるもの（その受領を要すべきもの）か否かにより区別される。

　たとえば，契約の解除は，契約関係を解消する旨の契約相手方に対する（契約相手方の受領を要すべき）意思表示によって成立する。したがって，相手方のある単独行為である。

　それに対し，遺言は，相手方のない単独行為である。遺言でされる代表的なものである遺贈を例にとれば，次のようになる。遺贈者は，遺言において，自己の死後にある者（受遺者）に財産を与える旨を記す（これが，遺贈の意思表示にあたる）。ここでは，受遺者が相手方であるかのようにみえるが，そうではない。遺贈の意思表示は受遺者に対してされるもの（受遺者の受領を要すべきもの）ではなく，受遺者は，遺言のなかで財産を取得する者として指名されるにすぎない。遺贈の効力は遺贈者の死亡によって当然に生じ，目的財産は受遺者に帰属する。受遺者は，その財産を取得したくない場合，すでにされた遺贈を放棄することができるだけである（この放棄により，遺贈は当初からされなかったものとされる〔986条2項〕）。

❸ 「単独行為自由の原則」の不存在

　単独行為の場合，意思表示をする者が，他人との関係を一方的に決めることになる。したがって，単独行為は，意思表示をする者にとっては法律関係を自分で決める手段といえる。しかし，その効果が生ずる他人は，法律関係を一方的に押しつけられることになる。そのため，単独行為は，契約と違い，人びとが自由にしてよいとするわけにはいかない。そこで，単独行為は，法律に特別の定めがある場合にのみ許されている。

> **発展学習**　単独行為が認められる場合
> 　たとえば，契約の解除のような相手方のある単独行為は，すでに一定の法律関係が存在する者どうしの間において，しかも一方的な法律関係の形成を認めるに足る事情が存在するとき（債務不履行など解除原因があるとき）にのみ，することができる（効力を認められる）。また，相手方のない単独行為である遺言でも，遺言者に契約ほど幅広い自由は認められていない。契約は，原則としてどんな方式でしてもよい（書面でしても，口約束でしてもよい）とされているが（522条2項），遺言は，法律に定められた方式に則ってしなければならない（960条）。また，契約で定めることができる事項に法律上の限

定はないが（521条 2 項参照），遺言には限定がある。遺言で定めることができるのは，遺産の分配に関する取り決めが主である。たとえば，AがBに，「Cに対する債務を，私の自宅を売って返済してくれ」と依頼することは，契約申込みとしてならすることができる。しかし，遺言にそのようなことを記しても，法的な効力は認められない。

3 合同行為

1 合同行為とは

　合同行為とは，複数の意思表示が同一の目的のためにされることにより成立する法律行為である。一般社団法人の設立や法人の総会決議が代表例である。

　複数の意思表示が主要な点で一致することにより成立する点では，合同行為は，契約と同じである。しかし，意思表示の目的の方向が契約とは異なる。契約の場合，複数の意思表示は，対立する目的（たとえば，代金債権の取得と代金債務の負担）に向けられている。それに対し，合同行為の場合，意思表示は，同じ目的に向けられている（たとえば，一般社団法人の設立の場合，当事者の意思は，法人設立という同じ目的に向けられている。一方が手放すものを他方が受け取るわけではない。皆が求める法人が設立され，そのために約束したもの〔たとえば，土地や金銭，労務〕があれば，それをその法人に出し合う）。

2 合同行為を契約と区別する意味

　合同行為と契約を区別する意味は，法律行為を構成する個々の意思表示の効力が否定される場合の取扱いの違いにある。契約の場合，それを構成する意思表示の一つの効力が否定されると，契約全体が効力を失う。それに対し，合同行為の場合には，それを構成する意思表示の一部が無効であっても，合同行為全体が当然に無効になるわけではない。たとえば一般社団法人の設立の場合，それを構成するある者の意思表示の効力が否定されても，法人の設立は，その効力に当然には影響を受けない。また，たとえば法人の理事会の決議は，議決権を有しない理事が加わってされたものであっても，その理事を除外しても決議の成立に必要な多数が存するときは，その効力を否定されない（最判昭和54・2・23民集33巻 1 号125頁，最判平成28・1・22民集70巻 1 号84頁）。一部の者の事情で，多くの者の法律関係に大きな影響を及ぼすことは好ましくないからである。

　ただし，合同行為を契約と区別することには異論もある。

4 法律行為法の構造

　人びとの間に権利義務の関係が認められるのは，その原因があるからである。たとえば，AがBに100万円の支払を求める場合，AがBに物を100万円で売った，AがBに100万円を貸した，Aが代金100万円を支払った契約を解除したといった原因があるときに，Aの請求が認められる。このように，権利義務の存否は，具体的な権利変動原因の有無によって定まる。したがって，売買や消費貸借，契約の解除といった具体的な権利変動原因がどのような場合に成立し，どのような効力を生ずるのかを定める規定があれば，権利義務の存否を判断することができる。ただ，そのような規定の配置の仕方の点で，わが国の民法典は独特の形式をとっている。多くの事態に共通する事柄がある場合，その事柄に関する規定群を「総則」として括りだし，個々の制度または事柄に固有の規定（各則）の前に置くというパンデクテン方式である。そのため，わが国の民法典では，意思表示を要素とする権利変動原因は，すべて法律行為にあたるものとして，それらに共通して妥当する事柄について総則に定めが置かれている。また，民法典に規定はないけれども，法律行為にあたる権利変動原因に共通して問題となる事柄についても，民法総則で扱うことが普通である。このような観点から，民法総則では，法律行為に関して主に次のような規定が置かれ，あるいは議論されている。

1 法律行為の成立（とくに，意思表示の成立）と内容確定

　まず，意思表示を要素とする各種の権利変動原因の成立が認められるために共通して妥当する事柄である。

　この種の権利変動原因は（売買であれ，消費貸借であれ，契約の解除であれ），意思表示がなければ，およそ成立しない。そうすると，意思表示の存在がどのような場合に認められるかという問題は，それらの原因すべてに共通する問題といえる。そこで，これは，法律行為の問題として扱われる（法律行為または意思表示の成立の問題）。

　実際に成立する法律行為が何であるか（売買か，消費貸借か，契約の解除か）は，意思表示の内容によって決まる。したがって，意思表示の内容が明らかになった後は，どのような権利義務関係が認められるかは，具体的な権利変動原因に固有の規定や準則に従って判断されることになる。それに対し，意思表示（法律行為）

がいったいどのような内容かを明らかにする作業（解釈という）は，すべての意思表示（法律行為）に共通して必要となるものである。したがって，これも，法律行為の問題として扱われる（法律行為または意思表示の内容確定の問題）。

2 成立した法律行為の効力否定原因

　一定の内容の法律行為の成立が認められると，具体的な権利変動原因のうちのいずれにあたるか（売買か，消費貸借か，契約の解除か），どのような法律効果が発生するかが定まる。もっとも，それは，その法律効果が当然に認められる，ということを意味しない。たとえば，Aが暴力をもってBを脅し，ほとんど価値のない物を100万円で買わせた場合に，Aに100万円の支払を求める権利を認めるべきではない。そこで，この場合，Bは，自己の意思表示の効力を否定することができ，その結果として，法律効果の発生も否定することができるとされている。ところで，暴力をもって脅されたためにした意思表示（法律行為）は効力否定が認められるべきであるということは，その意思表示に基づいて成立するのがどのような種類の法律行為であっても，等しく認められてよい。これは，意思表示に基づく各種の権利変動原因について，効力の否定が認められるべき共通の原因があることを示している。そこで，その共通の原因が明らかにされて，それらの原因に関する規定が民法総則のなかに置かれている。

3 法律行為の効力否定原因がある場合の扱い

　そのような規定に該当すると，法律行為は，効力を否定されることになる。ただ，同じく効力を否定されるといっても，その効力の否定の仕方の点で，民法は二つの異なった種類のもの（無効と取消し）を認めている。それらの効力の否定の仕方は，効力の否定が問題となる具体的な権利変動原因が何であるかを問わず，共通して妥当する。そこで，この効力の否定の仕方に関する規定も，民法総則のなかに置かれている。

4 法律行為をする特殊な方法の承認とそれに伴って生ずる問題

　最後に，法律行為をどういう方法で成立させるかも，法律行為の種類のいかんにかかわらず，共通する事柄といえる。たとえば，契約を締結しようとする場合も，契約を解除しようとする場合も，当然，そのための意思表示を自分ですることができる。そのほかに，これを他人にさせることも認められている。Aが長期

の海外赴任に出ることになったとしよう。不在中にAの自宅が壊れたら，修繕のために契約をすることが必要になる。家を他人に賃貸していたならば，その契約の更新や解除が必要になるかもしれない。ところが，そのための意思表示をAが自らすること，受けることは難しい。そこで，Aは，それらを他人に任せることができる。これを，代理という。

代理を認めるとなると，当事者自身が意思表示をし，受ける場合には生じない問題が起こりうる（たとえば，Aが長期不在になるからといって，すべての他人が自由にAの代わりに法律行為をしてよいわけではない。そこで，どういう者がAの代わりに法律行為をする資格を有するかが問題になる。また，資格のない者がAの代わりに法律行為をした場合，その効力をどうするかも問題になる）。そのため，そういった問題について規定が必要になる。ところで，代理は，特定の法律行為についてしか許されないものではなく，（一部の例外を除く）法律行為全般について可能である。そこで，代理に関する問題についても，民法総則のなかに規定が置かれている。

❷ 法律行為の成立と内容確定

1 序　論

1 「法律行為の成立」として論じられる問題

　法律行為が成立しなければ，法律行為に基づいて権利義務が発生することはない。そこで，どのような場合に法律行為が成立するかが，法律行為に関する問題の出発点になる。

　もっとも，法律行為は，意思表示を要素に含む具体的な権利変動原因の統括概念にすぎない。そして，贈与や売買といった具体的な権利変動原因がどのような場合に成立するかについては，個別に規定が置かれ，あるいは準則が定立されている。したがって，法律行為一般の成立の問題として論じられる事柄は限られる。ほぼもっぱら，すべての法律行為に共通する構成要素である意思表示について，その成立と効力発生の問題が論じられている。

2 法律行為・意思表示の成立と内容確定

　意思表示についても，それを構成要素とする法律行為についても，成立と内容確定の問題は，切り離して論じられることが普通である。すなわち，意思表示や法律行為が成立したかどうかを，まず判断する。そして，その成立が認められる場合，次に，その内容は何であるかを確定する。内容が確定されれば，その内容に従った効力が原則として認められる。それに対し，内容を確定することができなければ，効力を認めようがないから，成立した意思表示や法律行為は結局無効である，とされることが普通である。つまり，意思表示や法律行為の内容確定の問題は，成立した意思表示や法律行為についての効力否定原因の有無の問題として扱われている。

　本書でも，成立と内容確定のこのような区別に，一応従う。しかしながら，法律行為・意思表示の内容確定の問題は，成立の問題と密接不可分の関係にある（⇒ p. 58 の**3**参照）。

法律行為・意思表示の成立と内容確定の区別

　法律行為または意思表示の成立の問題と内容確定の問題をこのように切り離すのは，とくに，訴訟における主張・立証責任の問題を念頭に置いた結果であるとされている。すなわち，法律行為または意思表示は，その外形の存在をもって成立を認めることにし，その外形の存在は，法律行為の効果を求める者に主張・立証させる。その主張・立証があると，今度は，法律行為の効果を争う者が，その外形どおりの法律行為または意思表示が実際には存在しなかったことを，主張・立証しなければならないとする。こうすることが，訴訟経済にかなう。したがって，法律行為または意思表示の外形的存在を成立要件とし，それらの内容確定の問題は効力否定原因の一種として位置づける，というわけである。

　しかしながら，たとえば請求者は，特定の内容の請求をすることになる。そして，請求原因が法律行為である場合，その請求の内容は，特定の法律行為すなわち意思表示の内容にそくしたものでなければならない。ということは，請求者は，請求を根拠づける特定の内容の法律行為または意思表示が存在すると認められるに足る事実の主張・立証をしなければならないように思われる。

2　意思表示の意義，構造，機能

1　意思表示とは何か

　意思表示とは，一定の法律効果の発生を求める旨の意思の表明である。あるパソコンを20万円で買うという意思を表明する場合が，その例である。

2　意思表示の構造

　意思表示は，伝統的に，次のような過程を経て成立すると分析されてきた。すなわち，人は，一定の**動機**に基づいて意思の内容を決定し，これを外部に表明しようとする意識のもとに，その表明行為をする。ここで，動機に基づいて決定される意思を**効果意思**，ある種の効果意思を表明しようとする意識を**表示意思**（ただし，**表示意識**と呼ぶほうが正確である），表明行為を**表示行為**という。したがって，「表意者は，一定の動機に導かれて効果意思を決定し，表示意識のもとで表示行為をする」，ということになる。

動機⇒効果意思⇒表示行為
↑
表示意識

　これを，例を用いて説明すれば，次のようになる。

Aは，友人に結婚祝いを贈ることにした。いろいろ考え，良い品を探した末に，Bの営む陶器店で清水焼の茶碗を手にとって，「これをください」とBに言った。

Aは，Bに「これをください」ということにより，特定の茶碗を買いたいという意思を示す行為をしている。これが「表示行為」である。この表示行為がされる前に，Aの内心で，お金を払ってその茶碗を手に入れようという決心がされているはずである。これは，茶碗の所有権を取得しよう，そのために代金支払義務を負担しようという，法律効果の発生を求める意思である。これが「効果意思」である。そして，この効果意思が表示行為によってBに伝えられる際に，Aは，その意思を伝えようとして意識的（または自覚的）に行動していることが普通である。意思を伝えようとするこの意識（または自覚）が「表示意識」である。ところで，Aは，当該の茶碗を買うという効果意思を有するに至っているが，その過程で，様々なことを考えたはずである。たとえば，友人の結婚祝いとして何かを買おう，友人は焼物が好きだったはずだから何か焼物にしておこう，その茶碗は有名作家の作品でこの値段なら買い得だ，といったことである。これらすべてが「動機」と呼ばれる。以上のような，表意者の内心で起こることから外部的な行動までの一連の経過を時間的に追って定式化したのが，先に述べた意思表示の構造である。

意思表示の構造をこのように分析することには，相当強い批判がある。ただ，意思表示に関する議論は，この分析を（受け入れたうえであれ，批判してであれ）前提におこなわれることが多い。したがって，意思表示に関する議論を理解するためには，この構造分析を知っておく必要がある。

3 意思表示法の中心課題とそれへの対処

1 意思表示法の中心課題

意思表示が正常におこなわれた場合には，法的問題はとくに生じない。しかしながら，人間のすることには，間違いがつきものである。たとえば，*Case 11* において，Aが良い茶碗を買えたと思っていたところ，実は友人の結婚話が破談になっていたということがあるかもしれない。有名な作家の作品と思っていたのに，そうでなかったということもあるだろう。あるいは，そのような誤解は，Bにうまく騙された結果ということも考えられる。このように，意思表示の成立過程で思わぬ事態が起こることがある。これを，**意思表示の瑕疵**と呼んでおく。そして，意思表示に関する法的議論の中心は，意思表示の瑕疵が生じた場合に，正

常な意思表示の場合と同じように扱うことでよいか，何か特別の扱いをするべき
か，ということにある。

② 意思表示法を構成する基本的価値

1　意思主義と表示主義　　意思表示の瑕疵にどのように対処するべきかは，
意思表示に効力が認められるのはなぜか，という問題に対する考え方によって異
なってくる。そして，意思表示の効力の根拠については，**意思主義**と呼ばれる考
え方と，**表示主義**と呼ばれる考え方がある。

　意思主義は，意思表示の効力の根拠は表意者の意思にある，とする考え方であ
る。これによると，意思表示の瑕疵に対処する際に，表意者の意思が重視される。

　それに対して，表示主義は，意思表示の効力の根拠は表示に対する相手方の信
頼の保護にある，とする考え方である。これによると，意思表示の瑕疵に対処す
る際に，表示行為から推測される意思内容が重視される。

　この二つの考え方がなぜ出てくるのかは，意思表示がどのような機能をもって
いるかを考えれば，わかりやすい。

2　意思表示の機能　　先に述べた意思表示の構造から，意思表示は，表意者
がその求めることを実現するための手段であることがわかる。つまり，意思表示
には，表意者の意思を実現するという機能（**意思実現機能**）がある。そこで，表
意者は，意思表示によって自己の意思にそくした効果が発生すると考えることに
なる。

　もっとも，意思は，内心にとどまったままでは他人に認識されない。そのため
に，意思表示がおこなわれる。つまり，意思表示は，意思を他人に伝えるという
機能（**意思伝達機能**）をもっている。そこで，意思を伝達される側（相手方）の立
場からは，次のようにいえる。相手方は，表意者の内心にある意思を直接知るこ
とはできない。そのため，表示されたことから，表意者の意思はこういうものだ
ろうと推測する。そして，相手方は，意思表示は表意者の意思を実現するもので
あるから，その推測される意思内容に対応する効果が発生すると考えることにな
る。

　このように，意思表示には，表意者の意思実現手段であるとともに，相手方へ
の意思伝達手段でもあるという，二つの機能がある。そして，意思表示の瑕疵は，
表意者が本当に求めたこと，または求めたはずであることと，表示行為から推測
される意思内容とが異なるときに起こるものである。その結果，意思表示の瑕疵

においては，意思表示のこの二つの機能のいずれを，どのような場合に優先させるかが問題になる。意思実現機能を基本的に優先させる立場が意思主義であり，意思伝達機能を基本的に優先させるのが表示主義である。

3 意思表示法を構成する基本的価値

表意者の内心の意思（または真意）と，表示行為から推測される意思内容とが食い違うときには，ごく大雑把にいえば，次のようになる。すなわち，意思主義からすると，その意思表示は表意者の意思（または真意）を実現するものになっていないので，効力を否定されるべきである。それに対し，表示主義からすると，相手方への伝達はおこなわれているから，表示行為から推測される意思の内容に従って効力を認められるべきである。

しかしながら，実際には，意思主義と表示主義のいずれからも，ほとんどの問題において，このような単純な解決は主張されていない。意思表示に関する法規範（意思表示法）がいくつかの基本的価値から構成されていることは，どちらの側からも承認されている。ただ，それらの価値にどのようなものがあるかと，それらの価値のいずれをどの程度重くみるかの点で，対立がある。

意思表示法を構成する基本的価値としては，自己決定の尊重，相手方の信頼の保護，取引安全の保護，帰責根拠の必要性をあげることができる。

(1) 自己決定の尊重　　自己決定とは，自己の法律関係を自己の意思によって決める，ということである。その半面として，「自らの意思によらない法律関係を引き受ける必要はない」ということも意味する。

意思主義は，意思表示は人が意思を実現するための手段であるとして，自己決定を重視する。それに対し，表示主義は，自己決定を相対的に軽視する。

(2) 相手方の信頼の保護　　相手方の信頼の保護とは，相手方が有するに至った（正当な）信頼を裏切る（そして，それによって相手方に不利益を被らせる）べきでない，ということである。

意思表示は，表意者と相手方の間の関係を形成するための手段であるため，相手方の信頼の保護が考慮されるべきことになる。そして，表示主義はこれを重視するのに対し，意思主義はこれを相対的に軽視する。

(3) 取引安全の保護　　取引安全の保護とは，取引社会の秩序が乱されないようにする，ということである。

意思表示は当事者間に法律効果を生じさせる手段であるが，その法律効果の存否が他の取引の効果に影響を及ぼすことがある（たとえば，Aが所有する物〔甲〕につき，まずAとBの間で，次いでBとCの間で売買がされた場合，AとBの間

の売買が有効であれば，CはBとの売買により甲の所有権を取得しうるが，AとBの間の売買が無効のときは，CはBとの売買により甲の所有権を原則として取得することができない）。このため，意思表示の効力を定めるにあたって，取引安全の保護が考慮されるべきことになる。表示主義は，この取引安全の保護を重視する。すなわち，意思表示の効力を考えるにあたって，取引社会の秩序維持が図られるようにすべきであるとする。それに対し，意思主義は，これを相対的に軽視する。

(4) **帰責根拠の必要性**　帰責根拠の必要性とは，人に不利益を負わせるには，その負担をやむをえないとする事情がその者に存することを要する，ということである。意思表示が表意者に義務や責任を生ずる場合には，表意者に帰責根拠のあることが必要になる。

帰責根拠の必要性は，意思主義，表示主義のいずれにおいても認められている。ただし，その内容は異なる。

意思主義によると，意思を実現しようとする行為によって生ずる危険は，行為者が引き受けるべきであると考えられる。そのため，行為者は，意思表示をしようとして行為をした以上，その行為を意思表示として，たとえ真意と異なる内容のものであっても引き受けなければならないことがある。

それに対し，表示主義によると，無意識でされた行動は，その者の行為といえないので，それによってその者が義務や責任を負うことはない。しかしながら，意識的にされた行動については，それが社会や他人に対してもつ意味について，行為者は責任を負わなければならない。そのため，意思表示をするつもりが全くなかった場合であっても，行為者は，その行為を意思表示として引き受けなければならないことがある。

3　意思表示の成立

以上を前提に，意思表示に関して個別の問題を考えていく。はじめに，どのような場合に意思表示があると認められるか（意思表示の成立），についてである。

意思表示は，表意者の効果意思を相手方に伝達する行為である。したがって，意思表示が存在するというためには，第一に，表意者の態度（積極的，消極的の両方を含む）から，一定の内容の効果意思が外部から認識される（表示行為の外形が存在する）必要がある。第二に，意思表示は表意者に法律効果を生ずるものであ

るから，表意者において相応の帰責根拠がなければならない。

1 表示行為の外形の存在

まず，人の態度がどのような場合に一定内容の効果意思を推測させるものといえるか（表示行為の外形があると認められるか）が，問題になる。

Case 12

Aの子で10歳のBが，C所有の高価な盆栽を壊してしまった。Cは，Aに1000万円の支払を求め，Aと数時間にわたる会合をもった。Cは，その間，「Bの厳重な教育が必要だ」，「親として責任を痛感すべきだ」，「盆栽は命の次に大事で値段はつけられないが，1000万円でいいだろう」，「子の責任は親の責任だ」，「きちんとしてくれますね」，などと発言した。

① Aは，AがCに1000万円を支払う旨を記載した書面に署名し，押印した。

② Aは，Cの発言すべてに「しかるべく」と答えた。

③ Aは，Cの発言に対し，終始無言で頷いていた。

④ Aは，Cの発言を，とくに反論もせず終始うなだれたまま無言で聞いていた。

　この事例では，CがAに1000万円の支払を求める（そして，その代わりに争いを収める）意思表示をしたといえるだろう。問題は，Aのとった態度が，Aの承諾の意思を推測させるものと認められるか，である。

---

1 表示価値

ある人の態度から，一定内容の効果意思の存在が明瞭に推測される場合と，そうでない場合がある。これは，人の態度に，意思表示としての外見的明確性（意思表示と認めるに足る価値）の程度に差があることを示している。意思表示としてのこの外見的明確性を，**表示価値**と呼ぶ。そして，外見的明確性の高い場合を，表示価値が大きいと表現する（*Case 12* では，一般的にいえば，①～④の順に，Aの態度の表示価値は小さくなっている）。

2 明示の意思表示と黙示の意思表示

そして，人のある態度が意思表示と認められるときに，表示価値の大きい意思表示のことを**明示の意思表示**，表示価値の小さい意思表示のことを**黙示の意思表**示と呼ぶ。明示と黙示の差は相対的なものであり，はっきりとした識別基準があるわけではない。また，明示と黙示は，表示手段によって区別されるわけでもない。表示手段が言語である場合は，表示価値が大きいことが多いが（たとえば，

Case 12 ①），例外も少なくない（たとえば，*Case 12* ②のような曖昧な表現が用いられた場合）。表示手段が言語以外である場合には，表示価値が小さいことが多いが（たとえば，*Case 12* ③や④），例外もある（たとえば，往来でタクシーに向かって手を挙げる場合）。

❸ 解釈の必要性

そうすると，人のあらゆる態度について，それが表示行為の外形と認められるかどうか，言いかえれば，一定の内容の効果意思を推測させるに足る程度の表示価値を有するものと認められるかどうかが，解釈によって確定されなければならない。この解釈においては，二つのことが必要になる。第一に，ある人が，事実としてどのような態度をとったかを確定することである。第二に，その態度がどのような意味をもつとするべきかを，法的に評価することである。これは，伝統的に，成立した意思表示の内容を確定するために必要であるとされてきたこと（狭義の意思表示解釈）と同じものである。そこで，ここでは，意思表示はその存在（成立）を認定する段階においてすでに解釈を必要とすることだけを指摘しておき，解釈の方法については，意思表示（法律行為）の解釈について説明する際に取りあげる（⇒p.70 の**2**）。

> **発展学習　表示行為の外形の存在の立証**
> 　意思表示の効果を求める者は，表意者とされる者がとった態度やその態度がとられた際の状況，それに至る経緯といった具体的事実を主張・立証して，表示行為の外形があるという評価を根拠づけなければならない。このことは，あらゆる意思表示について妥当する。*Case 12* ①のように表示価値の非常に大きい事実がある場合には，その事実の主張・立証によって，ほぼ自動的に表示行為の外形が存在するという評価を受けるにすぎない。

2　意思表示の成立を妨げる行為者の主観的要件

　表示行為の外形が存在する場合であっても，行為者の意識の状態によっては，意思表示の成立が妨げられることがある。法律効果，とくに義務や責任をある者に生じさせるには，その者に相応の帰責根拠が必要であると考えられるからである。そこで，行為者が行為の当時どのような意識状態にあったときに意思表示の成立が妨げられるかが，問題になる。

Case 13

　Aの記名押印のある加入申込書兼60万円分の健康食品の購入申込書が，会員に健康食品を販売するB社に届いた。Bでは，会員は，新会員をBに紹介すれば，その新会員の商品購入額の10%をBから得られることになっていた。Bに届いた上記申込書には，紹介者の欄にBの会員であるCの署名があった。

　① 申込書は，CがAの手をつかんで無理やり押印させて作成したものだった。

　② Aは，Cから，Bに知人の紹介状を出せば特典をえられるので協力してほしいと頼まれ，Cが差し出した書類に自ら押印した。

　③ Aは，Cから説明を受けて1万円のお試しセットを申し込むことにし，Cが差し出した書類に自ら押印した。

　④ Aは，Cから説明を受けて60万円分の健康食品を購入することにし，Cが差し出した書類に自ら押印した。

　①～④のすべてにおいて，表示行為の外形は存在している。そのうえで，それらは，前に述べた意思表示の構造（⇒p.52の**2**）にそくしていえば，次の場合にあたる。すなわち，①では，押印はCが無理やりさせており，Aの行為と呼べるものがそもそもない。これは，意思表示の構造分析では出てこなかったが，表示行為に該当する態度を示した者に自ら行為をする意識（自覚）がない場合ということで，**行為意識（行為意思）**のない場合と呼ばれている。②では，Aは自覚的に行為しているが，意思表示をするという意識（自覚）がない。つまり，表示意識のない場合である。③では，Aは自覚的に意思表示をしているが，表示内容（表示から推測される意思）に対応する意思を欠いている。これは，効果意思のない場合である。④は，Aが意思どおりの意思表示をした場合である。④の場合に意思表示が成立することに，何ら問題はない。それ以外の場合にどうなるかが，ここでの問題である。

1　行為意識の不存在による意思表示の不成立

　表示行為にあたる態度を示した者が意識的（自覚的）に行為したのでなかった場合（行為意識を欠いていた場合）には，意思表示の成立は妨げられる。自らしたと認められない行動は，その者に責任を負わせる根拠になりえないと考えられるからである。

> *Case 13* ①では，Aの購入申込みの意思表示は存在しない。したがって，Aは，Bから代金の支払を求められても，それを拒める。

2　効果意思の不存在は意思表示の成立を妨げない

　表示（の内容）に対応する効果意思の不存在は意思表示の成立を妨げないこと

にも，争いはない。95条（1項1号）は，表意者が意思表示（の内容）に対応する意思を欠く場合に，その意思表示は一定の要件のもとで取消可能であることを定めている。これは，効果意思がなくても意思表示は成立しうること（そして，効果意思と異なる内容で効力をもちうること）を当然の前提にするものである。自己決定の尊重だけを極端に貫けば，効果意思を欠く意思表示は無意味であり，意思表示は不成立であるとすることも，考えられなくはない。しかしながら，そのような主張はみられない。

> ***Case 13*** ③では，Aの申込みの意思表示が存在する。ただし，Aは，成立した意思表示の効力を（95条や96条2項によって）否定しうる場合がある。

3 表示意識の不存在は意思表示の成立を妨げるか

1 表示意識不要説と表示意識必要説　意識的または自覚的に行為をする者において，意思表示をするという意識または自覚（表示意識）が欠けていた場合に，意思表示の成立が妨げられるかについては，若干の議論がある。通説は，表示意識の不存在は意思表示の成立を妨げないとする（以下，表示意識不要説）。それに対し，表示意識の不存在が意思表示の成立を妨げるとする説もある（以下，表示意識必要説）。

2 両説による帰結とその実際的相違

(1) 表示意識不要説　表示意識不要説によると，人の自覚的態度が表示行為の外形にあたる場合には，意思表示が成立する。行為者に表示意識がなくても構わない。ただ，行為者に表示意識がないときは，通常は効果意思も欠けているので，95条1項1号の錯誤の問題（⇒p.148の6）として処理される。この見解は，相手方の信頼の保護と取引安全の保護を重視するものである。

> ***Case 13*** ②では，Aの申込みの意思表示が存在すると認められる。ただし，Aは，錯誤（や詐欺）を理由に，この意思表示を取り消して無効にすることができる場合がある。

(2) 表示意識必要説　表示意識必要説によると，行為者に表示意識がない場合には，意思表示の成立が妨げられる。そのため，意思表示の効果はそもそも生じない。この見解は，意思表示の帰責根拠として，表意者の自己決定を重視するものである。

> (*Case 13*) ②のAは，外形的には契約申込書に自ら押印をしている。しかしながら，それはCの紹介状の作成に協力しようとしただけであり，何か新たに法律関係を創設しようとする意識または自覚はない。この場合，意思表示の成立は認められない。

(3) **両説の実際的相違**　　両説が最も違いを生ずるのは，表意者に相当軽率な面（重大な過失）があった場合である。表意者が重大な過失によって意思表示とみられる行為をした場合，表示意識不要説によると，表意者は一般的には錯誤を理由に意思表示を取り消すことができる場合があるものの，この取消しは表意者に重大な過失があるときは原則として認められない（95条3項）ため，意思表示の拘束を免れない可能性がある。それに対し，表示意識必要説によるならば，そのような場合でも意思表示は不成立となり，意思表示による拘束は生じない（ただし，相手方に生じた損害を賠償しなければならない可能性はある）。

> 文書に押印する前に，その文書の内容をしっかり確認することは，ごく初歩的な社会常識といえるだろう。したがって，(*Case 13*) ②のAには重大な過失があるとされることも十分考えられる。このような場合に，両説は実際に違いを生ずる。

補論　**取消し，追認等の意思表示の存在と表示意識の要否**
　　判例の立場は，必ずしも明らかではない。下級審の裁判例では，表示意識がない場合にも意思表示の成立が認められることが多い。しかし，例外もある。たとえば，(*Case 13*) ②のようなケースでは，意思表示の存在を認めて95条の適用の可否の問題とされる場合もあるが，意思表示不存在とされる場合もある。
　　ところで，判例は，取消可能な行為の追認や無権代理行為の追認，時効利益の放棄といった，不利な効果を免れ，または有利な効果を生じさせる権利または地位（取消権，追認拒絶権，時効援用権）を喪失させる単独行為については，それらの権利または地位の存在を知らないでされた行為は意思表示とはいえないとする立場を，一貫してとっている（大判大正5・12・28民録22輯2529頁，最大判昭和41・4・20民集20巻4号702頁〔百選Ⅰ43〕など。通説もこの立場を支持している。また，取消可能な行為の追認については，平成29年民法改正により，124条1項がこれを前提として改められた）。これは，それらの意思表示と売買など契約を成立させる意思表示が，性質の異なるものと捉えられていることを示していると思われる。すなわち，前者は，表意者がすでに有する権利（地位）の行使としておこなわれるものである。しかも，その意思表示の有効性が最終的に認められるためには，行使の対象となった権利や地位の存在を表意者自身が立証することを要する。それに対し，後者の場合，表意者は，それによって自己の有する権利を行使するわけではない。また，その意思表示は，意思表示そのものに瑕疵さえなければ，有効と認められる。意思表示の性質におけるこのような相違を，判例は重視していると思われる。
　　もっとも，意思表示の成立過程という観点からみるならば，この二つの意思表示に違いは認められない（⇒p. 441の 補論 も参照）。そして，その違いを認めなければ，取消

し等の単独行為に関する判例の立場は，表示意識不要説とは相容れない。表示意識不要説によると，行為者が自覚的に行為していれば，意思表示の存在が認められる。そのうえで，行為者が喪失することになる権利や地位の存在を知らなかったのであれば，権利や地位の放棄の効果意思がないものとして，95条1項1号の錯誤による取消しの可否を検討すべきだからである（ただし，その場合には，「法令の不知は許さず」という考え方から，行為者に重大な過失が認められることが少なくないと思われる）。

 主張立証責任の所在
　表示行為の外形を有する事実がある場合，表意者に意思表示をする意識があることが通例である。したがって，意思表示の成立を主張する者は，表示行為の外形の存在を主張・立証すればよく，行為意識の不存在（や，表示意識必要説をとる場合の表示意識の不存在）は，意思表示の成立を争う者が主張・立証するべきである。

4 相手方のある意思表示の効力発生

　相手方のある意思表示は，表意者の意思が相手方に伝達されることを必要とする。したがって，意思表示が問題なく効力を生ずるためには，表意者と相手方の協働が必要になる。つまり，表意者が効果意思を外界に表わし，それを相手方に向けて送り，相手方がそれを受け取って内容を理解することが必要になる。ところが，相手方のある意思表示の場合，表意者が意思を外界に表わした後，相手方が意思表示を知るまでの間に，事故が起こることもある。そのような場合，意思表示の効力を認めてよいかが問題になる。

1 意思表示の効力発生時期

Case 14
　Aは，Bに家を賃貸していたが，家賃滞納が半年分に達したので，「14日以内に滞納額全額を支払え。支払のない場合には賃貸借契約を解除する。」と記した手紙を，B宅に送った。

前提知識　Aがしているのは，家賃滞納分の支払を求める催促（催告という）と，催告で定められた期間内に支払がないことを条件とする賃貸借契約の解除の意思表示である（これは，541条に従った解除の方法である）。
　催促のうち，相手方が返答しないときや相手方が求めに応じないときに，一定の法律効果が生ずるものを催告という（上記の541条のほか，20条，150条，493条等を参照）。催告は，意思表示ではない。ある者がその求めることを他人に伝える点では意思表示と同じであるものの，催告の効果（ *Case 14* では，解除権の行使を可能にするという効果）は，表示に基づいて生ずるのではなく，法律の規定（ *Case 14* では，541条）によって認められるものだからである。このように，ある者がその求めることを通知することにより，法律の規定に定められた効果が生

する場合を，**意思の通知**という。また，意思の通知は，**観念の通知**（ある事実の通知であって，それにより法律に定められた効果が生ずるもの。たとえば，109条の「他人に代理権を与えた旨の表示」，467条の債権譲渡の通知など）とあわせて，**準法律行為**と呼ばれることがある。そして，準法律行為には，意思表示または法律行為との一定の類似性から，意思表示または法律行為に関する規定が類推適用（⇒p.136の**用語解説**）されることがある（されないこともある）。*Case 14* において，どのようなときに催告としての効力が認められるかについては，相手方のある意思表示の効力の発生についてと同様に扱われる。

Ａが手紙を書き終わった時点で，Ａの解除に向けた意思は，外界に客観化されている。では，Ａが手紙をまだＢに送っていない時点で，すでに催告としての効力の発生を認めてよいか。ここでの催告としての効力とは，Ｂに与えられる14日間の支払猶予期間が，催告としての効力が生じたと認められる日の翌日（140条本文参照）から始まることを意味する。これは，意思表示がどの時点で効力を生ずるかを考えなければならないことを示している。

❶ 意思表示の伝達過程

相手方のある意思表示は，**表白→発信→到達→了知**という過程を経て，相手方に伝達される。すなわち，①表意者が意思を外部に客観化する（表白。*Case 14* では，Ａによる手紙の作成がこれにあたる），②意思表示が相手方に向けて送り出される（発信。*Case 14* では，手紙の投函がこれにあたる），③意思表示が相手方のもとに届く（到達。*Case 14* では，手紙のＢ宅への配達がこれにあたる），④相手方が意思表示の存在（と内容）を実際に知る（了知。*Case 14* では，ＢがＡの手紙を読むことがこれにあたる），という段階を経ることになる。

❷ 対話者間の意思表示と隔地者間の意思表示

相手方のある意思表示は，すべてこの過程をたどる。もっとも，相手方のある意思表示には，発信されてから到達するまでにある程度の時間を要する場合と，瞬時に着く場合がある。前者を隔地者間の意思表示，後者を対話者間の意思表示という。手紙や電子メールで意思表示をする場合が前者の例であり，面と向かって意思表示をする場合や電話で意思表示をする場合が後者の例である。

とくに隔地者間の意思表示では，発信はされたが何らかの事情で相手方のもとに到達しなかった，到達するまでに予想外に時間がかかった，相手方が意思表示を実際に知ったかどうかがわからない，ということがある。そのようなことも考えて，どの時点で意思表示の効力の発生を認めるかを定める必要がある。

対話者間の意思表示の場合，発信されたのに到達しないということはほとんど

ない。また，表意者は，相手方が表示を理解したか否かを容易に確かめることができる。そのため，法律上の問題が生ずることはあまりない。もっとも，意思表示の効力発生に関する考え方自体が，隔地者間の意思表示と対話者間の意思表示とで異なるわけではない。

3 相手方のある意思表示の効力発生時期

1 意思表示の効力　意思表示の効力発生時期を考える前に，意思表示が効力を生ずるとどのような結果になるかを説明しておく。

解除の意思表示のような単独行為については，意思表示の効力発生の意味は明らかである。単独行為の場合，意思表示すなわち法律行為であるから，意思表示の効力発生によって，権利義務の変動が生ずることになる。

契約の場合は，そう単純ではない。申込みに対する承諾によって契約が成立する場合，承諾の意思表示については明白である。承諾の意思表示の効力発生，すなわち契約の成立であるから，承諾の意思表示が効力を生ずる時点から，契約の効力，たとえば債権や債務が発生することが原則である。

これに対し，申込みの意思表示については，それだけで当事者間に権利義務の変動が生ずるわけではない。しかし，申込みの意思表示が効力を生ずると，申込者は，承諾の期間を定めたときはその期間が経過するまで，承諾の期間を定めなかったときは相手方の諾否の返事に必要と考えられる期間が経過するまで，申込みの内容を勝手に変更したり，申込みを撤回したりすることが原則としてできなくなる（523条1項本文・525条1項本文参照）。

2 到達主義か発信主義か　意思表示の効力発生時期として考えられるのは表白，発信，到達，了知のいずれかの時点である。このうち，表白の時点と了知の時点は，およそとりえない。表白しかない段階では，意思表示の効力発生のために表意者がすべきことすら完了していない。また，相手方は意思表示の存在をおよそ知りえないから，相手方をこの段階で意思表示に拘束することは適当でない（*Case 14* でAが投函すらしていないのに，手紙の作成の時点から14日間の支払猶予期間が進行する不都合を考えれば，これは明らかであろう）。相手方に了知されなければ意思表示の効力を認めないことも，相手方が意思表示の効力発生を阻止することができるようになるため，適当でない（*Case 14* でBが手紙の内容を予期して手紙を読まない不都合を考えれば，これは明らかであろう）。

この結果，意思表示の効力発生時として採用に値するのは，発信の時点，また

は到達の時点である。発信の時点で意思表示の効力発生を認める考え方を**発信主義**，到達の時点で認める考え方を**到達主義**と呼ぶ。

3　発信主義・到達主義の帰結　　発信主義と到達主義は，それぞれ，次のような結果を生ずる。

(1)　発信主義の帰結　　発信主義は，意思表示は発信によりその効力を生ずるとする。到達までの時間が予想以上に長くかかったり，（郵便の誤配などで）意思表示が相手方に届かなかったりしても，このことに変わりはない。したがって，意思表示の延着や不到達による不利益は，相手方が負担することになる（*Case 14* では，Aが手紙を投函した時点で，催告としての効力が生ずる。そのため，Bに与えられる支払猶予期間は，投函日の翌日に始まり，たとえ手紙がBのもとに着かなくても，その日から14日の経過により満了する。そして，Bがそれまでに延滞賃料の支払をしなければ，契約解除となる）。ただし，表意者は，発信後に意思表示を撤回したり，内容を変更したりすることができなくなる（たとえば，*Case 14* のAは，発信してしまうと，支払猶予期間を10日間に縮めることはできない）。

(2)　到達主義の帰結　　到達主義は，意思表示は到達によりその効力を生ずるとする。したがって，延着や不到達による不利益は，表意者が負担することになる（*Case 14* では，到達まで，催告としての効力が生じない。そのため，到達まではBの支払猶予期間は進行せず，Aはそれだけ長く待たなければならなくなる）。ただし，表意者は，到達までは，意思表示を撤回して効力の発生を阻止したり，意思表示の内容を変更したりすることができる（たとえば，*Case 14* のAは，発信後に，支払猶予期間を10日間に縮めることもできる）。もっとも，撤回も内容変更も，遅くとも元の意思表示と同時に，相手方に到達しなければならない。

4　到達主義の原則　　民法は，到達主義を原則としている（97条1項）。その最大の理由は，相手方が意思表示の存在と内容を知りえない時点で意思表示の効力を生じさせることは好ましくない，ということにある。

5　例外としての発信主義　　もっとも，様々な理由から，発信主義がとられている場合もある。その例として，制限行為能力者の催告に対する確答（20条。制限行為能力者の保護がその理由），クーリング・オフ（割賦35条の3の10第2項・35条の3の11第4項，特定商取引9条2項・24条2項等。買主等の保護がその理由），株主総会の招集通知（会社299条1項。総会開催の容易化がその理由）等がある。

❹ 到達の意義

意思表示の効力が到達により生ずる（ただし，効力発生時期について特約や特別の規定があるときは別）となると，何をもって到達というかが重要になる。

1 到達の意義　到達があるというためには，意思表示の通知が相手方にとって了知可能な状態に置かれること，すなわち相手方の勢力範囲（支配圏）内に置かれることをもって足るとされている（最判昭和36・4・20民集15巻4号774頁，最判平成10・6・11民集52巻4号1034頁〔百選Ⅰ25〕）。

到達をもって意思表示の効力が発生するとされるのは，一方で，相手方に了知可能性がないにもかかわらず意思表示の効力を生じさせることは適当でなく，他方で，相手方が意思表示の効力発生を恣意的に左右することができることも適当でないと考えられるからである。そこで，「到達」のために，意思表示の了知を相手方に期待することができる状態になることが求められるが，相手方が意思表示の存在を実際に知ることはもちろん，到達の事実を知ることも必要ではない。また，相手方自身や相手方のために意思表示の受領権限を有する者が意思表示を受領する必要もなく（前掲最判昭和36・4・20），客観的に相手方に到達の事実を伝達するとみられる者が受領することでも足る。

2 到達の有無，到達の時点が問題となる場合　到達のためには，意思表示の通知が相手方の「支配圏内」に置かれることで足るとしても，たとえば郵送による通知の場合に，本人が受取りを拒否し続けたときは到達が認められないのか，あるいは，本人の不在を理由として家人などが受領を拒絶し，後日改めて配達されたときは，どの時点をもって到達とするか，といったことが問題になる。

このようなときに関して，97条2項は，「相手方が正当な理由なく意思表示の通知が到達することを妨げたときは，その通知は，通常到達すべきであった時に到達したものとみなす」としている。ここでは，「正当な理由」の存否と「通常到達すべきであった時」について，判断を要することになる。この規定は従前の判例をもとに平成29年民法改正において新設されたものであることから，それらの判断について，従前の判例が参考になる。そのような判例として，本人の旅行による不在を理由に2日続けて受領が拒まれたものの，最初の配達日の翌々日に受領された場合について，現実に受領された時に到達した（相手方の支配圏に置かれた）と認めたもの（大判昭和9・10・24新聞3773号17頁），名宛人が受領の事実的可能性を有しており，手紙が意思表示を含むものであると知りえたような場合には，受領拒絶を正当化する理由がないとして，受領拒絶時をもって到達したと認

めたものがある（大判昭和11・2・14民集15巻158頁。前掲最判平成10・6・11）。

　このほか，意思表示の通知が，深夜や休日など営業時間外に営業所に着いた場合のように，通常は意思表示を受け取る時間ではない時間に到着した場合も問題になる。この場合には，相手方が何らかの事情によりその意思表示を知ったときは別として，相手方が意思表示を通常受け取る時間に初めて到達するとされる。たとえば，土日休みの営業所に金曜日の営業終了後に到着した電子メールやファクスによる意思表示は，月曜日の営業開始時に到達したことになる。

 主張立証責任の所在
　意思表示の効果を求める者は，表意者が相手方に向けて意思表示をしたこと，その意思表示が相手方に到達したことを，主張・立証しなければならない。問題は，到達の有無が争われた場合である。これは，自宅や営業所など自己の支配圏に通知が届いたときに，それを受け取るか否かは自由であることを重視するか，通知を受け取ることの通常性を重視するかにより，考え方が分かれると思われる。受領の自由を重視するならば，意思表示の効果を求める者が，意思表示の発信，受領拒絶など相手方がその到達を妨げた事実，その事実に正当な理由がないこと（それを根拠づける具体的事実），および意思表示が通常到達すべきであった時を主張・立証すべきことになる（97条2項の文言からは，これが素直である）。それに対し，受領の通常性を重視するならば，意思表示の効果を求める者は，意思表示の発信，受領拒絶など相手方がその到達を妨げた事実，および意思表示が通常到達すべきであった時を主張・立証すべきであり，その主張・立証がされた場合，相手方は，到達を妨げたことにつき正当な理由があること（それを根拠づける具体的事実）を主張・立証することにより争うことができることになる。

 公示による意思表示
　到達主義によると，相手方またはその所在を知ることができない場合には，意思表示の効力を生じさせることができない。そこで，この場合のために，公示による意思表示が認められている（98条1項）。その原則的方法は，裁判所の掲示場に掲示し，かつ，その掲示があったことを官報に少なくとも1回掲載することである（詳細は，98条2項以下を参照）。

2　発信後の表意者の死亡等

　意思表示において表意者がする行為は，表示の発信によって完了している。そのため，意思表示の発信後に表意者が死亡し，意思能力（⇒p.81の2）を喪失し，または当該法律行為につき行為能力の制限（⇒p.86の1）を受けても，意思表示の効力に影響しない（97条3項）。ただし，契約の申込みについては，特則がある（526条）。

3 意思表示の受領能力

　意思表示は，到達により効力を生ずるのが原則である。これは，到達すれば，相手方が意思表示を知り，適切な行動をとることが抽象的には可能になることを根拠としている。ここでは，相手方が意思表示の内容を理解し，自己に不利益が生じないよう行動しうることが前提になっている。そのため，そのような判断能力を欠く恐れのある者については，同じように扱うことができない。そこで，意思表示が到達しても，その時に相手方が意思能力を有しなかったか，未成年者（⇒p. 87 の**2**）または成年被後見人（⇒p. 93 の**2**）であったときは，原則として，その意思表示をもってその相手方に対抗することができないとされている（98条の2本文）。これは，意思能力を有しない者（意思無能力者），未成年者または成年被後見人を，受領能力を欠く者として，とくに保護することにしたものである（ある程度の年齢に達した未成年者は意思表示の内容を理解する知的能力を有することが通常であるが，未成年者の保護，および取引安全の保護の要請からくる画一化のために，未成年者は一律に扱われている）。これにより，意思表示をその通知の到達の時から相手方に対抗するためには，未成年者または成年被後見人を相手方とする意思表示については，その法定代理人に対し，未成年者や成年被後見人のためであることを示して（99条2項）すべきことになる。相手方が意思能力を有しない場合に，その相手方に代理人がないときは，意思表示をその通知の到達時から対抗可能にする方法はない。

　相手方が通知の到達の時に意思無能力者，未成年者または成年被後見人であっても，その意思表示を，相手方の法定代理人が知ったとき，意思能力を有しなかった者が意思能力を回復した後に知ったとき，または，未成年者または成年被後見人が行為能力者となった後に知ったときは，その知った時以後，その意思表示をもって相手方に対抗することができる（98条の2ただし書）。これによると，相手方の意思能力が回復する見込みがなく，その意思表示の受領につきその相手方のために代理権を有する者がないときは，表意者にとって，（後見人選任のための審判の請求をその請求権者に促すことができるにとどまり）意思表示を相手方に対抗可能にする実効性のある方法がないように思われる。

　なお，未成年者や成年被後見人について，それらの者が単独で確定的に有効にすることのできる法律行為（⇒p. 88 の**2**，p. 94 の2）にかかる意思表示には，98条の2の適用はない。

5 法律行為の解釈

1 法律行為の解釈とその種類

￼1 法律行為の解釈とは

　法律行為の効果が生ずるには，内容が定まっていなければならない。内容を確定するには，そのための作業が必要になる。この作業を，**法律行為の解釈**と呼ぶ。

￼2 法律行為の解釈の種類

　法律行為の解釈のなかには，いくつかの異質な作業が含まれている。

　1　**狭義の解釈**　　法律行為は，当事者が意思に基づいてその権利義務を定めるものである。そのため，法律行為の内容は，主として，その構成要素である意思表示の内容によって定まる。したがって，法律行為の解釈においては，まず，当事者がした意思表示の内容は何かを確定しなければならない。この作業を，**狭義の解釈**という。

　2　**法律行為の補充**　　当事者のした意思表示の内容が明らかになれば，法律行為の内容がすべて定まるかといえば，そうとは限らない。当事者が法律行為の基本的な内容しか定めていないことも，よくあるからである。たとえば，売買の場合，当事者は，目的物と代金額は定めることが普通であろう。それに対して，履行が遅れたり，不可能になったりした場合にどうするか，目的物に欠陥が見つかった場合にどうするかなどについては，何も定められていないことも多い。そのような場合も，契約の基本的な部分については当事者に合意があるため，売買を有効と認めることが適当である。そのうえで，当事者の意思表示が欠けている事項について，後に定める必要が生じた場合（争いが起こった場合）には，当事者の権利義務を確定するために，裁判所がその事項について補充することになる。これを，**法律行為の補充**と呼ぶ。

　3　**法律行為の修正**　　さらに，意思表示の内容が明確に定められていても，その意味どおりの法律効果を認めることが適当でないと考えられることもある。そのような場合に，裁判所は，法律行為を無効とするのではなく，法律行為の内容を正当と認められるものに変更することがある。これを，**法律行為の修正**と呼ぶ。

❸ 法律行為の種類による解釈方法の相違

　これらの解釈をおこなう方法と基準は，法律行為の種類によって異なる。たとえば，特定の相手方との間でする法律行為（契約やその解除など）においては，表意者の意思の実現のほかに，相手方の信頼の保護も図らなければならない。それに対し，相手方のない法律行為の場合（たとえば，遺言）には，相手方の信頼の保護を考える必要はない。また，同じく契約であっても，売買などの有償契約（当事者がほぼ等しい価値の給付〔対価的給付〕を互いにすることになる契約）の場合には，相手方も不利益を負担するので，その信頼を保護すべき要請が強く働く。それに対し，贈与のような無償契約（当事者の一方が対価的給付をしない契約）の場合には，不利益を負担しない者の信頼保護の必要性は，それほど大きくない。

　したがって，法律行為の解釈を一律に論ずることはできない。以下では，とくに重要な意味をもつ有償契約の解釈を念頭に置いて，契約の解釈方法をもう少し詳しく説明する。

2　狭義の契約解釈

　契約は，当事者がその意思によって自分たちの法律関係を形成する手段である。したがって，契約の法律効果を考える場合には，当事者がどのような意思表示をし，どのような合意を実際にしたかを，まずもって確定しなければならない。

Case 15

　AがBに，ある銘柄のタバコ1,000カートンを120万円で売却したい旨を申し込み，Bがこれを承諾した。以下の場合，AとBの間にどのような内容の契約が成立するか。
　　①　AとBがともに，1カートン＝10箱入りパックと考えていた。
　　②　Aは1カートン＝10箱入りパック，Bは1カートン＝12箱入りパックと考えていた。
　　③　AとBがともに，1カートン＝12箱入りパックと考えていた。
　　④　Aは1カートン＝8箱入りパック，Bは1カートン＝12箱入りパックと考えていた。

 　すべての事例において，表面的には，申込みに対する承諾がある。ところが，タバコ1カートンは，本来，タバコ10箱を詰めた紙箱を意味するため，①では，AとBがともにこれを正しく理解して契約しているから，正常な契約といえるものの，他の事例では，異常事態が生じている。
　　②と④では，AとBの意思が食い違っている。②では，Aは，タバコの箱数でいえば，10,000箱を120万円で売るという意思表示をしたつもりである。ところが，Bは，12,000箱を120万円で売るという意思表示と考えて，これを承諾して

いる。④では，Aは，タバコ8,000箱を120万円で売るという意思表示をしたつもりである。ところが，Bは，12,000箱を120万円で売るという意思表示と考えて，これを承諾している。これらの場合，Aの申込みの意思表示はどのような内容とされるか，その内容の申込みにBは承諾を与えたといえるか，その結果として，AとBの間に契約の成立は認められるかが，問題になる。

　③では，AとBの意思は一致している。AとBはともに，タバコ12,000箱という意味でのタバコ1,000カートンを120万円で売買するつもりだからである。しかしながら，タバコ1カートンの社会における一般的意味にそくして理解すると，Aの意思表示は，タバコ10,000箱という意味でのタバコ1,000カートンを120万円で売るという意思表示となり，Bは，それを承諾していることになる。この場合，AとBの一致した意思どおりの内容で契約の成立を認めるか，それとも社会における一般的意味にそくした内容で契約の成立を認めるか，あるいは契約を不成立とするべきかが問題になる。

1　客観的解釈説

1　**客観的解釈説とは**　　伝統的な通説は，狭義の契約解釈（意思表示解釈）とは，表示行為の有する社会的意味を客観的に明らかにすることであるとする。意思表示の内容を確定する際に，表意者の内心の意思がどうであったかを問題にしないのである。そして，表示行為の社会的意味の解明は，表示行為が慣習や条理などに照らして当該事情のもとで一般社会においてどのように理解されることが普通か，という観点からおこなわれるとする。これを，客観的解釈説と呼んでおく。

客観的解釈説は，取引安全の保護と相手方の信頼の保護，当事者の帰責性を重視している。すなわち，他人が窺い知ることのできない表意者の内心の意思に従って契約内容を決めると，表示を信頼することができなくなり，相手方や第三者が不利益を被る恐れがある。したがって，表示は，客観的意味に従って理解されるべきである。また，客観的意味は，通常人であれば理解することができるはずであるから，表示の意味を誤解した者は不利益な結果を負担させられてもやむをえない。

客観的解釈説による場合，*Case 15* の各事例は次のようになる。
　すべての事例において，Aは，Bにタバコ1,000カートンを120万円で売ると申し込んでいる。そして，タバコ1カートンの社会における通常の意味は10箱入りパックである。したがって，箱数でいえば，Aの表示は，タバコ10,000箱を売るという意味である。また，すべての場合において，BはAの申込みを受け入れており，これは，タバコ10,000箱を買うという意味である。その結果，客観的解釈説によると，

すべての事例において，AとBの間でタバコ10,000箱の売買が成立する。

①では，これ以上に問題とすべきことはない。

②の場合，Aは，10,000箱の売却を考えて，そのとおりの意味をもつ申込みをしている。それに対して，Bは，12,000箱の購入を考えていたにもかかわらず，10,000箱を買うという内容の承諾をしてしまっている。つまり，Bには，表示（の内容）に対応する効果意思が欠けている。そのため，Bには95条1項1号の錯誤があることになり，95条1項による意思表示の取消しの可否が問題になる（錯誤については，p.148の6参照）。

③の場合，AとBの間に，12,000箱を売買することで，意思の一致がある。ところが，客観的解釈説によると，タバコ10,000箱の売買が成立するものとされる。ここでは，両当事者の一致した意思に反する内容の契約の成立を認めることの当否が問題になる。この成立を認める場合には，とくに，それによって不利益を被ることになるBのした承諾の意思表示について，95条1項による取消しの可否が問題になる。

④では，Aはタバコ8,000箱の売却を，Bはタバコ12,000箱の購入を考えていた。ところが，客観的解釈説によると，AとBの間に，タバコ10,000箱の売買が成立する。この場合，当事者のいずれもが考えていなかった意味で契約を成立させることの当否が問題になる。この成立を認める場合には，Aの申込みの意思表示とBの承諾の意思表示について，それぞれ，95条1項による取消しの可否が問題になる。

2 客観的解釈説の修正　　客観的解釈説を純粋に貫くと，両当事者の意思が合致している場合であっても，表示の客観的意味がそれと異なるときはその客観的意味が優先し，当事者がこれに拘束されることになる。しかしながら，これは，意思表示は当事者の意思の実現または伝達の手段であり，契約は当事者が自らその間の法律関係を形成する手段であることを考えれば，適当とはいえない。そこで，現在では一般に，このような場合には，両当事者が共通して考えていた意味で意思表示（ひいては契約）が成立すると考えられている。

これによると，(*Case 15*) ③の場合，AとBの間では，1カートンとは12箱入りパックを意味するとされ，タバコ12,000箱の売買の成立が認められる。

2 付与意味基準説

客観的解釈説の最大の長所は，当事者の内心を考慮する必要がないため，意思表示の内容が迅速かつ安定的に定まり，かつ，その内容を誰もが容易に知ることができる点にある。ところが，両当事者が共通して考えた意味が客観的意味と異

なる場合に，前者の意味を優先させるとするならば，当事者の内心を考慮せざるをえないことになり，客観的解釈説の長所が根本的に損なわれる。

　また，客観的解釈説は，上述のように修正されたとしても，表示の意味の客観的確定を基本とすることに変わりがない。しかしながら，契約が当事者間の自律的な法律関係形成手段であることを重視するならば，当事者が表示行為に与えた意味を離れて表示の内容を確定することには問題がある。表示の意味に対する相手方の信頼を保護する必要はあるにしても，相手方が現実に有した正当な信頼を保護することで十分である。このような基本的立場から，次のような見解が主張されている。すなわち，契約における意思表示の解釈においては，両当事者が表示に現実に付与した意味を，まずもって探究するべきである。その意味を確定したうえで，両者の付与した意味が一致していれば，その意味どおりの内容で意思表示，ひいては契約の成立を認める。両者の付与した意味が一致しない場合には，その意味付与のうちのいずれが正当かを問う。そして，いずれか一方が正当である場合には，その意味を意思表示の内容として認める。いずれも正当でないか，いずれも正当である場合には，どちらか一方を優遇することができないため，いずれも意思表示の内容とすることができない。この場合には，内容不確定のために意思表示，ひいては契約は不成立となる。この見解を，付与意味基準説と呼んでおく。

　この見解による場合，当事者の意味付与の正当性をどのように判断するかが，非常に重要になる。この点については，最終的には個別的判断にならざるをえないが，一般的には次のとおりである。すなわち，当事者間に何か特別の事情がない限り，合理的に行動する者は，表示を社会における通常の意味で理解するはずである。したがって，表示の客観的意味が，意味付与の正当性を判断する際に強力な手がかりになる。ただし，たとえば，当事者の属する部分社会において一般社会と異なる意味が通用している場合や，当事者間の以前の関係や契約時の状況から別の意味に理解すべきである場合には，その意味が優先することになる。結局，社会における通常の意味を基本にしつつ，取引当時の事情・取引慣行その他の意思表示がされた時における当事者間の事情を考慮して，何が合理的な意味付与かを明らかにする，ということになろう。

　付与意味基準説による場合，（Case 15）の各事例では次のようになる。
①と③では，AとBは，表示を同じ意味で理解している。したがって，その意味

どおりの内容で，両者の意思表示，したがって契約は成立する。つまり，箱数でいえば，①ではタバコ10,000箱の売買が，③ではタバコ12,000箱の売買が成立する。

　②と④では，AとBが表示に付与した意味が異なっている。そこで，いずれの意味付与に正当性があるかを判断することになる。

　②では，Aは，社会における通常の意味にそくして申込みの意思表示をしている。それに対し，Bは，社会では通用しない意味でAの表示を理解し，それに基づいて承諾の意思表示をしている。ここでは，何か特別の事情がない限り，Aの意味付与にのみ正当性が認められる。そこで，Aの付与した意味に従って，箱数でいえば10,000箱のタバコの売買が成立する。Bは，12,000箱の購入を欲しながら10,000箱購入の表示をしたことになるから，Bの意思表示について，95条1項による取消しの可否が問題になる。

　④の場合，通常は，AとBのいずれの意味付与も正当でない。そこで，何か特別の事情がない限り，表面上の意思表示の合致にもかかわらず，契約は不合意により不成立となる。

　ただし，②と④では，特別の事情があることも考えられる。たとえばAが，（Bとの従前の取引において，タバコ1カートンがタバコ12箱の意味で使われていた場合のように）Bが表示に与えるであろう意味を知っていた場合には，AとBの間では，その意味こそが通用すべきものということができる。したがって，この場合には，Bの意味付与に正当性があるとして，売買は，Bが考えていたタバコ12,000箱の意味で成立する。そして，これと異なる意味に考えたAの意思表示について，95条1項による取消しの可否が問題になる。これは，Aが，②のように表示を社会における通常の意味で理解していたときでも，④のようにA自身も社会で通用しているのとは異なる意味に理解していたときでも，同じである。

　②については，さらに，たとえばAが，Bが表示に与えるであろう意味を知らなかったが，知ることができたはずである場合も問題になる。この場合，Aの付与した意味は，社会における通常の意味に一致しているが，Bにはその意味が通用しないと知りえたはずであるから，Bとの関係では正当とはいえない。もっとも，Bの付与した意味も，社会で普通は通用しないものであり，Bの意思を知らなかったAに対して正当性を主張しうるものではない。したがって，この場合には，表面上の意思表示の合致にもかかわらず，契約は不成立になると考えられる。

$\underline{3}$　契約の補充

　狭義の契約解釈によって，当事者が何を合意したかが明らかになると同時に，何を合意していないかも明らかになる。そして，当事者が合意していない事項については，それを補充することが必要になることもある。

Case 16

Case 15 ①において，AとBは，10日後にAの倉庫でタバコの引渡しをする旨，合意した。Bの代金支払時期については，とくに合意がなかった。契約から10日後，Aは，引渡しの準備を整えて，代金を持参してタバコを引き取りにくるようBに求めた。Bがタバコの先渡しを主張したところ，Aは，5日以内に代金を持参しなければ契約を解除するとBに伝えた。その5日が経過してもBが代金の支払をしないので，Aは，契約を解除し，損害賠償をBに請求した。

1 法規範による補充

契約当事者が問題となりうる事項すべてについて合意によって定めるとは限らないことは，容易に予想することができる。そこで，合意の欠如を補うための法規範が用意されている。とくに重要なものは，任意規定と慣習である。

1 任意規定による補充

(1) 強行規定と任意規定　民法の規定のなかには，当事者がその規定と異なる内容の定めをした場合にその定めを無効にする規定と，当事者による定めを優先させてその効力を認める規定がある。前者を**強行規定**（または**強行法規**），後者を**任意規定**（または**任意法規**）という。

(2) 任意規定による補充　任意規定の場合，当事者がそれと異なる意思を表示したときは，当事者の意思の優先が認められる（91条）。

任意規定は，当事者の意思表示の内容が明確でない場合にそれを一定の意味に解釈したり（解釈規定），意思の表示が一部欠けている場合にそれを補充したり（補充規定）するための規定である。したがって，当事者が契約において合意していなかった事項について任意規定が存在するならば，契約は，それによって補充されることになる。

> **Case 16** に関しては，573条に，引渡しの期限が定められているときは，代金の支払にも同一の期限があるものと推定する旨の規定がある。これによるならば，目的物の引渡しと代金の支払は，同時にされるべきことになる。そうすると，Bは，履行すべき時期に履行が可能なのにそれをしていない（履行遅滞）ことになるから，Aの解除は有効であり（541条），Aは，損害があればその賠償を請求することができる（545条4項）。

主張立証責任の所在

任意規定に定められた効果を求める者は，法律行為を任意規定と同じ内容でしたこと

を主張・立証する必要はない。 *Case 16* において，Aは，Bに代金の支払を請求するために，Bとの間で売買契約を締結したこと，その契約の締結日，およびその契約においてタバコの引渡日を契約締結から10日後と定めたこと，契約締結の日の翌日から10日を経過したことを主張・立証すればよい。それに対し，Bは，たとえば代金の支払日を目的物の引渡しの翌月末日とする契約の定めなど，任意規定と異なる意思表示の存在を主張・立証することにより争うことができる。

2　**慣習による補充**　任意規定と異なる**慣習**がある場合，当事者がその慣習に従う意思を有していたと認められるときは，慣習が任意規定に優先する（92条）。そのため，このときは，慣習が任意規定に優先する契約補充規範となる。

慣習によって契約が補充されるには，①任意規定と異なる慣習があること，②当事者が「その慣習による意思を有しているものと認められる」ことが必要となる。②は，当事者に慣習による意思のあることを積極的に求めるようにみえるが，そのように解されてはいない。慣習がある場合，当事者は，慣習に従って行動することが普通である。そこで，当事者がとくに反対の意思を表示していない限り，慣習による意思があったと認めてよいとされている（大判大正3・10・27民録20輯818頁ほか）。

> *Case 16* では，たとえば，タバコの取引について，代金は引渡しの翌月末日払という慣習があったとすれば，Aが請求した時点では，Bの債務の履行期は到来していない。したがって，Aの解除は無効であり，Aの損害賠償請求も認められない。

　主張立証責任の所在
　　慣習を当事者の意思を補充する規範とみるならば，慣習の存否が当事者の権利義務の存否に直接関係することになる。そこで，慣習によって生ずる効果を求める者は，契約の成立に加え，慣習の存在を主張・立証すべきことになる。慣習に反対の意思表示があったことは，それに対する抗弁となる。

　民法92条と法の適用に関する通則法3条
　　慣習の効力に関する規定が，92条のほかに，法適用3条にもある。そして，法適用3条は，公序良俗に反する慣習に効力がないこととともに，法令によって認められた慣習と法令に規定のない事項に関する慣習は法律と同一の効力をもつと定めている。これによると，慣習が任意規定に劣後するかにみえる。もしそうであれば，92条は慣習が任意規定に優先すると定めるのに対し，法適用3条は任意規定が慣習に優先すると定めていることになり，両条の内容に矛盾があることになる。そこで，両条の関係について盛んに議論されている。ただ，少なくとも法律行為の補充に関しては，慣習が任意規定に優先するとされることに異論はみられない。

2 契約の趣旨にそくした補充

契約の補充は、契約の主要部分について当事者に合意がある場合に、その効力を維持するために（合意を生かすために）おこなわれる。そうであれば、当事者が合意しなかった事項についても、当事者がした契約の趣旨が明らかであるならば、契約外の法規範によって補充するのではなく、その契約の趣旨にそって補充がおこなわれるべきであるともいえる。このように、契約の趣旨にそって補充することを、**補充的契約解釈**と呼ぶ。

> **Case 16** では、代金後払の慣習がなくても、たとえば、AとBの間の契約が、事業の資金繰りに窮するBを、タバコの転売利益を得させることによって救済するためにされていた場合には、タバコの引渡しと代金支払の同時履行は契約の趣旨に反すると認められることがあるだろう。その場合には、Aの解除は無効であり、Aは、損害賠償を請求することもできない。

補充的契約解釈と民法91条

ただし、91条は、当事者の意思が任意規定に優先するために、「意思を表示した」ことを求めている。補充的契約解釈は、この規定と緊張関係を生ずることがある。たとえば、Bが代金後払と考えていたと認められるけれども、AとBがともに表示したとは認められない場合、補充的契約解釈によって、表示されない意思が任意規定に優先することになりうるからである。

主張立証責任の所在

この場合の契約の趣旨は、意思表示または合意に代わるものとして、当事者の権利義務の存否を決定するものである。したがって、契約の趣旨に基づく効果を求める者が、その契約の趣旨を根拠づける具体的事実を主張・立証するべきことになろう。

4 契約の修正

以上のほかに、当事者の合意の内容が不適切と判断される場合に、裁判所が当事者の合意を修正して別の内容に置き換えることがある。

たとえば、家屋の賃貸借契約が、市販の契約書用紙に賃料の額や賃貸借期間など必要事項だけを書き入れ、当事者双方が署名押印することによって締結されることがある。その契約書用紙に、かつて、1回の賃料不払によって契約を即時に解除する旨の条項が記載されていることがあった。この条項に基づいて貸主が契約を解除し、家屋明渡しを求めた事案で、次のような下級審判決が少なからずみられた。すなわち、当該解除条項は、契約書に入っているが、当事者がそれを実

際に合意したと考えられる特別の事情がない限りは例文にすぎず，契約の内容を形成しない，とするものである（なお，この種の事案は，今では借地借家法〔28条・30条〕によって解決が図られている）。これが，契約の修正の典型例である。

　契約の修正は，当事者の合意を他者たる裁判所が変更するものであり，私的自治への介入にあたる。そのため，これは抑制的であるべきであると説かれてきた。ただ，契約の修正には，その必要性や合理性が確かに認められる場合がある。そこで，契約の修正はどのような場合におこなわれてよいか，という問題の検討が必要になる。その際，私的自治への介入はどのような場合に，どのような根拠をもって，どの程度許されるか，という観点が重要になる。

3 法律行為の効力否定原因

1 総 論

法律行為は，成立すれば効力を生ずることが原則である。ただし，一定の原因がある場合には，効力が否定されることもある。

民法総則には，法律行為の効力否定原因として，大きく分けて二つのものが定められている。第一に，法律行為の成立過程に問題があることを理由に，意思表示または法律行為の効力を否定するものである。この場合に意思表示の効力が否定されたときは，その結果として，法律行為の効力もなくなる（単独行為および契約は無効になる。合同行為は，少くとも表意者との関係では無効となるが，行為が全体として無効になるとは限らない〔以下において法律行為の無効に関して述べるときは，とくに断っていなくても，合同行為の場合にはこのように特殊な扱いになることを含むものとする〕）。第二に，法律行為の内容に問題があることを理由に，法律行為の効力を否定するものである。これらの原因がある場合には，いずれにせよ法律行為の効力が認められないことになるから，法律行為に基づく法的主張はできないことになる。

効力の否定のされ方にも，二つある。一つは，成立した意思表示や法律行為が初めから効力を生じない場合である。これを，**無効**という。もう一つは，効力を生じた意思表示や法律行為の効力が，後に打ち消されることにより初めから生じなかったものとされる場合である。これを，**取消しによる無効**という。各種の効力否定原因のうち，いずれを無効の原因とし，いずれを取消しの原因とするかは立法政策の問題であり，確たる基準があるわけではない。一般的にいえば，瑕疵や違法性の大きなものが無効の原因とされ，瑕疵や違法性がそれほど大きくなく，効力の存続を認めるかどうかを当事者の意思に委ねることが相当であると考えられるものについては，取消しの原因とされている。

民法総則中の法律行為の効力否定原因

法律行為の成立過程に問題があった場合
　　表意者の判断能力に問題がある場合
　　　　意思無能力　⇒　無効（3条の2）
　　　　行為能力制限違反　⇒　取消可能
　　　　　　未成年者（5条2項）
　　　　　　成年被後見人（9条）
　　　　　　被保佐人（13条4項）
　　　　　　被補助人（17条4項）
　　意思表示が表意者にとって不本意である場合
　　　　意思の不存在（101条1項参照）　⇒　無効
　　　　　　意思無能力（3条の2）
　　　　　　心裡留保（93条）
　　　　　　虚偽表示（94条）
　　　　瑕疵ある意思表示（120条2項参照）　⇒　取消可能
　　　　　　錯誤（95条）
　　　　　　詐欺（96条）
　　　　　　強迫（96条）
　　　　　　　※消費者契約における誤認・困惑・過量取引（消費者契約4条）
　　　　　　　　　　　　　　　　　　　　　　　　　　⇒　取消可能

法律行為の内容に問題がある場合　⇒　無効
　　　　内容確定不能
　　　　公序良俗違反（90条）
　　　　強行規定違反（91条）*
　　　　　※消費者契約における不当条項（消費者契約8条～10条）

その他（特殊なもの）
　　　　条件に関するもの（131条～134条）　⇒　無効
　　　　無権代理（99条・113条）　⇒　効果不帰属（本人に対する無効）
　　　　法人に関するもの
　　　　　　目的違反（34条）　⇒　無効**

　＊は，無効原因として認めるかどうかについて争いがあるとともに，無効原因として認めるとしても，根拠条文が91条であるかどうかにも争いがある（⇒ p. 182 の**2**）。
　＊＊は，無効原因ではなく，効果不帰属の原因ではないかとする見解がある（⇒ p. 356 の 発展学習 ）。

2 意思無能力

1 序　論

　法律行為の効力がその成立過程における問題を理由として否定される場合には，大きく分けて二つある。一つは，表意者の判断能力の不十分を理由として，法律行為の効力が否定される場合である。もう一つは，意思表示が表意者にとって不本意なものであることを理由として，意思表示の効力が否定され，結果として法律行為が無効になる場合である。

　ここでは，前者の場合に関する諸問題を扱う。

2 意思無能力を理由とする法律行為の無効

1 意　義

> **Case 17**
>
> 　Aは，高齢になるにつれて，食事をしたことを忘れる，実子を見分けることができないといった状態に，しばしば陥るようになった。Aは，隣人Bの世話を受けて日常生活を送っていた。あるとき，Bは，2000万円を贈与してくれるようAにもちかけ，Aが頷いたので，自ら作った贈与契約書に押印させて，2000万円を受け取った。Bは，さらに，AをC金融に頻繁に連れて行き，総額1000万円の融資を受けさせ，Aとともに競馬に行くなどして使ってしまった。
>
>
> 　Aは，Bとの間で贈与契約を，Cとの間で金銭消費貸借契約を締結している。ところが，Aは，判断能力をほとんど失った状態になることがしばしばあった。Aは，BやCと契約をした時点でもそのような状態で，自分がしていることを理解していなかったのかもしれない。そのような場合であっても，Aは，契約をした以上，Bに渡した2000万円を失い，Cに（利息を無視するとして）1000万円を返済する義務を負うことになるか。これが，ここでの問題である。

1 意思無能力を理由とする法律行為の無効

　表示行為の外形が存在すると認められる場合には，意思表示の効力が認められることが原則である。しかしながら，意思表示をした者が**意思能力**を有しなかったときは，その意思表示を要素とする法律行為は無効とされる（3条の2。また，

大判明治38・5・11民録11輯706頁〔百選 I 5〕)。

　ここで，意思能力とは，自己の行為の利害得失を判断する知的能力を意味する。また，無効とは，行為の効力が初めから認められないことをいう。したがって，表意者がそれをしたらどうなるかを理解できない状態で意思表示をしていた場合，その意思表示を要素とする法律行為によって権利義務の変動は起こらない。その法律行為に基づく債務の履行として給付がされていたときは，相手方は原状回復の義務を負い（121条の2第1項），意思無能力者は現受利益の返還の義務を負う（同条3項前段。この返還については，制限行為能力者の返還義務について p.106 の(2)に述べることと同じことが妥当する）。

> (Case 17) では，Aが意思表示の時点で意思能力を有しなかったのであれば，Aのした契約は無効である。Aは，Bに2000万円の返還を求めることができ（121条の2第1項），Cに対する1000万円の契約上の返済義務も負わない。

2　無効とされる理由

　意思能力を有しない者（意思無能力者）がした法律行為が無効とされる理由については，二つの説明がある。

　一つは，意思の不存在のため無効であるとする説明である。すなわち，意思表示とそれに基づく法律行為は，私的自治を実現するための手段である。意思表示は，表意者に法律効果の発生を求める意思があるからこそ効力を認められる。そのため，外形上意思表示はされたが，表意者がその意思表示に対応する意思を有しなかった場合には（この場合を，意思の不存在という），意思表示は原則として無効である。そして，意思能力を有しない者は自己の行為の意味を理解していないから，意思表示に対応する意思を有していたとはいえない。このため，その表示は効力発生の基礎を欠いており，権利義務の発生原因と認められない。

　もう一つは，意思無能力者という弱者を保護することが適当であるという政策的判断から，その法律行為は無効とされるという説明である。

　伝統的に前者の説明がされてきたが，近時は後者の説明も有力である（これに関し，p.262 の**1**も参照）。

3　無効の意味

　法律行為が無効とされると，その法律行為は，法的には存在しなかったものと

扱われる。そこで，存在しないものを存在しないと主張することは誰にでも許されるはずであるという考えから，無効という効果は，原則として，すべての人が主張することができるとされている（**絶対的無効**という）。

しかしながら，無効の結果として法律行為が存在しないといっても，物理的不存在と異なり，法的評価の結果としてそのように扱われるだけのことである。したがって，その主張を万人に許すか，一定の者にしか許さないかは，別個に考えられてよい。そして，意思無能力を理由として法律行為が無効とされるのは，意思無能力者には法律行為の帰責根拠たる意思が欠けているため，または意思無能力者を弱者として保護するため，その法律行為の効果の引受けを強制することが適当でないからである。そうであれば，法律行為の効果を引き受けるかどうかを，意思無能力者に選ばせることが適当である。このように考える場合，この無効は，意思無能力者の側からしか主張することができないとするべきことになる（**相対的無効**という）。このように考えることが，現在の通説といえる。

補論　**意思無能力による無効からの相手方の保護**

　　意思無能力による無効は意思無能力者の側からしか主張することができないとする場合には，相手方の利益をどのように保護するかを考えなければならない。その場合，意思無能力者の側が無効の主張をしなければ法律行為は事実上有効，無効の主張をすれば無効となり，法律行為の効力は意思無能力者の側の決定にかかることになる。しかも，意思無能力者の側が無効を主張した場合，意思無能力者は，現に利益を受けている限度においてのみ返還義務を負う（121条の2第3項前段。p. 106 の(2)，および p. 218 の2も参照）。この結果，相手方は，行為能力制限違反を理由として法律行為が取消可能である場合（⇒p. 103 の**4**）と，ほぼ同様の状況に置かれる（効力否定期間に制限がない分，相手方はより劣悪な地位に置かれるとすらいえる）。行為能力制限違反を理由とする取消可能の場合には，不安定な地位に置かれる相手方の利益の保護に配慮して，相手方に催告権が与えられている（20条）。ところが，意思無能力による無効について，そのような定めはない。そこで，表意者が意思能力を回復した場合，またはその者に法定代理人がある場合（さらに，表意者が死亡し，意思能力のある者が相続した場合）には，20条の類推適用により，相手方に催告権を与え，確答がなければその後の無効の主張は信義則上許されないとすることが考えられてよいと思われる。もっとも，表意者の意思無能力状態が継続し，法定代理人もない場合には，20条の類推にも意味がない（催告を有効に受領することができる者がない）。相手方が利益を守るためにすることができることは，後見開始の審判（⇒p. 93 の2）の請求権者にその請求を促すことくらいである。

4　意思能力の有無の判断

　意思無能力者がした法律行為は無効であるとすると，どのような場合に意思能力があり，どのような場合にないとされるかが，重要な問題となる。

意思能力があるとされるために必要な判断能力の程度は，おおよそ7歳〜10歳の者の判断能力とされている。もっとも，これは一般的基準にすぎず，意思能力ありとされるのに必要な判断能力の程度は，問題となる法律行為の重要性と複雑性によって異なる。重要であるほど慎重に判断する力を要し，複雑であるほど生じる結果を判断するには高度の能力を要するからである。

　意思能力の有無は，個別具体的に判断される。その結果，5歳の子が意思能力を有していたとされること，25歳の者が意思能力を有しなかったとされることがある。また，同一人物について，同種の契約について意思能力がある時とない時がありうる（*Case 17* のA。また，通常の判断能力を有する成年者も，泥酔などのために一時的に意思無能力状態になることがある）ほか，判断能力に変化がないのに，ある契約（たとえば，日用品の売買）については意思能力があったと認められ，他の契約（たとえば，所有不動産に他人の債権のために抵当権を設定する契約）について意思能力を有しなかったとされることもある。

2 意思無能力による無効の問題点

　表意者の意思無能力を理由として法律行為の無効が認められるとしても，この無効（意思無能力無効）には，意思無能力者自身と相手方の双方にとって，大きな問題点がある。

■1 意思無能力者自身にとっての不都合

　意思無能力者にとっては，次の3点の不都合がある。

　1　意思無能力の立証困難　　第一に，ある人に意思能力があるかどうかは，上述のとおり，一律に定まっているわけではない。そのため，意思無能力を理由として法律行為が無効とされるためには，その無効を主張する意思無能力者の側が，意思表示の時点で意思能力を有しなかったことを立証する必要がある。ところが，過去のある時点において判断能力がどの程度であったかを明らかにすることは，容易でないことがある。そのため，意思無能力を理由に法律行為を無効にすることが，かなり難しい場合がある。

　2　無効主張の方法　　第二に，無効を誰がどのように主張するかも問題になる。一時的な意思無能力状態にある時に意思表示をした者は，意思能力を回復してからその法律行為の結果を自ら判断し，必要ならば無効の主張をすればよい。ところが，意思無能力状態が継続する者も多い。そのような者は，自ら無効を主

張することが事実上できない。誰か他人が無効を主張する（そして，意思無能力者が給付したものの返還を相手方に求める）ことができるかといえば，これもそう簡単ではない。他人がこれを代わりにするには，代理権という特別の資格を必要とする（代理権については，p.238の**2**参照）。ところが，配偶者や子であっても，この資格を当然に有するわけではない（さらに，意思無能力者に家族があるとも限らない）。そのため，無効の結果を実現することができる者が誰もいないという事態が起こりうる。

　　3　**積極的保護の欠如**　　第三に，意思無能力無効によって，表意者は意思無能力による不利益を免れることができる。しかしながら，これだけでは，意思能力を有しない状態にある者が法律行為を有効にすることを必要としているとき（たとえば，生活のために財産を処分したり，借金をしたりすることが必要なとき。また，_Case 17_ のAが，Bに2000万円の返還を求めるために弁護士に委任しようとするとき）に，それをどのようにすればよいかについては，何も解決しない。

2　相手方にとっての不都合

　　意思無能力無効には，相手方に不測の不利益を生じかねないという不都合もある。

　　意思表示の時点で，表意者の判断能力に問題があることを相手方が知っている場合や，そのような状態であることが明らかな場合には，問題はない。ところが，相手方が法律行為の有効を信じていることもありうる（_Case 17_ において，Bが巧みに行動すれば，CがAの判断能力の状態に気づかないことも考えられる）。そのようなときであっても，表意者が意思表示の時に意思能力を有しなかったことが立証されると，法律行為は無効になる。その結果として，相手方は，その法律行為による権利の取得を認められず，また，場合によってはすでに給付したものの返還すら受けられないことがある（_Case 17_ において，Aが意思表示の時点で意思能力を有しなかった場合において，AがCから受け取った1000万円全額を浪費したときは，121条の2第3項前段により，CはAから何ら返還を受けられない）。

3 行為能力制限違反

1 制限行為能力者制度（行為能力制度）総論

1 制限行為能力者制度（行為能力制度）とは

　意思無能力無効には，前述の問題点がある。そこで，それらの問題点に制度的に対応することが望ましい。この対応にあたるのが，**制限行為能力者制度（行為能力制度）**である。この制度では，意思能力を有しない恐れがあるか，そこまでではなくとも判断能力が十分とはいえない者について，瑕疵のない意思に基づく意思表示をすることができない恐れがあることから，一定の法律行為を自分一人では確定的に有効にすることができないものとされている。また，そのような行為資格の制限の代償として保護者がつけられ，本人が保護者の同意を得て行為をするか，保護者が代わりに行為をすることとされている。それにもかかわらず，これに反して行為がされた場合には，その行為は（行為時に意思無能力であったかどうかを問わずに）**取消可能**となる。さらに，相手方の保護を図るために，行為者が取引資格の制限を受けているかどうかが，取引の時点でわかるように工夫されている。

　法律行為を自分一人で確定的に有効にすることのできる資格を**行為能力**，この資格を制限される者を**制限行為能力者**，その制限を受けない者を**行為能力者**（20条1項）という。

2 制限行為能力者

　民法では，制限行為能力者をとくに定めることによって，誰が制限行為能力者であり，誰が行為能力者であるかが明らかにされている。制限行為能力者とされるのは，**未成年者，成年被後見人，被保佐人**，保護者たる補助人の同意権に服する**被補助人**の4種である（13条1項10号参照）。

3 制限行為能力者による行為能力の制限に反する法律行為の効果

　制限行為能力者は，それぞれの範囲で行為能力を制限され，保護者の同意を得

て法律行為をすることなどを求められる。制限行為能力者がこれに反してした法律行為は，取り消すことができる。この場合，法律行為はいったん有効に成立し，制限行為能力者など一定の者（120条1項）が，この法律行為を取り消して無効とすることも，有効なまま存続させることもできる。取消しがされた場合，その行為は初めから無効であったものとして扱われる（121条。**遡及的無効**という）。

2　未成年者

1　意　義

未成年者は，判断能力が未熟であると考えられ，行為能力を制限されている。

未成年者とは，成年に達していない者である。成年年齢は，令和4年3月31日までは20歳，同年4月1日からは18歳である（4条）。また，令和4年3月31日までは，20歳未満の者であっても婚姻をしたときは成年に達したものとみなされるが（753条），同年4月1日からは婚姻適齢が男女とも18歳になるため（731条），婚姻による成年擬制はなくなる（753条は削除される）。以下では，成年年齢の引下げ後を前提とする。

2　未成年者の行為能力

■1　原　則

未成年者が法律行為をするには，原則として，その保護者である法定代理人（⇒p.90の**3**）の同意を得る必要がある（5条1項本文）。

未成年者がその同意を得ずにした法律行為は，取り消すことができる（同条2項）。この場合，未成年者とその法定代理人等（以下，未成年者側）に，法律行為を取り消す資格（**取消権**という）が認められる（120条1項）。取消権の行使として取消しの意思表示がされると，法律行為は，初めから無効であったものとみなされる（121条）。

ある者が未成年者であるかどうかは，その者の生年月日から判断することができるから，戸籍謄本や戸籍抄本をみれば確実にわかる。また，マイナンバーカード，パスポート，運転免許証，健康保険証等の記載から知ることもできる。したがって，他人と法律行為をしようとする者は，その他人が成年に達しているか否かを知りたければ，それらの書類等を提示させればよい。したがって，未成年者を制限行為能力者とし，その法律行為を場合によっては取り消しうるものとして

も，相手方に不測の不利益を生ずる恐れはほぼない。

 主張立証責任の所在
　相手方から契約を原因とする請求を受けた場合，未成年を理由とする取消しが抗弁となる。この場合，未成年者側は，契約締結の当時18歳未満であったことと，取消しの意思表示をしたことを主張・立証すべきことになる。これに対し，法定代理人の同意の存在が，相手方の再抗弁になる。

❷ 例　外

　以下の法律行為は，未成年者も単独で確定的に有効に（つまり，後に取消可能なものとしてではなく）することができる。

　1　もっぱら未成年者の利益となる法律行為　　第一に，未成年者が権利を取得するだけか，義務を免れるだけの法律行為である（5条1項ただし書）。未成年者が何の負担もなしに金銭の贈与を受ける契約や債務の免除を受けることが，その例である。このような場合には，未成年者が判断能力の未熟のために不利益を受ける恐れがないと考えられるからである。

　2　処分を許された財産の処分　　第二に，法定代理人から処分を許された財産の処分である（5条3項）。法定代理人は処分につき事前に包括的な同意を与えている，と考えられることによる例外である。

　処分の許され方には二つある。一つは，時計購入のため，というように，目的が定められる場合である（5条3項前段）。この場合，未成年者がその目的の範囲内の処分をしたとき，たとえば時計購入の契約を結び，代金を支払ったときは，その支払だけでなく，時計の売買契約も取り消せない。

　もう一つは，小遣いのように，処分の目的が特定されていない場合である（5条3項後段）。この場合，未成年者がその財産を処分したとき，たとえば本購入の契約を結び，代金を支払ったときは，その支払だけでなく，本の売買契約も取り消せない。

 主張立証責任の所在
　この場合，未成年を理由とする取消しの抗弁に対して，法定代理人がある財産の処分を許していたこと，未成年者の処分した財産がその財産であることを，相手方は再抗弁として主張・立証することができる。それに対して，処分の目的を定めたこと，契約がその目的に合致しないことが，未成年者側の再々抗弁となる。

　3　許された営業に関する法律行為　　第三に，未成年者が法定代理人から営業を許された場合に，その営業に関する法律行為である（6条1項）。

法定代理人は，未成年者に（パソコンおよびその関連商品の小売業を許すというように）営業の種類を特定して（「一種又は数種の営業」〔6条1項〕はこの意味である），営業を許すことができる。この許可を得た未成年者は，その営業に関する法律行為を単独で確定的に有効にすることができる（「成年者と同一の行為能力を有する」）。営業に関する法律行為には，許された営業をするのに直接または間接に必要な一切の法律行為が含まれる（パソコンの小売業でいえば，商品の仕入れと販売は当然として，店舗用不動産の賃借，店員の雇用，資金繰りのための銀行取引なども含まれる）。営業が許可された場合には，営業のために必要となる法律行為をすることに対して包括的同意があるとすることが適当である（法定代理人の同意を個別に得なければならないとすると，円滑に営業をおこなうことができなくなる）ことから，このようにされている。

　法定代理人の許可は，特別の方式によることを要せず（口頭ですることでもよい），許可の有無を公示する一般的な方法もない（ただし，商5条は，未成年者が商4条に該当する営業をおこなうときは登記をしなければならないとしている）。そのため，第三者が許可の有無を確実に知ることが難しいという問題がある。

　法定代理人は，営業の種類を特定して営業を許可しなければならない。種類を特定しない包括的な許可は認められない。そのような許可は，未成年者の保護を放棄するようなものだからである。反対に，1個の営業をさらに制限すること（「営業は許すが，30万円以上の取引には事前の同意を要するものとする」というようなこと）もできない。それでは，未成年者の営業活動を不当に抑制することになり，また，（許可の有無および内容を正確に知ることが難しい）取引相手に，契約の取消しによって不測の不利益をもたらすことになりかねないからである。

　法定代理人は，未成年者に営業を許しても，独立して営業をおこなうことができるまでにはなっていないことを示す事実が明らかになったとき（「その営業に堪えることができない事由があるとき」）は，営業の許可を取り消したり，制限したりすることができる（6条2項。制限とは，数種の営業を許可している場合に，少なくとも1種の営業許可を残し，他の種類について取り消すことである。1個の営業をさらに制限することではない）。この取消しまたは制限は，それがされた時点から将来に向かってのみ効力がある（遡及効はない）。

主張立証責任の所在
　　この場合，未成年を理由とする取消しの抗弁に対して，相手方は再抗弁として，法定代理人による営業許可の事実，当該契約が許可された営業に関するものである事実を主

張・立証することができる。それに対し，当該契約の前に，営業許可の取消しがされたこと，または営業許可の制限と当該契約が制限された営業に属することが，未成年者側の再々抗弁となる。

3 未成年者に付される保護者（法定代理人）

1 保護にあたる者

　未成年者は，行為能力を制限される代わりに，保護者として法定代理人を付される。この法定代理人となるのは，原則として**親権者**である（818条・824条）。親権をおこなう者がないか，親権者に子の財産を管理する権限がないときは，後見（未成年後見）が開始し（838条1号），指定または選任された**未成年後見人**（839条～841条）が子の法定代理人になる（859条1項）。

2 保護者の権限

　保護者は，未成年者の法律行為について次の権限を有する。すなわち，未成年者自身がしようとする法律行為に同意を与える権限（同意権。5条），未成年者に代わって未成年者のために法律行為をする権限（代理権。5条の「法定代理人」という文言），未成年者の行為能力の制限に反する行為を取り消す権限（取消権。120条1項）と，その有効を確定する権限（追認権。122条）である。

3　成年被後見人，被保佐人，被補助人

1 成年後見制度

1 成年後見制度とは

　成年者は，未成年者のための前述の制度（以下，未成年者制度）による保護を，当然のことながら受けられない。しかしながら，成年者にも判断能力が不十分であるために，保護を必要とする者がある。そこで，そのような者を保護するための制度も用意されている。この制度を，**成年後見制度**という（未成年者がこの制度の対象から除外されているわけではない。ただ，未成年者は，未成年者制度による保護を受ければよく，この制度を利用する必要がほとんどない。そこで，ほぼもっぱら成年者が利用する制度ということから，「成年」後見制度と呼ばれている）。

❷ 成年後見制度の概要

1 未成年者制度との相違点　成年後見制度は，判断能力の不十分な者の保護を目的とする点では，未成年者制度と共通している。しかしながら，成年後見制度には，未成年者制度と異なる点が相当ある。

未成年者制度では，18歳未満の者が一律に制限行為能力者とされている。それに対し，成年後見制度では，保護の対象者は一定の手続を経て個別に定まる。

保護のあり方も大きく異なる。未成年者制度では，未成年者は受動的に保護を受けることしかできない。未成年者は一律に行為能力を制限され，保護者となる法定代理人の選任に全く関与することができず，法定代理人に与えられる権限の決定についても同様である。それに対し，成年後見制度では，保護を受ける者（以下，本人）は，行為能力を制限されるとは限らない。また，本人が保護者の選任や保護者に与えられる権限の決定に関与することができる場合もある。

2 成年後見制度を支える基本理念　未成年者制度との上述の違いは，制度を支える基本理念の違いに由来する。

両制度ともに，判断能力の不十分な者を保護する必要があるという考え方（**本人保護の要請**）から出発する点では，共通している。

未成年者制度は，もっぱらこの考え方に基づいているとみることができる。未成年者は，もっぱら保護の対象者として捉えられ，保護のあり方について未成年者本人の意思を反映する仕組みは，ほとんど用意されていない。

それに対し，成年後見制度では，保護を受ける者も健常者とできる限り同様に扱うという基本理念から，どのような保護を受けるかについて，保護を受ける本人の意思をできるだけ尊重しようという考え方（**自己決定の尊重**）がとられている。

3 成年後見制度の概要　成年後見制度では，このような基本理念から，保護を受ける本人の自己決定をまずは尊重し，それに委ねておくことが適当でない場合に補充的に必要な限度で法が介入する，という考え方がとられている。具体的には，次のような制度となっている。

(1) 任意後見制度　本人の自己決定の尊重の理念から，本人が保護のあり方を自ら決める制度（任意後見制度）が用意されている。これは，本人が，判断能力が低下して保護を受ける必要が生ずる場合に備えて，あらかじめ他人にその場合の代理を委ねておくことを認める制度である。本人が備えた事態に至ったときには，その他人が，本人と合意した事項について本人を代理することによって，本人を保護することになる。

この制度によって保護を受ける本人は，十分な判断能力を有しない（意思能力を常時欠く状態ということもある）が，行為能力の制限を受けることにはならない。したがって，任意後見制度は，制限行為能力者制度にあたらない。また，成年後見制度はこのような任意後見制度を含むから，それを制限行為能力者制度の一つと呼ぶことは，厳密にいえば正確でないことになる。

(2) 法定後見制度　すべての人が万一の場合に自ら備えるとは限らない。また，本人の定めた保護方法が適切でなくなることもある。そこで，そのような場合に備えて，法定の保護制度が用意されている。これは，**法定後見制度**と呼ばれている。ここには，保護を受ける本人が有する判断能力の程度に応じて，三つの類型が用意されている。**後見**，**保佐**，**補助**である。

後見，保佐の両類型では，保護を受ける者は行為能力の制限を受ける。それに対し，補助の類型では，保護を受ける者が行為能力の制限を受けるとは限らない。したがって，法定後見制度を制限行為能力者制度の一つと呼ぶことも，厳密にいえば正確でないことになる。

(3) 任意後見制度と法定後見制度の関係　このように，成年後見制度には，任意後見と法定後見の二つの制度があるが，この二つの制度による保護は，同じ人について同時におこなわれることはない。

法定後見は，任意後見がうまく機能している間はおこなわれない（任意後見10条1項参照）。これは，本人の自己決定を尊重し，法の介入は補充的に必要な限度にとどめるという考えの現われである。

反対に，法定後見がおこなわれる場合には，任意後見がおこなわれることはない（法定後見がすでにおこなわれているときは，法定後見がそのまま継続されるか，任意後見の開始により法定後見が終了するかの，いずれかになる〔任意後見4条1項2号・2項〕。任意後見がすでにおこなわれていても，本人の利益のためにとくに必要であるときは法定後見が開始され〔任意後見10条1項〕，その場合には任意後見は終了する〔任意後見10条3項〕）。任意後見によることもできるが，それでは本人の保護に足らないと考えられるときには，その足らない部分だけを法定後見で補うという方法もありうる（必要に応じた補充的介入という考え方を徹底すれば，むしろ，それが本筋だろう）。しかしながら，両制度を同時におこなうと，任意後見の保護者の権限と法定後見の保護者の権限の調整が必要になり，複雑な問題が生じかねない。そこで，このようにされている。

(4) 保護の事実の公示　制限行為能力者制度は，判断能力に問題のある者

の保護のみを目的とするものではない。行為能力の制限を受ける者をとくに定めることを通して，取引の安全に資するという目的もある。そこで，成年後見制度においても，相手方が取引に入る前に，自己の取引相手の行為能力について知る方法が用意されている。**成年後見登記制度**がそれである。任意後見または法定後見が開始すると，その事実が法務局の管轄する成年後見登記ファイルに記録される（後見登記4条・5条）。そして，その登記情報は，保護を受ける本人や保護者など，登記に記録されている者の請求があれば開示される。具体的には，本人や保護者が請求すれば，法務局が，登記に記録がある場合にはその事項を証明する書面，行為能力の制限を受けておらず登記に記録がない場合にはその旨を証明する書面を交付する（後見登記10条1項）。そこで，取引相手の行為能力に不安を感じる者は，相手にその書面（**登記事項証明書**）の提出を求めればよい。

発展
学習

成年後見制度におけるプライバシー保護の重視

　登記事項証明書の交付を請求することができるのは，本人やその保護者などに限られており（後見登記10条2項），本人との間で取引をしようとする者が直接に本人の行為能力の制限の有無を知ることはできない。そのため，本人に対して行為能力に関する証明を要求せざるをえないが，これは容易なことではない。本人に向かって，あなたの判断能力に疑いをもっていると表明するようなものだからである。したがって，取引安全の保護という点では，この制度は十分とはいえない。これは，プライバシーの保護が取引安全の保護よりも重視された結果である。

2 成年被後見人

1 成年被後見人とは

　1　成年被後見人とは　　後見開始の審判を受けた者を，**成年被後見人**という（8条）。

　2　後見開始の審判　　後見開始の審判は，認知症など精神上の障害によって判断能力を欠くことが普通の状態である者（「事理を弁識する能力を欠く常況にある者」）を対象とする（7条）。たとえば，一人では日常の買い物すら満足にすることができない者，（家族の名前や自分の居場所など）ごく日常的な事柄すらわからなくなっている者，完全な植物状態にある者などが，これに該当する。

　後見開始の審判は，本人や近親者などが，家庭裁判所に請求することができる（7条，任意後見10条2項ほか）。この請求を受けて，家庭裁判所は，本人が事理弁識能力を欠く常況にあると認められる場合，後見開始の審判をする。後見開始の

審判があると，後見が開始する（838条2号）。これにより，審判を受けた者は成年被後見人となり，保護者として**成年後見人**が付される（8条）。また，後見人の事務を監督する**成年後見監督人**が選任されることもある（849条。その職務については，851条参照）。

② 成年被後見人の行為能力

1　原則　成年被後見人は，日常生活に関する行為を除き，自ら財産上の法律行為をすることができない。それらの法律行為については，成年後見人が代理してすることになる。成年被後見人がこの制限に違反してした法律行為は，取り消すことができる（9条本文）。成年被後見人が成年後見人の同意を得てした行為も同じである（一方で，成年被後見人は意思能力を欠くことが普通の状態であり，同意どおりの行為がされることを期待し難いから，同意を与えて成年被後見人自身に行為をさせる必要性に乏しい。他方で，同意どおりの行為がされた場合にはその行為を取り消せないとすると，成年後見人の同意の有無をめぐる争いが生じかねず，成年被後見人と相手方の双方の法的地位を不安定にし，制限行為能力者制度の趣旨に反する。そこで，成年後見人の同意を得て成年被後見人がした行為も取消可能とされている）。

2　例外　ただし，日用品の購入その他日常生活に関する行為は，成年被後見人も単独で確定的に有効にすることができ，取り消すことができない（9条ただし書）。

> | 補論 | **例外の趣旨**
>
> この例外は，成年被後見人の自己決定を尊重して設けられたとされている。もっとも，後見は日常の買い物すら満足にできない者を対象としており，成年被後見人について自己決定をどこまで語ることができるのか，疑問である。むしろ，この例外は，成年被後見人については実際上の便宜が重視された結果であると思われる。この例外を認めておかないと，成年被後見人が日用品の取引すら拒否される恐れがあるからである。
>
> なお，成年被後見人が行為の時に意思能力を有しなかったときは，3条の2によれば，その行為が日用品の購入その他日常生活に関する行為にあたる場合も，その行為は無効となる。しかしながら，9条ただし書が成年被後見人の日常生活遂行上の便宜を考慮してのものであるならば，その行為の効力を安定させることが望ましい。そのため，日用品の購入等の場合には，その行為をすることができたことが意思能力を有することを示すとするか，端的に3条の2の適用を排除することが考えられる。

「日常生活に関する行為」とは何か。民法には他に，夫婦は配偶者の一方がした「日常の家事」に属する行為について連帯して責任を負うとする規定があり（761条），その解釈を参考にすることができるとする見解がある。

761条の「日常の家事」について，判例（最判昭和44・12・18民集23巻12号2476頁〔百選Ⅲ9〕）は，一般論としては，個々の夫婦が共同生活を営むうえで通常必要な法律行為を指すとしている。そのうえで，その具体的な範囲については，個々の夫婦の社会的な地位，職業，資産，収入，生活の状況，当該行為の個別的な目的等の夫婦の内部的な事情のほか，当該法律行為の種類，性質等の客観的な事情を総合的に考慮して判断すべきであるとする。

❸　成年被後見人に付される保護者——成年後見人

　1　成年後見人とは　成年被後見人には，保護者として，成年後見人が付される（8条）。誰を成年後見人とするかは，家庭裁判所が後見開始の審判において定める。

　2　成年後見人の権限　成年後見人には，次の権限が認められる。すなわち，成年被後見人の財産に関する法律行為についての包括代理権（859条1項。ただし，859条の3・860条・864条参照），成年被後見人の行為能力の制限に反する行為の取消権（120条1項）と追認権（122条）である（同意権はない。p.94の1参照）。これらはいずれも，後見開始の審判の効果として成年後見人に当然に認められる法定の権限である。

　3　成年後見人の義務　成年後見人は，他人の財産を管理することになるから，財産管理人一般が負う義務を負う。それに加えて，成年後見人は，後見事務の遂行にあたって，本人の意思を尊重するとともに（意思尊重義務），その心身の状態および生活の状況に配慮すべき義務（身上配慮義務）を負う（858条）。成年後見人は成年被後見人の財産に関する法律行為について代理するが，その法律行為は本人の身上に関連するものであることも多い（たとえば，医療契約や福祉施設へ

の入所契約の締結）。そこで，成年被後見人の身上面の保護を重視する必要がある
とされている。

▓4▓　後見開始の審判の取消し

　成年後見制度は，事理弁識能力が不十分な者を，その能力の程度に応じて保護
するものである（11条ただし書・15条1項ただし書参照）。また，その保護の半面と
して，本人の自由に対する制約を伴うことも多い。そうであれば，本人の事理弁
識能力が回復した場合には，保護の必要はなくなり，自由を制約しておくべきで
もない。そこで，そのような場合のために，審判の取消しの制度がある。

　後見開始の審判は，本人の事理弁識能力が（後述する）保佐または補助の開始
の要件に該当する程度以上にまで回復したとき（「第7条に規定する原因が消滅した
とき」）は，10条所定の者の請求に基づいて取り消される（10条）。

　本人の事理弁識能力が保佐または補助の開始の要件に該当する程度にまで回復
し，保佐開始または補助開始の審判がされたときは，家庭裁判所が職権により後
見開始の審判を取り消す（19条2項。この場合，審判の取消しの請求を要しない）。

　後見開始の審判の取消しに，遡及効はない。したがって，成年被後見人である
間にされた行為は，審判の取消しによってその効力に影響を受けない（成年後見
人による代理行為は無権代理行為にならない。また，成年被後見人のした法律行為は，日
常生活に関する行為を除き，取消可能である）。

　　主張立証責任の所在
　　相手方が契約を原因とする請求をした場合，成年被後見人であることを理由とする取
消し（当該契約の締結の前に後見開始の審判がされたこと，取消しの意思表示がされたこと）
が，成年被後見人側の抗弁となる。これに対し，当該契約が日用品の購入であること，
または日常生活に関する行為に該当すること，契約締結の前に後見開始の審判の取消し
の審判のあったことが，相手方の再抗弁となる。なお，日常生活に関する行為に該当す
るかどうかは規範的評価の問題（規範的要件）であるから，相手方は，具体的事実によ
りその評価を根拠づけるべきことに，成年被後見人側はその評価を妨げるために具体的
事実を挙げることができることに，それぞれなる。

3　被 保 佐 人

▓1▓　被保佐人とは

　1　**被保佐人とは**　　保佐開始の審判を受けた者を，**被保佐人**という（12条）。

　2　**保佐開始の審判**　　保佐開始の審判は，認知症など精神上の障害によって

判断能力が著しく不十分である者（「事理を弁識する能力が著しく不十分である者」）を対象とする（11条本文）。事理弁識能力を欠く常況にある者は，事理弁識能力が著しく不十分な者に含まれるが，後見開始の審判の対象になり，保佐開始の審判の対象にならない（11条ただし書）。

　後見の対象者とは，不十分ながらも事理弁識能力のある常況にあるか否かで区別される。後述の補助の対象者とは，事理弁識能力の不十分さが「著しい」かどうかで区別される。もっとも，いずれも程度問題であり厳密な区別は難しく，判断は裁判官に任されることになる。一応の区別の標準としては，日常の買い物すら一人で満足にできない場合は後見の対象，日常の買い物程度なら一人でできるが，不動産取引など重要な財産取引を一人では適切にできなければ保佐の対象，重要な財産取引についても（何とか）でき（そうであ）るものの，不安がある場合は補助の対象といわれている。

　保佐開始の審判は，本人や近親者などが，家庭裁判所に請求することができる（11条本文，任意後見10条2項ほか）。これを受けて，家庭裁判所は，本人の事理弁識能力が著しく不十分であると認める場合，保佐開始の審判をする（11条本文）。

　保佐開始の審判があると，保佐が開始する（876条）。それにより，審判を受けた者は被保佐人となり，保護者として**保佐人**が付される（12条）。また，保佐人の事務を監督する**保佐監督人**が選任されることもある（876条の3第1項。その職務については，同条2項による851条の準用参照）。

② 被保佐人の行為能力

　被保佐人は，13条1項各号に掲げられている行為，要するに（銀行預金の解約や借金，保証，不動産に関する取引といった）財産上の重要な行為については，保佐人の同意を得てしなければならない（13条1項柱書本文。なお，同項10号は，被保佐人自身に効果を生ずる行為ではなく，他人の法定代理人としてする行為について，その行為を自らのためにする場合に保佐人の同意を要するときは，保佐人の同意を要することを定める。これは，制限行為能力者の法定代理人もまた制限行為能力者である場合に，代理される本人が法定代理人の行為により不利益を被ることを避けるために設けられた102条ただし書〔⇒p.262の**②**参照〕を受けたものである）。また，家庭裁判所は，特別の審判により，その他の行為についても保佐人の同意を要するものとすることができる（13条2項）。

　それ以外の行為は，被保佐人も単独で確定的に有効にすることができる。また，

日用品の購入その他日常生活に関する行為については，13条1項所定の行為や13条2項の審判によって定められた行為に該当する場合であっても，保佐人の同意を得る必要はない（13条1項ただし書・2項ただし書）。

保佐人の同意を要する行為について，被保佐人の利益を害する恐れがないにもかかわらず，保佐人が同意しないことも考えられる。この場合に，被保佐人がその行為を確定的に有効にすることができないとなると，保佐人の存在がかえって被保佐人に不利益をもたらすことになりうる。そこで，そのような場合，家庭裁判所は，被保佐人の請求により同意に代わる許可（以下，単に「許可」ということがある）を与えることができる（13条3項。なお，13条1項10号の行為についての許可は，「被保佐人に代理される本人の利益が害されるおそれがない」ときに与えられると考えられる。同号は，被保佐人の代理行為により本人が不利益を被ることを避けるために，その代理行為の可否を保佐人の同意の有無にかからせたものであり，同条3項の許可は，その保佐人の同意に代わるものだからである）。この許可を得れば，被保佐人は，単独で確定的に有効にその行為をすることができる。

被保佐人が，保佐人の同意を要する行為を，その同意またはこれに代わる家庭裁判所の許可を得ずにしたときは，その行為は取り消すことができる（13条4項）。

❸ 被保佐人に付される保護者——保佐人

1 保佐人とは 被保佐人には，保護者として，保佐人が付される（12条）。誰を保佐人とするかは，家庭裁判所が保佐開始の審判において定める。

2 保佐人の権限

(1) 同意権，取消権，追認権 保佐人には，13条1項所定の行為および13条2項の審判により指定された行為についての同意権（その半面として同意拒絶権），被保佐人が同意または許可を得ずにした行為の取消権（120条1項）と追認権（122条）が，保佐開始の審判の効果として当然に認められる。

(2) 代理権 保佐人は，このほかに，保佐開始の審判とは別個の審判（代理権付与の審判）によって，特定の法律行為について代理権を与えられることもある（876条の4第1項）。

付与されうる代理権の範囲に制限はない（13条1項に定められた行為でも，それ以外の行為でもよい）。代理権付与の審判は，随時請求することができ，また，全部または一部の取消しの審判がある（876条の4第1項・3項）。これにより，保佐人の代理権の範囲を変更し，または代理権を消滅させることができる。な

お，13条1項に定められていない行為について保佐人に代理権が与えられても，被保佐人は，それによって行為能力の制限を受けることにならない。

　保佐人の代理権の性質と範囲
　　保佐人のこの代理権は，法律に基づいて家庭裁判所が与えるものなので，法定代理権（⇒p.238の**1**，p.240の**1**参照）の一つである。もっとも，代理権付与の審判は，本人の請求によるか，そうでない場合には本人の同意がなければされない（876条の4第2項）。また，付与される代理権も，請求において選択されたものに限られる。したがって，この法定代理権は，本人の自己決定を尊重したものとなっている。
　　ただ，そのために，保佐人が被保佐人の行為を取り消しても，その結果（たとえば，取り消された契約に基づいて給付された物の取戻し）が実現されない恐れがある。被保佐人が同意しないため，結果実現に必要な代理権が保佐人に与えられないこともあるからである。そこで，取消しの結果の実現に必要な範囲では，取消権付与の内在的効果として保佐人に代理権を認める見解がある。

　3　**保佐人の義務**　　保佐人は，保佐事務の遂行にあたって，他人の財産の管理人が一般に負う義務のほか，本人の意思尊重義務および身上配慮義務など，成年後見人とほぼ同様の義務（⇒p.95の3）を負う（876条の5参照）。

❹　保佐開始の審判の取消し

　保佐開始の審判にも，後見開始の審判と同様に，その取消しの審判がある。

　保佐開始の審判については，被保佐人の判断能力が改善した場合の取消しと（14条1項），さらに低下した場合の取消しがある。前者の場合の仕組みと効果は，後見開始の審判の取消し（⇒p.96の❹参照）とほぼ同様である。後者の場合には，7条に基づく後見開始の審判の請求がされ，後見開始の審判があると，家庭裁判所が職権により保佐開始の審判を取り消す（19条1項）。

　主張立証責任の所在
　　相手方が，たとえば契約を原因とする請求をした場合，被保佐人側は，契約締結より前に保佐開始の審判がされたこと，またはその審判および13条2項の審判がされたこと（これらの主張・立証により，当該契約について被保佐人が行為能力の制限を受けていた事実も明らかになる），および取消しの意思表示をしたことを抗弁として主張・立証することができる。これに対して，保佐人の同意，その同意に代わる家庭裁判所の許可，当該契約が日用品の購入であること，当該契約が日常生活に関する行為にあたること（規範的要件），または契約締結より前に保佐開始の審判の取消しの審判がされたことが，相手方の再抗弁事由となる。

4 被補助人

1 被補助人とは

1 **被補助人とは**　補助開始の審判を受けた者を，**被補助人**という（16条）。

2 **補助開始の審判**　補助開始の審判は，認知症など精神上の障害によって判断能力が不十分である者（「事理を弁識する能力が不十分である者」）を対象とする（15条1項本文）。事理弁識能力を欠く常況にある者，事理弁識能力が著しく不十分である者は，事理弁識能力が不十分である者に含まれるが，前者は後見開始の審判，後者は保佐開始の審判の対象になり，いずれの者も補助開始の審判の対象にならない（15条1項ただし書）。

　補助開始の審判は，本人や近親者などが，家庭裁判所に請求することができる（15条1項本文，任意後見10条2項ほか）。これを受けて，家庭裁判所は，本人の事理弁識能力が不十分であると認める場合，補助開始の審判をする（15条1項本文）。もっとも，補助開始の審判は，本人以外の者が請求した場合には，本人の同意がなければすることができない（15条2項）。補助の対象者は，事理弁識能力がそれなりにあるため，その自己決定を尊重すべきであると考えられるからである。また，補助開始の審判は，保護者（補助人）に権限を与えるための別の審判（同意権付与の審判または代理権付与の審判）とともにしなければならない（15条3項）。

　補助開始の審判があると，補助が開始する（876条の6）。これにより，審判を受けた者は被補助人となり，保護者として**補助人**が付される（16条）。また，補助人の事務を監督する**補助監督人**が選任されることもある（876条の8第1項。補助監督人の職務については，同条2項による851条の準用参照）。

　補助開始の審判によって生ずる効果は，補助の開始だけである。この審判だけでは，補助人がどのような権限を有するか，被補助人が行為能力の制限を受けるかは決まらない。それらは，補助人に権限を付与する別個の審判の効果として定まることになる（こういう仕組みだからこそ，補助開始の審判は，補助人に権限を付与するための審判とともにしなければならないとされている）。

2 被補助人の行為能力

　被補助人は，補助人の同意を要する旨の審判（同意権付与の審判）において補助人の同意を要するとされた法律行為をするには，補助人の同意を得なければならない（17条1項）。それ以外の行為（補助人が代理権付与の審判により代理権を与えら

れた行為を含む）は，被補助人が単独で確定的に有効にすることができる。

補助人の同意を要する行為について，被補助人の利益を害する恐れがないのに補助人が同意を与えないときは，家庭裁判所は，被補助人の請求により同意に代わる許可（以下，単に「許可」ということがある）を与えることができる（17条3項。なお，被補助人が他人の法定代理人として法律行為をすることの許可については，保佐人の同意に代わる許可に関してp.97の②で述べたのと同じことが妥当する）。この許可を得れば，被補助人は，単独で確定的に有効にその法律行為をすることができる。

被補助人が，補助人の同意を要する行為を，その同意またはこれに代わる家庭裁判所の許可を得ずにしたときは，その行為は取り消すことができる（17条4項）。

③　被補助人に付される保護者——補助人

1　補助人とは　被補助人には，保護者として補助人が付される（16条）。誰を補助人とするかは，家庭裁判所が補助開始の審判において定める。

2　補助人の権限　補助人がどのような権限を有するかは，補助開始の審判とともに，またはその審判の後にされる，補助人に権限を付与するための審判（同意権付与の審判または代理権付与の審判）によって定まる。同意権付与の審判と代理権付与の審判は，一方だけがされても，両方がされてもよい。補助人は，①同意権付与の審判だけがされた場合には，その審判で定められた法律行為についての同意権と，その同意権を無視された場合の取消権および追認権を有する。②代理権付与の審判だけがされた場合には，その審判で定められた法律行為について代理権を有する。③両方の審判がされた場合には，同意権付与の審判で定められた法律行為についての同意権，その同意権を無視された場合の取消権および追認権と，代理権付与の審判で定められた法律行為についての代理権を有する。

これらの審判は，本人の請求または同意を要件とする（17条2項・876条の9第2項）。その結果，本人は，補助人にどの権限をどの範囲で与えるかの決定に関与することができる。これは，本人の自己決定の尊重の理念に基づく。

(1)　同意権付与の審判　同意権付与の審判によって，補助人に，「特定の法律行為」について同意権が与えられる（17条1項本文。被補助人は，この同意権が与えられた法律行為について，行為能力の制限を受けることになる）。

同意権を付与された補助人は，被補助人がその同意または許可を得ずにした行為の取消権（120条1項）と追認権（122条）も有することになる。

補助人には，「特定の法律行為」について同意権が与えられる。同意権を与

える事項は，同意権付与の審判の請求において選択される必要がある。そして，「特定の法律行為」は，13条1項に定められた行為（被保佐人が保佐人の同意を要する行為）の一部に限られる。その全部またはそれ以外であることはできない。法定後見制度は，事理弁識能力の程度に応じて必要な保護の内容を法定しているため，保佐の対象者よりも高い事理弁識能力を有する被補助人について，被保佐人以上の行為能力の制限を加えることは，適当でないからである。なお，日用品の購入その他日常生活に関する行為は，13条1項に定める行為に含まれない（同項ただし書で除外されている）ので，同意権付与の対象にならない。

　同意権付与の審判は随時請求することができる。また，家庭裁判所は，被補助人，補助人等の請求により，同意権付与の審判の全部または一部を取り消すことができる（18条2項）。これにより，補助人の同意権の範囲を変更し，または同意権を消滅させることができる。

主張立証責任の所在
　相手方が，たとえば契約を原因とする請求をした場合，その契約が補助人の同意を要する行為であることを理由とする取消しが，被補助人側の抗弁となる（被補助人側は，契約締結の前に補助開始の審判および当該契約につき同意権付与の審判がされたこと，および取消しの意思表示をしたことを主張・立証する）。これに対し，補助人の同意の事実やその同意に代わる家庭裁判所の許可が，相手方の再抗弁事由となる。

　(2)　代理権付与の審判　　代理権付与の審判によって，補助人に，「特定の法律行為」について代理権が付与される（876条の9第1項）。

　代理権を付与された補助人は，被補助人に代わってその法律行為をすることができる。代理権付与の審判がされても，その審判で補助人に代理権が与えられた行為について，被補助人は行為能力を制限されない。したがって，補助人に代理権だけが付与された行為を被補助人本人がしても問題はなく，その行為を取り消すことはできない。

　補助人には，請求において選択された「特定の法律行為」について代理権が与えられる。ここでの「特定の法律行為」については，同意権付与の場合と違い，制約はない。13条1項に定める行為以外についても，代理権を付与することができる。

　代理権付与の審判も，同意権付与の審判と同じく，随時請求可能であり，また，全部または一部の取消しの審判がある（876条の9第2項による876条の4第3項の準用）。これにより，補助人の代理権の範囲を変更し，また代理権を消滅さ

せることができる。

3　補助人の義務　補助人は，補助事務の遂行にあたって，他人の財産の管理人が一般に負う義務のほか，本人の意思尊重義務および身上配慮義務など，成年後見人（⇒p. 95 の 3）や保佐人（⇒p. 99 の 3）とほぼ同様の義務を負う（876条の10参照）。

４　補助開始の審判の取消し

補助開始の審判についても，その取消しの審判がある。

補助開始の審判は，本人等の請求により取り消されることがあり（18条1項），また，後見または保佐への移行によって取り消される（19条1項・2項）。

このほかに，家庭裁判所は，同意権付与の審判および代理権付与の審判をすべて取り消すときは，職権により，補助開始の審判を取り消す（18条3項）。補助人の権限をすべて消滅させるのは被補助人の保護の必要がなくなったと認められる場合であり，補助人の権限の全部消滅により被補助人の保護はされなくなるため，補助開始の審判そのものが取り消される。

4　行為能力制限違反があった場合の法律関係

1　行為能力制限違反を理由に取り消すことができる場合

以上から，次の場合に，法律行為は行為能力の制限に反することを理由に取消可能である。①未成年者が法定代理人の同意を得ずに行為をした場合（ただし，金銭の贈与を受ける契約など，例外的に同意を要しないものを除く），②成年被後見人が財産上の行為をした場合（ただし，日用品の購入その他日常生活に関するものを除く），③被保佐人が，保佐人の同意を要する行為を，その同意またはそれに代わる家庭裁判所の許可を得ずにした場合，④被補助人が，補助人の同意を要する行為を，その同意またはそれに代わる家庭裁判所の許可を得ずにした場合である。

2　行為能力制限違反があった場合の法律関係

1　法律関係の確定

法律行為が取消可能である場合，取消しがされるまでは，その行為は有効である。このように，取消しによって無効とされうる状態にある場合を，**不確定的有効**（または**浮動的有効**）と呼ぶ。

法律行為が取消可能である場合，その法律行為はいつ無効になるかわからず，法律関係が不安定になる。そのような状態を放置すると，取引社会の安全を著しく害することになりかねない。そこで，（有効を確定するにせよ，無効にするにせよ）法律関係を早期に確定させるための方法が設けられている。その方法には，制限行為能力者側に主導権のあるものと，相手方に主導権のあるものがある。

　1　制限行為能力者側の主導による法律関係の確定　　制限行為能力者側が主導して法律関係を確定する方法には，追認と取消しがある（追認と取消しについて詳しくは，p. 222 の **2** 参照）。

　追認と取消しは，いずれも，制限行為能力者の側が相手方に対してする意思表示によって効力を生ずる単独行為である。

　追認は，取消可能な行為の有効を確定する法律行為である。追認があると，以後，その行為を取り消すことができなくなる（122条）。

　取消しは，行為の効力を否定する法律行為である。これにより，その行為は初めから（行為がされた当時に遡って）無効になる（121条）。

　2　相手方の主導による法律関係の確定

　(1)　相手方に法律関係確定の主導権を認める必要性　　制限行為能力者の側に追認権と取消権が認められても，それらが早期に行使されるとは限らない。制限行為能力者の側が取消可能な行為をそのまま放置すると，相手方は，長期にわたって不安定な立場に置かれることになる（取消権には行使期間の制限があるが〔126条〕，それによっても，相手方は5年以上も不確定な状態に置かれることがある）。法律行為が取消可能であることについて相手方に非があるわけではないことを考えれば，相手方の利益に配慮する必要がある。

　(2)　相手方の催告権　　そこで，相手方にも，法律関係を早期に確定させるための手段が認められている。**催告権**である（20条。催告については，p. 62 の 前提知識 参照）。

　相手方は，取消可能な行為を追認するかどうかの確答を，制限行為能力者側に催告することができる。この催告の相手は，制限行為能力者が行為能力者になった後は本人（20条1項），それ以前は保護者である（20条2項）。この催告においては，1か月以上の期間を定めて確答を求めることが必要であり，その期間内に確答が発せられれば，その確答に従って法律関係が定まる（20条1項・2項。追認する旨の確答ならば，行為の有効が確定する。取り消す旨の確答ならば，行為の遡及的無効が確定する）。期間内に確答が発せられなければ，その行為は追

認されたものとみなされる（20条1項・2項）。ただし，特別の方式を要する行為（後見監督人がある場合に，その同意を要するとき〔864条本文〕や，追認すると，法定代理人と本人の利益が相反することになる場合〔たとえば826条1項・860条本文参照〕など）については，期間内にその方式を具備した旨の通知が発せられなければ，その行為は取り消されたものとみなされる（20条3項）。

　相手方は，被保佐人または被補助人に対して，保佐人または補助人の追認を得るよう求める催告をすることもできる。この場合も，1か月以上の期間を定めることが必要であり，その期間内に追認を得た旨の通知が発せられなければ，その行為は取り消されたものとみなされる（20条4項）。

❷　取消後の法律関係

　追認または取消しによって，取消可能な行為の効力は確定する。

　追認がされた場合には，すでに存在する法律関係がそのまま続くことが確定する。したがって，事後処理が必要になることはない。

　それに対し，取り消されると，法律行為は初めから無効であったことになる。これにより，当事者はその法律行為により権利を取得せず，義務を負わなかったことになるため，事後処理が必要になることがある。この事後処理については，法律行為に基づく義務の履行があった（既履行）か，なかった（未履行）かで，状況は大きく異なる。

　　1　未履行の場合　　未履行の場合には，取消しまで行為が一応有効とされ，観念上，債権債務が発生し，あるいは所有権の移転等があったというだけである。そのため，それらの権利の変動が生じなかったものと考えるだけでよい。当事者は互いに，相手方に履行を請求することができず，履行の請求を受けても応ずる必要がないことになる。

　　2　既履行の場合　　すでに履行された部分があった場合には，その清算が必要になる。

Case 18

　17歳のAは，その所有する自転車（甲）を親に無断でBに売り，甲を引き渡して代金20万円を受け取った。Aは，その1年後に，未成年を理由にこの契約を取り消した。Aは，受け取った20万円をすぐに全額使い切っていた。この場合，Aは，どのような返還義務を負うか。

　この例では，Aは20万円を取得するという利益を，Bは甲を取得するという利益を，それぞれ受けている。その反面として，Bは20万円を失い，Aは甲を失っている。これらはAとBの間の売買契約を原因とするものであるが，その契約がAの取消しにより初めから無効となったため，AもBも，法律上の原因なく利益を受けていたことになり，互いに不当利得の返還をしなければならない（⇒p.32の<u>前提知識</u>参照）。ここでの問題は，その返還の範囲である。

(1) ***原状回復の原則***　　不当利得の一般規定は，703条と704条に設けられている。それによると，受益者は受けた利益に利息を付して返還することが原則であるが（704条），善意の受益者は，利益の存する限度で返還すればよい（消滅した利得の返還を免れる。703条）。かつては，契約が無効である場合に両当事者が負う返還義務についても，これらの規定が適用されると考えられていた。

しかしながら，契約の履行として給付を受けた両当事者は，一つの契約の効果として互いに関連するものとして利益を得た（利益を交換した）のであるから，その契約が無効であったことの結果としての利益の返還についても，互いに関連するものとして処理すること（交換の関係を認めること）が適当であると考えられる（有効な契約が解除された場合の返還関係については，以前からこの考え方がとられていた〔545条1項本文〕）。そこで，平成29年民法改正により，無効な行為に基づく債務の履行として給付を受けた者は，相手方を原状に復させる義務を負うことが原則とされた（121条の2第1項。p.218の2も参照）。これによると，無効であること，または無効もしくは取消しの原因があることを知らずに（つまり，善意で）契約の履行として給付を受けていた者についても，返還義務の範囲の現存利益への縮減は認められない。

(2) ***制限行為能力者に関する例外***　　これに対し，行為能力制限違反を理由とする取消しの場合については，特別の規定が設けられている（121条の2第3項後段）。すなわち，行為の時に制限行為能力者であった者は，「現に利益を受けている限度」で（取消しの時点で存在している利益だけを）返還することで足る（現受利益の返還〔その内容は，現存利益の返還と同じである〕）。この規定は，悪意の制限行為能力者にも適用がある。制限行為能力者は，その判断能力が不十分であるがために，受けた利益を浪費することがある。そのため，受けた利益を全部返還しなければならないとすると，法律行為を取り消しても，制限行為能力者に法律行為を原因とする不利益が残ることになりうる。これでは，制限行為能力者を保護するために取消権を認めた意味がなくなる。そこで，現受利益

の返還で足るとされている。

主張立証責任の所在

　不当利得の返還の範囲が現存利益または現受利益に限られる場合について，返還請求をする側に利益現存の主張・立証責任があるとする見解と，返還する側に利益消滅の主張・立証責任があるとする見解の対立がある。

　一方に，返還請求権者（相手方）側に利益現存の主張・立証責任があるとする見解がある（703条に関して，大判昭和8・11・21民集12巻2666頁）。121条の2第3項に関しても，意思無能力者または制限行為能力者の保護を重視するならば，このように解することは可能である（なお，前掲大判昭和14・10・26は，制限行為能力者の返還義務に関してこの見解をとっている。もっとも，この判決は，かつて無能力者〔現在の制限行為能力者〕とされていた浪費者について，浪費者の場合には利益が現存しないものと推測することが事理に適するとしたものである。したがって，これは，次に述べる見解をとりつつ事実上の推定をしたとみるか，そうでないとしても，浪費者という特殊な場合に関するものであって，一般化することはできないと考えるべきである）。

　他方に，不当利得者の側に，利益不存在の主張・立証責任があるとする見解がある。これは，受けた利益は何も起こらなければそのまま存在しているはずであるから，その減少または消滅という効果を求める者が，その減少または消滅を根拠づけなければならないという考えによる（最判平成3・11・19民集45巻8号1209頁は，703条の現存利益の返還に関して，金銭の交付による不当利得の場合には，返還請求権の消滅を主張する者が利益の現存しないことを主張・立証するべきであるとしている）。契約が無効である場合，両当事者は受けた利益を互いに返還しあうことが本来適当であり，意思無能力者または制限行為能力者の保護はあくまで例外であると考えるならば，121条の2第3項についても同様に解する（意思無能力者または制限行為能力者の側が利得の消滅を主張・立証しなければならないとする）ことができる。

　なお，契約が無効である場合の原状回復については，703条または704条が適用される場合と異なり（両条の文言からは，現存利益の返還が原則であり，悪意の受益者の返還義務が加重されると解することが素直である），後者の見解が121条の2の文言に整合的である。

補論 民法121条の2第3項の適用範囲

　121条の2第3項は，平成29年民法改正において設けられた規定である。それ以前は，制限行為能力者についてのみ，現受利益の返還で足る旨が定められていた（改正前121条ただし書）。これは制限行為能力者をとくに保護するものであるが，その趣旨は，(2)に述べたとおり，制限行為能力者は判断能力が不十分であるため，受けた利益の浪費からも保護することが適当である，ということにある。そうであれば，契約の時に制限行為能力者であった者が，行為能力者となった後，取消しの前にした浪費（121条の2第3項が適用される場合に〔したがって，125条の法定追認事由に該当するものを含まない〕，以下に述べる扱いをしなければ制限行為能力者が返還および償還を免れることになる事由の一切をいうものとする）については，その契約によって得た利益であることを知らずにしたときを除き，返還義務を免れさせる必要はないと考えられる。契約の時に意思能力を有しなかった者が意思能力を回復した後にした浪費についても，同じである。

❸　意思無能力無効と制限行為能力取消しの関係——二重効の問題

　1　問題の所在　ある者のした法律行為が，意思無能力無効の要件と行為能力制限違反を理由とする取消し（制限行為能力取消し）の要件のいずれをも充たすことがある。その場合に，意思無能力無効と制限行為能力取消しはどのような関係に立つか，制限行為能力者側はそのいずれを主張することもできるか，いずれか一方しか主張することができないかが問題になる。これは，無効という効力と取消しという効力が二重に生じうる問題ということで，二重効の問題と一般に呼ばれている。

Case 19
　後見開始の審判を受けていたAが，Bに2000万円を贈与した。

問題の所在　　後見開始の審判は，事理弁識能力を欠く常況にある者についてされる。そのため，贈与契約の締結の時点で，Aが意思能力を有しなかったことも十分ありうる。そして，実際にそうであれば，その贈与契約について，意思無能力を理由とする無効と，行為能力制限違反を理由とする取消しの，いずれの要件も充たされることになる。

　2　意思無能力無効と制限行為能力取消しの効果の違い　　意思無能力無効も，制限行為能力取消しも，法律行為の効力を認めないものとする点では同じである。しかし，両者には違いもある。制限行為能力取消しに関して適用されうる次の規定に相当する規定は，意思無能力無効には存在しない。すなわち，①効力を否定することができる者を限定する規定（120条），②追認をすることができる旨の規定（122条），③法定追認の規定（125条），④効力を否定することができる期間を

制限する規定（126条）である。

このうち，①および②に相当する規定がないことは，意思無能力無効は意思無能力者の側からしか主張することができないとする有力な見解に従うのであれば，大きな意味をもたない。③と④の規定についても，意思無能力無効に類推適用（⇒p.136の用語解説）されることも考えられ，その場合には，二重効を認めるか否かは大した問題にならない。それに対し，そのような扱いがされないならば，二重効を認めるかどうかが重要な意味をもつ。

3　二重効に関する学説　　この問題については，主な学説として次の二つがある。

(1)　二重効否定説――制限行為能力取消限定説　　一つは，二重効を否定して，制限行為能力取消ししか認められないとする見解である。意思無能力無効の主張を認めると，制限行為能力者制度を設けた意味がなくなることが，その理由である。

(2)　二重効肯定説　　もう一つは，二重効を肯定し，制限行為能力者（意思無能力者）側はいずれかを自由に選択して主張することができるとする見解である。一般的にいって，無効のほうが，取消しよりも判断能力を欠く者にとって保護が厚い（とくに，上記③および④の有無）。ところが，制限行為能力者は意思無能力無効を主張することができないとなると，わざわざ面倒な手続を経て成年被後見人等になった者が，そうでない者に比べて不利な扱いを受けることになりかねない。これは公平に反する，ということがその理由である。

補論｜**無効の主張を限定する必要性**

　確かに，③および④の規定の有無だけをみれば，制限行為能力者となっている意思無能力者のほうが不利にみえる。しかしながら，それをもって直ちに公平に反するとまでいえるのであろうか。制限行為能力者になれば，保護者による保護を受けられることや，法規定が整備されていることにより取消しを安定的に主張しうるという，単なる意思無能力者が受けられない利益を享受することになるからである。

　また，③と④に関していえば，行為の時に制限行為能力者であり，かつ，意思能力を有しなかった者が，行為能力者となり，意思能力も回復した後に125条1号から6号に該当する事実があったときに，制限行為能力取消しはできなくなるが，意思無能力無効の主張をすることはできる，とする必要があるとは思われない。効力否定の期間についても，取消しをすることができる期間を超えてなお，無効の主張を許す必要がどこまであるのだろうか。行為の時に制限行為能力者ではなかったが意思能力を有しなかった者が無効を主張する場合も，相手方の信頼保護や取引安全の保護も考慮して125条および126条を類推適用するか（126条を類推適用する場合には，158条も類推適用する必要がある），無効の主張を信義則により制限すべきではないか。意思能力を有しなかった者が制限行

為能力者でもある場合には，保護者として成年後見人等が付されており，また，制限行
為能力者制度には相手方の信頼保護や取引安全の保護を図る目的もあるから，なおさら
そのように考えられる。

❹ 制限行為能力者の取引相手方の保護

　以上のように，制限行為能力者は，行為能力の制限に反する行為をした場合，
かなり手厚い保護を受ける。これは，裏を返せば，そのような行為の相手方は，
大きな不利益を受けかねないということである。そこで民法には，相手方の利益
にも配慮するための制度が設けられている。

　1　催告権　　第一に，すでに述べた（⇒p.104の(2)）催告権が相手方に認め
られる。これによって，相手方は，法律関係の不安定を自ら解消することができ
る。また，いち早く催告することで，取消しとなった場合に返還分が目減りする
ことを（121条の2第3項後段参照），少しでも防ぐことが可能になる。

　2　制限行為能力者の取消権の排除

　(1)　詐術を用いた制限行為能力者の取消権の排除　　第二に，制限行為能力
者は，自己に行為能力があると信じさせるために相手方を騙した（「詐術」を用
いた）ときは，その行為を取り消すことができない（21条）。そのような制限行
為能力者は特別の保護に値しないため，法律行為の有効を信じた相手方を保護
しようという趣旨である。

　(2)　取消権排除の要件　　この取消権の排除は，次の要件が充たされるとき
に認められる。すなわち，①制限行為能力者が自己を行為能力者である（また
は，同意権者の同意〔もしくは，それに代わる家庭裁判所の許可（以下，略）〕がある）
と信じさせるため詐術を用いたこと，②相手方が制限行為能力者を行為能力者
である（または，同意権者の同意がある）と信じたこと（行為能力者である〔または，
同意権者の同意がある〕という相手方がすでに抱いていた誤信が強められたことでもよ
い），③前記①と②の間に因果関係があること，である。

　制限行為能力者が行為能力者である（または，同意権者の同意がある）と信じ
させようと積極的に術策を用いた場合（たとえば，相手方に保佐人の同意を得た旨
を述べる場合〔大判明治37・6・16民録10輯940頁〕，未成年者が戸籍謄本を偽造して自
己を成年者にみせかける場合〔大判大正5・12・6民録22輯2358頁〕）が，詐術の典型
例である。問題は，そこまで至らないような場合である。

Case 20

　Aは，所有する甲自動車をBに100万円で売り渡した（以下，AとBの間のこの売買契約を「本件契約」という）。本件契約の締結より前にAについて保佐開始の審判がされており，C（Aの妻）が保佐人に選任されていたが，Aは，この契約につきCの同意を得ていなかった。次の場合に，Cは，本件契約を13条4項により取り消すことができるか。

　①　Bが，Aの判断能力に疑問を抱き，登記事項証明書の提出を求めようとしたところ，Aは，「そういう面倒くさいことをさせるならもういい。他にいくらでも買い手はある」と，非常に強い調子で述べた。Bは，それ以上の確認を諦めて，本件契約を締結した。

　②　本件契約の締結に先立って，Bが，「自動車は奥さんも使っているようだが，了解を得なくてよいか」と問うたのに対し，Aは，「自分の物を売るのに，妻に遠慮などいるものか」と答えていた。

> 問題の所在　Aは被保佐人であり，所有する自動車の売却は13条1項3号の「その他重要な財産に関する権利の得喪を目的とする行為」にあたるため，本件契約は，本来，取り消すことができるものである。そして，①および②において，Aは，自らを行為能力者であるとも，Cの同意を得ているとも述べていない。しかしながら，Bからすれば，Aは，契約を自分一人で締結することに何ら問題はないという趣旨の態度をとっているようにみえる。この場合に，Aの態度が21条の「詐術」にあたり，取消権が排除されるかが，ここでの問題である。

　21条の「詐術を用いたとき」には，制限行為能力者が「ふつうに人を欺くに足りる言動を用いて相手方の誤信を誘起し，または誤信を強めた場合をも包含する」（最判昭和44・2・13民集23巻2号291頁）。そして，制限行為能力者であることの黙秘は，通常は詐術にあたらないが，制限行為能力者の他の言動と相まって相手方を誤信させ，または誤信を強めたと認められるときには詐術にあたるとされている（前掲最判昭和44・2・13）。

補論　詐術の認定

　「他の言動と相まって相手方を誤信させ，または誤信を強めた」かどうかは，具体的事情のもとで判断するしかない。その際，詐術にあたるかどうかの認定は，原則どおり制限行為能力者を保護するか，それとも相手方の保護を優先させるかの判断であるから，両者の非難すべき事情と保護に値する事情が考慮されるべきことになろう。したがって，たとえば，当該法律行為の性質，制限行為能力者の言動が他人に誤信を生じ（または強め）る客観的程度のほかに，制限行為能力者の判断能力の程度，制限行為能力者の主観的意図，相手方に何らかの確認手段が存したか否か，その確認を現実にどの程度期待しえたか，といったことが考慮要素となろう。一般的傾向としては，立法後しばらくの間は制限行為能力者（当時は，無能力者）の保護が重視され，詐術は厳格に認定されていたが，その後，取引安全が重視されるようになり，詐術の認定は緩やかになったといえる。

> (Case 20) ①では，Aの発言は，BにAの行為能力に関する確認を思いとどまらせることを狙ったものであり，客観的にもその狙いどおりの結果を生じうるものと評価することができるだろう。したがって，詐術にあたると認められてもよさそうである。ただし，BはAの判断能力に疑いを抱いていたのだから，その疑いの程度とBにとって本件契約をする必要性の程度に照らして，Bがそれ以上の確認をしなかったことをどのように評価するかが問題になる（制限行為能力者が相手方による確認の阻止を画策した事例で，詐術の存在を肯定したものとして，大判昭和2・11・26民集6巻11号622頁，大判昭和2・12・24民集6巻728頁がある）。
>
> ②では，Aの発言は，Aの意図はともかくとして，客観的にはAの行為能力の有無に関係するものではない。したがって，詐術にあたるとされることは，まずないと考えられる（前掲最判昭和44・2・13は，ほぼ同様の場合に詐術の存在を否定した原審判決を支持している）。

|発展学習| **主張立証責任の所在**

　相手方が契約を原因とする請求をした場合，行為能力制限違反を理由とする取消しが抗弁となる。これに対して，21条による取消権の不発生は，相手方の再抗弁となる。なお，詐術の存在は法的評価の結果（規範的要件）である。したがって，相手方は，具体的事実の主張・立証によりその評価を根拠づけるべきことに，制限行為能力者側はその評価を妨げるために具体的事実を挙げることができることに，それぞれなる。また，詐術と誤信の因果関係は，相手方の内心の事実であるため，これを直接に立証することは難しい。そこで，相手方は，その存在を推認させる具体的事実を主張・立証することになる（誤信を生じさせるに足りる詐術の存在とその後の契約の締結が立証されれば，因果関係の存在が事実上推認されることになるだろう）。

5 任意後見制度

　成年者であって判断能力が不十分な者は，法定後見制度による保護を受けずに，任意後見制度を利用することができる。この制度による保護の対象となるのは事理弁識能力が不十分な者であるが，その者は，制度の利用により行為能力を制限されることにならない。ただ，**任意後見制度**は，法定後見制度と同じ目的（事理弁識能力の不十分な者の保護）に資するものなので，ここで説明する。

1 意　　義

　任意後見制度は，本人が，事理弁識能力が不十分になる場合に備えて，自己の生活に必要な法律行為を代わりにすることを，あらかじめ他人に委ねておくことを認める制度である。

2 任意後見契約の締結

　任意後見制度では，本人と将来任意後見人になる者（**任意後見受任者**）が**任意後見契約**を締結する。任意後見契約とは，本人が任意後見受任者に後見事務（生活，療養監護または財産の管理に関する事務）を委託し，その事務に必要な代理権を授与する委任契約であって，家庭裁判所によって**任意後見監督人**が選任された時に効力を生ずる（任意後見監督人の選任を停止条件とする）旨の特約が付されているものをいう（任意後見〔以下，この項目においては単に「法」という〕2条1号）。

　任意後見契約は，特別様式の公正証書によってしなければならない（法3条）。これは，本人の真意に基づいて適法かつ有効な契約が締結されることを制度的に担保するためと，紛争予防の観点から契約の有効性の確実な立証を可能にするためである。

　任意後見契約の公正証書が作成されると，公証人から登記所への嘱託により，任意後見契約は登記されることになる。

3 任意後見監督人の選任

　任意後見契約は，任意後見監督人の選任によって効力を生ずる。

　任意後見監督人は，家庭裁判所が審判によって選任する。家庭裁判所は，次の要件が充足される場合，任意後見監督人を選任しなければならない。すなわち，①本人，配偶者，4親等内の親族または任意後見受任者による選任の請求（法4条1項），②本人以外の者による請求の場合には，本人の事前同意（法4条3項本文。ただし，本人が意思能力を喪失した状態で，その同意を得ることができないときは，この限りでない〔同項ただし書〕），③任意後見契約が登記されていること（法4条1項），④精神上の障害により本人の事理弁識能力が不十分な状況にあること（法4条1項），である。

　ただし，次のいずれかに該当するときは，任意後見監督人は選任されない。すなわち，(a)本人が未成年者であるとき（法4条1項ただし書1号），(b)本人につき法定後見が開始しており，その継続が本人の利益のためとくに必要であると認められるとき（同2号），(c)任意後見受任者に不適任な事由があるとき（同3号）である。

4 任意後見人の権限と義務

任意後見監督人が選任されると，任意後見契約が効力を生ずる。これによって，任意後見受任者は，**任意後見人**となる（法2条4号）。

1 任意後見人の権限

任意後見人は，任意後見契約で委ねられた事項について代理権を有する。

ある者が任意後見人かどうか，その者にどのような範囲の代理権があるかは，（任意後見人，任意後見監督人，本人，本人の配偶者または4親等内の親族等の請求によって交付される）登記事項証明書（後見登記10条）により確認することができる。

2 任意後見人の義務

任意後見人は，受任者の一種であるので，受任者一般が負う義務（たとえば，民644条～647条）を負う。ただ，任意後見人は，事理弁識能力の不十分な本人のために，法定後見における保護者に代わる職務を担う。そこで，任意後見人も，後見事務をおこなうにあたって，法定後見の保護者と同様に，本人の意思を尊重し，本人の身上に配慮する義務を負う（法6条）。

5 任意後見監督人の職務

任意後見契約は，任意後見監督人が選任されたときに，その効力を生ずる。このようにされているのは，次の理由による。任意後見が必要になる場合，本人は，事理弁識能力が不十分な状態にある。この場合，本人は，法律行為を自らすることだけでなく，受任者の監督も，十分におこなえないことが通常である。そこで，本人の利益を守るために，受任者の行為を実効的に監督する者が必要になる。

このことからわかるように，任意後見監督人の主な職務は，任意後見人の事務の監督である（法7条1項1号）。ただ，場合によっては，任意後見監督人自身が本人を代理することもある（同項3号・4号）。

6 任意後見契約の終了

1 終了原因

任意後見契約は，委任の終了事由の発生（民653条），任意後見人の解任（法8条），任意後見契約の解除（法9条），法定後見の開始（法10条3項）によって終了

する。

2 とくに契約の解除について

任意後見契約は，委任契約の一種であるが，その特殊性ゆえに，委任一般と異なる扱いがされることもある。その一つが，契約の解除についてである。

委任契約は，委任者と受任者のいずれもが，いつでも解除することができる（民651条1項）。委任は，委任者の利益のために，委任者の望む事務が処理されるものである。そうであれば，委任者が望まない事務の処理を強制することは適当でない。また，事務処理の意欲を失った受任者に事務処理を継続させても，適切な事務処理を期待することができず，かえって委任者の利益に反することになりかねないからである。ところが，任意後見契約の場合，本人の保護も契約の主たる目的とされている。そこで，任意後見契約の解除については，次のような特別の定めが設けられている。

1　発効後の解除　任意後見監督人が選任された後（任意後見契約が発効した後）に契約を解除するためには，正当な理由があり，かつ，家庭裁判所の許可を得ることが必要である（法9条2項）。任意後見人に辞任の自由を認めると，本人の保護に欠けることになりかねない。本人に解任の自由を認めると，事理弁識能力の不十分な状態にある本人が，誤った判断から任意後見人を解任することにより，不利益を受けかねない。そこで，契約の解除が上記のように制限されている。

2　発効前の解除　任意後見監督人が選任される前（任意後見契約が発効する前）の契約解除は，公証人の認証を受けた書面でしなければならない（法9条1項）。この場合，本人は判断能力が不十分な状態にまだないはずであり，本人保護の必要はないため，解除の自由を制限する必要はない。ただ，契約の締結に厳格な方式が要求されることとの釣りあいから，当事者の真意に基づく解除であることを担保するため，上記方式によることが求められている。

3 代理権消滅の対抗

任意後見人の代理権の消滅は，登記をしなければ，善意の第三者に対抗することができない（法11条）。つまり，第三者が認めた場合は格別，そうでなければ，善意の第三者との関係では代理権の消滅を主張することができない。このようにして，取引相手の信頼の保護，取引安全の保護が図られている。

4 意思表示の瑕疵 I ——心裡留保

1 意思表示の瑕疵・序論

　法律行為は，その構成要素である意思表示の無効により，無効となる。

　意思表示の成立過程は，表意者が動機に導かれて一定の効果意思を決定し，それを表示する意識のもとで表示行為をおこなうと分析されている。この過程で，種々の問題が生じうる。民法は，それらの問題を大きく二つに分け，場合により意思表示の無効を認めている。

　第一に，表示行為の内容に対応する効果意思が，表意者になかったときである。

　意思表示は，表意者の意思を実現するための手段であることから，意思表示に対応する意思が欠けている場合（**意思の不存在**の場合）には，意思表示は無効であるとするのが民法の原則的立場である。この原則的立場を基礎として，**心裡留保**による意思表示の無効（93条1項ただし書），**虚偽表示**の無効（94条1項）が認められている。なお，95条1項1号の錯誤による意思表示は，意思の不存在の一例であるが，同項2号の錯誤による意思表示とともに，次に述べる瑕疵ある意思表示の一つとされている（この点については，p.150の**_1_**参照）。

　第二に，効果意思の形成または決定の過程に問題があり，その問題がなければその意思表示はされなかったと考えられるときに，意思表示の取消しが認められることがある。**詐欺**または**強迫**による意思表示（96条）のほか，上に述べたとおり，**錯誤**による意思表示（95条）がその例である。これらの意思表示は，**瑕疵ある意思表示**と総称されることがある（120条2項）。

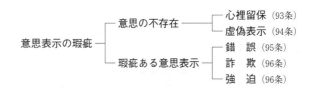

1 意　義

> ### Case 21
>
> 　AとBは4年間同棲していたが，Bに夫がいたため，両者とも結婚するつもりはなかった。その後，Aは，別の女性と結婚することにし，Bに別れて欲しいと頼み，Bもこれを了承した。ところが，結婚式の前夜，AがBと住んでいたアパートを出ようとした際，Bが突然泣き喚き，「結婚式に行くなら，5000万円支払うと書面で約束して」と要求した。Aは，結婚式に出るためにとにかくその場を収めようと考えて，Bが求めるとおりの書面を作り，Bに手渡した。
>
> 　この場合，Aが作成した書面がきちんとしたものであれば，Aが（たとえば贈与金としてや，慰謝料として）5000万円を支払うという内容の意思表示が，外形上は存在することになる。ところが，Aは，Bの気を鎮めようとしてBの要求にとりあえず従っただけであり，金銭支払義務を負う契約をする意思はなかった。そこで，Bが5000万円の支払を求めた場合に，Aは，意思の不存在のため意思表示は無効であるとして，支払義務を免れることができるかが問題になる。

　表意者が，表示行為に対応する効果意思のないことを認識しながらした意思表示を，**心裡留保**による意思表示という。

　心裡留保であるか否かの判断について，意思表示がされた動機は影響を与えない。*Case 21* のような場合のほかに，相手を騙すつもりだった場合，冗談のつもりだった場合，励ましのつもりだった場合なども，心裡留保となる（ただし，明らかな冗談や，単なる励ましにすぎないことが明白であるような場合には，意思表示の成立そのものが否定されることになろう）。

2 効　果

1 原　則

　意思表示は，心裡留保によるものであっても，原則として効力を妨げられない（93条1項本文）。

　意思の不存在の場合，原則として意思表示は無効である。これは，表意者の自己決定を重視した結果である。ところが，心裡留保による意思表示は，意思の不存在であることを理由としては無効にならないのが原則である。これは，次の二つの理由による。第一に，表示行為に対する相手方の信頼を保護する必要がある

からである。第二に，表意者はわざと真意でない表示をしており，非常に大きな帰責性が認められる。そのため，表意者を保護する必要がないと考えられるからである。

2 例　外

ただし，相手方が表意者の真意ではないことを知っていた（悪意の場合）か，知ることができたのに知らなかったとき（善意有過失の場合）は，意思表示は無効となる（93条1項ただし書）。

この例外が認められているのは，次の理由による。

心裡留保は，原則として意思表示の効力に影響を及ぼさない。これは，意思の不存在の場合には意思表示は無効であるという原則に対する例外である。この例外は，相手方の信頼保護の必要性を根拠にしている。ところが，相手方が表意者の真意でないことを知っていたときは，保護すべき信頼がない。真意でないことを知らなかった相手方は，意思表示の有効を信じていた可能性がある。しかしながら，意思表示を有効とすることは，表意者を法的に拘束することによって，相手方の信頼を保護することを意味する。このように他人の不利益において保護を受ける者は，その保護に値することが求められる。ところが，相手方が表意者の真意でないことを知ることができたのにこれを知らなかった場合，相手方の信頼は正当性に欠け，その信頼は保護に値しない。

> （Case 21）では，Aの意思表示は，原則として無効にならない。ただし，Bが，Aに金銭支払の意思がないことを知っていたか，知ることができたときは，Aの意思表示は無効である。その結果，契約は無効であり，Bの請求は認められない。

補論　民法93条1項の立法的当否
　　心裡留保の場合，表意者は，自己の行為の法的意味を知っている。それにもかかわらず，理由は何であれ，あえて嘘をついている。この表意者の帰責性は極めて大きい。そのため，相手方が表意者の真意でないことを知らなかった場合であっても，知ることができたときは意思表示が無効とされることには，疑問がある。
　　平成29年の民法改正では，意思表示または法律行為の効力が相手方の主観的態様によって定まる場合，または意思表示の無効を第三者に対抗することの可否が第三者の主観的態様によって定まる場合について，規定が全体的に整備された。その結果，ほぼ，表意者が無効であると知りながら，強いられたのでもないのに意思表示をした場合は，（主張立証責任の所在を度外視していえば）相手方または第三者は善意であれば保護され，それ以外の場合には，相手方または第三者は善意無過失のときに保護される，とされている。たとえば，93条2項，94条2項，117条2項2号ただし書が前者にあたる。それ

に対し，95条4項，96条2項・3項，117条2項2号本文が後者にあたる。この唯一の例外といってよいのが，93条1項ただし書による無効である。

　93条1項は，相手方が表意者の真意でないことを知らなくても，知ることができたときは意思表示を無効とするという，改正前からの立場を維持したものである。心裡留保がされる事情は様々であり，失態を犯した被用者が解雇を免れるために反省の意を示すつもりで辞職を申し出た場合など，表意者を非難すべき程度が大きくないこともある，という考慮がその根底にあるようである。

　しかしながら，そこには被用者（弱者）保護という特殊な考慮が紛れ込んでいるように思われる。少なくとも，宥恕すべき事情が認められない表意者との関係では，相手方が表意者の真意でないことを知ることができたというだけで，意思表示が無効にされるべきでないと考える。

3 心裡留保による意思表示の無効の第三者への対抗

　心裡留保による意思表示の無効は，善意の第三者に対抗することができない（93条2項）。93条2項は，平成29年民法改正で新設された規定である。改正前は，不実の外形を意識的に作り出した点で，心裡留保者には虚偽表示者と同様の帰責性が認められることを理由として，94条2項が類推適用されるべきであるとするのが通説であった。そのため，93条2項では，94条2項においてと同じことが問題となり，同じ解釈がされると考えられる（94条2項における解釈問題については，p.123の**3**参照）。

3 心裡留保を理由とする意思表示の無効の要件

　心裡留保による意思表示の無効の要件は，外形上表示行為が存在することを前提に，①表意者が表示の内容に対応する意思（効果意思）を有しなかったこと，②表意者がそのことを知っていたこと，③相手方が，①を知っていたこと，または知ることができたこと，である。

主張立証責任の所在

①～③の要件については，意思表示の無効を主張する者に主張・立証責任がある。

　そのうち，表示の内容に対応する意思の不存在と，その不存在を表意者および相手方が知っていたことは，人の内心の事実である。内心の事実は，その存在を直接に証明することが難しい。そこで，無効主張者は，それらの内心の事実を根拠づける具体的事実を主張・立証していくことになる。

　また，「知ることができたこと」は規範的要件である。そこで，無効主張者は，具体的事実の主張・立証により，この評価を根拠づけるべきことになる。

　Case 21 では，次のようになる。Bが5000万円の支払を請求するには，Bは，その旨の贈与契約や慰謝料支払の契約などがAとBの間で締結されたことを主張・立証する必要がある。これは，AがBに手渡した書面がきちんとしたものであり，その書面にそ

の旨が記されていれば，その書面の提出により，容易におこなうことができる。そうなると，Aがこの支払を免れるには，Aは，贈与や慰謝料支払などの意思がないのに意思表示をしたこと，その意思の不存在を自ら知っていたこと，Aに支払う意思がないことをBが知っていたか，知ることができたことを主張・立証し，または根拠づけなければならない。たとえば，書面作成の経緯からして5000万円もの大金を支払う意思がごく短いやり取りのなかで示されることは不自然であること，その経緯からして，AはBの言うとおりにすることでBの気を鎮めようとしたこと，職業や収入などからして5000万円はAにとって支払の極めて困難な金額であることなどを立証することができたならば，Aには5000万円をBに支払う意思がなかったこと，Aはそのことを自覚していたこと，BはAに5000万円支払の意思がないことを知っていたか，少なくとも知ることができたことの立証に成功することになるだろう。

5 意思表示の瑕疵Ⅱ──虚偽表示

1 虚偽表示

1 意 義

Case 22

　Aは，所有する甲土地を，債権者に差し押さえられる恐れがあった。Aは，これを免れるために，Bと協議して，売買を仮装して甲土地の登記名義をBに移すことにした。そこで，Bとの間での甲土地の売買および賃貸借の公正証書を作成して，登記名義をBに移した。その後，Bが，Aに甲土地の引渡しを求めた。

Case 23

　Cは，Dと相談して，債権者からの差押えを免れるために，売買を仮装して所有する乙土地の登記名義をDに移転した。その後，Dは，Xから借金をするにあたってXのその債権を担保

するために乙土地に抵当権を設定し，さらにその後，乙土地をYに売却した。

Case 24

　Eが，内縁関係にあるFに，Fの老後に備えて，所有する丙土地を贈与することにした。ところが，EとFは，税負担の軽減を図るために売買を原因とする所有権移転登記手続の申請をし，その旨の登記がされた。Eが死亡し，Eを相続したG（Eの子）が，その登記は虚偽の売買を原因としており無効であるとして，Fにその登記の抹消登記手続を請求した。

 これらの場合，A，C，Eは，外形上，土地売却の意思表示をしている。ところが，実際にその意思はない。意思を欠く意思表示を無効とする原則からすると，これらの意思表示は無効のはずである。そして，これらの場合，相手方であるB，D，Fとの間で売買の効力を生じさせないことが合意されているから，B，D，Fとの関係では，売買の有効な成立を認める必要はない。ただ， *Case 23* では，CとDの間の契約の効力，すなわちDが乙土地を取得したことを前提として，XとYが，Dとの間で乙土地について権利を取得すべき行為をしている。この場合に，Cの意思表示の無効を認め，CとDの間の契約を無効とすると，Dは乙土地を取得しなかったことになり，Xは抵当権を，Yは所有権を取得することができないことになる。それでよいか，とくに問題になる。

表意者が相手方と通じてする真意でない（虚偽の）意思表示を，**虚偽表示**という。

2 虚偽表示の無効

1 虚偽表示の無効

　虚偽表示は，無効である（94条1項）。虚偽表示の当事者は，意思表示は外形上のものにすぎないこと，その意思表示から法律効果を生じさせないことを合意している。意思表示は，当事者がその意思により法律関係を形成するための手段であるので，このような場合，意思表示に効果を認める理由がないからである。

　意思表示が無効である結果，各当事者は，その意思表示に基づく法律行為の効果を主張することができない。また，各当事者は，無効を主張して，その法律行為を原因として作出された外形の除去を求めることができる（たとえば，*Case 22*において，Bは，Aに甲土地の引渡しを求めることができない。Aは，Bに所有権移転登記の抹消登記手続を求めることができる）。

> |発展|
> |学習| **虚偽の原因による移転登記は不法原因給付にあたるか**
> 　虚偽表示が差押えを免れるためにされた場合，刑96条の2の強制執行妨害目的財産損壊等罪にあたる可能性がある。そうすると，登記の移転は708条の不法原因給付にあたり，Aの抹消登記手続請求は認められないのではないか，とも考えられる。しかしながら，Aの請求を認めなければ，虚偽表示に荷担したBに利益を与えることになる。また，Aの債権者がこの土地に強制執行をすることができず，害される恐れがある。これでは，仮装譲渡を抑止しようとする刑96条の2の趣旨にも反することになる。そこで，Aの請求は，通常，認められる（最判昭和41・7・28民集20巻6号1265頁）。

　もっとも，*Case 24* はやや特殊である。そこでは，EとFは，本当は贈与を意図しながら，外形上は売買をしている。このように，外形上の行為の背後に，真に意図された別の行為が隠されている場合，その隠されている行為を**隠匿行為**と呼ぶ。

　外形上の行為の背後に隠匿行為がある場合，外形上の行為は虚偽表示であり，無効である。それに対して，隠匿行為については，効力が別に判断される。

> *Case 24* でいえば，外形上の行為である売買は，虚偽表示を理由に無効である。したがって，Gは，Fにたとえば代金の支払を求めることができない。これに対し，贈与については，その効力を否定する理由がない。そのため，EとFの間の贈与は有効であり，EからFへの丙土地の所有権移転も（登記の原因は正しくないが）有効である。その結果，Gによる抹消登記手続請求は認められない。

② 虚偽表示の無効の要件

外形上表示行為が存在すると認められる場合であっても，次の要件が充たされるときは，意思表示は虚偽表示として無効である。すなわち，①表意者が意思表示に対応する意思（効果意思）を有しなかったこと，②両当事者がその意思があるように装う合意をしていること（当事者の通謀）である（以上の①と②は，あわせて，外形から推断される意思どおりの効果を発生させない旨の合意〔効果不発生の合意〕が当事者間にあることと，まとめることができる）。

外形上の表示行為の存在とは，本来，虚偽の売買契約書の作成など，表示行為そのものがされたようにみえることを意味する。しかしながら，契約書などがなくても，登記名義の移転のように，かつて一定の表示行為が存在したことを示す外形があれば足ると考えられている。

> ⓒase22 ～ ⓒase24 の各場合において，①と②の要件は充たされている。すなわち，A，C，Eに売買をする意思はないから，①の要件は充たされる。また，A，C，Eと相手方B，D，Fは，売買する意思があるかのようにみせかける旨を合意しているから，②の要件も充たされる（AとB，CとD，EとFには，売買の効果を発生させない旨の合意がある）。

主張立証責任の所在
①および②の要件は，意思表示の無効を主張する者に主張・立証責任がある。

3 虚偽表示の無効と第三者

① 虚偽表示の無効の第三者に対する効力

虚偽表示による法律関係が当事者間のみにとどまっていれば，難しい問題は生じない。ところが，虚偽表示に基づいてとくに不動産登記名義が移されると，第三者（ ⓒase23 のXとYはその例）が，法律関係に入ってくることがある。その場合，虚偽表示の無効は，「善意」の「第三者」に「対抗すること」ができない（94条2項）。

「対抗する」とは，生じた効果や事実の主張を押し通すことをいう。したがって，虚偽表示の無効を善意の第三者に「対抗することができない」とは，意思表示の無効という，それ自体としては生じた効果を（無効なので，効果が生じなかったことを，というべきであるが），善意の第三者との関係では，主張しても押し通せないということである。これは，虚偽表示の当事者が無効の主張をするときだけ

でなく，他の者が無効の主張をするときも同じである。それに対し，善意の第三者は，意思表示の無効を主張することができる。意思表示は無効であるところ，94条2項は善意の第三者を保護するためにその主張を制限するのであり，善意の第三者はその保護の享受を強制されるいわれがないからである。

> ⒸⒶⓈⒺ23 でいえば，XやYが，CとDの間の売買が虚偽表示によるものと知らなければ，Cがその売買の虚偽表示による無効を主張しても，XやYが善意の第三者であるとして争うと，その主張は認められない。つまり，Cが乙土地の所有権を有するとして抹消登記手続請求や明渡請求をしても，認められない。

一方で，実際の権利者（名義上の権利者と区別するために，「真正権利者」という）には，権利の不実の外形（虚偽の外形。たとえば，真実の権利関係と異なる不動産登記）を自ら作り出したという非難されるべき事情がある（帰責性の存在）。他方で，第三者が不実の外形を実際の権利関係に合致するものと信じたのであれば，その信頼を保護する必要がある（信頼保護の必要性）。

以上のことを，より一般化すると，次のようにいうことができる。すなわち，ある者が，その責めに帰すべき事由により不実の外形を作り出した場合，その外形を真実であると信じた者を保護すべきである。このような考え方を，**権利外観法理**，あるいは**表見法理**と呼ぶ。

② 「第 三 者」

1　第三者とは　虚偽表示の無効は，善意の「第三者」に対抗することができない。**第三者**とは，法律上一般的には，「当事者およびその包括承継人以外の者」を意味する。包括承継人とは，ある者（前主）の法律上の地位（権利義務その他）を一括して引き継ぐ者のことである（相続人や合併後の会社がその例）。包括承継人は，前主と同一の法律上の地位に立つものとされる。

もっとも，ある条文に「第三者」という文言が出てくる場合，それは上に述べた意味か，それとも，さらに限定されるかが問題になる。

この点，94条2項の「第三者」は，かなり限定的に解されている。すなわち，判例によると，94条2項の第三者とは，虚偽表示の当事者およびその包括承継人以外の者であって，その「表示ノ目的ニ付キ法律上利害関係ヲ有スルニ至リタル者」（大判大正5・11・17民録22輯2089頁）をいう。ここで，法律上の利害関係とは，虚偽表示の無効が認められると権利の取得を否定され（もしくは権利を失い），ま

たは，義務もしくは責任を負う地位を意味する。もっとも，どのような場合に，意思表示の目的につき法律上利害関係を有するに至ったことになるかは，個別に判断せざるをえない。

2 第三者に該当する例 94条2項の第三者に該当する者の代表例は，虚偽表示により外形上権利を取得した相手方（仮装譲受人）との間でその権利の取得の原因となる行為をした者である。たとえば，仮装譲受人との間で目的物を譲り受ける契約をした者（最判昭和28・10・1民集7巻10号1019頁。*Case 23* のY）や，目的不動産に抵当権の設定を受ける契約をした者（大判大正4・12・17民録21輯2124頁。*Case 23* のX）がこれにあたる。無効の主張を認めると，それらの者の権利（ここでは物権）の取得が否定されることになるからである（さらに，p.132の**5**も参照）。

仮装債権の譲受人も第三者にあたる（大判昭和3・10・4新聞2912号13頁〔虚偽表示による売買代金債権の譲受人〕，大決昭和8・9・18民集12巻2437頁〔虚偽表示による貸金債権の譲受人〕）。無効の主張を認めると，譲受人の権利（ここでは債権）の取得が否定されることになるからである。

虚偽表示の目的物の賃借人も第三者にあたると解されている。虚偽表示の無効を認めると，債権の一種である賃借権の内容の実現が不可能になり，権利（ここでは賃借権）を失うことと同様になるからである。

3 第三者に該当しない例 第三者に該当しない者の代表例として，一般債権者がある。一般債権者とは，債権の実現のために特定の財産に対する権利（担保物権など）を有しない債権者のことである。たとえば，次のような場合である。

Case 25
　Case 23 において，Zが，D名義の登記からDが乙土地を所有すると信じて，Dに金銭を貸し付けた。

Zは，いざとなればDの所有する乙土地の売却益から返済を受けられると期待していたかもしれない。しかしながら，それは事実上の期待にすぎない。Zは，乙土地について何の権利も有しておらず，権利取得の原因となる行為もしていない。つまり，乙土地につき法律上の利害関係を有しない。そのため，一般債権者は，94条2項の第三者にあたらない（また，虚偽表示の無効により乙土地がDの所有に属しないとされても，Zは，債権の実現が困難になりうるだけで，その債権を失うわけ

でも，その債権が無価値になるわけでもなく，保護の必要があるとはいえない）。

差押債権者の第三者性

　　仮装譲受人の一般債権者も，虚偽表示の目的物を差し押さえれば，第三者にあたると
するのが判例である（最判昭和48・6・28民集27巻6号724頁）。差押えにより，目的物の
所有権の所在と債権回収の可能性との関係が密接化する（債権者は，虚偽表示の無効が認
められなければ，目的物の競売による売得金から配当を受ける可能性がある。それに対し，
虚偽表示の無効が認められると，その配当を受ける可能性がなくなる。つまり，その権利の
〔一部〕実現が，虚偽表示の目的物の所有権が誰に帰属するかによって左右され，その意味で
虚偽表示の目的物につき法律上の利害関係を有する）ためと思われる。同じ理由は，配当
加入債権者にも妥当する。

第三者に該当しないその他の者の例

　　判例上，一般債権者のほかに第三者性が否定された例として，次のものがある。
　　代理人が虚偽表示をした場合の代理の本人（大判大正3・3・16民録20輯210頁。101条
1項により，代理人の虚偽表示は本人に帰責されるから），債権の仮装譲受人から取立ての
ために債権譲渡を受けた者（大決大正9・10・18民録26輯1551頁。独立した利害関係を有
しないから），債権が仮装譲渡された場合の債務者（大判昭和8・6・16民集12巻1506頁。
ただし，仮装譲受人に弁済していない場合。虚偽の外形を前提に利害関係を有するに至った
とはいえないから），土地の仮装譲受人から地上建物を賃借した者（最判昭和57・6・8
判時1049号36頁。土地については直接の利害関係がないから），借地人が借地上建物を仮装
譲渡した場合の土地賃貸人（最判昭和38・11・28民集17巻11号1446頁。虚偽の外形を前提
に利害関係を有するに至ったとはいえないから）。

主張立証責任の所在

　　「第三者」であることは，94条2項の法律効果（意思表示の無効）を求める者に主張・
立証責任がある（最判昭和42・6・29判時491号52頁）。この主張・立証は，「第三者」で
あることを根拠づける具体的事実（たとえば，仮装売買がされた場合に，その買主との間
でその目的物につき売買契約を締結した事実）の主張・立証によるべきことになる。

3 「善　意」

　1　**「善意」とは**　　第三者が94条2項により保護されるためには，「善意」で
なければならない。ここでの善意は，虚偽表示であること，すなわち，意思表示
の当事者間の効果不発生の合意を知らなかったことをいう。不実の外形を信頼し
た者を保護するという94条2項の趣旨からすれば，第三者が保護を受けるために
は，表示行為（または表示行為の存在を推断させる外形）の存在を知り，その表示ど
おりの効果の発生を信じたことが求められそうである。しかしながら，表示行為
が存在すれば表示どおりの効果が生ずる（あるいは，表示行為の存在を推断させる外
形が存在する場合には，その外形どおりの表示行為が存在する）ことが，通常である。
そこで，第三者は，表示どおりの効果の発生を信じたことまでは要求されず，効

果不発生の合意を知らなかったときは保護される。

　善意であるかどうかは，第三者になった時点で判断される（最判昭和55・9・11民集34巻5号683頁）。

> Case 23 でいえば，XはDと抵当権設定契約を締結した時点，YはDと売買契約を締結した時点で，CとDの間の売買が虚偽表示に基づくことを知らなければ，善意ということになる。

主張立証責任の所在
　善意については，94条2項の法律効果を求める者に主張・立証責任があるとするのが判例である（最判昭和41・12・22民集20巻10号2168頁）。94条2項の適用により，虚偽表示の本来的効果を免れることができるという，その者に有利な法律効果が生ずるからである。もっとも，善意は内心の事実であるため，その存在を直接に立証することは難しい。そこで，第三者は，効果不発生の合意を知らなかったことを推認させる具体的事実を主張・立証することになる。ただ，効果不発生の合意を知っていたならば，通常人は，新たな利害を生ずる関係に入らないはずである。そこで，実際にそのような利害関係を生じさせる行為に出たことは，効果不発生の合意を知らなかったことを推認させることになる。したがって，第三者がそのような行為や態度に出たことを主張・立証すれば，第三者の善意は事実上推定されることになる（大判昭和5・10・29判評19巻民1522頁）。
　Case 23 でいえば，次のようになる。Yが94条2項の適用を求めるには，第三者に該当すること（乙土地についてCとDの間で売買契約がされ，ついでDとYの間で売買契約が締結されたこと）に加えて，善意であったこと（その売買契約締結時に，CとDの間の効果不発生の合意を知らなかったこと）を主張・立証しなければならない。もっとも，CとDの間の効果不発生の合意を知っている者は，Dから問題の乙土地について権利を取得しようとしないはずである。そのため，Yが，Dの乙土地の取得原因はCとの売買であると知っており，そのうえでDから乙土地を取得する契約をしたことが，Yがその効果不発生の合意を知らなかったことを推認させる。これによると，Yが，CとDの間で乙土地の売買契約が締結されたこと（これは，CとDの間の売買を原因とするDへの所有権移転登記がされていることを示せば推定される），およびその後にDとの間で乙土地の売買契約を締結したことを主張・立証すれば，Yの善意が事実上推定される。Cは，乙土地を取り戻すためには，Yの善意に対する合理的な疑いを具体的事実の主張・立証により根拠づけなければならない。

　2　無過失の要否　　94条2項は，第三者の保護要件として，第三者が善意であることしか定めていない。もっとも，民法における信頼保護制度の多くにおいて，保護される側に，ある事実を信じたことのほか，その信頼が正当なものであること，そう信じたことに過失のないことが要求されている（96条3項，109条，110条，112条，117条，192条など）。これは，次の考えによる。信頼保護制度においては，信頼者を保護するために，真の権利者や取引相手などに権利の喪失や義務の負担といった不利益を強いることになる。そのため，保護を受ける者は，そう

いった他人の犠牲のもとで保護されるに値することが求められるべきである。そこで，信じただけでなく，その信頼が正当なものであることが必要である。

ところが，第三者の信頼を保護するための規定である94条2項には，無過失を要する旨の文言はない。そこで，この文言どおりでよいか，それとも，文言にはないけれども，ここでも第三者に無過失を要求するべきかが論じられてきた。

判例は，第三者は無過失であることを要しないとする（大判昭和12・8・10新聞4185号9頁）。確かに，外形に対する信頼保護制度においては，保護を受ける者が善意無過失であることを求められることも多い。しかしながら，虚偽表示に関しては，94条2項が無過失を求めていないこと，虚偽の外形を自ら意識的に作り出した真正権利者の帰責性が相当大きいことから，第三者は無過失である必要はない，ということである。

平成29年民法改正では，意思表示の無効からの第三者の保護について，全体的に規定の見直しがされた。その結果，96条3項において，詐欺による意思表示の取消しからの第三者保護の要件が，善意から，善意無過失に変更された。それに対し，94条2項は，改正の対象にされなかった。これは，虚偽表示による無効の場合，第三者は善意であればよく，無過失であることを要しないとするのが民法の立場であることを示している。

> ［発展学習］　**無過失を要するとする見解**
> 　平成29年民法改正前の学説では，第三者が保護されるには無過失を要するとする見解も有力だった。その理由として，次のことがあげられていた。①権利外観法理（表見法理）においては，無過失が要求されることが通常である。②虚偽表示がされる事情は様々であって，帰責性の大きさを一概に語れない。③したがって，無過失を要件としておき，虚偽表示者の帰責性の程度と相手方保護の必要性の程度を相関的に判断することができるようにしておくほうが，柔軟な解決が可能になり，個別の事例で適切な結論を得やすい。④帰責性が同程度に大きい心裡留保者との関係でも，93条（当時。平成29年改正後の93条1項）は相手方の信頼保護に無過失を要求しており，これと釣りあいをとるべきである。⑤真正権利者が無効を主張することができないとなると，その一般債権者にも不利益が及びうる（たとえば，*Case 22* の債権者は差押対象財産を失う）から，保護要件が厳格になっても仕方がない。

> ［補論］　**同前**
> 　しかしながら，この見解に賛成することはできない。
> 　①に関しては，確かに，権利外観法理において保護される者は，信頼の正当性まで要求されることが多い。しかしながら，保護を受ける者の主観的要件は，権利外観法理に基づく制度ごとに，不利益を受ける者の帰責性の大きさを考慮して決定されてよい。
> 　②についても，虚偽表示がされる事情は，なるほど様々かもしれない。しかしながら，自らの行為の法的意味を認識しながら，あえて社会に不実の外形を作り出したことは，

すべての虚偽表示者に共通している。そして、この帰責性は、やはり極めて大きいといわざるをえない。そのため、虚偽表示者との関係では、第三者の保護要件は緩やかに解されてよい。

④については、93条1項が相手方の無過失まで求めていることこそが、他の例と釣りあわない（⇒ p.118 の 補論 参照）。そのように考えないとしても、意思表示の相手方の主観的保護要件と第三者の主観的保護要件を同列に論じてよいかは、問題である。

⑤については、第三者を保護しないとした場合には、第三者の一般債権者が害されることもある。したがって、これは決め手にならない。

残るのは、過失を要件とするほうが柔軟な対処が可能になるという③である。この考え方は、虚偽表示の場合に限らず、権利外観法理一般において広くみられる。これは、真正権利者の帰責性が大きければ、第三者の落ち度は大目に見る。真正権利者の帰責性が小さければ、第三者に相当の注意を要求する。場合によっては、権利関係を綿密に調査しなかった点を捉えて過失と認定し、真正権利者の保護を図る、とするものである。このようにすれば、確かに、個別事例において柔軟な対処が可能になる。真正権利者を守るべきだとすれば第三者の過失を認定し、第三者保護だとなれば、第三者を無過失とすればよいからである。しかしながら、そのような判断はすべて、裁判官によって事後的におこなわれる。これでは、取引の当事者は、どれだけのことをしておけば自らの過失を理由に不利益を受けることがないかを、事前に判断することができなくなる。また、人は、対価を負担して手に入れた権利を失いたくないと考えることが普通である。そうすると、取引参加者は、万一の事態に備えるために、権利関係について詳しい調査をせざるをえなくなる。これでは、円滑な取引の展開を阻害することにもなる。したがって、信頼は正当であることを要するといっても、普通に行動していた者が過失の非難を受けるべきではない。真正権利者の帰責性が小さく、真正権利者に不利益を負担させることが適当でないならば、端的に、真正権利者に不利益負担を正当化する帰責性がないことを理由に、真正権利者を保護すべきである（もっとも、虚偽表示の場合には、真正権利者がそのように保護されるべきことがあるとは考えられない）。

結局、虚偽表示者の帰責性はかなり大きいので、善意の第三者は保護されてよい。

4 第三者の権利主張に登記が必要か

虚偽表示者が意思表示の無効を対抗することができない結果、善意の第三者は、前主との取引によって権利を取得することができる。しかしながら、それだけでは、この権利の取得、とくに不動産物権の取得を、善意の第三者が虚偽表示者など他人に主張することができるとは限らない。不動産物権の変動（取得、変更、喪失）は、他人の利益に重大な影響を及ぼすことがある。そのため、わが国では、不動産物権の変動は**不動産登記**（以下、単に登記という）をしておかなければ第三者に対抗することができないとされているからである（177条）。そこで、94条2項の適用の結果として不動産物権を取得した者は、虚偽表示者に対しても登記がなければその取得を対抗することができないとするならば、善意であるだけでなく、登記をしなければ、実際には保護を受けられないことになる。そのようにす

るべきかが，問題とされている。

1　虚偽表示者との関係

(1)　対抗要件としての登記の要否

前提知識 **不動産物権変動の対抗要件としての登記**

はじめに，不動産物権変動における対抗要件について説明しておく。

> （設例）
> 　AがBから甲土地を買い受けた。ところが，B
> からAへの所有権移転登記はされていなかった。
> その後に，Bは，甲土地をCにも売った。
>
> B／甲土地
> ①売買　②売買
> A　　　C

わが国では，当事者の意思表示のみによって所有権が移転するとされている（176条）。これによると，AとBの間の売買により，甲土地の所有者はAとなる。しかしながら，売買がされただけでは，所有者の交代を第三者が知ることは難しい。買主が土地の利用を始めたとしても，借りている場合と区別がつかないから，同じことである。

そうすると，第三者が，土地の権利関係に変更はないと考えて行動する場合が出てくる。たとえば，設例のCはそうかもしれない。あるいはまた，DがBに金銭を貸し付ける際に，甲土地をBの所有に属すると考えて担保にとることがあるかもしれない。ところが，他人の権利を勝手に処分することはできないから，Aの所有に属する甲土地についてBとの間で売買契約を締結したCは，甲土地の所有権を取得することができない（Bとの間で抵当権設定契約をしたDも，抵当権を取得することができない）。これでは取引の安全が害されるので，土地に誰がどのような権利を有するかが，誰にとっても容易にわかるようにしておく必要がある。そこで用意されたのが，不動産登記制度である。これは，不動産に関して誰がどのような権利を有するかを記録し，その記録を公けに示すことによって，不動産に関する権利関係がわかるようにしようというものである。

もっとも，登記制度を用意しても，利用されなければ意味がない。設例のように，AがBから土地を買ったのに登記を動かさなければ，第三者からすれば所有者はBであるかのようにみえる。そこで民法では，物権変動（たとえば，所有権の取得）の主張について制約が設けられている。すなわち，不動産物権の変動は，当事者およびその包括承継人に対してなら，その登記がされていなくても認められる（Aは，Bとの関係では，所有権移転登記を経ていなくても所有権の取得を認められる）。しかし，第三者には，登記がされていなければ物権変動を対抗することができない（177条）。ところで，当事者間で効力が認められる法律関係について，それを第三者に対抗するためには別の要件を充たすことが必要であるとされることがある。この別の要件のことを対抗要件という。したがって，不動産に関する物権の変動については，登記が対抗要件とされていることになる。

もっとも，この結果として，登記を得ていない権利者は，権利を失ったり，権利を制限されたりすることになりうる。そこで，ここでの第三者は，権利者にそのような不利益を強いてでも保護することに値する者に限られるべきである。このような考えから，ここでの第三者は，不動産に関する他人の物権の変動（たとえば，所有権の取得）を，その他人が登記を備えていないことを理由として否定することについて，正当な利益を

有する者に限られている（177条に「いわゆる第三者とは……登記の欠缺を主張するにつき正当の利益を有する者を指称」する。大連判明治41・12・15民録14輯1276頁）。

　この意味での第三者に該当する者の代表的な例として，不動産について他人の物権と相容れない物権の取得の原因となるべき行為をした者（たとえば，同じ不動産の買主）がある。この者は，自己の取得すべき物権と相容れない物権変動の主張が認められると，その物権を取得することができない（あるいは，制限される）立場にあり，登記の不存在を主張して他人の物権変動を否定する正当な利益を有するといえるからである（ただし，物権取得時の主観的態様次第では，ここにいう正当な利益を有しないものとして，第三者から除外されることがある〔たとえば，最判昭和43・8・2民集22巻8号1571頁を参照〕）。

　これに対して，当該不動産について何ら権利を有しない者は，177条の第三者に該当しない。権利の喪失や制限という重大な不利益を他人に負わせることになる主張をすることができる者は，その主張をすることができなければ自己も重大な不利益を被る者に限られるべきであるところ，無権利者は，そのような立場にないからである。また，不動産が，たとえばXからY，YからZへと順次譲渡された場合，Zの所有権取得について，Y（前主）は当事者であるからもちろん，X（前々主）も第三者にあたらない。Xは，Zの所有権取得が否定されても，自らその不動産につき権利を取得しうる立場にないことから，Zの登記の不存在を主張する正当な利益を有するとはいえないからである。

　以上を前提に設例についていえば，AとCは同じ土地について所有権の取得を争う者どうしであるから，CからみればAは第三者にあたり，AからみればCは第三者にあたる。そのため，Cが所有権取得をAに対抗するためにはBから所有権移転登記を得ておく必要があり，Aが所有権取得をCに対抗するためにもBから所有権移転登記を得ておく必要がある。この結果，設例においてAの所有権取得とCの所有権取得のいずれが優先するかは，AとCのいずれがBから所有権移転登記を得るかによって決まることになる。

　94条2項の適用の結果として物権を取得したと認められる者（94条2項の第三者。*Case 23* のXやY）は，その物権の取得を虚偽表示者（*Case 23* のC）に対抗するために，対抗要件としての登記を備えている必要はない（最判昭和44・5・27民集23巻6号998頁）。

　虚偽表示は無効であるが（94条1項），虚偽表示者は，その無効を善意の第三者に対抗することができない（同条2項）。この場合に第三者が権利を取得する過程について，虚偽表示者から直接権利を取得するという考え方（最判昭和42・10・31民集21巻8号2213頁）と，虚偽表示者から相手方がまず権利を取得し，ついでその相手方から第三者が権利を取得するとする考え方の対立がある。もっとも，虚偽表示者は，前者の考え方によれば第三者の前主，後者の考え方によれば前々主であり，いずれにせよ，94条2項により保護される第三者との関係では177条の第三者に該当しない。したがって，94条2項による保護を受ける第三者は，虚偽表示者に，登記を備えていなくても物権の取得を対抗することができる。

(2) 権利保護資格要件としての登記の要否　94条2項の第三者については，対抗要件としてではなく，94条2項による保護を受ける（虚偽表示者から無効の主張を受けないという立場を認められる）ための要件として，登記（権利保護資格要件としての登記）の具備を求めるべきではないかという見解がある。すなわち，真正権利者（*Case 23* のC）は，虚偽表示の無効を対抗することができない結果，権利の喪失または制限という重大な不利益を受ける。このように，第三者（*Case 23* のXやY）は，他人の重大な不利益の上に保護されることになる。そうであるとすれば，第三者は自己の権利を守るためにできることをすべてしておくべきではないか，不動産物権の取得を確実にするには登記が必要であるから，94条2項による保護を受けるための要件として，第三者に登記を得ておくことを求めるべきではないか，というわけである。

　判例は，登記がなくても善意の第三者を保護している（前掲最判昭和44・5・27）。虚偽表示者の帰責性は，非常に大きい。虚偽表示者が一般の取引参加者よりも不利に扱われるのは，むしろ当然である。そのため，善意の第三者は，登記がなくても権利の取得を認められる（なお，p. 174 の2も参照）。

|発展学習| **判例の立場**

　判例上，対抗要件としての登記と権利保護資格要件としての登記が区別されているわけではない。判例は，虚偽表示者（*Case 23* のC）は177条の第三者に該当せず，したがって，94条2項の善意の第三者（*Case 23* のXやY）は自己に生じた物権変動を登記なしに虚偽表示者に対抗することができるとするだけである。虚偽表示者に対しては善意の第三者の保護を優先し，取引安全の保護を図ることが94条2項の趣旨であり，この趣旨からすると，虚偽表示者が第三者の登記の不存在を主張して第三者に生じた物権変動を否定することを許すべきでない，というのがその理由である。

2　第三者どうしの関係　これに対し，第三者が複数存在し，互いに相容れない物権を取得すべき場合（*Case 23* のXとYの関係）には，それら第三者の物権取得の優劣は，登記の先後（または有無）によって定まる。

5　直接の第三者からの転得者の問題

　94条2項の第三者については，虚偽表示の相手方から権利を取得した者から，さらに権利取得した者（転得者）についてどう考えるか，という問題もある。

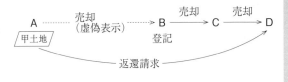

Case 26

　Aが債権者からの差押えを免れるためにBに協力を頼み，Aが所有する甲土地について，AとBの間で売買が仮装され，この売買を原因としてA名義からB名義への所有権移転登記がされた。その後，Bがこの状況を悪用して甲土地をCに売却し，さらにCがこれをDに転売して，それぞれ所有権移転登記がされた。AとBの間の売買が虚偽表示によるものであることを，それぞれの売買契約の締結の当時，

① 　CもDも知っていた。

② 　Cは知っていたが，Dは知らなかった。

③ 　Cは知らなかったが，Dは知っていた。

④ 　CもDも知らなかった。

　①～④の各場合において，Aが，甲土地の所有権は自己にあるとして，甲土地の所有権移転登記手続をDに請求した。

問題の所在　　Aの請求が認められるためには，Aが，AとBの間の売買の虚偽表示による無効を，Dに対し主張することができなければならない。

　①と④は明らかである。①では，Aは虚偽表示の無効を主張することができる。④では，Aは虚偽表示の無効を主張することができない。問題は，②と③である。

　　1　転得者の「第三者」性　　**Case 26** ②に関しては，94条2項の「第三者」は，虚偽表示の相手方と取引をした者（直接の第三者）に限られず，転得者（直接の第三者からの転得者だけでなく，その後の転得者を全部含む）も含まれる（最判昭和45・7・24民集24巻7号1116頁）。

　これは，AとCの間とAとDの間とで，94条2項の適用に関する利益状況に異なる点はなく，別異に扱うべき理由がないからである。Aは，不実の登記を自ら作出し，その後，これを改めようと思えば，いつでもできたはずである。ところが，Aは，それをせずに放置して，本来自己名義であるべき登記を意識的に他人名義にしている。登記名義がBからCに変わっても，Aの責められるべき事情の本質は何も変わらない。また，登記を信頼したDを保護する必要性の程度も，Dの取引相手がBかCかで変わるわけではない。したがって，善意のDは，保護されるべきである。そこで，Dも94条2項の第三者にあたるとされる。

　　2　善意の第三者からの悪意の転得者　　**Case 26** ③では，善意の第三者Cが権利を取得した後に，悪意の転得者Dが現われた場合に，Aが，Dに対してな

ら，虚偽表示の無効を主張することができるかが問題になっている。転得者も94条2項の第三者に含まれるとするなら，Aはその無効を主張することができると考えることが，素直ともいえそうである。この考え方によるならば，第三者にあたる者ごとに，虚偽表示の無効の対抗の可否が変わることになる（無効の対抗の可否が第三者ごとに相対的に判断されることから，相対的構成と呼ばれる）。

これに対し，虚偽表示の無効は，善意の第三者が現われると，その第三者に対抗することができない。転得者は，その第三者の地位を承継する。したがって，この場合には，虚偽表示の無効は転得者にも（その善意悪意を問わず）対抗することができないとするのが判例である（大判大正3・7・9刑録20輯1475頁，大判昭和6・10・24新聞3334号4頁。善意の第三者が現われると，それによって法律関係が絶対的に確定することから，絶対的構成と呼ばれる）。

> Case 26 ③でいえば，Cが善意であるため，Aは，Bとの売買の虚偽表示による無効をDに対抗することができない。したがって，Aの請求は認められない。

 相対的構成の問題点

相対的構成の支持者は，悪意者を保護する必要はないとする。そして，絶対的構成によると，悪意のDが，自らBから権利を取得すると虚偽表示による無効の対抗を受けることになるので，わざと善意者Cを介在させて，まずCに権利を取得させ，そのCから権利を取得するという策を弄することになりかねないという。しかしながら，そのような場合には，Dは実質的に直接の第三者であり，Cの善意を援用することができないとして，Dの保護を否定すればよい。したがって，この批判は決定的ではない。

絶対的構成の支持者からは，相対的構成に対して，次の批判がしばしばされている。すなわち，相対的構成によると，不動産を取り戻されたDは，売買を解除してCに代金の返還を求めうることになり（平成29年民法改正前に主張された相対的構成においては，改正前561条が根拠条文である。現行法下では，Dは，Cによる561条の義務の不履行により，541条または542条により，契約を解除することができる），94条2項により善意者Cを保護した意味がなくなる，という批判である。確かに，売主が買主に目的物の所有権を移転することができなかったときは，買主は，契約を解除することができる。しかしながら，（改正の前後を問わず）561条は，「他人の権利」を売った者の責任を定める規定である。これは， Case 26 ③にはあたらない。ここでのCは，自己の土地を売っている。かりに相対的構成をとりDが所有権を失うことになっても，それは，買主D自身の事情によるのであり，561条適用の前提が欠けており，同条の適用はないと解される。

しかしながら，相対的構成にはやはり問題がある。相対的構成によると，善意の第三者が，財産処分の自由を事実上大きく制約されることになりかねないからである。相対的構成をとると，AとBの間の虚偽表示を知る者は，Cから甲土地を取得してもAに取り戻されることになる。そうすると，そのような者は，Cから甲土地を買わないだろう。そして，土地を買おうとする者は，義務があるわけではないが，自己の利益を守るために，権利関係を調査をすることが普通である。そのため，この土地の取得に関心を寄せ

る者は，Aの虚偽表示につき悪意になることがある。そうなると，Cは正当な所有者なのに，転売の機会を（大きく）奪われることになる。

　相対的構成の支持者は，悪意の転得者Dを保護する必要はないという。しかしながら，悪意の転得者を保護する必要がないかどうかは，事情によりけりである。上の例のように，転得者が土地の権利関係を普通に調べた結果，AとBの間の虚偽表示を知ったというだけのこともある。また，かりに悪意の転得者Dを保護する必要がないとしても，では，虚偽表示者Aを保護する必要は，どれほどあるのだろうか。Aは，善意のCが不動産を処分せずに所有しつづける限り，返還を受けられない。Aの権利回復への期待は，すでに保護に値するものではなくなっている。

4　虚偽表示の撤回

　虚偽表示は，本来してはならないことである。したがって，虚偽表示の当事者が虚偽表示をなかったことにしようとすることを止める理由は，どこにもない。そこで，虚偽表示の当事者は，合意により虚偽表示を撤回することができる。

　問題は，虚偽表示の撤回をどのような場合に第三者に対抗することができるかである。当事者が虚偽表示に基づく不動産売買契約を撤回しても，登記が買主名義のままである限り，外部の第三者からみると，状況は撤回前と変わらない。したがって，虚偽表示の撤回を第三者に対抗するには，内部的に撤回をするだけでは十分でない。登記を元に戻すなど，虚偽の外形を除去することが必要である（なお，大判大正8・6・19民録25輯1063頁および大判昭和13・3・8民集17巻367頁は，虚偽表示が撤回された場合には，虚偽表示は存在しなかったことになるとして，虚偽の外形が除去されていなくても94条2項の適用はないとする。それに対し，最判昭和44・5・27民集23巻6号998頁は，傍論ながら，94条2項が適用される旨を述べている）。

2　民法94条2項の類推適用

1　民法94条2項の類推適用

　94条2項は，直接に適用されるだけでなく，相当広く類推適用されている。

■1　民法94条2項の類推適用

　94条2項は，虚偽表示により生じた権利の不実の外形（以下，単に「不実の外形」ということがある）を信頼した第三者を，真実の権利者に優先して保護する規定である。この規定は，不実の外形を意識的に作出した真正権利者の帰責性と，外形に対する信頼保護の必要性を根拠にしている。そこで，94条2項の類推適用

用語解説	類 推 適 用

　類推適用とは，ある事態Aに対して規定Xが用意されているときに，事態Aそのものではない──したがって，直接には規定Xの要件に該当しない──が，本質的な点では事態Aと同一であると考えられる事態Bについて，規定Xを用いて事態Aと同じように扱うことである。

　人権を守るために罪刑法定主義が憲法上定められている刑法では，法律の規定に直接にはあたらないけれども，よく似た事態だから同じように扱おうというようなことは許されない。それに対し，民法は，人びとの間の利害関係の調整を目的としており，同じような関係は同じように扱うことが，人びとの平等という理念に適合する。また，法が起こりうる紛争にあらかじめすべて備えておくことは，不可能である。そのため，類推適用が認められなければ，人びとの間の利害対立を調整する準則がないことになってしまう。そこで民法では，同じような事柄を同じく扱う手段である類推適用が，広く認められている。

　類推適用においては，次のことが最も重要となる。すなわち，規定Xが予定する事態Aと，いま問題としている事態Bとが，本質的な点で同一であること，それゆえ，同じ法律効果をもって律することが適当であるかどうかを，判断することである。単に少し似たところがあるだけでは，類推適用をすることはできない。そして，事態Bが規定Xの予定する事態Aと本質的に同一であると考えてよいかどうかを判断するには，規定Xが事態Aについてどのような根拠から法律効果を付与しているのかを明らかにする必要がある。これを明らかにした後に，事態Bについてもその根拠が妥当するかを明らかにして，類推適用の当否を判断することになる。

　　A→規定X＝効果x ／ A≒B　⇒　B→規定X＝効果x

　　　　　　　　　　　　──類推適用では，これを説得的に示すことが重要

においては，ある事態について，このような根拠が同じように妥当するといえるかが判断されるべきことになる。

❷　民法94条2項の類推適用に関するリーディングケース

　94条2項の類推適用は，最上級審判決としては，最判昭和29・8・20民集8巻8号1505頁で初めて認められた。それは，次のような事案だった。

Case 27

　Aは，Yに頼まれて，Zから甲建物を買い受け，これをB（Yの愛人）に使用させることにした。Aは，甲建物の購入代金にあてるための金銭をYに渡し，Yは，これをBに渡した。Bが，これを

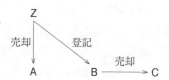

Zに支払って，Aのために甲建物を買い受けた。

　その際，Bは，Yと協議して，B名義で所有権移転登記を受けた。Bは，Aから甲建物を無償で借り受けて使用していたが，あるとき，自己の所有とする登記名義があることを悪用して，甲建物をCに売却した（Cの主観的態様は不明）。

　Case 27 では，B所有名義の登記がされたことにAがどのように関わっていたのか，明らかでない。そこで最高裁は，B所有名義の登記とすることにAが承認を与えており，その登記がAの意思に基づくものであるならば，94条2項の類推適用が認められるとした。その場合には，まずAが登記を得て，ついでBと通謀してその登記をBに移転した場合と，実質において何ら異なるところがないからである。その場合，登記が不実のものであることをCが知らなかったときは，Aは，所有権に基づく主張をCに対してすることができない。

2 民法94条2項の類推適用の2類型

　判例上，その後，94条2項の類推適用による第三者の保護が拡張されてきた。

1 民法94条2項単独類推適用型

　1　民法94条2項単独類推適用型　　まず，94条2項が単独で類推適用される場合がある。これは，第三者が信頼した不実の外形を，真正権利者が自ら作り出し，または存続させた場合である（従前「意思外形対応型」と呼ばれてきたものにあたる）。*Case 27* は，先に述べた94条2項類推適用の前提が充たされたならば，この類型にあたる。そのほかに，次のような場合がある。

Case 28

　A所有の甲土地について，Aと内縁関係にあるBが，Aに無断で登記手続の申請をして自己名義への所有権移転登記を得た。Aは，すぐにこれに気づき登記名義を回復しようとしたが，費用捻出が困難であったこと，Bとの間に子が生まれ，また正式に婚姻をしたことなどの事情により，実現しないまま4年あまりが経った。その間に，Aが銀行から借金をするにあたって，B名義のままで甲土地に抵当権が設定された。その後，Aと離婚することになったBは，Cとの間で甲土地をCに譲渡する契約を締結した。

Case 29

　D所有の未登記の乙建物が，職権により誤って，Dの配偶者Eの名義で固定資産課税台帳に登録された。Dは，これを知りながら，E名義のまま固定資産税を支払って

いた。8年後に，Eの債権者Fの申立てにより，乙建物が差し押さえられた。

2　民法94条2項単独類推適用の要件　　94条2項単独の類推適用により第三者が保護されるには，①ある者に権利が帰属することを推定させる外形（以下，「権利帰属の外形」ということがある）の存在，②真正権利者がその外形を作出し，または存続させたこと，③第三者の善意が必要である。

(1)　権利帰属の外形の存在　　第一に，権利がある者に帰属することを推定させる外形（不動産登記における所有名義など，ある者に権利が帰属することを推定させる客観的状態）の存在が必要である（94条2項の類推適用が実際に問題になるのは，外形が真実の権利状態に合致しないときだが，その不一致をとくに要件とする必要はない〔⇒p. 146の 発展学習 「主張立証責任の所在」参照〕）。

> *Case 28* では，B名義の登記がこれにあたる。
> *Case 29* については，固定資産課税台帳におけるEを所有者とする登録がこれにあたるかが問題になる。94条2項類推適用の基礎となる外形には，権利を推定させる力（権利推定力）がなければならない。ところが，固定資産課税台帳は課税の基礎とするために作成され，そこでの所有者の記録は，納税義務者を特定するためのものにすぎない。そのため，その記録を94条2項の類推適用を基礎づける外形とみることはできないとする見解もある。しかしながら，判例は，これを肯定している（最判昭和45・4・16民集24巻4号266頁，最判昭和48・6・28民集27巻6号724頁）。未登記建物については，同台帳がほぼ唯一の公簿であるため，そこでの所有名義は，建物の所有権帰属の外形を表示するものと考えられるからである。

(2)　真正権利者がその外形を作出し，または存続させたこと　　第二に，真正権利者が，*(1)*の外形を自ら作り出したか，他人が作り出した*(1)*の外形をその意思により存続させたことが必要である。

この要件は，真正権利者に，虚偽表示の場合と同視してよい帰責性があるといえるかを判断するためのものである。この判断が，94条2項の類推適用を考えるにあたって最も重要となる。ところが，とくに他人が不実の外形を作出した場合に，真正権利者がどのような態度をとったことをもって94条2項類推適用に足る帰責性があるとするかは，かなりの難問である。判例では，従来，真正権利者が不実の外形の存在を知りながら，これを明示または黙示に「承認」していたと認められることを要するとされてきた（最判昭和45・9・22民集24巻10号1424頁〔百選I 21〕，前掲最判昭和48・6・28）。しかしながら，変化の兆しも

みられる（⇒下記の 補論 を参照）。

> (Case 28) では，Aは，ある時点までは，登記名義の回復に努めながら，それを
> 実現することができなかったにすぎない。Cがこの時点で現われていたとしたら，
> Aは不実の登記を承認したわけではないとして，94条2項の類推適用は否定された
> 可能性がある。ところが，Aは，その後，自らが融資を受けるために，B所有名義
> のまま甲土地に抵当権が設定されることを認めている。これにより，Aは，B所有
> 名義の登記に承認を与えたといわざるをえない（前掲最判昭和45・9・22）。
> (Case 29) では，Dは，固定資産課税台帳における所有者の記録が間違っている
> ことを知りながら，長年にわたって税の支払を続けている。Dからすれば，Eとは
> 夫婦なので「財布は一つ」の感覚で，納税義務者の名義にこだわらなかっただけと
> も考えられる。固定資産課税台帳上の登録は権利の公示手段でないことからすると，
> Dのこのような態度は，Dに所有権を失わせる根拠として十分でないと考えること
> もできる。しかしながら，未登記建物についての同台帳上の所有者の記録を建物の
> 所有権帰属の外形と認めるならば，この外形を知りつつ，それをもとに税を支払い
> 続けたDは，この外形を意識的に承認していたと評価することもできる（前掲最判
> 昭和48・6・28）。

　94条2項の類推適用は，同項の適用の場合と異なり，不実の登記について登
記名義人の承諾（つまり，真正権利者と登記名義人との間の通謀）がなくても認め
られる（最判昭和45・7・24民集24巻7号1116頁）。ここでの利害対立は，真正権
利者と第三者の間に生じている。そのため，両者の間の優劣を，利害関係のな
い登記名義人の承諾の有無にかからせる理由がないからである。

　なお，真正権利者と登記名義人との間の通謀が不要であることから，平成29
年民法改正において93条2項が設けられたことにより，今後は，93条2項の類
推適用とするほうが適当であるようにも思われる。

 民法94条2項単独の類推適用における真正権利者の帰責性

　　94条2項が単独で類推適用されるために必要となる真正権利者の帰責性について，判
　例では，本文に述べたとおり，第三者が信じた不実の外形を自ら作出したか，他人が作
　出した外形を「承認」したこととされてきた。これは，94条2項の基礎にある考え方と
　の整合性を慎重に意識してのことと考えられる。というのは，94条2項は，不実の意思
　表示の外形を自ら作り出した者に，保護に値する第三者に対して真実の法律関係を主張
　することを封ずる規定であるが，不実の権利帰属の外形を自ら作り出した真正権利者に
　は，まさに虚偽表示者と同等の帰責性が認められ，また，真正権利者が他人の作出した
　不実の権利帰属の外形を「承認」した場合も，意思に基づいて不実の外形を存在させて
　いることにおいて共通するため，帰責性の点では不実の外形の自己作出と同等の評価を
　することができるからである。

　　ところが，最判平成18・2・23民集60巻2号546頁〔百選I 22〕は，真正権利者が

「自ら外観の作出に積極的に関与した場合やこれを知りながらあえて放置した」場合に，94条2項類推適用法理が用いられてよいとした（この説示は，本文後出**2**の94条2項と110条の併用型に関する事案でのものだが，94条2項単独類推適用型における真正権利者の帰責性についての理解を示したものであることは明らかである）。「承認」と「あえて放置」という表現の違いが，個別の事案における真正権利者の帰責性についての具体的判断にどのような影響を及ぼすか（現実に違いを生ずるか）は，明らかでない。また，「あえて」という限定によって，意思的要素が残されているとみることもできる。しかしながら，「承認」は，当該事態（ここでは，不実の外形）を意思により自ら受け入れること，引き受けることを意味するのに対し，「放置」は，（あえて，ではあっても）当該事態をそのままにしておく（自ら関わらない）ことを意味するだけである。前者は当該事態の自己作出と同質のものといえるが，後者はそうではない。したがって，（今のところ抽象的説示のレベルにとどまるものの）94条2項単独の類推適用を認めるに際して，最高裁は94条2項の根底にある考え方との整合性への配慮を薄めつつある，ということができるかもしれない。

(3) **第三者の主観的保護要件**　第三に，第三者において，保護されるに値する事情のあることが必要である。94条2項単独の類推適用のためには，真正権利者の帰責性として94条2項の直接適用の場合と同等のものが要求されている。ここでの真正権利者には不実の外形を意識的に作り出したという大きな帰責性があることから，第三者は，94条2項の適用の場合における第三者と同じく，善意であれば保護される。第三者は，*(1)*の外形が真実でないことを知らなかったならば保護され，無（重）過失であること，登記を備えていることのいずれも必要ない。

2 民法94条2項と民法110条の併用型

1　民法94条2項と民法110条の併用型　つぎに，94条2項は，不実の外形を真実の権利関係に合致すると無過失で信じた第三者を保護するために，110条と併せて用いられることがある。これには，現在のところ，二つの場合がある。

2　民法94条2項と民法110条の法意併用型　まず，真正権利者が承認した不実の外形をもとにして他人が別の外形を作り出し，この外形を第三者が無過失で信じた場合に，94条2項と110条の法意からその第三者が保護される場合である（最判昭和43・10・17民集22巻10号2188頁，最判昭和45・6・2民集24巻6号465頁，最判昭和47・11・28民集26巻9号1715頁。従前「意思外形非対応型」と呼ばれてきたものにあたる）。

Case 30

Aは，知人Bから，個人名義の不動産をもっていないと取引先から信用を得られないので名義を貸して欲しいと頼まれた。そこで，Aは，所有する甲土地につき，売買予約を仮装して所有権移転請求権保全の仮登記手続をした。ところが，その後，BがAの委任状を偽造して，勝手に本登記に改める手続をしてしまった。さらにその後，Bが甲土地をCに譲渡する契約を締結した。

 問題の所在　Cが信じたのは，B所有名義の登記である。これは，Bが作り出したものであり，Aがその意思によって承認していた不実の外形は，所有権移転請求権保全の仮登記（不登105条2号）である。この仮登記は，売買等が将来成立して本登記がされる場合に備えて，本登記の順位を保全するためにあらかじめされるものである。そのため，仮登記だけでは，登記の上でもAが所有者であることに変わりはない。したがって，不実の仮登記の作出をもって直ちに，所有権を喪失させるに足る帰責性がAにあるとはいえない。しかしながら，Aが認めたこの不実の外形があったからこそ，Bが所有権移転の本登記を得られたことも事実である。この場合に，Aと本登記を信じたCのいずれを保護するかが，ここでの問題である。

　ここでは，真正権利者の認めた不実の外形が，第三者の信じた不実の外形を生ずる原因になっている。したがって，真正権利者に，第三者の信じた不実の外形が生じたことについて，積極的関与が認められる。そのため，真正権利者が第三者保護のために権利を失ったり，権利を制限されたりすることがあっても仕方がない。しかしながら，その帰責性は，94条2項の直接適用事例や単独類推適用型における真正権利者の帰責性ほど大きくない。そのため，第三者の主観的保護要件は，例外的に緩和されることがなく，善意無過失となる。

補論　「民法110条の法意」併用の意味

　この場合に，判例が94条2項のほかに110条の法意も持ち出すことには，二つの側面がある。一つは，第三者の主観的保護要件に無過失を加えるためであり，もう一つは，真正権利者の帰責性を根拠づけるためである。

　94条2項では第三者の主観的保護要件として善意であることしか求められておらず，判例はこれを維持している。また，94条2項単独の類推適用においても，同様である。そうであれば，94条2項だけでは，第三者の主観的保護要件に無過失を加えることができない。そこで，第三者の主観的保護要件の加重を根拠づけるために110条も持ち出されている，と考えることができる。

　もっとも，第三者の主観的保護要件に無過失を加えるためだけであれば，必ずしも110条を根拠にしなければならないわけではない。そもそも権利外観法理における第三者の原則的な主観的保護要件は善意無過失であると考えられ，その例外的な緩和を認めるべき特別の事情がこの場合にはない，といえば済むからである。そこで意味を持つのが，後者の側面である。

　110条は，代理を委ねられた者がその権限の範囲に属しない事項について行為をした

場合に，その行為の効果は本人に生ずると正当に（善意無過失で）信じた第三者を保護する規定である（⇒p. 284 の **3**）。ところで，*Case 30* では，真正権利者Aは，他人Bに，所有権移転請求権保全の仮登記という不実の外形を与えている。BがこれをAに無断で本登記に改める手続をしたのは，BがAによって認められた地位を利用して，許された範囲に収まらない行為をしたものとみることができる。そこで，真正権利者Aには，一方で，不実の第一外形（仮登記）を自ら作った点で，この外形は第三者が信じたものではないため虚偽表示者と同等とまではいえないものの，それに似た帰責性が認められる。他方で，その不実の第一外形を委ねた他人が，その外形を発展させて許されていない第二外形（本登記）を作り出し，これを第三者が信じた点で，110条における本人の帰責性に似た帰責性が認められる。そこで，94条2項と110条の基礎にある帰責性に関する考え方をいわば併せ考えることで，善意無過失の第三者との関係で権利を失わせるに足る帰責性が真正権利者にあるとされている，と解することができる。

3　**民法94条2項と民法110条の類推適用型**　　94条2項と110条が併せて用いられる場合として，つぎに，両条が類推適用される場合もある。

Case 31

　Aは，甲不動産をBの仲介により取得し，その賃貸にかかる事務をBに委ねていた。Aは，Bがその事務を不動産業者に依頼するための費用として240万円をBに交付していたが，その返還手続のために必要であるといわれて，Bに甲不動産の登記済証（⇒p. 278 の 前提知識）を交付した。その後も，Aは，購入した甲土地の所有権移転登記手続の申請等をBに委ねて印鑑証明書（⇒p. 278 の 前提知識）を交付する，甲不動産をBに売り渡す旨の契約書に，売却の意思がないにもかかわらず内容を確認せずBに言われるまま署名捺印する，甲土地の前記移転登記の申請のためにさらに必要であるといわれてBに実印（⇒p. 278 の 前提知識）を交付し，その場でBが甲不動産の登記申請書に押印するのを漫然とみている，などしていた。Bは，このようにして登記済証，売買契約書，印鑑証明書，登記申請書を入手してから数か月後に，それらを用いて甲不動産について自己名義への所有権移転登記（以下，「本件登記」）手続の申請をした。Cが，本件登記からBが甲不動産の所有者であると無過失で信じて，Bとの間で甲不動産を購入する契約を締結し，その契約を原因とするC名義への所有権移転登記がされた。Aが，Cに対して，この所有権移転登記の抹消登記手続を請求した。

　Case 31 のような事例において，最高裁は，本件登記は「Aの余りにも不注意な行為によるものであり，Bによって虚偽の外観（不実の登記）が作出されたことについてのAの帰責性の程度は，自ら外観の作出に積極的に関与した場合やこれを知りながらあえて放置した場合と同視し得るほど重い」として，「民法94条2項，110条の類推適用により」善意無過失のCを保護し，Aの請求を認めなかった（最判平成18・2・23民集60巻2号546頁〔百選I 22〕）。

94条2項と110条の法意併用型と類推適用型の違いについて，両者に区別はなく，前者も類推適用にほかならないとする見方もある。しかしながら，この見方は，両類型における真正権利者の帰責性の違いを等閑視するものであり，類推適用の意味を曖昧にし，単なる衡平判断による事案解決の恐れを生じさせると思われる。

Case 30 では，真正権利者が自ら不実の外形をある者に与えた点で94条2項が，その不実の外形を与えられた者が権限なくその外形をさらに発展させた点で110条が援用されて，両条の趣旨をいわば併せ考えることによって真正権利者の帰責性が認められているとみることができる。これに対して，*Case 31* では，真正権利者は，不実の外形を何ら作出しておらず，その意思により認めてもいない。しかしながら，不実の外形を作出したBは，Aから甲不動産に関する契約をはじめ広範に代理を委ねられた者であり，また，Bが虚偽の本件登記手続という権限外の行為をすることができたのは，その委任に際してAがBを全面的に信頼して不用意に書類や資格徴憑（しょうひょう）（資格の証明手段となるもの）を自らBに与えたからにほかならない。これは，Bがうまく取り繕ってAの代理人として他人と契約をしたならば，Aが甲不動産の所有権を110条の適用（⇒p.284 **3**参照）により失っても仕方がない状態を，A自身が作り出したものとみることができる。

Case 31 で現実にされたのは，甲不動産についてのBによる自己名義への所有権移転登記手続の申請とBからCへの甲不動産の売却であるが，そのことは，もはやAの支配することができない事情次第で甲不動産の所有権をAが失っても仕方がない状態（B名義の不実の登記の存在）を，A自身がBへの委任により作り出したことを何ら変えるものではない。そこで，Aは，110条の類推適用により，他人Bが作出した不実の登記を自らの意思により認めたものではなかったと主張すること（94条2項類推適用の基礎となる帰責性を否定すること）ができない（その結果，Bの申請に基づく不実の登記を，自らのものとして引き受けなければならない）のだと解される。

この類型における第三者Cの主観的保護要件は，善意無過失である。これは，権利外観法理における第三者の主観的保護要件の原則は善意無過失であるところ，その例外としてCの過失の有無を問わないとするほどの帰責性（虚偽表示者に匹敵する悪性）が真正権利者Aに認められないからである。

民法94条2項と民法110条以外の表見代理規定の類推適用の可能性

　本文に述べた真正権利者Aの94条2項を類推適用するに足る帰責性は，109条や112条の類推適用によって基礎づけられることもあるはずである。というのは，それらの規定も，自己のための対外的行為を一定の帰責性により権限のない他人に可能にした者にその行為の結果を引き受けさせる点で，110条と共通しているからである。この点に関係するものとして，最判平成15・6・13判時1831号99頁がある。これは，次のような事案に関するものである。

（設例）

　XとYの間で，Xの所有する丙土地の売買契約が結ばれ，代金の支払と引換えに所有権移転とその旨の登記手続をすることが合意された。Xは，代金の支払を受ける前に，丙土地の地目の田から宅地への変更，道路の範囲の明示や測量等に必要であるとYに騙されて，契約締結から1か月弱の間に，丙土地の登記済証，委任事項白紙の委任状（⇒p.239の2），印鑑証明書を順次Yに交付した。また，その後にXは，Yから，委任事項としてXがYに丙土地の売買に関する一切の権限を与える旨を補充した前記委任状の写しを受け取っていたが，深く考えずにやり過ごしていた。Yは，前記諸書類を受け取ってから27日後に，代金未払のままそれらを用いて丙土地につき自己名義への所有権移転登記手続の申請をし，さらにその10日後に善意無過失のZとの間で丙土地をZに売却する契約を締結した。Xが，この売買を原因としてされたZ名義への所有権移転登記の抹消登記手続をZに請求した。

　このような事案において，最高裁は，Xは不実の外形の作出につき何ら積極的な関与をしておらず，Y名義の登記を放置していたとみることもできないため，94条2項および110条の法意に照らしても，Yに所有権が移転していないことをXがZに対抗することができないとする事情はないとして，Xの請求を認めた。

　この事例のYはXから何ら代理権を与えられていないから，110条の類推適用は適当でない。しかしながら，YがXから交付された白紙委任状等を用いている点を捉えて，Yの申請によりされた不実の登記を109条の類推適用によりXに引き受けさせることも，場合によってはありうるはずである。最高裁は結論としてXの責任を認めなかったが，それは，Xのとった態度全体を評価して，その登記は自らの意思により認めたものではないという主張を許さないほどにXの帰責性があるとはいえないと，判断されたからではないかと思われる。

　そうなると，この最高裁判決（以下，平成15年判決）と本文前掲最判平成18・2・23（以下，平成18年判決）とで結論が分かれたのはどのような事情によるかが，問題になる。いずれの事案でも，真正権利者に，他人に不用意に資格徴憑を与え，重要書類に内容を確かめないまま署名するなど，相当ひどい不注意がある。そのため，不注意の程度が決め手であるとはいい難い。ただ，二つの事案には，次の点で違いが認められる。すなわち，平成18年判決においては，真正権利者Aは，数年にわたりBに不動産に関する取引等を委ね，Bが悪用した書類等はその委任に関連して与えられたものであり，しかも，その悪用は交付から数か月を経てのことであった。このAの帰責性は，110条による表見代理責任の成立に要する本人の帰責性についてのどのような立場からも（⇒p.285の1参照），その責任の成立を認めるに足るものと評価されるはずである。それに対して，平成15年判決では，真正権利者Xは，確かに白紙委任状等をYに交付したが，それは対

外的取引を予定してのものではなく，また，委任状等は交付後比較的短い間に悪用されている。しかも，ＹがしたＹ名義への所有権移転登記手続の申請は，ＸとＹの間で明示的に代金支払までされないことになっていたのであり，準委任事項からの乖離が著しい。このＸの帰責性は，109条による表見代理責任の成立に要する本人の帰責性を充たすとはいえない可能性がある（⇒p.273の1，p.277の**3**参照）。このようにみれば，上記の二つの最高裁判決の事案には，表見代理に関する規定を類推適用するに足る基礎の存否について違いがあり，それが結論を分けたと解することができる。

補論 **本人が自覚せずに不実の外形を自ら作り出していた場合**

　最高裁判決には，簡略化すれば次のような場合に，94条2項と110条の法意を併用した最判昭和43・10・17民集22巻10号2188頁（⇒p.140の2）の「趣旨からみて」，真正権利者は善意無過失の第三者に対して真実の権利関係を主張することができないとしたものがある（最判昭和45・11・19民集24巻12号1916頁）。

> （設例）
> 　Ａが，Ｂから甲土地を購入して代金全額を支払い，Ｂに所有権移転請求権を保全するための仮登記（不登105条1号）の申請への協力を求めた。ＡとＢはこの申請を司法書士に委ねたが，実際にされた登記は，Ｂが所有する甲土地へのＡ名義の抵当権設定登記と，Ａの被担保債権が履行期に弁済されないことを条件とする代物弁済を原因とする所有権移転請求権保全の仮登記（不登105条2号）だった（以下，実際にされた二つの登記をあわせて「本件登記」と呼ぶ）。本件登記がされることになったのは，Ｂが，この登記の申請に要する借用証と代物弁済契約書を，Ａの求める仮登記をするために必要であるとしてＡに差し出し，Ａが，Ｂの言葉を信じてそれらに漫然と署名し，ＡとＢが，それらの書類を本件登記の申請の依頼とともに司法書士に交付したためだった。Ａが実際にされた登記に気づかないうちに，ＢがＣとの間で甲土地をＣに売却する契約を締結し，この契約を原因としてＣ名義への所有権移転登記がされた。Ｃは，Ｂとのこの売買契約締結の当時，Ｂを甲土地の所有者であると無過失で信じていた。Ｃが，抵当権設定登記に記載されている被担保債権につき弁済供託をし，これによりＡの担保権が消滅したとして，Ａに対し本件登記の抹消登記手続を請求した。

　この設例で，Ａは，甲土地の所有権を取得している。ところが，実際にされた本件登記は，Ｂが所有する甲土地にＡの債権のために担保権が設定されたことを意味するものであり，不実の登記だった。この登記は，甲土地がＢの所有に属すること，したがってＣは甲土地をＢから有効に買い受けることができること，その場合に被担保債権が弁済されなければＣは甲土地の所有権を失うことになりかねないが，たとえばＣ自身が被担保債権の弁済をすればその恐れもないことを示している。そこで，不実の登記を無過失で信じたＣは94条2項類推適用法理で保護されうるか，されうるとすれば，真正権利者Ａの帰責性はどのようなものかが，問題になる。

　最高裁は，結論としてＣを保護した。その理由として，司法書士の申請によりされた本件登記は，本件事情のもとでは「Ａの意思に基づくものというべきであ」り，前掲最判昭和43・10・17の「趣旨からみて」Ｃを保護すべきであることが挙げられている。

　最高裁のこの判断について，学説では，94条2項と110条の法意を併用したものとみる立場が有力である。これは，前掲最判昭和43・10・17の「趣旨からみて」という説示

と，Cが信じた外形がAの意思と一致しないこと，Cの主観的保護要件として無過失まで求められていることに注目するものと考えられる。

　しかしながら，Cが信じた登記は，確かにAの真意と一致していないが，Aが自ら署名した書類を交付して司法書士に申請を依頼したことによりされたものである。意思表示の成立につき通説とされる表示意識不要説（⇒p. 60 の*(1)*）による場合，契約書にそれと知らずに署名した場合にも契約締結の意思表示があると認められることからすれば，司法書士への登記申請の依頼は「Aの意思に基づくものというべきであ」り，その依頼の内容は，交付された書類から本件登記手続の申請であったと解される。そのため，Aは，不実の登記である本件抵当権設定登記はA自身の意思によってされたものであるという評価を，原則として引き受けなければならない（Aに抵当権設定登記の申請を委ねる意図はないから，95条の類推適用がありうるものの，内容を確かめずに書類に署名するなどしたAには，重大な過失があったと考えられる）。したがって，ここでは，Aの帰責性を根拠づけるために，110条の法意を援用する必要はないと解される。

　Cの主観的保護要件に無過失を加えるために110条の法意を援用する必要がないことについては，p. 141 の 補論 を参照（本設例におけるAの帰責性は，虚偽表示者のそれと同等の悪性のあるものではないから，権利外観法理一般における第三者の主観的保護要件に対する例外は認められない）。

❸ 民法94条 2 項類推適用に関する判例法理

　現在では，94条 2 項の類推適用に関しては，110条との併用の場合も含めれば，判例上，次のような法理が確立している。すなわち，不実の外形の作出または存続に真正権利者がその意思に基づいて関与している場合，その外形を正当に信頼した第三者は，94条 2 項の類推適用により保護される。

民法94条 2 項類推適用法理の不動産取引における意味
　この判例法理は，ある規定が本来予定する事態と本質的に同一と評価される別の事態にまで規定の適用範囲を拡げるという意味での類推適用を，大きく超えている。これは，94条 2 項類推適用法理が担っている機能に関連する。

　わが国では，不動産物権の変動は，登記により公示されるべきことになっている。もっとも，登記を無過失で信頼して物権取得行為をしても，取得行為者はそれだけでは保護されない。登記名義人と異なる者が真の権利者である場合には，その権利者が守られ，登記名義人からの物権取得行為者は，権利を取得することができない。これでは，登記を信頼することができず，取引の安全が害されることになりかねない。そこで，不動産登記への信頼を保護し，取引の安全を図るものとして，94条 2 項類推適用法理が活用されてきた。このため，不動産登記への信頼の保護と取引安全の保護の要請が重視されるにつれて，94条 2 項の類推適用の範囲が拡大されることになったのである。このようにみると，94条 2 項類推適用法理については，無権利者による不動産取引において真正権利者と物権取得行為者のいずれを，どのような場合に，どのような法理で保護するかという，より大きな枠組みのなかで考えていく必要がある。

主張立証責任の所在
　Bから甲土地を買い受けたCが，Aから所有権に基づいてC名義からA名義への所有

権移転登記手続を請求された場合において，94条2項類推適用法理により争うためには，Cは次の事実を主張立証しなければならない。①B名義の登記の存在，②その登記の存在についてのAの帰責性，③BとCの間で甲土地の売買契約が締結されたこと，④その契約締結の当時，Cは前記①から甲土地がBの所有に属しないことを知らなかったこと（94条2項単独類推適用型の場合），または，前記③の当時，Cは前記①から甲土地がBの所有に属すると信じていたこと（94条2項単独類推適用型以外の場合）。94条2項単独類推適用型以外においてはさらに，⑤前記④についてのCの無過失（を根拠づける具体的事実）である。

　①の権利帰属の外形は，ここでは登記の存在であるが，94条2項類推適用法理一般においては，別のものであることもある（たとえば，*Case 29* の固定資産課税台帳における所有者の記録）。また，Cは，登記（外形）が不実のものであることの主張立証を要しないと考えられる。ここで問題とされているのは外形を信じた者の保護であり，その保護にとっては外形が存在すればよく，その外形が真実の権利関係に合致するものか否かによって違いはないからである。

　②のAの帰責性については，**1**，**2**において真正権利者の帰責性として述べた事情のいずれかが，具体的に主張立証されなければならない。

　⑤のCの無過失（を根拠づける具体的事実）については，権利外観保護法理において保護される者が原則として充たすべき要件であるという理解からすると，Cが根拠づけるべきことになる。また，この無過失の要件は110条の法意または類推により導かれるとする理解からも，110条の「正当な理由」の主張・立証責任に照らせば（⇒p.285の ［発展学習］），同様である。もっとも，Cが信じた外形が登記である場合には，登記の事実上の権利推定力（最判昭和34・1・8民集13巻1号1頁参照）から，①と④の主張・立証により⑤は事実上推定されるとする見解もある。不動産登記に対する信頼の保護をどの程度図ることが適当であるかが，焦点になる。

6 意思表示の瑕疵Ⅲ——錯誤

1 序 論

1 意 義

Case 32
　Aは，B（国）による甲土地（最低売却価額3000万円）の強制競売に参加し，3100万円で入札しようとしながら，入札書の入札額記入欄に310,000,000円と書き，入札してしまった。他の入札者の最高入札価額は3300万円だったので，Aへの売却許可決定がされた。

Case 33
　Cは，清水焼のある花器（乙）を著名なXの作品と考え，500万円で購入したい旨，Dに申し込んだ（500万円は，Xの作品であった場合の時価相当額である）。Dがこれを承諾し，代金の支払と乙の引渡しがされた。その後，Cは，乙がYの作品であると知った。

Case 34
　EとFは，協議により離婚するに際し，Eが所有する不動産（時価8億円相当）をFに譲渡する旨の財産分与契約を締結した。Eは，この契約を，Fのみに課税されると考えて締結していた。また，Eは，その課税についてFを気遣う発言をしており，Fも自己のみに課税されるものと理解していた。ところが，後日，Eは，この財産分与により2億2000万円余の譲渡所得税を課された。

Case 35
　GがZから土地を購入した。Gは，その代金の支払のために必要である旨をH銀行の担当者に話して，定期預金を解約し，かつ，その払戻金をZの口座に送金するようHに依頼した。その後，GとZの間の売買契約が無効であったことがわかった。

　これらすべての場合において，表意者の認識と事実の不一致が起こっている。すなわち，**Case 32** では，Aは，3100万円で買う旨の意思表示をしたつもりであるが（Aの認識），実際には3億1000万円で買う旨の意思表示をしている（事実）。**Case 33** では，Cは，乙をXの作品であると考えていたが（Cの認識），実際には乙はYの作品であった（事実）。**Case 34** では，Eは，財産分与をしても自己に課税されないと考えていたが（Eの認識），実際にはEにも課税される場合であった（事実）。**Case 35** では，Gは，Zに対する売買代金支払義務があると考えていたが（Gの認識），実際にはその義務はなかった（事実）。
　意思表示がされた場合において，表意者の認識と事実の不一致があるときは，その意思表示は表意者にとって不本意なものであり，表意者がその意思表示に拘束されないことを望むことがある。そして，とくにその意思表示によって表意者

が予期しなかった大きな不利益を被るならば，表意者にその拘束を免れさせること，すなわち意思表示を無効にすることがあってもよいと考えられる。ただ，ここで表意者の不利益の原因となっている認識と事実の不一致自体は，表意者の一方的事情である。そのため，この事情のみにより意思表示を無効とすると，相手方を害するだけでなく，意思表示の効力が不安定になり，意思表示の社会における法律関係形成手段としての有用性が著しく損なわれることにもなりうる。そこで，どのような場合であれば，意思表示の無効が認められてよいかが問題になる。

　錯誤による意思表示は，95条1項から3項までに定められた要件のもとで，取り消すことができる（同条1項柱書）。

　ここにいう錯誤とは，表意者の認識と事実が一致しないことをいう。

　95条1項では，意思表示の取消しの原因となる錯誤が，二つに分けられている。

　一つは，「意思表示に対応する意思を欠く錯誤」である（同項1号）。これは，（解釈によって確定された）意思表示の内容（事実）と，表意者が自らしたつもりであった意思表示の内容（意思表示の内容についての表意者の認識）が一致しない場合である。この錯誤を，以下では，「**意思の不存在の錯誤**」と呼ぶ（従来，「**表示の錯誤**」と呼ばれてきたものである）。*Case 32* のAの錯誤は，これにあたる（*Case 33* のCの錯誤もこれにあたりうるかにつき，p. 161 の 発展学習 を参照）。

　もう一つは，「表意者が法律行為の基礎とした事情について」の錯誤である（同項2号）。これは，その事情についての表意者の認識が事実に一致しない場合である。この錯誤を，以下では，「**基礎事情の錯誤**」と呼ぶ（従来，「**動機の錯誤**」と呼ばれてきたものである）。*Case 33* のCの錯誤，*Case 34* のEの錯誤，*Case 35* のGの錯誤は，これにあたることがある。

2 錯誤による意思表示の取消し（概説）

　意思表示は，次の要件が充たされる場合に，錯誤を理由として取り消すことができる。すなわち，意思の不存在の錯誤の場合には，①表意者が意思表示の内容に対応する意思（効果意思）を有しなかったこと（意思の不存在），②表意者がそのことを知らずに意思表示をしたこと，③その錯誤が法律行為の目的および取引上の社会通念に照らして重要なものであることである（95条1項柱書・1号）。基礎事情の錯誤の場合には，(i)表意者が法律行為の基礎とした事情についてのその認識が真実に反すること，(ii)意思表示がその錯誤に基づくものであること，(iii)(i)の事情が法律行為の基礎とされていることが表示されていたこと，(iv)(i)の錯誤が法律行為の目的および取引上の社会通念に照らして重要なものであること（同

条1項柱書・2号・2項），である。

　ただし，意思の不存在の錯誤，基礎事情の錯誤のいずれにおいても，錯誤が表意者の重大な過失によるものであった場合，意思表示を取り消すことはできない。もっとも，その場合であっても，(a)相手方が表意者に錯誤があることを知り，または重大な過失によって知らなかったとき，または(b)相手方が表意者と同一の錯誤に陥っていたときは別である（同条3項）。

　錯誤による意思表示の取消しは，表意者，その代理人または承継人がすることができる（120条2項）。その取消しがされたときは，意思表示は初めから無効であったものとみなされる（121条。遡及的無効）。ただし，その取消し（による無効の遡及効）は，善意無過失の第三者に対抗することができない（95条4項）。

　錯誤による意思表示に関する95条は，平成29年民法改正において大きく変更された。もっとも，少なくとも改正の過程では，改正以前に形成されてきた判例法理を実質的に変更するものではないと説明されていた。そのため，現状では，改正前95条に関する判例法理の理解が重要になる。

発展学習　**主張立証責任の所在**

　契約を原因とする請求がされた場合，錯誤を理由とする意思表示の取消しによる無効が抗弁となる。

　この無効により争う者は，取消権の発生と取消しの意思表示がされたことを主張立証しなければならない。そして，取消権の発生を根拠づけるために，意思の不存在の錯誤の場合には本文①〜③の要件を充たす事実（ただし，③は規範的要件であり，その評価を根拠づける事実），基礎事情の錯誤の場合には本文(i)〜(iv)の要件を充たす事実（ただし，(iv)は規範的要件であり，その評価を根拠づける事実。また，p. 154 の**2**に述べるところによるならば，(iii)も規範的要件である）を主張・立証しなければならない。

　上記規範的要件につきその評価を妨げる事実のほか，表意者の重大な過失（規範的要件であり，その評価を根拠づける事実）が再抗弁事由になり，表意者の重大な過失の再抗弁に対しては，その評価を妨げる事実のほか，本文(a)または(b)が再々抗弁事由になる（(a)のうち相手方の重大な過失は規範的要件）。

2　錯誤による意思表示の取消しの要件

1　意思の不存在の錯誤（民法95条1項1号の錯誤）

■ 意思表示の取消原因とされている理由——意思の不存在

　意思を欠く意思表示は無効であるとするのが，民法の原則的立場である。意思無能力による無効，心裡留保による意思表示の無効，虚偽表示の無効は，（ほか

の説明も可能であるが）この原則的立場の現われとみることができる。

　意思の不存在の錯誤による意思表示は，意思を欠く意思表示の一つである。そうであれば，この意思表示は，一定の要件のもとで無効とされてよいはずである。実際，改正前95条においては，意思の不存在の錯誤（表示の錯誤）による意思表示は，一定の要件のもとで無効とされていた。ただ，同条による無効は，表意者にその無効を主張する意思がない場合には，第三者は原則として主張することができないとされていた（最判昭和40・9・10民集19巻6号1512頁）。錯誤による意思表示の無効は表意者を保護するために認められるので，その保護を受けるか否かを表意者の判断に委ねることが適当であると考えられたからである（そして，その判断に委ねることが適当でないときには，例外が認められていた。たとえば，最判昭和45・3・26民集24巻3号151頁を参照）。これは，取消しの扱いに近いとみることもできる。また，詐欺による意思表示は，表意者が錯誤に基づいて意思表示をする場合の一つであり，意思の不存在を生ずることもあるが，その効果は，意思の不存在となるか否かを問わず，取消可能である。こういったことから，平成29年民法改正では，意思の不存在にあたらない錯誤による意思表示について95条にともに規定するにあたり，意思の不存在の錯誤による意思表示の効果も取消可能に変更された（これにより，前掲最判昭和45・3・26のような場合は，取消権の債権者による代位行使の可否の問題となる）。

2 意思表示の取消しの積極要件

　意思表示は，その表示の内容に対応する意思が表意者になく（要件①。意思の不存在），そのことを表意者が知らずに意思表示をした（要件②。錯誤）場合において，その錯誤が法律行為の目的および取引上の社会通念に照らして重要なものである（要件③。錯誤の重要性）ときは，意思の不存在の錯誤を理由に取り消すことができる（95条1項柱書・1号。これらの要件が充たされる場合に，取消しの可否に関してさらに問題となることについては，p.162の**3**参照）。

　要件①は，意思表示の内容を確定し，表意者の意思を明らかにして，両者が一致するか否かにより判断される。このうち意思表示の内容の確定は，意思表示の解釈（⇒p.69の**5**）によっておこなわれる。

　95条1項柱書は，意思表示が錯誤に基づくものであることを，意思の不存在の錯誤と基礎事情の錯誤に共通の取消要件としている。しかしながら，意思の不存在の錯誤には，*Case 32* のように，表意者は意思を正しく表示したと誤って考

えていた場合がある。この場合には，表示をすることによって錯誤となるのであって，錯誤があり，それに基づいて表示がされるのではない。そのため，要件①は心裡留保，虚偽表示と共通の要件であるところ，要件②によって，その意思表示は意思の不存在の錯誤による意思表示となる。

　意思の不存在の錯誤による意思表示が取消可能とされることの基礎には，意思を欠く意思表示は無効という原則がある。もっとも，心裡留保による意思表示の無効（93条1項）や虚偽表示の無効（94条1項）からもわかるとおり，意思を欠くことによって意思表示が当然に無効とされるわけではない。意思表示を無効とすることは，相手方を害することになりうるからである。そこで，意思の不存在の錯誤による意思表示の取消しは，相手方を害することになっても表意者を保護することが適当な場合に限られるべきであり，錯誤の重要性が要件とされている。この重要性は，「法律行為の目的及び取引上の社会通念に照らして」判断される。

　改正前95条のもとでも，錯誤により意思表示が無効となるためには，その錯誤が重要であることを要するとされていた。そして，その重要性は，一般に，その点についての錯誤がなければ表意者はその意思表示をしなかったと考えられ（主観的因果関係），通常人が表意者の立場にあったとしても同様である場合に（客観的重要性），認められるとされていた（大判大正7・10・3民録24輯1852頁）。そのうえで，主観的因果関係と客観的重要性のうち，後者がとくに重視されるべきものであった。重要性の要件は，相手方を害することになっても意思表示を無効として表意者を保護する場合を限定するためのものであるから，表意者を意思表示に拘束することはその失策にもかかわらず適当でないと，取引社会において認められる必要がある。また，特殊な事情がない限り，通常人が意思表示をしないのであれば表意者も意思表示をしないと考えられ，客観的重要性が認められれば主観的因果関係も肯定される。こういったことから，客観的重要性がとくに重視される。そして，改正前95条のもとで，客観的重要性の有無は，一般的にいえば，当該種類の法律行為の類型的特性と，当事者が法律行為をした趣旨を勘案して判断されていたということができる。95条1項柱書の錯誤の重要性の要件は，これを維持する趣旨で設けられたものである。

| 補論 | 錯誤の重要性の判断 |

　以上のことを前提として，以下に，意思表示に関わる事項の重要性の判断について，いくつかの例をあげる。

　売買では，売主は目的物を売ってどの金額を実際に手に入れられるかに，買主は目的

物をどの金額で手に入れられるかに，本質的な関心を有するといえるだろう。したがって，両当事者にとって，目的物は何か（目的物の同一性や数量），代金の額，目的物の価値と代金額は大体釣りあっているか（目的物の性質のいかんは，ここで判断される）といったことが，売主にとってはさらに，買主は誰でどのような者か（同一性と属性）が，類型的に重要な事項といえる。したがって，これらに関する錯誤が表意者に相当程度の不利益をもたらすときは，一般に重要性が認められる。それに対し，売主の同一性と属性，代金支払や目的物引渡しの時期，場所，方法などは，通常，重要な事項とはいえない。ただし，たとえば正月用品の売買など，契約の趣旨から履行期に重要性が認められるなど，例外はありうる。

　利息付金銭消費貸借では，貸主は貸金の返済と利息の支払を受けられるかに，借主は金銭をいつまで借りていられるかと，どの金額を返さなければいけないかに，本質的関心を有するといえるだろう。そうすると，両当事者にとって利率と返済期が，貸主にとってはさらに，保証や担保の有無，借主の同一性や属性が，類型的に重要な事項であると考えられる。そのため，これらに関する錯誤が表意者に相当程度の不利益をもたらすときは，一般に重要性が認められる。それに対し，貸主の同一性と属性，返済場所や方法は，通常，重要とはいえない。

　保証では，債権者は保証を受けることそれ自体に本質的関心を有する。保証人は，他人の債務の肩代わりの危険を負うから，誰のためにそのような危険を負うか，危険の大きさはどの程度かに本質的関心を有する。そのため，保証人にとって，主債務者の同一性と属性，保証（主たる債務）の内容（最判平成14・7・11判時1805号56頁参照），他の担保の有無などは，類型的に重要な事項であると考えられる。したがって，これらに関する錯誤が表意者に相当程度の不利益をもたらすときは，一般に重要性が認められる。それに対し，債権者の同一性と属性は，通常，重要とはいえない。

　委任では，委任者はどのような事務を誰にどの金額で任せるかに，受任者は誰のどのような事務をどの金額で引き受けるかに，本質的関心を有するといえる。そうすると，両当事者にとって，相手方の同一性と属性，委任事項，報酬の有無・金額などが，類型的に重要な事項と考えられる。そこで，これらに関する錯誤が表意者に相当程度の不利益をもたらすときは，一般に重要性が認められる。

　贈与では，贈与者は，経済的見返りなしに財産を与えるから，どのような理由から誰に何を与えることになるかに，本質的関心を有する。受贈者は，贈与により利益を受けることに本質的関心を有する。したがって，贈与者にとっては受贈者の同一性と属性，その者を受贈者とした理由，目的物の同一性と属性，贈与に伴う付加的負担の有無と程度が，受贈者にとっては贈与に伴う負担の有無と程度が，類型的に重要な事項と考えられる。そのため，これらに関する錯誤が表意者に相当程度の不利益をもたらすときは，一般に重要性が認められる。

　さらに，法律行為の類型のいかんにかかわらず，当事者によって当該法律行為にとって重要であるとされた事項がある場合（上記の正月用品の売買における履行期のほか，たとえば，売買において売主の属性と購入目的が重要であるとされる場合〔最判昭和29・2・12民集8巻2号465頁を参照〕）には，その事項についての錯誤は重要と認められる。

　(Case 32) のAは，意思表示をした時に，表示した3億1000万円で甲土地を買い受ける意思を有しなかった（要件①）。また，Aは，3100万円と記したつもりであったから，表示と意思の不一致を知らなかった（要件②）。そして，この金額の違いが

重要であると認められること（要件③）に疑いはなかろう。したがって，Aは，入札の意思表示を錯誤を理由に取り消すことができる可能性がある。実際に取り消すことができるかは，Aに重大な過失があったかどうか（巨額の支払をする旨を申し入れることになる書面に記した金額をきちんと確認しないことは，通常，重大な過失にあたるとされるはずである），Aに重大な過失があったとされる場合，BがAに錯誤があることを重大な過失によって知らなかったかどうかによる（3000万円程度の土地に3億1000万円の値付けをすることは通常のことではないから，Bは，Aの錯誤を疑うことができたと思われる。そのうえで，BがAの入札額をそのまま受けとったことが重大な過失にあたるかが，焦点になる）。

2 基礎事情の錯誤（民法95条1項2号の錯誤）

1 意思表示の取消原因とされている理由——瑕疵ある意思表示

　基礎事情の錯誤に基づく意思表示も，取り消すことができることがある。

　基礎事情の錯誤に基づいてされた意思表示には，意思の不存在という効力否定の原因があるわけではない（意思の不存在にそもそもあたらないか，あたりうるとしても，それとは別の理由で意思表示の取消しの可否が定まる）。ただ，意思の不存在は，あくまで意思表示の効力否定原因の一つにすぎない。意思表示が表意者の意思を実現するための手段であることからすれば，意思の形成過程に問題（瑕疵）があり，その問題がなければ表意者はその意思表示をしなかったと考えられるときも，その意思表示（瑕疵ある意思表示）は表意者の真意（本来あるべきであった意思）を実現するものとはいえないから，効力を否定されることがあってよいはずである（詐欺または強迫を理由とする意思表示の取消し〔96条1項〕の基礎には，この考え方がある）。

2 意思表示の取消しの積極要件

　1　民法95条1項および2項が定める要件　　表意者は，意思表示がその私的自治を実現するための手段であるからこそ，意思表示によって欲することを自らの責任で定めることを求められる（「意思」とは，結果について責任を負うことを前提とする自由な意欲をいう）。そのため，意思を形成する際に何らかの誤りがあっても，その結果は表意者が本来引き受けるべきであり，その誤りは意思表示の効力否定の原因になるべきものではない。基礎事情の錯誤を理由として意思表示の取消しを認めることは，この原則的な考え方に対する例外を認めることにあたる。

そこで，その取消しのためには，その例外とするに足る事由が必要になる。

　また，意思表示は，表意者が他人との間の法律関係を形成するための手段であり，他人の法律関係に影響を及ぼす。そのため，意思表示の効力は，その他人（相手方のある意思表示の場合は，相手方）の利益を考慮して定められなければならない。表意者の真意に反することから意思表示の効力を否定するのであれば，意思の不存在の場合に比べて，相手方の利益にいっそう配慮する必要がある。

　こういったことから，基礎事情の錯誤による意思表示の取消しの要件は，意思の不存在の錯誤による意思表示の取消しの要件と異なるものとされている。すなわち，意思表示は，表意者が法律行為の基礎とした事情についてのその認識が真実に反すること（要件①。基礎事情の錯誤），意思表示がその錯誤に基づくものであること（要件②。錯誤と意思表示の因果関係），要件①の事情が法律行為の基礎とされていることが表示されていたこと（要件③。基礎事情表示），要件①の錯誤が法律行為の目的および取引上の社会通念に照らして重要なものであること（要件④。錯誤の重要性）が認められるときに，取り消すことができる（95条1項柱書・同項2号・同条2項）。

　2　要件の内容　　　基礎事情の錯誤による意思表示の取消しの上記各要件は，改正前95条のもとでの動機の錯誤に関する判例の実質を変更しようとするものではないとされている。ただ，そうであるとしても，改正前95条のもとでのその判例の実質がどのようなものであるかについて，様々な見方があった（⇒p.156の〔補論〕）。そのため，上記の各要件，とりわけ要件③の理解の仕方は，改正前の判例の見方次第で様々でありうる。

　そのなかで，平成29年民法改正の立案担当者により，次の説明がされている。すなわち，基礎事情の錯誤を理由とする意思表示の取消しは，「その事情が法律行為の基礎とされていることが表示されていた場合，すなわち，表意者にとって法律行為の動機となった事情が契約の当然の前提とされていたなど法律行為の基礎とされ，その旨が表示されていたといえる場合に限り，することができる」。そして，「意思表示の動機となった事情が法律行為の基礎とされていることが表示されていたとは，その事情が法律行為の当然の前提となっていることが相手方に対して表示されていた場合であり，黙示的に表示されていた場合も含む」。

　契約（または合同行為。以下，略）において，表意者がある事情の存在をその契約の「前提」とする旨を相手方に表示したと認められる場合に，相手方が異議を唱えず契約が成立したときは，相手方は，その事情の存在が当該契約の前提，す

なわち効力の原因であることを受け入れて契約をしたとされても仕方がない。そうであれば，その事情の不存在は，意思表示の効力の例外的な否定を認めるに足る事由になる。また，単独行為の場合には，表意者は一方的にその行為による法律効果を生じさせることができる立場にあるから，表意者がある事情の存在をその行為の「前提」とする旨を表示したと認められるときは，相手方またはその単独行為により影響を受ける者は，その事情の存在がその行為の前提，すなわち効力の原因であることを受け入れざるをえない。そうであれば，その事情の不存在は，意思表示の効力の例外的な否定を認めるに足る事由になる。そこで焦点になるのは，相手方がある事情の存在を当該行為の前提（効力の原因）であると受け入れたとされざるをえないように，その事情が表示されていたと認められるかどうかであり，これが要件③の基礎事情表示の存否にあたる。

　要件③をこのように解する場合には，要件③のなかに，当該の錯誤が意思表示の取消しを認めるべきほどに重要なものであるという評価が含まれているとみることもできる。その場合には，要件①から要件③までが充たされるときは，要件④も充たされることになる。ただし，その場合であっても，法律行為がされた後の事情により，錯誤の重要性が低下することがありうる（たとえば，自治体を売主とする土地の売買に関し，買主が固定資産税の減免を受けることが当然の前提であったと認められる場合に，税の減免はその要件が充たされていなかったためされなかったが，その減免に相当する金額の補助金が契約後に買主に交付されたとき）。そのような例外事由の存否は，要件④において問題とされることになる。

| 補論 | 平成29年民法改正前の判例の理解と基礎事情の錯誤による意思表示の取消しの要件構成 |

　改正前95条のもとで動機の錯誤による意思表示が無効とされるためには，「動機が表示されて意思表示の内容または法律行為の内容になった」ことが必要であるとするのが判例であると，一般に説明されてきた（大判大正 3・12・15民録20輯1101頁，大判大正 6・2・24民録23輯284頁，最判平成28・1・12民集70巻 1 号 1 頁〔百選 I 24〕など，この判断枠組みを明示的に述べる最上級審判決が多数ある。これと異なる最上級審判決も少なくないが，錯誤による意思表示の無効を認めたもののほとんどは，要素の錯誤にあたるか否かだけを判断してこれを肯定するものであり〔たとえば，最判昭和29・2・12民集 8 巻 2 号465頁，最判昭和33・6・14民集12巻 9 号1492頁〔百選 II 76〕，最判昭和45・3・26民集24巻 3 号151頁など〕，判断枠組みを示すものではない。また，動機の表示がされていないとして錯誤無効を否定するもの〔たとえば，最判昭和38・2・1 判タ141号53頁〕，意思表示または法律行為の内容になっていないとして錯誤無効を否定するもの〔たとえば，最判昭和29・11・26民集 8 巻11号2087頁，最判昭和32・12・19民集11巻13号2299頁，最判昭和34・5・14民集13巻 5 号584頁〕もあるが，それらは，上記一般的説明による要件の一部が充たされないことを示すものとみることもできる。したがって，前記の一般的説明の妥当性が否定されることにはな

らない)。

　判例がとる判断枠組みがこのようなものであることを前提として問題とされてきたのが，その判断枠組みの理解の仕方である。動機の表示が必要であることは明らかであるが，動機が表示されることで，その動機が意思表示または法律行為の内容になると認められるのか（以下，「表示重視説」という），動機が表示されるだけでは十分でなく，さらに当該事情のもとでその動機が意思表示または法律行為の内容になったと認められることが必要であるか（以下，「内容化重視説」）が，論じられてきた。

　表示重視説は，相手方の信頼の保護の必要性を重視するものとされている。動機は人の内心にあり，他人は通常知ることができないため，これを法的に考慮すると意思表示の有効に対する相手方の信頼が著しく害される。しかし，動機が表示されたならば，相手方はその動機を知ることができ，これを法的に考慮しても相手方の信頼を害する程度が低くなる。そのため，動機が表示されたならば，その動機の錯誤を理由とする意思表示の無効が認められうる，というわけである。ただ，たとえば **Case 35** において，GはH（の担当者）に定期預金の解約とその払戻金の送金依頼の動機（Zとの売買契約により土地購入代金を支払わなければならないという事情の存在）を話しているが，この動機が法的に考慮されることによってHの信頼が害される程度は，Gがその動機を伝えていない場合と変わらない。Hには，Gの動機を知ったとしても，その真偽を知る術も，それが誤りである場合に対応する術もないからである。そのため，表示重視説は，動機の錯誤につき改正前95条が適用されるための前提要件として動機の表示が必要であるとするものにすぎず（純粋に人の内心にとどまる事情が法的に考慮されることはないから，動機の外部化という意味での動機の表示が必要になることは当然である），意思表示が無効となるかどうかは，結局，錯誤の重要性が認められるかどうかによる，とするものであったと考えられる。そして，ここにいう重要性は，「通常人であってもその意思表示をしなかったであろう」という，通常人を基準にした錯誤と意思表示の間の因果関係をいうのではないと思われる。たとえば **Case 35** において，土地購入の契約の無効を知っていたならば，Gだけでなく誰であっても，定期預金を解約して売買の相手方への送金を依頼することはしないはずだからである。錯誤の重要性は，当該法律行為の類型的内容その他の事情に照らして，相手方に意思表示の無効という結果を受け入れさせるに足ると評価される場合に認められるものであったと解される。

　これを前提とすると，95条が定める基礎事情の錯誤による意思表示の取消しの要件については，要件①の「法律行為の基礎とした事情」という錯誤の対象を限定するようにみえる文言と，要件③の「その事情が法律行為の基礎とされている」という表示の内容を限定するようにみえる文言は，いずれも特段の意味をもたず，要件①から要件③までは，表意者がある事情についての一定の認識に基づいて意思表示をし，表意者がその認識を相手方に示してもいたが，その認識が誤っていたことでよいことになる。そのうえで，要件④が上記意味での重要性を意味し，その重要性が充たされるときは，意思表示が取消可能になる。これは，要件①および要件③の文言の一部を軽視し，取消しの可否を実質的にほぼもっぱら要件④により判断することになるが，95条1項および2項の解釈としてとることができないものではない。

　内容化重視説は，次のように解するものである。すなわち，動機の誤りによる不利益は意思表示の拘束を免れないという形で，本来，表意者が負担すべきものである。ところが，動機の錯誤による意思表示の無効を認めることは，その不利益を相手方に引き受けさせることを意味する。そのため，意思表示が無効とされるには，相手方にその不利益負担の根拠のあることが必要であり，表意者の一方的な動機の表示では足らない。そ

の動機がなければその内容でその意思表示または法律行為はされない（＝動機が意思表示または法律行為の内容となる）とすることについて，相手方の同意（したがって，表意者と相手方の合意）のあることが必要になる，とするものである。相手方の同意（表意者と相手方の合意）がどのような場合に認められるかは，意思表示の解釈（合意の解釈）によって定まる。ただ，その同意（合意）が現に，または明確にされることは，そう多くない。そのため，しばしば，解釈により黙示の同意（合意）が認定される。そして，その際にされていることの実際は，当該の事情のもとで，表示されたと認められる動機がなければその意思表示がその内容でされることはないことを，相手方において受け入れなければならなかったかどうかの判断であり，これが肯定されるときに，その動機は意思表示または法律行為の内容となっていた，とすることであったと思われる。

　このうち，動機に関する相手方の同意（表意者と相手方の合意）の存在を重視する立場を前提とすると，要件①にいう「法律行為の基礎とした事情」は，表意者が法律行為の基礎とした事情であれば何でもよい（個人的動機でもよい）が，要件③にいう「その事情が法律行為の基礎とされていること」は，表意者が基礎としたその事情が「両当事者の間で」「法律行為の基礎とされていること」，つまり，相手方においてもその法律行為の基礎としたものであることを意味することになると思われる。これは，要件③の文言から素直とはいえないが，とりえない解釈ではない。

　それに対し，同意（または合意）の有無の認定としてされているのは，相手方がその動機を意思表示が当該の内容でされることの前提として受け入れなければならなかったかどうかの判断であるとする立場を前提とすると，要件③は本文末尾に述べたように解されることになる。

| 補論 | **基礎事情としての表示の判断** |

　要件③にいう意思表示の動機となった事情が「法律行為の基礎とされていることが表示されていた」ことを，「その事情が法律行為の当然の前提となっていることが相手方に対して表示されていた」ことを意味するとし，そのように認められるのは，意思表示が当該の内容でされるのはその事情があるからであると相手方が受け入れなければならないようにされた，と認められる場合であるとするとしても，その判断（以下，これを，「基礎事情としての表示」の判断という）がどのようにしてされるかが，問題になる。

　この判断について，一義的な基準を示すことはできない。ただ，動機となった事情の種類や性質によって，比較的容易に基礎事情としての表示が認められうるものと，そうでないものがあると思われる。そして，その難易に，少くとも次の3点が影響を与えると考えられる。①問題となる事情が，当該の法律行為をする者がどの程度の関心をもつものであるか（当該事情の類型的重要性），②相手方が，その事情が存在しないという事態にどの程度備えることができるか（誤認への備えの難易），③表意者と相手方の専門的知識や取引経験に差があるか（当事者の属性），である。

　意思表示の動機となる事情には，いろいろなものがある。その種の法律行為において当事者が一般的に重要視するものもあれば（売買でいえば，たとえば，目的物は何か，目的物はその種のものとして普通の状態にあるか，目的物の価値はどの程度か，目的物の価値と代金額はおおよそ釣りあっているかなど），例外的に重要視されることがあるだけのものもある（たとえば，目的物が特殊な性能を有すること，売買をすることにした個人的事情など）。人びとが一般にその法律行為をするについて重要視する事情であれば，当該の意思表示もその事情を前提としてされることが通常であると考えられる。そして，表意者がそのような事情について一定の観念を抱いていることがわかれば，相手方は，表意

者が意思表示をその観念に沿うものとしてしていると理解すべきである。そのため，そのような事情については，比較的容易に基礎事情としての表示が認められてよいことになる（相手方が普通に理解しうるように表示されたならば〔場合によっては黙示でもよい〕，〔相手方が拒絶の意思を示さない限り〕基礎事情としての表示がされたと認められうる）。それに対して，例外的に重要視されることがあるだけの事情の場合，法律行為はそれを前提としてされるとは通常いえない。また，たとえそれに関する表示があっても，相手方が単なる希望の表明と受けとることも多いだろう。そのため，そのような事情について基礎事情としての表示がされたと認められるためには，その事情が示されるだけでは足らず（明示されたときも同じである），表意者が当該の意思表示をするについてその事情がとくに重要である旨を，相手方に明確に認識させる必要がある。

　次に，相手方が，その事情が存在しないという事態にどの程度備えることができるかも問題になる。意思表示（法律行為）に関わる事情についての情報の収集と，その結果に基づく対応（意思表示をするか否か，どのような内容であるか）は，原則として，各当事者が自らの責任ですべきことである。そのため，ある事情について基礎事情としての表示がされたと認めて，表意者がその事情につき認識を誤っていたときに意思表示の取消しを認めることは，その事情に関する情報収集とその結果に基づく対応を，例外的に相手方の負担とすることと同じである。そうであれば，相手方が情報収集またはその後の対応に失敗する危険が高い事情については，相手方に負担を引き受けさせることにつながる基礎事情としての表示がされたと認められるには，表意者は，当該の意思表示をするについてその事情がとくに重要であることを，相手方に明確に認識させる必要がある。この理は，当事者が一般的に重要視するような事柄に関する動機についても妥当する。また，ある事情の誤認リスクの分配について，法律行為の性質が重要な意味をもつことがある。たとえば，保証は，主たる債務の不履行のリスクを保証人が負うという契約である。そのため，契約の性質上，債務の不履行の原因となる事情は，何であれ保証の効果に影響を及ぼさないことが本来である。そこで，その事情のいかんにより契約の効力が左右される（すなわち，錯誤を理由とする意思表示の取消しが認められる）とするためには，債務者はその事情によるリスクを負わないことが債権者に対し明確に表示されることが，原則として必要になる。ただし，相手方の情報提供または説明によって表意者が錯誤に陥ったなど，表意者がある事情について一定の認識をするに至った原因が相手方にあるとき，または相手方がその原因に関与したときは，その事情を前提として意思表示または法律行為がされたと（関与の場合にはその程度に応じて）容易に認められうる。

　さらに，意思表示（法律行為）に関わる事情についての情報の収集とそれに基づく対応は各当事者が自らの責任でするのが原則であるということから，当事者の属性も問題になる。当該取引の専門家どうし，または非専門家どうしが取引をする場合には，この原則に修正はない。したがって，この場合，情報収集またはそれに基づく対応の失敗の危険を相手方に容易に転嫁することはできない。基礎事情としての表示が認められるためには，表示に相当高い明証性が要求される。それに対し，専門家と非専門家の取引であって，非専門家が専門家の知見または対応に頼ることを許される場合には，非専門家は，情報収集またはそれに基づく対応の失敗の危険を専門家である相手方に比較的容易に転嫁することができ，したがって，基礎事情としての表示が比較的容易に認められうると考えられる。

(Case 33) では，花器（乙）の作者についてのCの認識の誤りが問題になる。売買一般において目的物の性質が当然に類型的重要性を認められるとはいえないが，

500万円もの花器の売買の場合，買主となる者がそれを特定の者の作品と考えていたときは，その花器がその作者の作品であることは，社会通念上，買主にとってその契約をするについての当然の前提であるといえる。また，その花器の作者が誰であるかを知ることは売主にとって困難であるというような，この前提を売主に受け入れ難いものとする特段の事情はない。そのため，Dが，契約締結に至るまでのCの言動から，Cが乙をXの作品と考えていることを知った（または，知るべきであった）ならば，乙の作者がXであることは当該売買の当然の前提となっていることが表示（黙示）されたと認められうる。その場合，錯誤の重要性の要件が充たされることに疑いはないから，Cが購入の意思表示を取り消すことができる可能性がある（実際に取消可能かどうかは，Cの重大な過失の有無など p. 162 の **3** に述べる事情次第である）。乙の作者に関するCの認識が表示されていなければ，乙がXの作品でなかったことを理由として意思表示が取消可能になることはない。ただ，その場合も，売買においては目的物の価値と代金額のおおよその均衡は類型的に重要な事情であり，かつ，特段の事情がない限り，当事者の双方がその均衡を前提として契約を締結するということができる。そこで，Cが500万円で購入する旨の意思表示をしたことにより，乙がその金額に相当する価値を有することが売買の当然の前提であると，Dに対して表示されていたといえる。そのため，乙がXでなくYの作品であるために500万円におよそ満たない価値しかなかったときは，Cが購入の意思表示を取り消すことができる可能性がある（実際に取消可能かどうかは，Cの重大な過失の有無など p. 162 の **3** に述べる事情次第である）。

（Case 34）では（これは，最判平成元・9・14家月41巻11号75頁の事案を簡略化したものである），課税関係に関するEの認識の誤りが問題になる（なお，財産分与がされた場合，分与を受けた側は，過大な分与でなければ贈与税を課されないが，不動産を得た場合には登録免許税，不動産取得税等を課されることがある。分与をした側は，たとえば金銭による分与の場合は課税されないが，不動産のように価値が増減する財産の場合には，その財産の譲渡時の価額が取得価額に分与費用を加えた額より高ければ，その差額に譲渡所得税を課されることがある。したがって，Eに高額の譲渡所得税が課されるということは，Eが分与した不動産が，Eの取得当時に比べて，相当値上りしていたということである）。離婚の際の財産分与は，それ自体としては無償の利益供与であり，他方配偶者の実質的持分にあたる，他方配偶者の将来の困窮を防ぐ，離婚の原因を作ったことに対する一種の償いである，などの理由があるからこそされ，その内容が決まるものである。こういった理由のうち，財産分与とその内容を決定づけたものは，分与者にとって，当該財産分与をするについての当然の前提にあたると認められる。また，分与によって高額の税負担が生ずる場合，分与の内容がこれを考慮して決められることは社会通念に属するということができる。そのため，Eが，財産分与により自らが高額の税を課されることはないと考えていることを，その言動によりFに明らかにしていたときは，基礎事情表示の要件（要件③）が充たされ，Eが財産分与の意思表示を取り消すことができる（この場合，Fも同一の錯誤〔共通錯誤〕に陥っているため，Eは，重大な過失があったとしても，意思表示を取り消すことができる〔95条3項2号。また，p. 163 の **2**〕。

なお，共通錯誤ではあるが，Ｆは，Ｅへの課税の有無についての誤認によって何ら不利益を受けることはなく，Ｅに課税されないことを前提として財産分与を受ける意思表示をしたとはいえないから，たとえば財産分与の内容を改めたいと考えたとしても，この錯誤を理由に意思表示を取り消すことはできない）。

Case 35 では，ＧとＺの間の土地売買の効力についてのＧの認識の誤りが問題になる。銀行預金の解約申出，銀行への送金依頼について，その理由が効力の前提になるとは一般に考えられていない。また，その理由を告げられたとしても，銀行には，その理由が誤りであった場合に備える有効な術がない。そのため，Ｇが，Ｈ（の担当者）に対し，Ｚとの間の土地売買の有効を前提としてのみ解約申出をし，送金依頼をすることを明確に告げた（そして，Ｈがそれに異議を唱えず申出・依頼を受けた）のでなければ，基礎事情表示の要件（要件③）が充たされず，Ｇの預金解約および送金依頼の意思表示は，錯誤を理由として取り消すことができない（改正前95条のもとであるが，最判昭和47・5・19民集26巻4号723頁も参照）。

事情の誤認により意思の不存在となる場合

　表意者が事情の認識を誤った結果として，意思の不存在となる場合がある。たとえば，①表意者が，ロゼワインを赤ワインの別称と誤認し，赤ワインを買うつもりで「ロゼワインを買う」と意思表示をした場合，②表意者が，1ダースを10個の組と誤認し，120個を買うつもりで「12ダース買う」と意思表示をした場合，③ **Case 33** のＣのように表意者が契約の目的物の性質を誤認した場合において，表意者が欲した性質をもたない物が契約の目的物とされたときなどがある。こういった場合に，表意者は95条1項1号の錯誤と同項2号の錯誤のいずれの要件のもとで意思表示を取り消すことができるか（いずれか一方か，いずれでもよいか）が，問題になる。

　平成29年民法改正前は，①と②は，意思の不存在となる表示の錯誤の一種（表示の内容の錯誤）とされ，③は，**性質の錯誤**，**属性の錯誤**などと呼ばれ，意思の不存在とならない動機の錯誤の代表例とされていた。もっとも，③の錯誤が意思の不存在の錯誤にならないとされたのは，特定物ドグマと呼ばれる考え方（特定の物の性質〔誰の作か，素材は何か，何色かといったこと〕は客観的に決まっており，その性質を人の意思によって変えることはできないため，特定物を目的とする法律行為において，その物の性質を法律行為の内容にすることも意思の内容にすることも認められないとする考え方）がとられていたためである。ところが，平成29年民法改正ではこの考え方が否定されたといってよい（この考え方を前提とする代表的な規定であった改正前483条が変更され，同534条1項が削除された）。そのため，③も，意思の不存在の錯誤にあたるとされることがありうる。

　ただ，95条の改正に関して，どのような場合に錯誤を理由として意思表示の効力を否定することができるかについて，従来の判例法理の実質に変更を加えることは企図されていないと説明されている。そうであるのに，③を95条1項1号の錯誤にあたるとして，基礎事情表示（目的物の性質にかかる事情の表示）がされていなくても意思表示の取消しが認められるとすることは，③の従来の扱いを変更することになり，その説明と相容れない。実質的にも，③を95条1項1号の錯誤とすることは，表意者が法律行為の基礎とした事情を表示がされないのに法的に考慮することになり，妥当でない。

　また，①と②では，目的物の種類または個数が表意者の欲したことと異なり，意思表示の内容と意思がそもそも一致しない。それに対し，③では，当該の物を目的物とする

点では表示と意思は一致している。

　さらに，誤認の対象となった事情を表示することを，誤認の有無にかかわらず表意者に期待することができるかについて，①と②では通常期待することができない（ロゼワインの意味，1ダースの意味は，通常，疑いのないものと考えられており，当事者が意思表示の際にその意味をわざわざ確認することはまず考えられない）のに対し，③では期待することができる（目的物となる物の性質が確認されることは，日常的にされている）。

　以上より，意思表示は，①および②では95条1項1号の錯誤として，③では95条1項2号の錯誤として，それぞれの要件のもとで取り消すことができると考えるべきである。

3 表意者に重大な過失がある場合

1 原　　則

　95条1項により意思表示を取り消すことができる場合であっても，錯誤が表意者の重大な過失によるものであったときは，原則として意思表示を取り消すことができない（95条3項柱書）。錯誤による意思表示の取消しは，意思表示の意思実現機能を重視し，表意者の意思の尊重を意思表示の有効に対する相手方の信頼の保護に優先させるものであるところ，表意者に大きな帰責性がある場合，これを認めることは適当でないからである。

　95条3項柱書にいう「重大な過失」は，表意者が，当該の意思表示をした状況のもとで，その職業，知識，経験を有する者として，取引の種類や目的などに応じてごく当たり前に要求されることすらしなかったことをいう（高度の知識や能力を有し，または職業や経歴などからそれらを有するべき者であること，取引が重大な利害を生ずるものであること，錯誤に陥った事項が表意者の取引目的の実現に重大な意味をもつことなどが，重大な過失の認定へと傾く要因である。それに対し，それらとは反対の事情があることや，切迫した状況で意思表示がされたなど慎重に行動することを困難にする事情の存在は，重大な過失の否定へと傾く要因である）。もっとも，結局は表意者のとった態度をどのように評価するかという問題であり，通常の過失（軽過失）との区別は必ずしも容易でない。

　たとえば，誤記の場合や内容を確かめずに文書に署名（記名押印）した場合には，重大な過失があると認められることが多い。文書の記載事項を確かめることは，社会常識に属することだからである。また，高価な美術品の売買の場合，専門家による鑑定を経て目的物の真贋を判断することが通常であるとされているため，その鑑定を経ずに真正のものと信じて意思表示をした場合，重大な過失があるとされることが多い。

電子消費者契約における特則

　電子消費者契約における消費者の意思表示（たとえば，インターネットを通じて消費者が商品の購入を申し込む場合）については，民95条3項の適用が排除されることがある（電子契約特3条）。

2 例　　外

　表意者に重大な過失がある場合の上記原則は，意思表示の有効に対する相手方の信頼を保護することを目的とする。そうであれば，相手方がその保護に値しないときは，意思表示の取消しの要件は充たされているのであるから，その取消しを認めてよいはずである。

　そこで，相手方が表意者に錯誤があることを知り，または重大な過失によって知らなかったとき（95条3項1号。たとえば，p.153以下の *Case 32* に関する網かけ部分。また，*Case 33* において，Dが，Cは乙をXの作品と考えていること，および乙がYの作品であることを知っていたとき，または当然に知ることができたのに知らなかったとき），または相手方が表意者と同一の錯誤に陥っていたとき（同項2号。たとえば，*Case 34*。また，*Case 33* において，Dも乙をXの作品であると信じて契約をしていたとき）は，表意者に重大な過失があったとしても，意思表示を取り消すことができる。表意者の錯誤につき悪意の相手方は，意思表示の有効を信じたとはいえないからである。表意者の錯誤を知らなかったことにつき重大な過失のある相手方と，自らも表意者と同じ錯誤に陥っていた相手方は，表意者の錯誤を（たとえそれが重大な過失によるものであったとしても）責めることができる立場になく，その信頼を保護するに値しないからである。

　平成29年民法改正の過程では，相手方が表意者の錯誤を惹起した場合も同様とすることが検討されていた。しかしながら，相手方による「惹起」にあたるかどうかは微妙な判断になりうること，詐欺による意思表示の取消しとの区別または整合性が問題になりうることなどのため，例外事由として定められなかった。とはいえ，例外事由にならないという評価が積極的にされたわけでもない。表意者の錯誤を自ら惹起した相手方は，表意者が錯誤に陥ったことを責めることができる立場にないというべきであるから，表意者の重大な過失（の評価根拠事実）を信義則上主張することができないとすべきであると思われる。

1 意思表示の取消しと第三者

　錯誤による意思表示が取り消されたときは，その意思表示は初めから無効であったものとみなされ（121条），その意思表示を要素とする法律行為も初めから無効になる。その法律行為に基づく債務の履行として給付がされていた場合，原状回復の関係が生ずる（121条の 2 第 1 項）。

　錯誤による意思表示をした者は，軽率であるとの非難を免れない。そのため，意思表示の相手方との関係では取消しによる保護を受けるとしても，その意思表示に基づく法律行為を前提として利害関係を有するに至った者があるときは，その者を保護し，取引の安全を図る必要が認められる。そこで，錯誤による意思表示の取消しは，善意無過失の第三者に対抗することができないとされている（95条 4 項）。

　平成29年改正前の民法には，錯誤による意思表示の無効から第三者を保護するための規定は存在しなかった。これによると，その無効は，第三者にも対抗することができることになる（大判大正11・3・22民集 1 巻115頁は，これを前提としていた）。しかしながら，学説では，とりわけ詐欺による意思表示の取消しとの権衡上（表意者が錯誤に陥っている点では錯誤による意思表示も詐欺による意思表示も同じであるところ，他人に騙された者〔被詐欺者〕よりも，自分で間違った者〔錯誤者〕の帰責性のほうが大きいともいえるため，錯誤者を被詐欺者より優遇することは適当でないという考えに基づいて），錯誤による意思表示の無効について改正前96条 3 項を類推適用すべきであるとする見解が有力だった。95条 4 項は，この有力説を採用して設けられたものである。

　このため，95条 4 項については，96条 3 項において問題となることが同じように問題になり，基本的に同じように解されることになる。96条 3 項に関しては判例および学説の蓄積があるのに対し（ただし，第三者が96条 3 項により保護されるためには無過失であることを要する点は，平成29年民法改正により付加されたものである），95条 4 項は新設規定であることから，95条 4 項において問題になりうる点（第三者の意義，善意無過失の意義等）については，96条 3 項に関する p. 173 の **3** を参照（なお，錯誤者には被詐欺者に比べて大きな帰責性があるとみる場合，96条 3 項と異なり，善意または善意無重過失の第三者が保護されてよいとする考え方，または，同じく「過失

がない」とされていても，95条4項のほうが96条3項と比べて第三者の無過失が容易に認定されるべきであるとする考え方が，成り立ちうる。しかしながら，詐欺による意思表示は錯誤の重要性を〔厳しく〕問わずに取消可能とされるため，錯誤者と被詐欺者の要保護性を単純に比較することはできない。また，信頼保護の基本は正当な信頼の保護，すなわち無過失の信頼の保護にある。93条2項または94条2項が過失ある善意の第三者を保護するのは，故意に虚偽の表示をしたという表意者の帰責性の大きさをとくに考慮してのことである。錯誤者の帰責性は，かりに被詐欺者のそれと比べて大きいとしても，心裡留保者や虚偽表示者の帰責性に比肩するものとはいえないから，95条4項と96条3項で第三者の保護要件〔の実質〕を異にすべきことにはならない）。

発展
学習
　目的物の性質と意思表示の内容の確定，およびその確定を踏まえた法的処理
　　特定物ドグマ（⇒ p.161 の 発展学習 ）が否定され，特定物の性質が意思の内容にも意思表示の内容にもなりうるとすれば，*Case 33* において，Cが乙はXの作品であるという認識を表示して契約を締結したときは，高価品であるため，通常，Dもその認識を契約の前提とすることを受け入れていたとされようから，CとDの間で，①目的物は「乙」であるが，その乙はXの作品であることが契約の基礎とされていたか，②「X作の乙」を目的物とする旨が合意されたかの，いずれかとなる。
　　そのいずれであるかは，CとDの間の契約の解釈によって定まる。ただ，契約当事者は，一般に，初めからおよそ履行することができない可能性のある内容で契約を締結することを避けるのが通常と思われる。そうであれば，*Case 33* の乙のような性質の変更可能性も代替性もない特定物の売主の合理的意思は，現物を目的物とするというものであり，これは買主も理解している（べき）ことであると考えられる。これによると，*Case 33* では，DがXの作品として売買することを明示したといった特段の事情がない限り，①になり，Cの意思表示が95条1項2号の錯誤により取り消されうるかが問題となる（95条1項1号の錯誤とすべきでないことにつき，p.161 の 発展学習 参照）。
　　②の場合には，CとDの間に「X作の乙」を目的物とする売買契約が成立する。この場合，DがX作の乙を引き渡すことはできないから，Cは，履行不能を理由に契約を解除することができる（542条1項1号）。また，Cに乙の作者という契約の基礎とした事情につき錯誤があり，その事情が契約の基礎とされていることが表示されてもいたから，Cは，購入の意思表示を95条1項により取り消すこともできる（この点，前版の説明を改める）。そのうえで，契約の解除と錯誤による意思表示の取消しのいずれについても，当事者間で原状回復が問題になる。その原状回復の在り方について，取消しには，解除に関する545条2項および3項に相当する規定が存在しない。この点，121条の2第1項の定める原状回復一般についてどうかはさておき，ここでの問題では，表意者が契約の解除と錯誤による意思表示の取消しのいずれを主張するかにより，原状回復の内容を異にすべき実質的理由はない。そのため，取消しの場合も，原状回復の内容を明定する545条2項および3項に従って処理されるべきである。

2 錯誤者の損害賠償義務

意思表示が95条1項により取り消されて無効になると，表意者と相手方との間

に，その意思表示を要素とする法律行為による法律関係は生じなかったことになる。ただ，そうなると，相手方に（無駄になった契約締結費用など）損害が生ずることがある。その場合，表意者に不法行為を理由とする損害賠償義務を負わせるべきであるとする見解がある。

　錯誤に陥った表意者には，通常，何らかの過失を認めることができる。そのため，この損害賠償義務が認められることも十分考えられる。そして，表意者にこの義務を負わせることにより，意思表示（したがって法律行為）の有効か無効かという単純な解決よりも，表意者と相手方の利害を細かく調整することができる。その結果として，錯誤による意思表示の取消しを認めること，すなわち相手方の信頼が害されること，という図式はあたらなくなる。損害賠償義務を認める見解は，このような結果を狙うものである（この観点からは，賠償範囲はいわゆる信頼利益の賠償にとどめるべきことになろう。そうしなければ，法律行為を有効とすることと実質的に同じ結果になってしまうからである）。

用語解説　　　　　　　　**履行利益と信頼利益**

　損害賠償の対象となる利益の区別の一つに，履行利益と信頼利益の区別がある。

　履行利益は，契約が有効であり，履行がされたならば債権者が得たであろう利益を意味する。これに対し，信頼利益は，有効でない契約を有効と信じたことによって失い，または得られなかった利益をいう。

　土地の売買でいえば，買主が土地を転売することによって得られたであろう利益（転売代金と購入代金の差額）が，履行利益の代表的な例である。転売利益は，履行がされたときに得られるもので，契約を有効と信じただけでは得られないからである。それに対して，土地の検分に要した費用や契約締結費用，登記費用などは，信頼利益の例である。これらの費用は，契約の履行がされる前に支出されるものであり，契約を有効に締結することができないとわかっていれば，支出されなかったはずだからである。

　履行利益の賠償を認めるということの意味は，債務不履行による損害賠償に関する415条および416条に従って賠償を認めることにある。それに対し，信頼利益の賠償を認めるということの意味は，契約が有効に成立したこと（したがって，その契約から生ずる債務の履行）を前提とする賠償が認められないことにある。そのため信頼利益賠償の額は，履行利益賠償の額より小さいことが通常である。例外的に信頼利益賠償の額が履行利益賠償の額を上回ることもあるが，その場合，賠償額は履行利益賠償の額を限度とする，とする見解が多い。この意味で，履行利益の賠償責任は，信頼利益の賠償責任よりも重い責任ということになる。

7 意思表示の瑕疵Ⅳ——詐欺および強迫

1 詐欺による意思表示

1 意 義

Case 36

　Aは，取引先のBから，Cに対する債務を1000万円の限度で根保証してほしいと頼まれた。Bによると，継続的に物品の供給を受けているCから，保証人を立てなければ取引を継続しないと通告されたとのことだった。Aがその時点でのBの債務額をCに問い合わせたところ，Cは，既存債務はないと回答した。その後，Aは，Cと根保証契約を締結したが，Bが債務を弁済しなかったので，900万円の支払をCから請求された。Aが調べてみると，AがCに照会した時点で，Bに250万円の債務があったことが判明した。Aは，Cの請求に応じなければならないか。

Case 37

　Case 36 において，Aは，Bの債務額に関してCに照会しておらず，Bに債務額を尋ね，Bが既存債務はないと回答していたならばどうか。

　　債権者は，債権の回収確保に努めることが普通である。そこで，債務者が債務を履行しないときに備えて，代替的な債権回収策を講じておくことがある。その方策の一つが，保証である。これは，債務者が債務を履行しない場合に，他人（保証人）が代わりに履行する義務を負うものとする契約である。この契約は，債権者と保証人となる者との間でされる。

　　根保証は，保証の一種である。ただ，通常の保証と異なる点がある。通常の保証は，保証人が，特定の債務について，債務者が履行しない場合に代わって履行する義務を負うものである。それに対し，根保証では，保証人は，特定の債務ではなく，債務者が負う債務を一定額（極度額という）を限度として保証する。たとえば，他人が住居を借りる際に保証人になった者が，賃貸借期間中の家賃債務など，その他人の賃貸借契約上の債務を極度額の限度で保証することがある。この場合や， Case 36 のような継続的取引から生ずる債務を極度額まで保証することが，根保証の代表例である。

　　根保証はこのような契約であることから，保証人となる者にとって，契約の時点で債務者にどの程度の債務があるかが，大きな関心事になる。債務の額が大きければ，保証を実行しなければならない蓋然性が高まるからである。そこで，Aは，BまたはCに，その時点でのBの債務額を尋ねた。ところが，BまたはCが，既存債務はないと虚偽の回答をした。Aは，この回答から保証実行の危険は大きくないと判断して，根保証に応ずることにしたのかもしれない。そうであるとすれば，Aは，根保証に応ずる意思表示をしているものの，その拘束を免れうる場

　他人を騙して錯誤に陥らせ，それによって意思表示をさせようとする行為を，**詐欺**という。詐欺の結果としてされた意思表示を，**詐欺による意思表示**という。詐欺による意思表示は，一定の要件のもとで取り消すことができる。

　詐欺による意思表示の場合，表意者は，表示の内容に対応する意思（効果意思）を欠くか（たとえば，タバコ1カートンはタバコ1ダースと同じ意味であると騙された場合，表意者がこれを信じてした意思表示は，表示の内容に対応する意思を欠くことになる），表示の内容に対応する意思を有するものの，誤った事実認識に基づいて意思表示をしている（*Case 36*，*Case 37* において，Aは，1000万円の限度で根保証しようとして，その内容の意思表示をしたが，その意思表示は，Bに既存債務はないという事実に反する認識に基づくものである）。そのため，95条1項によって意思表示を取り消すことができる場合がある（⇒p. 150 の**2**）。詐欺を受けてした意思表示は，この取消しの可否とは別に（以下では，この取消しの可否には言及しない），表意者の錯誤が他人の違法な行為によって生じた点が考慮されて，96条1項または2項の要件が充たされるときは取り消すことができるとされている。

2 詐欺による意思表示の取消し

1 意思表示の取消し

　詐欺による意思表示は，詐欺をしたのが意思表示の相手方である場合には，常に取り消すことができる（96条1項）。第三者が詐欺をした場合には，相手方が詐欺の事実を知り，または知ることができたときに限り，取り消すことができる（96条2項）。これらの場合に取消しの意思表示（取消権の行使）がされると，詐欺による意思表示は，初めから無効であったものとみなされる（121条。遡及的無効）。その結果として，その意思表示を要素とする法律行為も初めから無効になる。

2 取消権発生の要件

　詐欺による意思表示であるというためには，①詐欺者の故意，②違法な欺罔行為の存在，③その欺罔行為による錯誤，④その錯誤に基づく意思表示が必要である。意思表示の相手方の詐欺の場合には，これらの要件が充たされることにより，意思表示の取消しが可能となる。第三者の詐欺の場合には，さらに，⑤相手方が詐欺の事実を知っていたこと，または知ることができたことが必要である。

1 **詐欺者の故意** 第一に，詐欺者に，他人を騙して錯誤に陥らせる故意と，その錯誤に基づいて一定の意思表示をさせようという故意の，2段の故意のあったことが必要である（大判大正6・9・6民録23輯1319頁）。

> Case 36, Case 37 では，CまたはBが，Aに，現時点ではBに債務はないと騙すことで，Bの既存債務額について誤解させ，それにより根保証契約をさせようとしたことが必要である。CやBについては，この故意が通常は認められるだろう。
>
> それに対し，たとえば，有名画家の作品に似た絵画を所蔵する者が，自慢するために有名作家の真筆であると他人に嘘をついたところ，その他人がこれを信じて後にその絵画購入の意思表示をしてきた場合には，2段目の故意が認められないので，この要件は充足されない（ただし，その購入申込みをそのまま承諾した場合，沈黙による詐欺〔⇒p.171の 発展学習「沈黙による詐欺について」〕が問題になることがある）。

2 **違法な欺罔行為** 第二に，違法な欺罔行為のあることが必要である。ここには，欺罔行為の存在と，その行為の違法性が含まれている。

(1) ***欺罔行為*** 欺罔行為とは，人を騙す行為のことである。その代表例は，積極的に虚偽の事実を述べることである。そのほかに，事実を告げないこと（沈黙）が欺罔行為にあたることがある（⇒p.171の 発展学習）。

> Case 36, Case 37 では，CまたはBが，Bに既存債務はないと虚偽の事実を述べたことが，欺罔行為にあたる。

(2) ***その違法性*** 詐欺にあたるためには，欺罔行為が社会通念上許される限度を超えたもの（違法）であることが必要である。違法性の有無は，個々の取引類型や，両当事者の地位，専門的知識の有無などを考慮して判断される。

> Case 36, Case 37 のCまたはBの欺罔行為は，①虚偽の陳述がされた事項（Bの既存債務額）がAにとって重要な事項であること，②その事項についての真実をCやBは知っているが，Aは，CやBから聞き知る以外にそれを知る方法がほとんどないこと，③虚偽の陳述に基づいてAが契約をした場合，Aに相当大きな不利益が生じかねないこと，④Aのそのような危険を，CやBは明確に認識していたはずであることなどから，違法と認められるだろう。

3 **欺罔行為による錯誤** 第三に，表意者に錯誤があり，その錯誤が欺罔行為によって生じたことが必要である。

この要件は，当該の表意者において認められることで足り，通常錯誤に陥るとは考えられない場合でも構わない（ただし，その場合には，欺罔行為の違法性が認められないことが多いだろう）。

この要件は，本来，欺罔行為がなければ錯誤に陥らなかったという関係（因果関係）のあることを意味する。もっとも，表意者がすでに陥っている錯誤の程度を欺罔行為によってさらに強める場合も，ここに含まれる。

> (Case 36)，(Case 37) では，CまたはBの欺罔行為により，Aは，Bに既存債務はないと，事実に反する認識を有するにいたったはずである。したがって，この要件も充たされる。

4　錯誤による意思表示　　第四に，表意者が欺罔行為によって陥った（または，強まった）錯誤の結果として意思表示をしたことが必要である。これは，その錯誤がなければその意思表示をしなかったであろう，という関係があることを意味する。この関係も，表意者において認められることで足り，通常人ならどうかということは問題にならない。

> (Case 36)，(Case 37) では，Aが，Bに250万円の既存債務があると知っていたならば根保証に応じなかったであろう，といえるかどうかが問題になる。
> Aがすでに根保証に応ずることを決心しており，参考のために既存債務額を尋ねただけであった場合や，Bの既存債務額のいかんにかかわらず，Aは根保証に応じたと考えられる状況がある場合（たとえば，CがBとの取引を打ち切ると，Aの事業の継続が困難になる状況で，Aがその取引の継続には根保証が必要であると聞かされたような場合）には，この要件は充たされない。

5　第三者詐欺の場合における相手方の悪意または過失　　詐欺を働いたのが第三者であった場合（Case 37 の場合）には，さらに，相手方が詐欺の事実を知っていたこと，または知ることができたことが必要である（96条2項）。

これが取消しの要件とされるのは，次の事情による。

表意者は，騙されたとはいえ自ら意思表示をしており，正確な情報を集めようと思えば，集められたはずである（Case 37 の場合，Aは，Cに照会すればよかった）。また，意思表示の有効に対する相手方の信頼を保護する必要もある。そこで，表意者は，原則として自らの意思表示に拘束される。しかしながら，相手方が詐欺の事実を知っていた場合には，相手方は意思表示が有効であることを信じ

たとはいえないから，保護の必要がない。また，他人の（大きな）不利益において信頼を保護される者は，その保護に値することが求められるべきであり，不利益を被る他人に大きな帰責性があるなど特別の事情がある場合を除き，その信頼が正当なものであることが求められる。そのため，相手方は，第三者による詐欺の事実を知らなかったとしても，知ることができたときは保護されない。

 主張立証責任の所在
　詐欺による意思表示の取消しの効果を求める者は，本文に挙げた1～5と，取消権者による取消しの意思表示の存在を主張・立証しなければならない。96条1項または2項の適用によって，いったん生じた意思表示の効果を否定することができるという効果を，この者が求めるからである。詐欺者の故意，表意者の錯誤，欺罔行為と錯誤の因果関係，錯誤と意思表示の因果関係，相手方の悪意といった内心の事実については，その存在を推認させる具体的事実を主張・立証していくことになる。また，欺罔行為の違法性と96条2項の「知ることができた」ことは，規範的要件であるため，具体的事実の主張・立証によりそれらの評価を根拠づけるべきことになる。

 沈黙による詐欺について
　沈黙も欺罔行為になりうる。そして，1～5の要件が充たされれば，意思表示は取消可能である。

（設例1）
　Aが，Bから甲土地を購入した。Bは，土地の利便性に比してAの購入希望価額が高いと感じ，購入の理由をAに尋ねた。Aから満足な返答はなかったが，Bは契約に応じた。間もなく，甲土地の近くに鉄道が敷設され駅も設置されることがわかり，甲土地の取引価額は，Aの購入額の3倍に跳ね上がった。Bは，鉄道敷設と駅設置がAとの契約時にすでに決まっていたこと，Aがそれを知っていたことを知った。Bは，売却の意思表示を，Aの詐欺によるものとして取り消すことができるか。
（設例2）
　Cは，別荘を建てるために，乙土地をDから購入した。契約交渉の際に，Cは，購入目的をDに告げていた。ところが，近隣との建築協定のために，乙土地に別荘に適した建物を建てることは不可能だった。Dは，その協定による建築制限を知っていたが，その事実をCに告げていなかった。Cは，購入の意思表示を，Dの詐欺によるものとして取り消すことができるか。

　沈黙による詐欺の場合，欺罔行為に違法性が認められるかどうかが，とくに問題になる。というのは，私人は互いに対等な立場にあるため自己の利益は自ら守るべきであるという考えに基づいて，契約に関して必要な情報は自分で集めることが原則とされているからである。そうすると，沈黙による詐欺を認めるということは，この自己責任の原則を排して，相手方から積極的に情報を提供するべきであったと認めることを意味する。したがって，相手方に情報提供義務が認められる場合でなければ，沈黙は違法性を帯びないことになる。

そうすると，問題になるのは，相手方はどのような場合にこの義務を負うかである。これについては，法令および信義則（1条2項）に照らして判断する，という下級審判決が多くみられる。要するに，相手方が本来要求されるべき誠実さを著しく欠いていたかどうかで判断する，というわけである。

　判決例では，次の四つの判断要素から，情報提供義務の存否が判断されることが多い。すなわち，①告げられなかった情報が，表意者が意思表示をしようと決心するについて重要な事項に関するものであったこと，②そのような重要性を相手方も知っていたこと，③相手方が，その情報を現に有していたか，ごく容易に入手しえたこと，④相手方が，その情報を表意者に伝える必要があると認識していたこと，である。

　これによると，（設例1），（設例2）は次のようになる。

　（設例1）では，代金額はBにとって重要な事項であり，鉄道敷設等の事実は代金額に影響を及ぼすから，①は充たされるだろう。Aは，そのような重要性を知っていたからこそ情報を秘匿したといえるわけで，②も充たされる。さらに，Aは現に情報を得ていたから，③も充たされる。問題は，④である。Bは，Aの提示額に満足して契約を締結し，しかも，その額は，契約時点では一般的な取引価額を上回っていたと思われる。したがって，Bは，情報を得られなかったことにより，取引から得られる利益の拡大（最大化）に失敗したにすぎないといえる。ところで，情報は，それ自体が価値のあるものであり，通常，その取得に費用がかかる。したがって，特別の事情がない限り，自己の知りえた情報を相手方の利益の拡大（最大化）のために伝える必要があるとはいえない。少なくとも，Aがそのように考えて，情報提供の必要があると思わなかったとしても，責められるべきではない。したがって，④は充たされないと思われる。

　（設例2）では，別荘用建物を建築することができることは，Cが購入の意思表示をするについて決定的に重要な事項であり，建築制限の事実はそれに関わるものだから，①は充たされる。また，Dは，交渉中にCの購入目的を知らされていたから，②も充たされる。Dは，問題の協定による建築制限を知っていたから，③も充たされる。さらに，Dは，当該情報がなければCは全く無意味な契約をし，不必要な支出をすることになると知っている以上，情報提供の必要性を認識していたといえるはずである。そこで，協定がCの購入目的を害しない（たとえば，その協定が近い将来見直されることは確実である）とDが考えてよい特別の事情でもない限り，④も充たされる。以上より，Dに信義則上情報提供義務が認められ，Dの沈黙は詐欺となりうるだろう。

　もっとも，これらの四つがなぜ判断要素となるかは，明らかでない（そのため，この四つで十分かも明らかでない）。学説には，情報提供義務がどのような理由から認められるかを検討し，情報提供義務が認められるべき場合として少なくとも次の二つがある，とする見解がある。第一に，その情報を伝えないことによって相手方の権利を侵害することになる場合である。第二に，当事者の一方が当該取引の専門家の場合である。

　自己の行為または不行為によって他人の権利を侵害することは，法的に許されない。そのため，その状況においてある情報を伝えないことが相手方の権利を侵害することになるときは，その情報を伝える義務があるとされることがある。もっとも，他人の権利を守る義務が一般的に認められるわけではないから，他人の権利が害されるという客観的状態があるだけで，この義務が生ずるわけではない。それ以前の自らの言動等に照らして，ある情報を伝えないことで他人の権利を自ら害することになると評価される場合に，情報提供義務が認められる。

　専門家と非専門家の取引では，情報格差があるために，非専門家の契約自由が実質的に失われていることが多い。その場合，非専門家のこの自由を回復するために，専門家

に情報提供義務が認められることがある。また，専門的知識を要する複雑な取引は，専門家を信頼し依存してよいとしなければ円滑におこなえず，専門家はそのような取引によって利益をあげている。こういったことから，専門家は，専門家として取引をすることによって，ある範囲で，相手方に対し自己への信頼を求め，または，相手方が自己に頼ることを受け入れているとみることができる。そのため，専門家は，自己が求め，または受け入れた信頼に応えるために，その限度で，必要な情報を提供しなければならないと考えられる。

3 詐欺による意思表示の取消しと第三者

1 民法96条3項

表意者は，詐欺の被害者ではあるが，騙された点で軽率であるとの非難を免れない。また，意思表示の相手方は保護に値しなくても，その意思表示に基づく法律行為を前提として利害関係を有するに至った者を保護し，取引の安全を確保する必要は認められる。そこで，詐欺による意思表示の取消し（による無効の遡及効）は，善意無過失の第三者に対抗することができないとされている（96条3項）。

2 「第三者」

詐欺による意思表示の取消しは，善意無過失の「第三者」に対抗することができない。「第三者」とは，詐欺の当事者およびその包括承継人以外の者であって，詐欺による意思表示によって生じた法律関係について，新たに法律上の利害関係を有するに至った者をいう（最判昭和49・9・26民集28巻6号1213頁〔百選Ｉ23〕）。

3 「善意無過失」

第三者は，96条3項により保護されるために，「善意でかつ過失がない」ことが必要である。善意とは，第三者の地位についた時（たとえば，詐欺による意思表示の相手方との間で，その意思表示に基づく契約の目的物を譲り受ける契約を締結した時）に，詐欺による意思表示であることを知らなかったことをいう。過失がないとは，その時に，当該事情のもとで詐欺による意思表示であることを知るべきであったといえないことをいう。

第三者は，93条2項および94条2項では善意であれば保護されるが，96条3項では，95条4項と同じく，善意無過失でなければ保護されない。これは，表意者の帰責性の大きさの違いが考慮されたものである。

❹ 登記具備の要否

目的物が不動産の場合，第三者は，詐欺による意思表示をした者（以下，被詐欺者と呼ぶ）に対して物権の取得を主張するために登記を要するか，という問題がある。

1 対抗要件としての登記の要否　96条3項によって保護される第三者は，物権の取得を被詐欺者に対抗するために，登記を要しない。被詐欺者は，詐欺取消しを第三者に対抗することができない結果として，第三者の前主または前々主にあたることになるからである（⇒ p.130 の*(1)*も参照）。

2 権利保護資格要件としての登記　では，96条3項による保護を受けるための要件（権利保護資格要件）として，第三者に登記を求める必要はないか。96条3項によって第三者が保護されるとなると，被詐欺者は，権利の喪失や制限という重大な不利益を受ける。このように他人の重大な不利益の上に保護を受ける者には，自己の権利を守るためにできることはすべてしたことが求められるべきではないか，ということが問題にされている。

判例は，第三者は登記をしなくても保護されるとしている（前掲最判昭和49・9・26）。96条3項は，第三者が法律上の利害関係を有するに至った時点（たとえば，契約締結時）における第三者の信頼を保護する趣旨の規定と解される。そうであれば，登記の具備はその時より後に問題となる事柄であり，登記の有無は第三者の信頼（やその正当性）に影響を及ぼすものではない。したがって，第三者は保護を受けるために登記を要しない。

> **補論**　**権利保護資格要件としての登記を求める有力説について**
>
> 94条2項により保護を受けるために第三者が登記を備えている必要はないとされた決め手は，真正権利者たる虚偽表示者の帰責性が極めて大きく，真正権利者の保護はそれほど必要がない，ということであった。被詐欺者については，これと同じようにいうことはできない。そうすると，96条3項では，第三者に権利保護資格要件として登記を要求することも，十分考えられる。実際，学説では，そのような主張も有力である。
>
> ところで，上記判例は，第三者が登記は備えていないものの（登記を備えることは不可能だった），自らの権利を保護するためにすることができることをすべてしていたと評価しうる事案に関するものだった。そのため，この判例によっても，権利保護資格要件の具備の必要性は否定されていないと説く見解もある。しかしながら，本文で述べたように，96条3項の趣旨（意思表示の有効に対する「信頼」を保護する趣旨）から登記の要否が問題にされなかったとみるならば，そのように理解することはできない。

5　第三者となるべき時期

　96条3項は，一般に，善意無過失の第三者が，取消しによる意思表示の遡及的無効の結果として，その法的地位を覆されることを防ぐための規定と解されている。この趣旨は，取消前に登場した第三者には妥当するが，取消後の第三者には妥当しない。そこで，第三者は，96条3項によって保護を受けるためには，取消前に法律上の利害関係を有するに至っていなければならない（大判昭和17・9・30民集21巻911頁〔百選Ⅰ55〕）。

　Case 38 のCは，①の場合には96条3項によって保護されうるが，②の場合には，96条3項によっては保護されない（⇒次の｜発展学習｜参照）。

｜発展学習｜　**取消後の第三者の保護法理**
　もっとも，これは，取消後に登場した第三者は保護されない，ということを意味するものではない。
　判例によると， *Case 38* ②にそくしていえば，次のように処理される。すなわち，取消しによって，甲土地の所有権がBからAに復帰した。その後に，Cが，Bとの間で，同じ甲土地の取得の原因となる売買をした。これは，二重譲渡（⇒p.130の設例参照）に類似の事態である。したがって，AとCの間には177条が適用される（前掲大判昭和17・9・30）。
　これによると，登記名義を得たほうが勝つことになる。遅れて権利取得行為をしたCが，取消しによるAへの所有権の復帰について悪意であることも，原則としてこの結論に影響を与えない（ただし，背信的悪意とされる場合は別）。
　この判例法理には強い批判がある。批判は，主に次の2点に向けられている。第一に，判例法理によると，取消しによって生ずる法律効果の理解が，取消前なら遡及的無効だが，取消後は物権の復帰というように，異なる点である。第二に，取消後の第三者を悪意でも保護することは行きすぎであり，取消前の第三者が詐欺の事実につき善意無過失

でなければ保護されないこととの権衡を失する，という点である。

　そこで，学説では，取消しの遡及的無効という理解を徹底させる見解と，取消しによる物権の復帰という理解を徹底させる見解が主張されている。

　前者の理解からは，取消前の第三者については96条3項によって，取消後の第三者については94条2項の類推適用によって保護を図るべきであるとする見解が有力である（94条2項類推適用の基準時を追認可能時とする見解もある）。これによると，取消後の第三者も，保護を受けるために登記が虚偽であることを知らなかったことが必要になる。

　それに対して，後者の理解からは，取消後の第三者については，判例と同じく，177条によって処理される。取消前の第三者の扱いは，判例と異なる。この見解によると，第三者が取消前に現われた場合も，本来は177条により登記の有無または先後によって優劣を決めるべきことになる。ところが，取消権者に取消前に登記名義を回復しておくよう求めることは，不可能を強いることになる。したがって，登記のないことをこの者の責任ということはできないから，それによってこの者を不利に扱うことはできない。そこで，取消権者は，登記をしなくても取消しによる物権の復帰を対抗することができる。これに対し，第三者には，登記のないことを責められない特別の事情は存しない。そのため，第三者が96条3項によって自己の権利を主張するためには，善意無過失であるだけでなく，登記を得ておく必要がある。この見解は取消しの遡及効を定める121条を無視することになることもあり，これを支持するものは多くない。

2　強迫による意思表示

1　意　　義

Case 39

　Aが経営する会社に勤めるBらは，その社宅に住んでいたが，不況のため解雇されることになった。住宅不足が深刻であったため住居を失うことを心配したBらは，多数で，Aと，社宅の売渡しを求めて交渉した。A一人とBら多数との交渉は長時間にわたり，その間，BらはAに罵声を浴びせ続け，また，極度に興奮したBがAの顔面を殴打するなどしたため，Aは，恐怖を感じ，Bらに社宅を売り渡す契約を結んだ。

Case 40

　上記 *Case 39* において，Bは，後にこの住戸をCに転売した。

Case 41

　Dの面前で，Eが，Dと取引上密接な関係にあるFに対し，Fが実在しない不動産を担保にEから金を借りたことを猛烈になじり，Fを告訴すると告げた。同席していたDは，危険が自己に及ぶことや，Eの告訴により自らも何らかの損害を受けることを恐れ，FのEに対する借金の返済のために，E宛てに約束手形を振り出して交付した。

 前提知識　約束手形は，有価証券の一種で，その発行者（振出人）が一定期日に一定金額を支払うことを約束するものである。約束手形の振出しは，振出人が手形上の意思表示によって債務を負担することになる行為であり，法律行為の一種である。

害悪を示して恐怖を覚えさせるなど他人を畏怖（⇒p. 178 の**1**）させ，それによって意思表示をさせようとすることを，**強迫**という。強迫の結果としてされた意思表示を，**強迫による意思表示**という。

　強迫による意思表示は，瑕疵ある意思表示（120条2項）の一つとして，取り消すことができる（96条1項）。もっとも，強迫の程度が極めて強く，表意者が意思表明の自由を完全に奪われた状態であったと認められるときは，その意思表示は，意思を欠いてされたものということができる。その場合，意思表示は，意思の不存在を理由として無効となる（最判昭和33・7・1民集12巻11号1601頁）。

2 強迫による意思表示の効果

　強迫による意思表示は，取り消すことができる（96条1項）。この場合に取消しの意思表示（取消権の行使）がされると，強迫による意思表示は，初めから無効であったものとみなされる（121条。遡及的無効）。その結果として，その意思表示を要素とする法律行為も遡及的に無効になる。以上のことは，第三者による強迫のときも同じである（96条2項の反対解釈）。

　強迫による意思表示の取消しは，第三者に（その者が善意無過失であっても）対抗することができる（96条3項の反対解釈。また，大判明治39・12・13刑録12輯1360頁参照）。

　民法が，強迫による意思表示をした者（以下，被強迫者と呼ぶ）を被詐欺者に比べて厚く保護しているのは，両者の帰責性の程度の違いによる。被詐欺者は，騙されたという点で，軽率であるとの非難を免れない。それに対し，被強迫者にはそのような帰責性も認められないということである。

> (*Case 39*) のAと (*Case 41*) のDは，96条1項の要件が充たされれば，意思表示を取り消すことができる。また，(*Case 40*) では，取消しにより契約が遡及的に無効となるため，Aは，住戸の所有者としてCにその住戸の明渡しを求めることができる。

3 取消権発生の要件

　強迫による意思表示であるというためには，①強迫者の故意，②違法な強迫行為の存在，③強迫行為による畏怖，④畏怖による意思表示が必要である。

1 強迫者の故意

第一に，強迫者に，他人を畏怖させる（一般的な語義からすれば「恐れさせる」ということであるが，強迫にいう「畏怖」は「強い圧迫感」または「強い拘束感」とでもいうべきものでよく，「畏怖させる」とは，恐れさせるということのほか，そのような圧迫感・拘束感を抱かせることを含む）故意と，その畏怖に基づいて一定の意思表示をさせようという故意の，2段の故意が必要である（大判昭和11・11・21民集15巻2072頁）。

Case 39 では，Bらには，多人数による長時間の監禁，詰問，暴行によってAを恐れさせて（または，強く圧迫して），社宅売却の意思表示をさせようとする意図があったといえるだろう。

Case 41 では，Eが脅したのはFであって，Dではない。また，Eが目指したのは，Fから借金の返済を受けることであり，Dにその肩代わりをさせることではなかった可能性がある。実際にそうであれば，Eに強迫の故意があるとはいえない。

2 違法な強迫行為

第二に，違法な強迫行為のあることが必要である。ここには，強迫行為の存在と，その行為の違法性が含まれている。

1 強迫行為 強迫行為とは，害悪を示して他人を畏怖させる行為をいう。害悪の内容は，財産に関わるものでも，精神的なものでもよい。

Case 39 では，Bらは，身に危険が及ぶかもしれないという害悪を示してAを恐れさせている（または，強い圧迫感ないし拘束感を抱かせている）から，強迫行為があったといえる。

Case 41 は微妙だが，Eの詰問の態度や内容次第で，Fに対する強迫行為は認定しうるかもしれない。しかし，Dに対する強迫行為は存在しないだろう。

2 違法性 強迫にあたるためには，その行為が，社会通念上許される限度を超えたもの（違法）であることが必要である。違法性の有無は，強迫によって達成しようとした目的の正当性の程度と，その手段である強迫行為の悪性の程度などを考慮して判断される。

Case 39 の場合，深刻な住宅難という状況下で，住居を何とか確保しようという目的には，ある程度の正当性は認められるだろう。しかしながら，社員でなくなったBらには，社宅に居住する権利があるわけではなく，住居確保の方法は，Aに

売却させることだけではないはずである。また，暴力を伴う多人数での長時間にわたる監禁は犯罪行為であり，悪性が相当強い。したがって，この場合には，違法性の要件も充たされるだろう。

それに対し，(Case 41)のEがした貸金の返済要求は，それ自体としては正当な権利行使である。したがって，Eの詰問の態様がよほど悪性の強いものでない限り，Fとの関係ですら違法性を帯びることはない。

3 強迫行為による畏怖

第三に，表意者が畏怖したこと，それが強迫行為によるものであることが必要である。

この要件は，当該の表意者において認められることで足り，通常人なら違ったであろうと考えられる場合でも構わない（最判昭和33・7・1民集12巻11号1601頁。ただし，その場合には，強迫行為の違法性が認められないことが多いだろう）。

この要件は，本来，強迫行為がなければ畏怖しなかったという関係（因果関係）のあることを意味する。もっとも，表意者の畏怖の程度を強迫行為によってさらに強める場合も，ここに含まれる。

表意者の内心の状態を直接認識することはできないため，表意者が畏怖することも無理はないと認められる客観的状況があったかどうか（通常人ならどうだったか）が，大きな意味をもつ。それに加えて，表意者の特殊事情が考慮される，ということになろう。(Case 39)では，多数人により長時間にわたって監禁され，時に暴力も受けるという状況下では，Aは強い恐れまたは圧迫感ないし拘束感を抱いて当然と思われる。(Case 41)では，Eの人物（たとえば，暴力団員である，凶暴な性格であるなど）や詰問態度によっては，Dが畏怖することもあるだろう。

4 畏怖による意思表示

第四に，表意者が強迫行為によって抱いた（または，強まった）畏怖の念の結果として意思表示をしたことが必要である。これは，その畏怖がなければその意思表示をしなかったという因果関係のあることを意味する。この関係も，表意者自身において認められることで足り，通常人ならどうかということは問題にならない。

(Case 39)では，Aが，それまで拒んでいた社宅売却に簡単に応ずるはずはないから，通常，この要件も充たされるだろう。

(Case 41)では，DがFの債務を肩代わりする理由があるかどうかが，意味をもつだろう。その理由がなければ，この要件が充たされる可能性はある。ただし，

> *Case 41* については，すでに他の要件のなかに充たされないものがあるから，この要件だけ充足されても，約束手形の振出しが取消可能になるわけではない。

主張立証責任の所在

　強迫による意思表示の取消しの効果を求める者は，本文に挙げた**1**〜**4**をみたす事実と，取消権者による取消しの意思表示の存在を主張・立証しなければならない。96条1項の適用によって，いったん生じた意思表示の効果を否定することができるという効果を，この者が求めるからである。強迫者の故意，表意者の畏怖，強迫行為と畏怖の因果関係，畏怖と意思表示の因果関係といった内心の事実については，その存在を推認させる具体的事実を主張・立証していくことになる。また，強迫行為の違法性は，規範的要件であるため，具体的事実の主張・立証により違法という評価を根拠づけるべきことになる。

強迫によらない畏怖による意思表示の効力

　他人の行為によって畏怖した結果として意思表示がされる場合，表意者が意に反することを自覚しながら意思表示をする点で，心裡留保に近い。そのため，強迫者の故意や強迫の違法性が認められない場合であっても，そのような意思表示であることを相手方が認識しているか，認識可能であるときは，93条1項ただし書を類推適用して，意思表示の無効が認められてもよいのではないか（たとえば， *Case 41* において，Dが恐怖心から手形の振出しをしたことを，Eが知り，または知ることができたとき）。この場合，第三者との関係では，93条2項も類推適用されるべきである（そうであるとしても， *Case 41* の約束手形については，手77条の準用する手17条によることになる）。

8 法律行為の内容に関する無効原因

1 序 論

　法律行為は，意思表示に瑕疵がなくても，内容に問題があることを理由に無効とされることがある。法律行為がその内容を理由として無効とされる場合としては，一般に，①法律行為の内容を確定することができない場合，②法律行為の内容が強行規定に反する場合，③法律行為の内容が公序良俗に反する場合があるとされている。①については法律行為の成立に関連して説明した（⇒p. 69 の **5** 参照）ので，ここでは②と③を取り上げる。

> 【発展学習】 **内容の実現不可能について**
>
> 　かつては，法律行為は，その内容の実現が不可能であるときも，無効になることがあるとされていた。ある建物の売買契約において，その契約が締結された時にその建物がすでに焼失していた場合のように，法律行為の成立時に内容全部の実現が不可能（**原始的全部不能**という）であったときは，法律行為は無効であるとされていた（たとえば，大判大正 8・11・19民録25輯2172頁。内容の一部が初めから実現不可能であったとき〔**原始的一部不能のとき**〕については，法律行為の種類，その法律行為の目的に照らして不能が内容全体に及ぼす影響の程度その他の事情を考慮して，扱いが異なるとされていた）。それに対し，法律行為の成立後に実現が不可能（**後発的不能**という）になったときは，そのことによって法律行為が無効になることはなく，債務が履行されない場合の一般的な処理に服するとされていた。
>
> 　原始的全部不能による法律行為の無効は，法律行為を有効と認めることはその内容実現に国家が強制力を発揮して助力することを意味するところ，初めから内容実現の可能性がない場合には実現のさせようがなく，法律行為に効力を認めても仕方がない，という考えによるものであった。しかしながら，内容の実現が初めから不可能であっても，法律行為を有効とすることによって，たとえば，不能の法律行為がされたことについて帰責事由のある当事者に債務不履行一般と同じ基準で賠償義務を負わせるという形で，当事者間の利害調整をすることが可能になる。そのため，内容の強制的実現に助力することができなければ法律行為の効力を認めても仕方がないとすることには，論理の飛躍がある。こういったことから，原始的全部不能による法律行為の当然無効という考え方には，批判が強かった。
>
> 　そこで，平成29年民法改正において，原始的（全部）不能であることは法律行為の無効原因にならないことを前提とする規定が設けられた。すなわち，412条の2において，債務の履行が不能であるときは，債権者はその履行を請求することができないとされたうえで（同条1項），そこにいう「不能」には「契約の成立の時に不能であったこと」，つまり原始的不能も含まれることを明らかにし，かつ，その場合に債権者は，415条の規定に従った損害賠償（つまり，債務不履行による損害賠償）の請求が可能であることが

定められている（同条2項）。

2　強行規定違反

　内容が不当であることを理由に，法律行為が無効とされることもある。これには，法令違反（強行規定違反）を理由とする無効と，公序良俗違反を理由とする無効がある。伝統的にこの二つを区別して，前者については91条，後者については90条が根拠条文と考えられてきた。しかしながら，最近では，両者ともに90条によって無効が導かれるとする（法令違反も90条違反の一つであり，明確な強行規定は立法者による90条の具体化とみる）見解が有力である。判決例にも，そのような考え方をとるものが多い。

　以下では，伝統的な立場にそって強行規定違反についてまず説明し，ついで，新たな動きに触れることにする。

1　伝統的理解

■1　民法91条違反としての強行規定違反

　強行規定に反する法律行為は，無効である。この理は，伝統的に，91条から明らかになるとされてきた。91条は，公の秩序に関しない規定（**任意規定**）と異なる意思が表示された場合には，その意思が優先するとしている。これを反対に解釈すると，公の秩序に関する規定（**強行規定**）に反する意思は，表示されても強行規定に優先しない，つまり効力を認められないことになる。

■2　任意規定と強行規定の区別

　そうなると，法律行為の効力を定める規定のうち，どれが任意規定で，どれが強行規定かを区別することが必要になる。この区別については，次のように整理されてきた。

　1　規定の文言による区別　　規定の文言から判別することができる場合には，それによる。当事者の意思を尊重する文言（「別段の意思表示がない限り」，「当事者の意思に従う」など）がある場合，その規定は任意規定である（たとえば，127条3項・417条・484条1項・485条）。それに対し，法律行為の内容がその規定に反する場合に効力を認めない旨の文言（たとえば，「することができない」，「無効とする」）があれば，それは強行規定である（146条・175条，利息1条，借地借家9条ほか）。

2　規定の趣旨による区別　　規定の文言から区別することができない場合には，規定の趣旨から区別される。もっとも，この区別は容易でないことが多く，一般的には，次のような類型的指摘がされているにとどまる。すなわち，①私的自治による法律関係の形成を認めるための前提となる事柄に関する規定は，強行規定である（例：法律行為の成立要件や効力否定要件に関する規定〔権利能力の付与や行為能力の制限の有無に関する規定，意思表示の瑕疵に関する規定〕。前提をやぶる法律行為は，その法律効果発生の根拠をもたないことになるから）。②第三者の権利義務にかかわる事項を規律する規定は，強行規定である（例：物権法の規定の大部分，各種の第三者保護規定〔93条2項・94条2項・95条4項・96条3項，表見代理に関する規定など〕。私的自治の原則から，法律行為によって定めることができる法律関係は，原則として，当事者間の法律関係にとどまるというべきだから）。③弱者保護を目的とする規定は，強行規定である（例：349条。また，借地借家法，利息制限法，消費者契約法などいわゆる弱者を保護することも立法目的の一つとする法律には，強行規定が多い〔もっとも，その多くにおいて，規定の文言から強行規定であることが明らかにされている〕。当事者の意思を優先させると，立法目的が達成されないから）。④社会秩序の基本にかかわる規定は，強行規定である（例：婚姻，親子，相続など身分秩序・家族秩序に関する多くの規定。当事者の意思を優先させると，社会秩序の維持という立法目的が達成されないから）。⑤強行規定と解するべき以上のような理由がない場合には，一般に，任意規定とされる（例：債権法の多くの規定。私的自治の原則から，とくに反対の理由がない限り，当事者自身による法律関係の形成が優先されるべきだから）。

③　行政的取締規定に反する行為の私法上の効力

1　取締規定と効力規定　　法律行為の効力にかかわりうる規定は，民法典その他の私法上の法典以外のなかにも存在する。一定の行為がされることを行政上取り締まる目的から，一定の取引行為を禁止または制限する規定が設けられ，その違反に対して罰則が科されることがある（たとえば，食品衛生法では，飲食店営業その他公衆衛生に与える影響が著しい営業を営むには，都道府県知事の許可を得なければならないとされ〔食品51条・52条〕，これに反して営業した者に行政罰を科す旨の規定が設けられている〔食品72条1項。2年以下の懲役または200万円以下の罰金〕）。このような規定を**取締規定**と呼ぶが，取締規定は，それに違反する契約を禁ずるものといえる。そこで，その禁止に反する契約がされた場合（たとえば，食品52条に反して，都道府県知事の許可なしに飲食店が営まれた場合），違反者に罰則が科されることは当

然として，その契約（上の例でいえば，店と客との間の契約）の効力はどうなるかが問題になる。

　取締規定は，従来，規定に反する契約に認められる効力に応じて二つに分けられてきた。すなわち，その規定に違反していることは契約の効力に影響を及ぼさないとされる規定と，規定違反の契約が無効とされることになる規定である。後者は，その規定に反する契約を無効にすることから，強行規定の性質を有するとされ，**効力規定**と呼ばれている（そのため，単に取締規定といえば，前者のみを指すことが普通であるが，効力規定たる取締規定と明瞭に区別するために，「単なる取締規定」，「狭義の取締規定」などと呼ばれることもある）。

　2　取締規定と効力規定の区別　　このように取締規定と効力規定を区別するとなると，任意規定と強行規定の区別と同様に，ある規定がどちらにあたるかを判断することが重要になる。

　取締規定と効力規定の区別についても，規定の文言から明らかになる場合（たとえば，農地3条〔1項で，農地の所有権移転等をするには原則として農業委員会の許可を要するとし，同6項で，その許可を受けないでした行為は効力を生じないと定める〕）は，とくに問題を生じない。しかしながら，そのような場合は多くない。そのため，ここでも，規定の趣旨によって判断するとされている。そして，その判断は，規定による禁止の目的，違反行為の悪性の程度，当事者間における信義・公平，第三者および取引社会に及ぼす影響などを総合的に考慮してするべきであるとされている。

　(1)　規定による禁止の目的　　第一に，規定による禁止の目的を考慮すべきであるとされている。すなわち，単に行為の禁止または抑制を目的とする規定（たとえば，公益的な見地から，一定の取引行為をするために許可や免許を要求する規定）の場合，違反行為があっても行為者に罰則を科すだけでよく，取締規定とされる（たとえば，最判昭和35・3・18民集14巻4号483頁〔百選 I 16〕は，食肉販売の営業の許可を受けていない者がした食肉買入れの契約〔食品52条違反〕を，食品衛生法は単なる取締法規にすぎないとして，同法違反であっても無効にはならないとした。ただし，同じく無資格者による取引行為であっても，取引資格の制限が公益性の高いものである場合には，無効とされることがある〔最判昭和38・6・13民集17巻5号744頁。弁護72条違反のいわゆる非弁活動にあたる委任契約を無効とした〕。もっとも，これを前提としつつ，認定司法書士が，弁護72条に反して裁判外の和解契約を締結することについて委任を受け，その委任に基づいて委任者を代理して締結した和解契約の効力につ

いては，委任契約の効力とは別に弁護72条の趣旨を達するために契約を無効とする必要性があるか否か，和解契約の当事者の利益保護の見地等を考慮して判断すべきであり，当該和解契約の内容および締結に至る経緯等に照らし公序良俗違反の性質を帯びるに至るような特段の事情がない限り，無効にならないとされている〔最判平成29・7・24民集71巻6号969頁〕）。それに対し，たとえば，規定の目的が取引行為の結果として生ずる財貨の移動を抑えようとすることにある場合（代表例：一定の取引行為自体の取締りを目的とする経済統制法令）は，効力規定とされる（たとえば，最判昭和30・9・30民集9巻10号1498頁〔配給統制違反の売買契約を無効とした〕）。

(2) 違反行為の悪性の程度　　第二に，取締規定違反行為であっても，行為の悪性が強い場合には，無効とされることがある。行政罰や刑罰を受けても私的な利益をあげるほうが得だ，ということにならないようにする必要があるからである（最判昭和39・1・23民集18巻1号37頁〔以下「毒アラレ事件」〕は，その典型例。アラレ製造業者Aが，アラレの原料に食品衛生法上添加が禁じられている有毒物質が含まれていることを知った。Aは，販売業者Bに取引を当面中止したいと申し入れたが，Bから，アラレがよく売れる時期でもあり誰も実際にはそんなことを咎めないからどんどん送れといわれ，アラレの製造と供給を続けていた。最高裁は，この契約を90条に反し無効であるとした。また，最判平成23・12・16判時2139号3頁〔以下「違法建築請負事件」〕も，建築基準法等の法令に適合しない建物〔違法建物〕の建築を目的とする請負契約について，契約当事者の意図の悪質性，契約によって生ずる違法な結果の重大性〔たとえば，違法建物によりその居住者，近隣住民の生命，身体等に生じうる危険〕，請負人による契約拒否の期待可能性等を考慮して，90条に反し無効であるとして，請負人による代金請求を退けた）。

(3) 当事者間の信義・公平　　第三に，当事者間の信義・公平という見地から，契約を無効にすることが問題になるとされることもある（毒アラレ事件では，契約を無効にすると，同じように違法性を知りながら，しかも尻込みするAを説き伏せて取引を継続させたBが，代金支払義務を免れる結果になる。これは，両当事者の公平という観点だけをとれば，問題のあるところである。ただ，この事例では，行為の悪性が非常に強いので，それでもなお無効とされた）。

(4) 取引の安全　　第四に，私法上の効力が否定されると取引の安全を害することになりかねない点も，考慮されなければならないとされている。

2 新たな動向

◼1 法令違反を理由とする無効の根拠規定について

1 **民法91条を根拠規定とする伝統的理解**　　以上に説明した考え方は，法令違反の契約の効力を判断するために，法規定を次のように分類する。まず，私法と公法を分ける。ついで，私法規定を任意規定と強行規定に，公法規定を（単なる）取締規定と効力規定に分ける。そして，91条に従って，強行規定や効力規定と異なる内容の契約は無効だが，内容が任意規定や取締規定と異なるからといって，契約が無効になるわけではないとする。

2 **民法90条を根拠規定とする見解**　　伝統的理解は，考え方としては明快である。しかしながら，この考え方を貫くことは困難であり，貫かれてもいない。規定の趣旨によって，任意規定（の性質をもつ取締規定）と強行規定（の性質をもつ効力規定）を区別することは，容易でない場合が多い。また，規定の趣旨からある規定を強行規定や効力規定と解し，それに違反する契約を一律に無効とすると，個別の事例において，当事者間の信義・公平や取引の安全に反する不当な結果を生ずることになりかねない。そこで，裁判例の多くにおいては，個別の法律行為の効力は，規定の趣旨・目的のほかに，行為の悪性や当事者間の公平，取引の安全といった観点から総合的に判断されている（たとえば，毒アラレ事件および違法建築請負事件）。伝統的理解も，このような判断方法を肯定している。ところが，このような総合判断は，ある法規定について，任意規定（の性質をもつ取締規定）か強行規定（の性質をもつ効力規定）かを区別し，それによって法律行為の効力を一律に決するというものではない。すなわち，91条に基づく無効判断とはいえない。むしろ，これは，90条に基づく無効判断と同質である（毒アラレ事件および違法建築請負事件で，90条違反を理由として無効とされたことを参照）。そのため，近時は，法令違反の契約の効力は90条によって判断され，法令違反の事実はその判断における一要素と位置づけられるとする見解が有力である。

91条根拠規定論の最大の論拠は，91条の反対解釈がそれを示す，というものである。しかしながら，91条には，もともとそのような意味は込められていなかった。起草者は，強行規定違反の法律行為はすでに90条により無効であると考えていた。そのうえで，91条は，92条における慣習の特別の効力と対比させる形で，当事者の意思が任意規定に優先するための要件を定めた規定にすぎない（92条は，当事者が慣習による意思を有するときに，慣習が任意規定に優先するとしている。それに

対し，91条は，当事者の意思は表示されることによって任意規定に優先するとしている）。

❷ 総合判断の内容

　法令違反の契約の効力を否定する根拠条文は90条か91条か，という問題とは別に，その契約の効力を総合判断する際の要素についても，異論がみられる。その代表的なものとして，次の二つをあげることができる。

　1　法令違反の法律行為の履行段階を重視する見解　　第一に，法令違反の法律行為の効力を，履行の前後で分けて考えるべきであるとする見解がある。履行前は，法律行為が無効になっても原状回復の問題を生じない。そのため，当事者間の信義・公平の点で不当な結果は生じにくく，取引の安全を害する危険も小さい。したがって，比較的容易に効力否定を認めてよい。それに対し，履行後は，法律行為が無効になると原状回復の問題を生ずるので，当事者間の信義・公平，取引の安全の保護が大きな重要性をもつことになる，というわけである。

　ただ，履行の前後によって扱いをどのように区別すべきかについては，考え方に相違がみられる。一方に，履行前は（法令の規制目的に資するために）法令違反の法律行為を全面的に無効とし，履行後に限って上記の総合判断をすべきであるとする考え方がある。他方に，履行後は，一定の行為を未然に防ぐという公法の目的と取引の安全の保護という観点から，違反行為を無効とすることは許されないが（給付されたものの返還請求を認めても公法の目的を達せられないにもかかわらず，その返還を認めると取引の安全を害するから），履行前は，法令の目的・趣旨によって法律行為の効力が判断されるべきであるとする見解がある。後者は，公法と私法の明確な役割分担（私法の公法に対する独立性）を前提とするのに対し，前者はそのような役割分担論をとらない点に，相違の基礎がある。なお，後者に対しては，罰則が軽微である場合などには，当事者が早期に履行すれば利益を確保しうることになるため，かえって法令違反行為を助長する恐れがあるとの批判がある。

　2　規定の目的を重視する見解　　第二に，法令違反行為の効力を判断する際に，規定の目的をこれまでよりも重視すべきであるとする見解がある。

　(1)　警察法令　　この見解によると，かつてこの問題の中心にあったのは，取引に直接関係しない価値を実現するための法令（警察法令）に違反する法律行為の効力の問題であった（食品衛生法違反の取引行為は，その代表例である）。この場合には，法令違反であっても，法律行為の効力は原則として否定されない。例外もなくはないが，違反者に罰則を科すことによって規制目的は達せられ，

あえて違反行為の効力を否定するまでもないことが普通だからである。また，法律行為を無効にすると，かえって当事者間の信義・公平に反する結果になることもあるからである（たとえば，食肉販売の営業許可を受けていない者が，品質に全く問題のない食肉の売買に関わった場合）。

(2) *経済法令*　ところが，今では，取引と密接な関連を有する法令（経済法令）が増えている。この法令においては，法令の目的と取引の効力は無縁でありえず（公法は公法，私法は私法と，峻別して考えることはできない），違反行為の効力を否定する必要性が一般に増大している。また，個々の取引の効力を判断する際にも，経済法令違反は重要な判断要素となる。この点については，経済法令をさらに二つに分けて，次のように説かれている。

(a) *取引利益保護法令*　第一に，個々の取引において当事者の利益を保護することを目的（の一つ）とする法令（取引利益保護法令）がある。消費者の利益保護に関連する法令が，その代表例である。

消費者関連の諸法令においては，当事者間の信義・公平の観点から一定の行為が規制されている。そこでは，警察法令と異なり，法令の規制目的が取引当事者の利益と直接に関連しており，法令違反行為を無効とすることが規制目的にかなうと同時に，当事者間の信義・公平にもかなう。さらに，消費者関連の事案の多くにおいては，取引の安全の顧慮もさほど必要がない。消費者関連の取引では，消費者が金銭を給付して目的物を取得することが多く，その場合の消費者は目的物の最終的取得者であることが通常であり，目的物がさらに第三者の手に渡ることはあまり考えられないからである。

(b) *経済秩序維持法令*　第二に，取引の環境となる市場秩序の維持を目的とする法令（経済秩序維持法令）がある。独占禁止法や金融商品取引法が，その代表例である。

現在では，市場の確保や競争の維持の実現に，非常に大きな価値が認められている。経済秩序維持法令は，そのような価値の実現を規制目的とするものである。そして，市場の確保や競争の維持という価値が真に追求されるべきものであるならば，それらの価値の擁護は，行政的規制のみに委ねるのではなく，可能な限り，私法においても積極的に試みられるべきであるといえる。このように考えるならば，経済秩序維持法令に違反する行為を無効とすることによって，個別的には当事者間の信義・公平に反する結果が生じうるとしても，市場の確保や競争の維持という，より大なる価値が実現されるこ

とにもなりうる。そこで，違反行為を無効とすることによって取引秩序に混乱を生ずることのないよう取引の安全に一定の配慮をしたうえで，経済秩序維持法令違反であることをもって，行為の無効化の方向に機能する一要素と認めるべきであるとされている。

3 公序良俗違反

1 意　義

　法律行為は，「公の秩序又は善良の風俗に反する」場合，無効とされる（90条）。これは，一般に，**公序良俗**に反する法律行為は無効であると表現される。

■ 民法典成立当時の理解

　そうすると，問題となるのは，「公の秩序」，「善良の風俗」とは何かである。民法典が制定された当時は，「公の秩序」とは行政，警察，司法など国の制度に関わる事柄を，「善良の風俗」とは性風俗に関わる事柄を指すと考えられていた。そして，当事者の意思の尊重が重視され，法律行為が公序良俗に反して無効とされることは，例外的な場合に限られるとされていた。

■ その後の理解の変容

　ところが，その後の判例・学説において，「公の秩序」と「善良の風俗」の二つの概念は必ずしも区別されないようになり，両者をあわせて「公序良俗」と呼び，公序良俗とは社会的妥当性のことであるとされるにいたった。そして，公序良俗は，法を支配する根本理念の一つの現われであり，私的自治や契約自由に優越するものであるとする学説すら現われた。このようにして，90条は，具体的事

用語解説　　　　　　　　　　　**一般条項**

　法律の条文では，通常，要件と効果を定め，内容を特定することができるように比較的明確な概念が用いられている。それに対して，条文のなかには，何らかの要件や効果を定めているのかが，はっきりしないものがある。また，要件と効果を定める形をとっていても，要件の内容が漠然としており，一義的に明らかにならないものもある。このような規定を，一般条項と呼ぶ。

案に応じて柔軟かつ広範に適用可能な一般条項の一つとなり，その適用場面が飛躍的に拡大されてきた。

　一般条項の特性

　　公共の福祉の原則，信義誠実の原則，権利濫用の禁止を定める1条では，要件と効果を定める形がとられておらず，一般原則が述べられているだけである。これが，一般条項の典型である。それに対し，90条は，要件と効果を定める形式になっている。しかしながら，「公序良俗」を社会的妥当性という意味で捉えると，無効という効果を生ずる要件の内容は，特定性が非常に乏しい。そのため，90条も，代表的な一般条項の一つに数えられている。

　　一般条項の特徴は，内容の特定性が乏しいこと（特定性の低さ）と，それゆえに，判断に際して様々な評価を広く取り込むことができること（開放性の高さ）にある。この特徴は，一般条項の大きな強みになる。要件と効果が具体化された規定や準則（以下，具体的法規定という）によって，すべての時代のあらゆる紛争が適切に解決されるわけではない。紛争処理のための具体的法規定がない場合や，具体的法規定をそのまま適用すると不当な結論になることも，珍しくない。そのような場合，一般条項を用いることによって，紛争の適切な解決が可能になる。また，そのような解決の集積を通じて，具体的法規定が新たに設けられたり，具体的法規定の解釈が変更されたりすることも，しばしばみられるところである。

　　しかしながら，一般条項には，特定性の低さと開放性の高さゆえに問題点もある。紛争の解決に際して一般条項をどのように用いるかは，個々の判断者（裁判官）に広く委ねられることになるため，判断の安定性（同種の事案に対する同種の判断）を確保することが難しい。そのため，場当たり的に一般条項が紛争解決に用いられると，人びとが自己の行動の法的評価を予測することが難しくなり，法的安定性が損なわれる恐れがある。そこで，一般条項については，前述した利点を失わせないようにしながら，どのような場合に適用されるかを少しでも明確化することが必要になる。

2 公序良俗違反の類型

　一般条項としての90条が適用される場合を明らかにするために，従来一般的に用いられてきた手法は，事例の分類である。すなわち，90条の適用により処理された相当多数にのぼる判決例から，公序良俗違反に該当する類型を析出し，その後の判断の参考に供するという手法である。以下に，代表的な類型とそこに含まれる具体例を簡単に紹介する。

1 犯罪またはそれに類する行為

　まず，犯罪またはそれに類する社会的非難の程度が極めて高い行為がある。たとえば，談合（大判昭和14・11・6民集18巻1224頁）や共同絶交の合意（いわゆる，「村八分」。大判昭和3・8・3刑集7巻533頁）が公序良俗に反して無効とされるこ

とが，これにあたる。また，取締規定違反行為の私法上の効力を否定した毒アラ
レ事件判決（⇒p.185の(2)参照）も，ここに位置づけられる。

2　家族秩序，性道徳に反する行為

　次に，家族秩序，性道徳に反する行為（人倫に反する行為）がある。たとえば，
成年に達した子が（父と離婚した）母と同居しないものとし，違約に対して金銭
を支払う旨の父子間の契約は，公序良俗に反して無効である（大判明治32・3・25
民録5輯3巻37頁）。また，愛人関係の解消を条件に金銭を支払う旨の契約（大判
大正12・12・12民集2巻668頁），愛人関係の継続中は返還請求しない旨の消費貸借
を無効とした判決例（大判昭和9・10・23新聞3784号8頁）も，ここに位置づけられ
る。もっとも，愛人関係の解消を決意した後にされた慰謝料支払の契約を有効と
する判決例（大判昭和12・4・20新聞4133号12頁），愛人の生活保全を目的とする，
自己の死後に妻子の生活を害しない程度の遺贈（具体的には，全財産の3分の1の
遺贈）を有効とする判決例もある（最判昭和61・11・20民集40巻7号1167頁〔百選Ⅰ
12〕）。これらの判断を分けるものが何かについては種々の考え方がありうるが，
社会における道徳観念の変化に伴って有効・無効の判断が変わりうることを示す
例と捉えることも可能である。

3　個人の自由を極度に制限する行為

　個人の自由を極度に制限する行為も，公序良俗に反して無効とされる。その代
表例は，芸娼妓契約と呼ばれるものである。これは，典型的には，次のような仕
組みをとる。すなわち，AがCから借金をする。この借金は，Aの娘BがCのも
とで酌婦として働き，そこで受け取る報酬から天引きの形で返していく。完済前
にBが辞めたり逃げたりすると，高額の違約金を課す，という仕組みである。こ
こでは，AとCの間の金銭消費貸借契約と，その（第三者）弁済のためのBとC
の間の酌婦としての稼働契約がある。この（一連の）契約の問題点は，Bの身柄
が相当長期間Cに拘束され，しかも売春を強要されることが通例なので，実質的
には人身売買であることにある。この契約の効力に関しては，変遷があったもの
の，AとCの間の金銭消費貸借契約とBとCの間の稼働契約を，ともに公序良俗
に反して無効とすることに落ち着いた（最判昭和30・10・7民集9巻11号1616頁。A
とCの間の金銭消費貸借だけを切り離してみれば，それ自体が公序良俗に反するとはいえ
ない。しかしながら，この契約は，公序良俗に反するBとCの間の稼働契約と密接不可分

の関係にあり，Aへの金銭の貸与は，実質的にはBを酌婦として稼働させること〔つまり，人身売買〕の対価とみることができる。そのために，AとCの間の契約も無効とされる）。

このほかに，所有権移転に際して目的物の処分を長期にわたって禁ずる契約（大判明治45・5・9民録18輯475頁参照），長期にわたって競業避止義務を課して営業の自由を制限する契約（最判昭和44・10・7判時575号35頁参照）も，この類型に位置づけられる。

４ 憲法の認める基本的価値に反する行為

憲法によって認められている基本的価値に反する法律行為も，公序良俗に反して無効とされる。男女で異なる定年退職年齢（男60歳，女55歳）を定める就業規則を，性別のみを理由とする不合理な差別（憲14条参照）であるとして無効とした判決（最判昭和56・3・24民集35巻2号300頁〔百選Ⅰ14〕），入会部落の慣習に基づく入会集団の会則のうち，入会権者の資格を原則として男子孫に限定する部分を，性別のみによる不合理な差別であり無効とした判決（最判平成18・3・17民集60巻3号773頁），労働者の組合選択の自由および他の労働組合の団結権を保護するために（憲28条参照），ユニオン・ショップと呼ばれる労働協約の一部を無効とした判決（最判平成元・12・14民集43巻12号2051頁），従業員に特定の労働組合から脱退する権利をおよそ行使しないことを義務づけて脱退の効力を生じさせないものとする合意を無効とした判決（最判平成19・2・2民集61巻1号86頁）などは，その例である。

５ 暴利行為，著しく不公正な法律行為

暴利行為は，公序良俗に反して無効とされる。暴利行為とは，他人の窮迫，軽率，無経験などにつけこんで，著しく不相当な財産的給付を約束させる行為である（最判昭和32・9・5民集11巻9号1479頁参照）。たとえば，過大な賠償額の予定（大判昭和19・3・14民集23巻147頁），過剰な担保を設定させる契約（大判昭和9・5・1民集13巻875頁〔百選Ⅰ15〕）が，これにあたる。

また，著しく不公正な取引であるとして公序良俗違反を理由に法律行為を無効とする判決例が，とくに消費者取引の領域で多くみられる（たとえば，最判昭和61・5・29判時1196号102頁，長野地判昭和52・3・30判時849号33頁）。そのほか，ホステスが店に対する客の飲食代金債務を保証する契約を，店（雇主）の優越的地位を利用した不公正取引として無効とする下級審判決が多数ある（たとえば，東京地

判昭和39・12・17下民集15巻12号2956頁，大阪高判昭和56・ 5 ・13判タ454号97頁。ただし，最判昭和61・11・20判時1220号61頁は，ホステスによる保証を有効とした。ホステスが報酬以外の特別の利益〔店からのバックマージンや，客からの金品の贈与のことか？〕を受けるために，その客の債務を任意に保証したと認められることをその理由とする）。

6 著しい射倖行為

著しい射倖行為も，公序良俗に反して無効とされる。常軌を逸した賭博行為は無効である，ということである。また，賭金支払に関する和解契約（最判昭和46・4・9民集25巻3号264頁），賭金支払のために譲渡された小切手金の支払請求（前掲最判昭和46・4・9）も，無効とされている。

7 動機の不法

1～6の類型は，法律行為の内容に問題があるとされるものである（もっとも，純粋に内容の不当性だけが問題視されているわけではない。たとえば5の類型では，当事者の地位や行為態様の悪性と内容の不当性が相関的に判断されている）。それに対し，法律行為をする動機に不法性があることを捉えて，法律行為が公序良俗に反し無効とされることもある。これを，動機の不法と呼ぶ。賭博債務の弁済や賭金にあてることを目的とする金銭消費貸借契約（大判昭和13・3・30民集17巻578頁，最判昭和61・9・4判時1215号47頁）は，その代表例である。この場合，金銭消費貸借契約の内容に問題がなくても，これを有効と認めると，賭博による資金移動がおこなわれ，違法な賭博契約を有効と認めることと同じ結果になりかねない。そこで，動機の不法性を捉えて，法律行為が公序良俗により無効とされる。

もっとも，動機については，当事者の一方のみがその不法性を認識し，他方は認識していないことがある（たとえば，金銭消費貸借契約の締結に際し，借主が借入れの目的を明らかにしなければ，貸主には不法な動機が通常わからない）。そのため，この場合には，取引の有効に対する他方当事者の信頼の保護との考量が必要になる。

 公序良俗違反の判断基準時

公序良俗の内容は，時の経過とともに変化しうる。そのため，たとえば，法律行為の後に公序または良俗観念が変わり，法律行為の内容が公序良俗に反するものになることがある。この場合に，法律行為の効力が影響を受けるかが，問題になる。

この点について，判例は，法律行為が公序に反するか否かは法律行為がされた時の公序に照らして判断すべきであるとしている（最判平成15・4・18民集57巻4号366頁〔百選I 13〕。この判決は，証券会社が昭和60年に顧客との間で締結した損失保証契約が，締結の

当時は公序に反するとはいえなかったが，顧客が損失保証の履行を求めた時点では公序に反するものになっていた事案に関するものである）。法律行為はその成立とともに性質と効力が定まるものであることが，その理由である。

もっとも，契約の履行が請求された時点でその内容が公序良俗に反するものになっている場合，その請求を認容することは，その時点で公序良俗に反する結果の実現に国家が力を貸すことになりかねない。そのため，契約は有効であるが，履行請求は，権利の濫用または信義則違反であるとして認められないことがある（前掲最判平成15・4・18は，保証契約の履行請求を，当時の証取42条の2第1項3号〔現在の金融商取39条1項3号にあたる〕の禁止する財産上の利益提供を求めるものであることが主張自体から明らかであるとして，退けている〔なお，証取42条の2第1項3号は，一般に，遡及適用されるものとして導入されたと解されている〕）。

また，会則や規則のように継続的に適用されるものについては，その適用時が公序良俗の判断基準時になると解される（最判平成18・3・17民集60巻3号773頁は，入会権者の資格を原則として男子孫に限る会則の規定を，「遅くとも」同規定に基づいて女子の入会が拒否された平成4年以降無効であるとした）。

3 公序良俗論の現状

1 判決例に現われた公序良俗違反行為の傾向の変化

公序良俗違反については，伝統的に，以上のような類型化がされてきた。ところが，判決例においては，公序良俗違反性が争われる事案の傾向に，次のような変化がみられると指摘されている。

第一に，公序良俗違反として争われる行為の典型が，伝統的な道徳観に反する行為（たとえば，家族秩序や性道徳に反する行為）から，経済活動に関する行為（取引関係や労働関係に関する行為）に移ってきている。

第二に，法令違反行為を90条の問題として捉える判決例が増えている。

第三に，かつては，公序良俗は社会秩序や道徳を維持するためにあるという思想（社会的法益を保護するための公序良俗）が，基礎になっていた。それに対し，近時は，個人の権利や自由を保護するために公序良俗違反を認める事例（個人的法益を保護するための公序良俗）が増えている。

2 公序良俗論の現状

以上のような傾向を伝統的な類型論では十分に捉えられない，ということが共通認識となりつつある。また，伝統的な類型論は，類型化の基礎となる視点を欠いているため，諸々の事例を雑然と分けたにすぎない印象を受けるという批判もされており，この批判は説得力のあるものと受けとめられている。

伝統的な公序良俗論のこういった問題点の指摘を受けて，法律行為の公序良俗違反性を判断する際に拠って立つべき基本的枠組みを明らかにすることが，公序良俗論の課題となっている。

公序良俗論の再構成
　この課題に答えるものとして，次のような有力な見解が唱えられている。
　90条は私的自治・契約自由を制限するものであるが，その私的自治・契約自由は，憲法上の基本的自由（憲13条の幸福追求権）に究極的な根拠を有する。国家といえども，そのような基本権をみだりに侵害することは許されないので，公序良俗の内容も，私的自治・契約自由に対する不当な介入とならないよう解釈されなければならない。
　そうすると，どのような場合に国家による私的自治・契約自由への介入が許されるかが問題になる。これに関しては，次の2点が介入の根拠になる。
　第一に，憲法上の基本権を保護する必要のあることである。国家は，個人の基本権を他人による侵害から保護する義務を負っていると考えられる。そこで，国家がこの保護義務を果たすためには，加害者側の基本権（つまり，私的自治・契約自由）を制約することも許される（他者加害の禁止）。
　第二に，基本権を支援する必要性が認められることである。基本権が侵害されていなくても，それがよりよく実現されるべく多様な措置をとることもまた，国家の義務に属すると考えられる。ただし，誰の基本権をどの程度支援するかは政策的問題であるため，その決定は立法者に委ねられる。そのため，この場合，裁判所の役割は，定められた法令を手がかりにして，選択された政策がよりよく実現されるべく助力することにとどまることになる。
　このような私的自治・契約自由への介入の正当化根拠の区別に対応して，この見解は，公序良俗の類型を次のように分ける。すなわち，介入の目的に応じて，①基本権保護型公序良俗と②政策実現型公序良俗に，介入の根拠となる特別の法令が存在するかどうかに応じて，③法令型公序良俗（介入根拠となる特別の法令がある場合）と④裁判型公序良俗（介入根拠となる特別の法令がない場合）に分ける。ただし，①③，①④，②③の組み合わせは認められるが，②④の組み合わせは認められない。政策実現型の場合，介入の要否は，立法者に委ねられるからである。
　法令型＝基本権保護型公序良俗（①③の組み合わせ）の場合には，その法令が保護しようとしていると認められる基本権を侵害する法律行為が，公序良俗違反として無効とされる。たとえば，法律行為が，事業者は不公正な取引方法を用いてはならないと定める独禁19条に違反すると認められる場合がこれにあたる。
　法令型＝政策実現型公序良俗（②③の組み合わせ）の場合には，その法令の政策目的によると許されない法律行為が，公序良俗違反として無効とされる。ただし，この場合には，基本権である私的自治・契約自由に対する過度の制約が生じないようにしなければならない。そのため，法令の政策目的が法律行為の無効を正当化しうるだけの重要性をもつこと（目的の重要性）と，政策目的を実現するために法律行為の無効が必要不可欠といえること（無効にすべき必要性）が要請される。たとえば，弁護72条に違反する委任契約を無効とした最判昭和38・6・13民集17巻5号744頁（⇒ p. 184 の(1)参照）は，これにあたる。非弁活動を放任すると，法律生活における国民の正当な利益を害する恐れがあり，私法の健全な運用や訴訟の能率向上，人権擁護などの要請に反することになる。こうした目的の重要性から，非弁活動にあたる委任契約は無効とされる。これに対

し，無許可営業の場合一般に，営業行為としてされた契約が無効にならないのは，無効にすべき必要性に欠けると考えられるからである。

裁判型＝基本権保護型公序良俗（①④の組み合わせ）の場合には，一方当事者の基本権を侵害する法律行為が公序良俗違反として無効とされる。たとえば，芸娼妓契約を無効とした判決例，ユニオン・ショップ協定の一部条項を無効とした判決例，男女別定年制を定めた就業規則を無効とした判決例，過度の競業避止義務を定める契約，契約をさせたこと自体が他人の契約自由の侵害になるとみられる契約（たとえば，霊感商法）などが，これにあたる。

4 公序良俗違反の効果

公序良俗に反する法律行為は，無効である（90条）。従来，この無効は，法律行為全体の効力を否定するもの（全部無効）とされてきた。

しかしながら，とくに暴利行為のうち，給付の不均衡を理由として公序良俗違反となるような場合には，契約の一部を無効にすれば足る（一部無効）とされている（たとえば，過大な賠償額の予定がある場合に，不相当に過大な部分だけを無効とし，賠償額を相当な限度にまで縮減して賠償を認める。過剰な担保を設定させる契約について，債務額を不相当に超える部分だけを無効にする）。

 既給付分の返還について
法律行為が無効になった場合，その法律行為に基づいてされた給付は返還されなければならないことになる。ところが，強行規定違反，公序良俗違反を理由とする無効の場合には，この給付の返還関係について，特別の問題がある。708条が，不法の原因により給付をした者はその給付したものの返還を求めることができないと定めているからである。もっとも，この点は，不当利得法の解説に委ねる。

 主張立証責任の所在
法律行為は，その成立によって効力を生ずることが原則とされている。90条の適用は，この原則を覆して法律行為を無効にすることを意味する。したがって，法律行為が公序良俗に反することは，それを理由として法律行為の効力を争う者が主張・立証しなければならない（ただし，請求原因として主張される法律行為の内容自体に公序良俗違反の事実が現われているときは，その請求自体が失当となる）。もっとも，法律行為の公序良俗違反性は，規範的要件であるから，具体的事実の主張・立証によりその評価が根拠づけられるべきことになる。

⑨ 消費者契約法上の効力否定原因

1 序　　論

1 消費者契約法制定の背景

❶ 法律行為の効力否定に関する民法の規律

　　1　**民法の基本的態度**　　法律行為の効力が否定される場合に関する民法総則の規定や準則は，大別すると，法律行為をする資格（行為能力）の問題，法律行為の成立過程の問題，法律行為の内容に関する問題に分けられる。

　民法は私法の一般法であり，その規定は私法関係に一般的に適用される。そのため，法律行為に関する規定は，当事者の具体的特性を基本的には考慮の外に置き，ある種の人物像（利害得失を冷静かつ合理的に判断することができる者〔合理的経済人〕）を想定して，法律行為の効力の否定に相当厳しい要件を設定しているといえる。たとえば，契約当事者の一方が判断能力の点で顕著に劣るというだけでは，その契約は無効にならない。意思無能力と認められるか，制限行為能力者に指定されていなければならない。また，錯誤により契約をした者も，錯誤に客観的重要性が認められなければ契約の効力を否定することはできない。さらに，詐欺または強迫による意思表示をした者は，相手方が騙したり脅したりした場合であっても，欺罔行為または強迫行為が違法であると認められ，かつ，相手方に詐欺または強迫の故意がなければ，その意思表示を取り消すことができない。

　こういった規定ぶりは，一般法としては仕方がないといえる。原則規定を置こうとするならば，原則事例を想定するほかなく，個別事例の特殊性に配慮しすぎると一般法としての性格が損なわれる恐れがある。また，ある取引の効力が否定されると，それによる権利取得が否定される結果として，その後にされた取引の効力や権利取得が，連鎖的に影響を受けることになりかねない。そのため，取引の安全に配慮して，法律行為の効力を否定することには慎重でなければならないということができる。

　　2　**民法による規律の限界**　　しかしながら，このような処理では妥当な結果を得られない場合がある。

まず，現実の人間は，利害得失を合理的に判断することができるとは限らない。そのため，想定事例から外れる場合が，かなり出てくる。

つぎに，取引の形態や内容が複雑化した社会では，当事者の間に当該の取引に関して圧倒的な能力の格差が構造的に存することが珍しくない。強者は常に強く，弱者は常に弱いという状況がみられるのである。この状況においては，両当事者が対等な立場で自己の利害を調整することができるという，私的自治・契約自由の前提が失われているとみることもできる。そのような場合には，原則規定の規律に任せておけばよいとはいえない。むしろ，各人の私的自治・契約自由を真に保障するために，公的介入をしてでも当事者の立場の対等という前提の回復に努める必要がある。

さらに，契約の効力を否定したからといって，その影響が常に取引社会に広く波及することになるわけでもない。たとえば，個人が自ら使用したり消費したりするために物を購入する場合，その契約の効力を否定しても，当事者以外の者の権利関係に連鎖的に影響が及ぶことは，あまりない。

2 消費者契約の特殊性とそれに対する従前の対処

1 消費者契約の特殊性　上に述べたような民法による規律の限界があらわになるものに，事業者と消費者との間の契約（消費者契約）がある。

事業者と消費者の間には，契約に関する情報力，判断力，交渉力といった点において，構造的に大きな格差がある。たとえば，契約の目的となる商品や役務，契約の仕組みなどについて，事業者は質量ともに豊富な情報をもつが，消費者はそうではない。そのため，消費者にとっては，それらに関する情報源がもっぱら契約相手たる事業者であることが多い。その結果，事業者が，宣伝も含めた働きかけによって，消費者を特定の契約の締結へと誘導することも大いに考えられる。また，契約にかけることができる時間や労力の面でも，事業者は，消費者に対して圧倒的優位にある。さらには，個別の契約について，事業者は締結の必要をとくに認めないことが多いのに対し，消費者は締結せざるをえない状況にあることも多い。こういった事情から，事業者と消費者との間の契約では，事業者は契約自由を名実ともに行使することができるが，消費者は不本意ながら契約を締結するしかない（さらには，不本意な契約であることにすら気づかないまま契約をさせられる）恐れが，類型的にある。しかも，消費者は，末端の権利取得者であることが多く，事業者と消費者の間の契約の効力を否定しても，取引社会に大きな影響を

及ぼすことはあまりない。

　　2　消費者契約への従前の対処　　そこで，この種の契約については，民法の規律だけに任せておくことは適当でないと認識され，消費者保護立法がされるようになった。

　特別の立法による消費者保護は，当初，主として業法による規制という形でおこなわれた。たとえば，不動産取引に関して，宅建業者に重要事項を記した書面を取引相手に交付する義務を課し，その違反に行政罰を科す，訪問販売やキャッチセールスについて，取引の際にしてはいけないことを定め，その違反の多くについて罰則を科す，というやり方である。そして，それに加えて，若干の場合に，消費者は契約関係を解消することができるとされていた。

③　消費者契約法の制定

　このような方策には，特別の業法が制定された特定の業種の，特定の取引にしか規制が及ばないという問題や，事態が深刻化してからでないと対処がされないという問題点が指摘されていた。それに加えて，規制緩和が推し進められることになった。そこでは，行政が事業者の行為を規制することは，好ましくないと考えられる。その結果，事業者は，行政規制に従えばそれでよいというのではなく，市場での行動を自ら律することが求められる。消費者も，自分の利益は自分で守るべしとされる。つまり，各人が，自己責任で行動するよう求められる。しかし，自己責任を問うためには，各人が真に自己責任のもとで行動することができるよう条件整備をする必要がある。各人が責任を負うべき真の意味での自己決定ができるような仕組みが必要になるのである。

　ところが，事業者と消費者の間のように，当事者の間に情報力，判断力，交渉力といった点で明らかに不均衡があると，優位にある事業者には自己決定が可能であろうが，劣位にある消費者は，真の意味での自己決定をすることができない。したがって，両者の立場の対等性を確保しないままに消費者の責任だけを問うことは，不公正であると考えられる。そこで，消費者の真の自己決定を支援するための制度を整備する必要がある。このような背景のもとに制定されたのが，消費者契約法である。

2 消費者契約法の概要

1 目 的

消費者契約法は,「消費者と事業者との間の情報の質及び量並びに交渉力の格差に鑑み」,「消費者の利益の擁護を図り,もって国民生活の安定向上と国民経済の健全な発展に寄与することを目的」としている(消費者契約1条。以下 p. 215 まで,消費者契約法の条文を示す場合には,「法○○条」と記す)。

2 適 用 対 象

1 消費者契約

(1) 消費者契約とは この法律の規定は,消費者と事業者との間で締結される契約に適用される。この契約を,**消費者契約**という(法2条3項)。

(2) 消費者とは ここで**消費者**とは,「個人(事業として又は事業のために契約の当事者となる場合におけるものを除く。)」である(法2条1項)。

(3) 事業者とは **事業者**とは,「法人その他の団体及び事業として又は事業のために契約の当事者となる場合における個人」である(法2条2項)。

「事業として」契約の当事者となるとは,契約の締結が事業の遂行にあたることをいう(例:電気製品販売業を営む者が,電気製品を顧客に販売する場合)。

「事業のために」契約の当事者となるとは,事業を営むために必要となる契約をすることである(例:電気製品販売業を営む者が,電気製品を仕入れる場合や,店舗とする建物を借り入れる契約をする場合)。

(4) 事業とは 以上から,消費者契約法の適用があるか否かについて,「事業」という概念が大きな意味をもつことがわかる。ここで事業というためには,自己の危険と計算によって,一定の目的をもって同種の行為が反復継続的にされることが必要である。もっとも,この限定だけでは,たとえば,夕食用の食材をスーパーで毎日買うという営みも事業にあたりかねない。そこで,さらなる限定が必要となる。その限定要素としては,行為が営利目的であることや当事者が専門家であることなどが考えられるが,結局は,消費者契約法制定の趣旨に照らして(反復的な営みが,その種の取引について個人一般が有しないような情報や交渉力を得させるものであるかという観点から),事業該当性を個別的に判断するほかないと思われる。

2 適用除外 消費者契約法は,消費者契約全般に適用される。ただし,労

働契約には，この法律の規定は適用されない（法48条）。この適用除外は，労働契約における労働者の保護は，そのための特別法（労働関係法）に委ねるという趣旨による。また，契約やその条項の効力に関して民法および商法以外の他の法律に消費者契約法の定めと抵触する規定がある場合には，その規定が優先する（法11条2項）。これは，消費者契約法は消費者契約に関する一般法であるのに対し，他の法律はこの領域に関する特別法である，という理解による。

❸ 消費者契約法の規律内容

消費者契約法は，❶に述べた目的を達成するために，個々の消費者契約の効力に関する規律として，次の二つを定めている。①消費者が契約締結過程で事業者から不当な干渉を受けた場合に，消費者に取消権を与える規律，②契約に消費者の利益を不当に害する条項が含まれている場合に，その条項を無効にする規律である。また，このほかに，事業者に不当な契約勧誘行為や不当な内容の契約条項の使用をやめさせるために，消費者団体訴権制度に関する規定が設けられている。

2 消費者の意思表示の取消し

1 消費者に取消権が認められる場合

消費者契約法は，その4条1項～4項において，事業者が契約勧誘に際して，①消費者に誤認を惹起する行為をし，それによって消費者が誤認をして意思表示をした場合（以下，誤認類型），②消費者に困惑を生じさせる行為をし，それによって消費者が困惑して意思表示をした場合（以下，困惑類型），および③その契約の目的となるものの分量等が当該消費者にとって通常の分量等を著しく超えるものであることを知っており，消費者がその勧誘により意思表示をした場合（以下，過量取引）に，一定の要件のもとで消費者に意思表示の取消権を認めている。おおむね，①は民法における詐欺取消しの拡張，②は強迫取消しの拡張，③は暴利行為の拡張とみることができる。

法4条1項～4項までの規定では，要件が細かく設定され，その際，評価概念が非常に多く用いられている。その結果，それらの規定は，条文を素直に読めば適用される場合が限定され，かつ，その適用の有無を判断することが相当難しいものになっている。

事業者の「勧誘」の意義

　法4条による取消しは，「事業者が消費者契約の締結について勧誘をするに際し」ある種の行為をしたことを要件とする。ところが，事業者のどのような行為が「勧誘」にあたるかは明確でない。

　これに関し，特定の者に働きかけ，個別の契約締結意思の形成に直接に影響を与えたかどうかで区別する見解と（これによると，たとえば，広告，チラシの配布等は，通常，「勧誘」にあたらない），消費者の契約締結意思の形成過程に瑕疵を生じさせたか否かが重要であり，その手段や方法が特定の者に向けられたものに限定されるべきではないとする見解があった。

　最判平成29・1・24民集71巻1号1頁は，法12条1項および2項の「勧誘」に関して（その勧誘は，法4条の「勧誘」と同義と解されている），健康食品の小売販売を営む事業者が商品の原料の効用等を記載した新聞折込チラシを配布することが勧誘にあたるかどうかにつき，事業者等による働きかけが不特定多数の消費者に向けられたものであったとしても，そのことから直ちにその働きかけが勧誘にあたらないということはできないとした。

　この判決は「勧誘」の意義を積極的に明らかにするものではないが，消費者契約法の趣旨からして，消費者の意思決定の歪みが，事業者がそれを狙って，意図して，または期待してした行為により生じた，または助長されたといえる場合には，「勧誘」要件が充たされるとしてよいのではないかと思われる。

2 誤認類型

　誤認類型では，次のときに，当該の誤認により意思表示をした消費者に取消権が認められる。

1 不実告知

　第一に，事業者が，重要事項（法4条5項1号〜3号）について事実と異なることを消費者に告げた場合において，これにより消費者がその告げられた内容が事実であると誤認したときである（法4条1項1号）。

　たとえば，事業者が消費者に中古住宅を販売するにあたり，築10年の物件と告げたが，実際には築20年の物件であり，消費者がその説明を信じて購入していたときが，これにあたりうる。

2 断定的判断の提供

　第二に，事業者が，相場など将来の変動が不確実な事項について，必ず価格が上がるというような断定的な判断を消費者に提供した場合において，これにより消費者がその提供された判断の内容が確実であると誤認したときである（法4条

1項2号)。

　たとえば，事業者が消費者に外国の債券を販売するにあたり，「円が償還の時期までに今より高くなることは考えられないので，元本割れの心配はない」と断定的に述べ，消費者がこれを信じてその債券を購入したところ，償還期には円高になっており元本割れとなったときが，これにあたりうる。

❸　不利益事実の不告知

　第三に，事業者が，重要事項（法4条5項1号・2号〔不実告知の場合と異なり，3号は含まれない〕）または重要事項に関連する事項について消費者の利益となる旨を告げ，かつ，その重要事項について消費者に不利益となる事実（ただし，前記利益の告知によりその事実が存在しないと消費者が通常考えるべきもの）を故意または重大な過失によって告げなかった場合に，消費者が，これによりその不利益な事実が存在しないと誤認をしたときである（法4条2項本文。ただし，事業者がその不利益な事実を消費者に告げようとしたのに，消費者がこれを拒んだときは，取消しは認められない〔同項ただし書〕）。

　たとえば，事業者が消費者にマンションの一室を販売するにあたり，近々隣接地に高層マンションの建築を始めることにしていたにもかかわらず，これを告げずに眺望と日当たりの良さを強調したため，消費者がその眺望と日当たりの良さが続くと信じてその部屋を購入したところ，隣接地に計画どおり高層マンションが建てられ，眺望と日当たりが著しく遮られたときが，これにあたりうる。

　法4条2項本文による取消しに関し，金の先物取引において将来の金の価格は，そこにいう重要事項にあたらないとする判例（最判平成22・3・30判時2075号32頁〔事業者が将来の金の価格の暴落可能性を告げなかったとしても，法4条2項本文による取消しは認められないとした〕）がある。目的物の将来の価格は，契約の客体の内容（法4条5項1号）でも取引条件（法4条5項2号）でもないからであり，それに関する不適切な判断の提供は法4条1項2号で扱われるべきものである。

3　困惑類型

　困惑類型では，次のときに，当該の困惑により意思表示をした消費者に取消権が認められる。

◻1 不退去

第一に，消費者が契約勧誘をする事業者に住居や職場からの退去を求めたのに，事業者がこれに応じなかった場合に，これによって消費者が困惑したときである（法4条3項1号）。

たとえば，事業者の販売員が，消費者の自宅を訪ね，消費者が購入を断ったにもかかわらず商品の売り込みを続けたため，消費者が早く帰ってもらうために仕方なくその商品を購入することにしたときが，これにあたりうる。

◻2 退去妨害

第二に，消費者が契約勧誘を受けている場所から退去させるよう求めたのに，事業者がこれに応じなかった場合に，これによって消費者が困惑したときである（法4条3項2号）。

たとえば，事業者の店舗を訪れた消費者が販売勧誘を断って帰ろうとしたところ，事業者の販売員がおしとどめ，その後も商品の売り込みを続けたため，消費者が早く帰るために仕方なくその商品を購入することにしたときが，これにあたりうる。

◻3 不安の悪用

第三に，事業者が消費者の不安をあおって困惑させ，合理的な判断ができない心理状態につけ込んで意思表示をさせたときである。ここには，次の三つがある。

まず，事業者が，消費者が社会生活上の経験不足から，社会生活上の重要な事項（法4条3項3号イ。進学，就職，生計など）または身体の特徴もしくは状況に関する重要な事項（同号ロ。容姿，体型など）に関する願望の実現に過大な不安を抱いていることを知りながら，その不安をあおり，正当な理由がある場合でないのに，契約の目的となるものがその願望を実現するために必要である旨を消費者に告げ，これにより消費者が困惑したときである（法4条3項3号）。たとえば，事業者が，資格試験の受験準備中の消費者の大きな不安を知りつつ，「あなたの成績では，この講座を受講しないと合格できない」と告げて勧誘し，受験準備講座の受講契約を締結させたときが，これにあたりうる。

つぎに，事業者が，消費者が加齢または心身の故障により判断力が著しく低下していることから，現在の生活の維持に過大な不安を抱いていることを知りながら，その不安をあおり，正当な理由がある場合でないのに，契約を締結しなけれ

ば現在の生活の維持が困難となる旨を消費者に告げ，これにより消費者が困惑したときである（法4条3項5号）。たとえば，事業者が，独居の高齢者が認知能力と身体能力の低下に悩み将来を悲観していることを知りつつ，「この家の状況ではもうすぐひとりで暮らせなくなる」と告げて，その家のリフォーム工事の契約を締結させたときが，これにあたりうる。

さらに，事業者が，霊感その他の合理的に実証することが困難な特別な能力による知見として，そのままでは重大な不利益を与える事態が生ずる旨を示して不安をあおり，契約の締結により確実にその不利益を回避することができる旨を消費者に告げ，これにより消費者が困惑したときである（法4条3項6号）。たとえば，事業者が，身内に不幸が続いて精神的に不安定な状態にある消費者に，悪霊がついているためこのままでは同じことが続くと告げ，悪霊を寄せ付けない効能があると称して壺を購入させたときが，これにあたりうる。

4　好意の感情の悪用

第四に，事業者が，消費者が社会生活上の経験不足から，勧誘者に恋愛感情等の好意の感情を抱き，勧誘者もその消費者に同様の感情を抱いているものと誤信していることを知りながら，これに乗じ，契約を締結しなければ勧誘者とのその関係が破綻することになる旨を消費者に告げ，これにより消費者が困惑したときである（法4条3項4号）。

たとえば，宝石商の販売員が，その販売員と恋愛関係にあると誤信している消費者に，高価な宝石を購入してくれなければ自分は仕事を失い，二人の関係も終わりになるかもしれないと告げ，高価な宝石を購入させたときが，これにあたりうる。

5　先行実施行為による心理的負担の悪用

第五に，事業者が，契約の締結を目指した行為をすることで消費者に不当に心理的負担をかけて困惑させ，意思表示をさせたときである。ここには，次の二つがある。

まず，事業者が，その契約が締結されたならば負うこととなる義務の内容の全部または一部を実施して，その実施前の原状の回復を著しく困難にし，これにより消費者が困惑したときである（法4条3項7号）。たとえば，消費者から自宅建物の大規模修繕の相談を受けた事業者が，注文を受けていないのに急を要すると

称して壁の一部を修繕し，消費者に心理的負担をかけて修繕の契約を締結させたときが，これにあたりうる。

つぎに，事業者が，契約の締結を目指した事業活動（その契約から生ずべき義務の内容の実施，調査，情報の提供，物品の調達等）を実施し，取引上の社会通念に照らして正当な理由がある場合でないのに，その活動がその消費者のために特に実施したものである旨およびその実施により生じた損失の補償を請求する旨を告げ，これにより消費者が困惑したときである（法4条3項8号）。たとえば，消費者から自宅建物の修繕の相談を受けた事業者が，勝手に建物の状況を調べて詳細な修繕プランを提示したものの，反応が芳しくなかったことから，契約しないならプラン作成の費用を請求する旨を告げ，消費者に修繕の契約を締結させたときが，これにあたりうる。

4 過量取引

事業者が，契約の勧誘の際に，当該契約の目的となるものの分量，回数または期間（以下「分量等」という）が当該消費者にとって通常の分量等を著しく超えること（以下「過量性」という）を知っていた場合において，その勧誘により消費者契約が締結されたときも，消費者に取消権が認められる（法4条4項）。

過量性は，1回の契約により生ずる場合（以下「1回型」という）に限らず，複数の契約の分量等を合算した結果として認められることもある（以下「合算型」という）。合算型の場合，新たに締結された契約にかかる意思表示が取消しの対象となる（後の契約の分量等との合算がなければ過量とならない過去の契約にかかる意思表示は，取消しの対象にならない）。

たとえば，事業者が，独居の高齢者に，賞味期限が10年を超える1週間分の非常食セットを1度の契約において20セット購入させたときが1回型に，何年にもわたり3か月ごとに1セットずつ購入させ続けたときが合算型にあたりうる。

発展学習 **消費者契約法の取消権に関する規律の拡充**

消費者契約法の取消権に関する規律は，ある種の商取引において拡充されている。すなわち，訪問販売や電話勧誘販売等について規制する「特定商取引に関する法律」（以下，同法を特商法と呼ぶ）において，消費者契約法によっては取消しが認められない場合についても，意思表示の取消しが認められることがある。

たとえば，訪問販売について，販売業者等は，契約の締結について勧誘するに際して，次の事項につき不実のことを告げる行為をしてはならないとされている。すなわち，①商品の種類・性能・品質，権利や役務の種類およびそれらの内容，その他これらに類す

るものとして経済産業省令で定める事項，②商品や権利の販売価格，役務の対価，③商品や権利の代金，または役務の対価の支払の時期および方法，④商品の引渡時期，権利の移転時期，役務の提供時期，⑤当該契約の申込みの撤回または当該契約の解除に関する事項，⑥顧客が当該契約の締結を必要とする事情に関する事項，⑦その他，当該契約に関する事項であって，顧客・購入者・役務の提供を受ける者の判断に影響を及ぼすこととなる重要なもの，である（特商法6条1項）。そして，相手方は，これらの行為によって告げられた内容を事実であると誤認して意思表示をしたときは，その意思表示を取り消すことができる（同法9条の3第1項1号）。また，販売業者等は，契約締結の勧誘に際して，①～⑤の事項につき故意に事実を告げない行為をしてはならないとされ（同法6条2項），相手方は，それらの行為によりその事実は存在しないと誤認して意思表示をしたときは，その意思表示を取り消すことができる（同法9条の3第1項2号）。

この規制は，次の点で，消費者契約法の誤認類型における取消しの規律を拡張したものということができる。

第一に，特商法では，事業者間契約についても相手方に取消権が付与されることがある。すなわち，相手方が事業者であっても，「営業のために若しくは営業として締結」したのでない限り（同法26条1項1号参照），相手方事業者は意思表示を取り消すことができる。

第二に，特商法は，取消しの原因となる不実告知や不利益事実の不告知の対象となる事項を，消費者契約4条5項に比べて相当広範に認めている。

第三に，消費者契約法の不利益事実の不告知では，「消費者の利益となる旨を告げ，かつ，消費者に不利益な事実を告げなかった」ことが要件とされているが，特商法の事実不告知では，相手方の利益となる旨が告げられている必要はない。

特商法では，電話勧誘販売（同法21条1項・2項，24条の2第1項），連鎖販売取引（同法34条1項・2項，40条の3第1項），特定継続的役務提供（同法44条1項・2項，49条の2第1項），業務提携販売取引（同法52条1項・58条の2第1項）についても，ほぼ同様の規律が設けられている。

3 不当条項の無効

消費者契約法は，消費者契約に盛り込まれた不当な条項を無効にする規律も設けている。具体的には，①事業者の損害賠償責任を減免する条項，または責任の減免の有無または限度を決定する権限を事業者に付与する条項，②事業者の債務不履行により生じた消費者の解除権を放棄させる条項，またはその放棄の有無を決定する権限を事業者に付与する条項，③消費者が後見開始等の審判を受けたことのみを理由として事業者に解除権を付与する条項，④消費者の支払うべき損害賠償額等を予定する条項，⑤消費者の利益を一方的に害する条項について，無効になることがあるとしている。

1 個別条項

◼◻1 事業者の損害賠償責任の減免にかかる条項

　第一に，事業者が消費者に対して負うべき損害賠償責任を減免する旨の条項が，無効とされることがある。

　すなわち，事業者の債務不履行または債務の履行に際してされた不法行為による損害賠償責任を全部免除する条項（法8条1項1号・3号。例：「いかなる理由があっても一切損害賠償責任を負わない」とする条項），事業者の債務不履行または債務の履行に際してされた不法行為であって，故意または重過失によるものによる損害賠償責任を一部免除する条項（法8条1項2号・4号。例：「事業者の損害賠償責任は金〇〇円を限度とする」とする条項），または事業者のそれらの責任の有無または限度を決定する権限を当該事業者に付与する条項（法8条1項1号〜4号）は無効である。ただし，事業者の債務不履行による損害賠償責任の減免にかかる条項のうち，有償契約における事業者の契約不適合による責任に関するものについては，事業者が履行の追完をする責任または不適合の程度に応じた代金もしくは報酬の減額をする責任を負うこととされているときは，その条項は無効にならない（法8条2項1号。他の事業者が消費者契約に関わる場合につき，同項2号参照）。

◼◻2 消費者契約の解除を不当に制御する条項

　第二に，事業者の債務不履行により生じた消費者の解除権を放棄させる条項，または事業者にその解除権の有無を決定する権限を与える条項は，無効である（法8条の2）。この条項に効力が認められる場合，消費者は，給付を得られないにもかかわらず，契約に拘束され続け，代金をすでに支払った場合にはその返還を受けられないという，不当な状況を生ずるからである。

◼◻3 後見開始の審判等による解除権付与条項

　第三に，消費者が後見開始，保佐開始または補助開始の審判を受けたことのみを理由とする解除権を事業者に付与する条項は，消費者が事業者に対し物品，権利または役務等の契約の目的となるものを提供することとされている契約の条項を除き，無効である（法8条の3）。たとえば，事業者が消費者に建物を賃貸する契約において，賃貸人は賃借人が後見開始の審判等を受けたときは契約を解除することができるとする条項が，これにあたりうる。

消費者が役務等を提供することとされている契約中の条項が除外されているのは，委任または準委任につき受任者が後見開始の審判を受けたことが終了事由とされていること，事業者が後見開始の審判等を受けた者による役務等の提供を不安視してこれを避けたいとすることを一概に不当と評価することはできないことによる。ただし，その種の条項が法10条により無効とされることはありうる。

❹ 消費者の支払うべき損害賠償額等を予定する条項

　第四に，消費者が契約を解除したり，支払義務を怠ったりした場合に備えて損害賠償額等を予定する条項について，一定の基準を超える賠償額等の予定がされている場合には，その超過する部分が無効とされる。

　1　解除に伴う賠償額予定条項・違約金条項　　消費者契約の解除に伴う損害賠償額を予定し，または違約金を定める条項は，その予定額と違約金額を「合算した額が，当該条項において設定された解除の事由，時期等の区分に応じ，当該消費者契約と同種の消費者契約の解除に伴い当該事業者に生ずべき平均的な損害の額を超える」場合，その超過部分は無効である（法9条1号。例：宿泊を伴う国内旅行契約の解除について，旅行開始日の2か月前から旅行代金の20パーセントの解約料を支払って解除することができると定めた条項〔ほとんどの旅行会社では，旅行開始日の前日から起算して20日目にあたる日以前の解除の場合，解約料はかからないから〕）。

学生納付金の不返還特約に関する判例

　この条項に関するものとして，大学の学生納付金（入学金および授業料）につき，入学手続要項等に納付された学生納付金はいかなる理由があっても返還しない旨の条項（「不返還特約」）がある場合に，その要項等に従って学生納付金を納めた者がその後に入学を辞退して納付金の返還を求めることができるかについて，多くの裁判例がある。

　判例によれば，入学金は，入学しうる地位の対価としての性格があるため，納付後に入学を辞退してもその返還を求めることはできない（最判平成18・11・27民集60巻9号3437頁）。

　それに対し，授業料については，不返還特約は，在学契約の解除に伴う損害賠償額の予定または違約金を定める条項にあたり，かつ，在学契約を締結した者が学生としての身分を取得する前に契約が解除されたときは大学に生ずべき平均的な損害が通常ないため，原則として無効であり，大学は，受け取った授業料相当額を返還しなければならない（最判平成18・11・27民集60巻9号3597頁）。

　2　金銭債務の不履行に伴う賠償額の予定・違約金条項　　消費者が金銭債務の全部または一部を支払期日までに支払わない場合における損害賠償額を予定し，または違約金を定める条項は，その予定額と違約金額を合算した額が当該支払期

日における支払残高に年14.6パーセントを乗じた額を超える場合，その超過部分は無効である（法 9 条 2 号。例：家賃滞納の場合に，1 か月の賃料に年30パーセント乗じた金額を遅延損害金として支払うものとする条項）。

2 一般条項

1に挙げた個別の不当条項のいずれにも該当しない場合であっても，消費者契約の条項は，法10条によって無効とされることがある。

法10条によると，任意規定の適用による場合に比べて，消費者の権利を制限するか，消費者の義務を加重することになる条項であって，信義則に反して消費者の利益を一方的に害するものは，無効である。

> 発展学習 **消費者契約法10条にいう「任意規定」と「民法 1 条 2 項に規定する基本原則」**
>
> （1）本文にいう「任意規定」は，法令の規定に限られるわけではない。
>
> 法10条は，その冒頭において，同条に該当する不当条項の例として，「消費者の不作為をもって当該消費者が新たな消費者契約の申込み又はその承諾の意思表示をしたものとみなす条項」を挙げている。これは，同条にいう任意規定は，法令の規定に限られるか，不文の法理も含むかについて争いがあったところ，判例（最判平成23・7・15民集65巻 5 号2269頁〔百選Ⅱ63〕）が一般的な法理等も含まれるとしたことを受けて，この判例の趣旨を明らかにするために加えられたものである。
>
> （2）法10条が信義則を無効の判断基準とした意味については，従来の民法上の基準がそのまま適用されることを確認したものであるとする理解と，民法では必ずしも無効とされない条項を新たに無効と評価することを可能にしたものであるとする理解が対立している。また，ここでの信義則の意味は必ずしも明らかでないが，これは「自己の利益のみを考えて，相手方の利益に配慮しないような態度を許さない」とする考え方を指すとする見解がある。
>
> 信義則違反の具体的判断は，諸般の事情を総合的に考慮してするほかない。ただ，消費者契約法の目的は，消費者と事業者との間に存する情報力，判断力，交渉力の構造的格差により消費者に生ずる不利益を是正しようとすることにある。この目的からすれば，当該条項により消費者が任意規定の適用の場合に比して大きな不利益を受ける場合には，その不利益を正当化しうる特段の事情がなければ，事業者側は信義則違反との評価を免れないというべきではないかと思われる。不利益を正当化しうる事情としては，当該条項が無効になると事業者が被る不利益が，当該条項が有効とされた場合に消費者が被る不利益と同等以上であると考えられること，消費者にその不利益に対する代償が十分に与えられていることなどが考えられる。

1　民法および商法の規定の適用

　2または**3**に述べた規定により意思表示を取り消すことができ，または契約条項が無効である場合，消費者契約法に定めがない事項については，民法および商法の規定が適用される（法11条1項）。たとえば，法4条による取消しについて，民121条から125条までの規定が，法6条の2に抵触する民121条の2の規定を除き，適用される。

　これに対し，消費者契約法にも，民法または商法にも定めがある事項については，消費者契約法の規定が適用される。これは，民法は私人間の法律関係について，商法は商人が当事者となる法律関係について，それぞれ一般的な定めを設けているのに対し，消費者契約法は，それらのうち事業者と消費者が当事者になる契約関係につき，その特性に鑑みた規定をとくに設けているからである。

　民法または商法の規定ではなく，消費者契約法の規定が適用される場合として，次のものがある。

　第一に，法4条1項から4項までの規定による取消しは，追認をすることができる時から1年以内，または契約の締結の時から5年以内にしなければならない（法7条1項。民126条は適用されない）。

　第二に，その取消しは，善意無過失の第三者に対抗することができない（法4条6項。ただし，意思表示または法律行為の取消しまたは無効を第三者に対抗することができる場合については，取消原因または無効原因ごとに規定が設けられており，法4条6項に抵触する規定が民法または商法に存在するわけではない）。

　第三に，法4条1項から4項までの規定による取消しをした消費者は，給付を受けた当時に取消可能であることを知らなかったときは，当該契約によって利益を受けている限度において返還（現受利益の返還）の義務を負う（法6条の2。民121条の2は適用されない）。この規定は，平成29年民法改正を受けて新設されたものである。法6条は，もともと，取消しをした消費者の返還義務につき現存利益の返還で足るとする民703条の適用があることを前提として定められていた。ところが，民法改正により，無効な有償契約（取消しによって無効となった場合を含む）に基づく債務の履行として給付を受けた者は，契約の時に意思無能力であったか制限行為能力者であったときを除き，その給付として受けたものを返還（原

物の返還。それが不可能な場合は価額償還）しなければならないこととなった（民121条の2）。そこで，民法改正により扱いが変わらないようにするため，法6条の2が加えられた。

補論 | **取消しをした消費者の返還義務の範囲に関する法6条の2の意義**

消費者は，法4条1項～4項の要件が充たされる場合であっても，民96条による取消しの要件が充たされているならば，民96条1項または2項による取消しをすることができる（法6条）。これによると，たとえば法4条による取消しの要件を充たす行為が民96条による取消しの要件も充たす場合，消費者は，法4条による取消しをするのであれば，誤認に気づいた時または困惑を脱した時等から1年または契約締結の時から5年の間に取消しをしなければならず（法7条），その取消しを善意無過失の第三者に対抗することはできないが（法4条6項），取消後は現受利益を返還すればよい（法6条の2）。それに対し，民96条による取消しは，誤認に気づいた時もしくは畏怖を脱した時から5年または契約締結の時から20年の間にすればよく（民126条），詐欺による取消しは法4条による取消しと同じく善意無過失の第三者に対抗することができないものの，強迫による取消しは善意無過失の者も含めて第三者に対抗することができる（民96条3項の反対解釈）。ただ，詐欺取消しでも強迫取消しでも，取消後の返還関係は（民708条に該当せず，かつ，特段の解釈操作をしなければ）原状回復となる（民121条の2第1項）。

取消原因が異なるのであるから，法的処理の在り方が異なることがあるのは当然ともいえるが，取消後の返還範囲が異なることには違和感がある。

契約の無効による返還義務の範囲については，従前のように民703条および同704条を適用せず，民121条の2によるものとしたのが，平成29年民法改正である。そうであれば，消費者契約法の規定による取消しについては従前から民703条の適用が前提とされていたというだけでは，法6条の2の規律を正当化することはできない。この点，誤認類型を例にして，消費者が購入した物を誤認に気づかないまま費消した場合に，取消後の返還関係を原状回復とすると，消費者は物の価値相当額の返還義務を負い，これは事業者の代金として受け取った金額の返還義務と通常相殺されることになるから，結果的に消費者が当該の物を代金を支払って購入したのと同じことになり不当である，という説明がされている。しかしながら，それは，詐欺による取消しの場合も同じであり，錯誤を理由とする取消しの場合に，表意者の錯誤を知らなかった相手方も同じであろう。また，消費者契約の取消しは契約相手方の不当な行為の「被害者」を保護するためのものであることを強調するとしても，それも，詐欺または強迫により意思表示をした者についても同じである。個々の当事者の主観的態様または関係から法6条の2の規律を説明しようとすると，意思表示の取消しまたは法律行為の無効の相当多くの場合に同様の扱いをすべきことになるはずであり，そうなれば，平成29年民法改正における民121条の2の新設の意味が大きく減殺されることになる（その当否については，種々の考えがありうる）。それに対し，法6条の2を，事業者の不当勧誘による消費者の被害の一般的防止という社会政策的観点から特別の規律を設けたものとみるならば，錯誤または詐欺もしくは強迫による意思表示の取消しの場合にも，法6条の2と同様の処理がされるべきことにはならない。

2 民法および商法以外の他の法律の規定

　消費者契約の意思表示の取消しおよび契約条項の効力について，民法および商法以外の他の法律（以下，「他の法律」という）に，消費者契約法の規定と抵触する規定があるときは，他の法律の規定が適用される（法11条2項）。これは，消費者契約法は契約の当事者の特性のみに着目し，形成される契約関係の特性や実情，その契約における当事者の利益等によって区別をしない，その意味で一般的な規定を設けているのに対し，他の法律は，当該の契約その他の取引の特性等を踏まえた規定を設けているからであると，説明されている。

　たとえば，利息制限法4条および7条は，金銭消費貸借上の債務不履行による損害賠償額の予定または違約金につき，元本の額に応じて一定の額を超える部分を無効とするが，これは，法9条2号の規定と抵触する。この場合，利息制限法4条および7条の規定が優先して適用され，法9条2号の規定は適用されない（もっとも，利息制限法4条および7条は金銭消費貸借上の債務不履行による損害賠償額の予定等につき一般的に定めており，法9条2号は，金銭消費貸借も含む契約につき事業者と消費者との間でされる場合の規定をとくに定めているとみることもできる。したがって，法11条2項が定める他の法律の規定の優先は，上記の理由によるというより，政策判断によるものと考えられる）。法8条または9条の規定と抵触する他の法律の規定は，ほかにも数多く存在する。それに対し，法4条の規定と抵触する他の法律の規定は，今のところ存在しない。

 消費者団体訴権制度
(1) 制度導入の目的
　　消費者契約法によって，消費者は，契約の勧誘に際して不当な行為がおこなわれた場合に意思表示を取り消し，不当条項が使用された場合にその無効を主張することができる。これにより，たとえば，支払った代金を取り戻したり，損害賠償を請求したりすることができる。しかしながら，その金額は，比較的少額であることが普通である。そのため，消費者が訴えを起こしてまで自己の権利を実現しようとすることは，訴訟に伴う面倒や費用を考えると，容易ではない。したがって，意思表示の取消しや不当条項の無効という効果は，被害にあった消費者の個別的な救済にとって実効性のあるものとはいいがたい面もある。

　　また，被害を受けた特定の消費者が事業者と争い，意思表示の取消しや不当条項の無効が認められたとしても，個別の契約の効力判断にすぎないため，その事業者の他の消費者に対する不当勧誘または不当条項の使用（以下，あわせて「事業者の不当な行為」という）が防止されるわけではない。事業者は不特定多数の消費者と大量の契約を締結することが普通であるから，個別契約における意思表示の取消しや不当条項の無効という

効果だけでは，事業者の不当な行為が繰り返されることによる被害の拡大を防ぐことができない。

そこで，事業者の不当な行為を実効的に抑止するために，別の方策を講じることが求められる。このような要請に応えるものとして設けられているのが，消費者団体訴権制度である。

(2) 制度の意義

消費者団体訴権制度とは，一定の消費者団体（「適格消費者団体」。不特定多数の消費者の利益擁護を担う適格性を有する者として，内閣総理大臣の認定を受けた者〔法13条1項〕）に，消費者契約法に定められた事業者の不当な行為の差止めを求める権利を付与するものである。

(3) 制度の概要

1) 差止請求権の主体と性質

この制度により，適格消費者団体が実体法上の差止請求権（事業者の不当な行為の停止または予防に必要な措置をとることを求める権利）を付与される（法12条参照）。

この差止請求権によって保護される利益は，当該適格消費者団体の固有の利益ではなく，消費者一般の利益と解される。そのため，ここでは，差止めによって保護されるべき利益の主体と差止請求権の主体が異なることになる。この分離は，事業者の不当な行為を抑止することにより消費者の利益の擁護を図るという，消費者契約法の目的の実効的実現に資するために認められたものと解される。

2) 差止めの対象

差止めの対象になるのは，事業者の不当な行為，具体的には，法4条1項から4項までに規定されている行為と，法8条から10条までに規定されている不当な契約条項の使用である。もっとも，差止めが認められるためには，不当な行為が特定または少数の消費者に対してされているだけでは足りず，「不特定かつ多数の消費者」に対して現におこなわれているか，おこなわれる恐れがあることを要する（法12条1項〜4項）。ここでの差止請求権は，消費者被害の未然防止・拡大の防止を制度目的とするため，被害の拡散性がある場合に限って付与されることとされている。

3) 差止請求権行使の制約

消費者団体訴権の制度が濫用されたり悪用されたりして信頼性が損なわれると，その有用性が失われる恐れがある。そのため，消費者契約法には，制度の信頼性を確保するための方策が種々講じられている。差止請求権の主体が内閣総理大臣の適格認定を受けた団体に限られていること（法12条・13条参照），適格認定団体は運営の適正確保のために各種の義務を負い，また，認定後も内閣総理大臣の監督に服すること（法30条〜34条参照），適格認定団体は差止請求権の行使に関して請求の相手方から原則として財産上の利益を受けてはならないとされていること（法28条），などはその代表例である。

そのほか，差止請求権の行使についても，その適正確保のために，いくつかの制限が設けられている。たとえば，①適格消費者団体は，差止請求権を不特定かつ多数の消費者のために適切に行使しなければならず，これを濫用してはならない（法23条1項・2項）。②当該適格消費者団体または第三者の不正な利益を図る目的，または事業者等に損害を加える目的で差止請求をしてはならない（法12条の2第1項1号）。③ある適格消費者団体による差止請求訴訟につき確定判決，または裁判上の和解，請求の放棄等の確定判決と同一の効力を有するものが存在する場合には，他の団体は，同一事件（請求の内容および相手方である事業者が同一である場合）について，法の定める例外に該当する場合を除き，重ねて差止請求をすることができない（法12条の2第1項2号）。

とくに③は，同一の事案に対して複数の適格消費者団体が差止請求権を行使することができるとした場合に，消費者全体のための訴訟であるにもかかわらず矛盾した判決等が併存することになったり，事業者等が過大な応訴負担を強いられたりすることを避けるために，紛争の一回的解決を目指して設けられた制約であるが，比較法的に他に例がないものといわれている。

　事業者の行為の不当性について消費者契約法に照らした実質判断が下されていない場合や（法12条の2第1項2号イロハ），前訴の訴訟追行上の問題性を理由に前訴を追行した適格消費者団体の適格性認定が内閣総理大臣により取り消された場合には（法34条1項4号および法12条の2第1項2号ただし書），③の制限は生じない。これにより，本来差し止められるべき不当な行為が差し止められないままになる事態が生じないよう，一定の配慮がされているということができる。しかしながら，稚拙な訴訟追行のために事業者の行為の不当性が否定されて差止請求が棄却された場合には，③の制限が生ずる。差止請求権によって保護されるべき利益の主体は，当該訴訟を追行した適格消費者団体ではなく消費者一般であること，適格認定を経て適正な業務運営の確保のために種々の規制に服することになる適格消費者団体が，意味もなく多重に訴訟を提起することはあまり考えられないこと，そのような訴訟の繰返しへの対処としては，その繰返しを理由とする適格消費者団体の適格認定の取消しの制度を設けるといったことによる対応も可能であること，矛盾判決の弊害が現実化することはあまり考えられないことなどからすると，その立法的当否には疑問がある。

4）　差止判決の効果

　差止訴訟で適格消費者団体が勝訴した場合，被告事業者は，当該の不当勧誘行為や不当条項を内容とする意思表示をしてはならないことになる。事業者がこれに従わない場合には，勝訴した適格消費者団体は，強制執行手続の開始を申し立てることができる。具体的には，執行裁判所に対し，間接強制金を当該適格消費者団体に支払うべき旨を命じるよう，申し立てることができる（適格消費者団体による間接強制金の取得は，3）で触れた差止請求権行使による利益獲得の禁止の例外にあたる〔法28条1項2号参照〕）。

4 無効と取消し

　ここまで，意思表示または法律行為の効力が否定される場合を扱ってきた。それらの場合，意思表示または法律行為は無効であるか，取消可能とされていた。そして，無効とは何か，取消しとは何かについても，折に触れて説明してきた。ここでは，意思表示または法律行為が無効とされるとどうなるか，取消可能な場合はどうかを，まとめて説明する。

1 無　　効

1 無効とは何か

　無効とは，事実としてはされた行為が，法律上は，初めから意味を認められないことである。その結果として，行為に基づく効果も発生していないことになる。したがって，意思表示が無効である場合，その意思表示を要素とする法律行為は無効である。また，たとえば契約が無効である場合，その契約の未履行債務であるとして履行請求を受けた者は，これに応じなくてよい。契約に基づいて履行がされていた場合には，その返還が必要になる。売買でいえば，支払われた代金と引き渡された目的物が，相互に返還されなければならないことになる。

◾ 無効原因

　本書でここまでに出てきた無効原因として，表意者の意思無能力，法律行為の内容不確定（ただし，法律行為の成否と密接に関連する），法律行為の強行規定違反，法律行為の公序良俗違反，虚偽表示，消費者契約における契約条項の不当性がある。心裡留保による意思表示は，相手方が悪意または有過失の場合に限り，無効となる。また，取消可能な行為の取消しも，当該行為を無効にする原因である（121条）。

◾ 無効の効果

　1　**無効の主張**　　無効は，行為に法的意味を認めないものであることから，

無効原因がある場合には，その行為の効力を否定するために何か特別の行為がされる必要はない。また，無効であることは，原則としてすべての者がすべての者に対し，いつまででも主張することができる。さらに，無効な行為を遡及的に有効にする追認は，することができない。このような扱いがされる無効を，**絶対（的）無効**と呼ぶ。

　もっとも，これには例外もある。たとえば，無効の主張をすることができる者について，意思無能力による無効は，意思無能力者側からしか主張することができないとする見解が有力である（⇒p.82の**3**）。また，心裡留保による無効または虚偽表示の無効は，善意の第三者に対抗することができない（93条2項・94条2項）。こういった扱いがされる無効を，**相対（的）無効**と呼ぶことがある。

　無効の主張期間については，準則化された例外はない。もっとも，法律行為の目的物を相手方が時効により取得した場合や，無効による返還債権が時効により消滅した場合には，無効を主張しても給付の返還を求めることができなくなる（時効については，第5章参照）。

　2　基本的効果　　法律行為が無効である場合，その法律行為による権利義務は一切生じないこととなる。たとえば売買契約が無効である場合，目的物の所有権は移転せず，代金債権債務は生じない。買主が目的物の引渡しを売主に請求した場合，売主が代金の支払を買主に請求した場合のいずれにおいても，その請求は認められない。

　法律行為が無効であるにもかかわらず，すでに履行がされている場合には，その法律行為に基づいて債務の履行として給付を受けた者は，相手方を原状に，つまりその給付がされる前の状態に復させる（**原状回復**）義務を負う（121条の2第1項）。売買契約が無効である場合でいえば，売主は代金として受領した額の金銭を買主に返還し，買主は目的物として受け取った物を売主に返還する。売主は，受領した金銭を無益に費消していたとしても，全額返還の義務を負う。買主は，滅失するなどして原物を返還することができない場合には，その価値相当額の金銭を支払う義務（**価額償還義務**）を負う。また，売主は受領の時から返還の時までの利息の支払義務を，買主は受領の時から返還の時までの目的物の使用利益または果実を返還する義務を，原則として負うと解される（ただし，解除による原状回復の場合〔545条2項・3項〕と異なり，これを定める条文はない）。

　以上の処理について，121条の2に，例外が二つ定められている。

　一つは，贈与など無償行為が無効である場合について，善意の給付受領者の返

還義務の範囲を現受利益に限ることである（同条2項）。この場合には、当事者の一方のみが返還義務を負うことから、利益の受領後の管理処分の結果として当事者の間に不均衡が生ずるおそれはない。そのため、給付された利益の全部または一部がその後に消滅した場合、その消滅分についても返還させると、受領者に自己の財産として自由に管理処分したことにより不利益を被らせることになる。そこで、上記の特則が設けられている。

もう一つは、行為の時に意思無能力であった者または制限行為能力者であった者について、返還義務の範囲を現受利益に限ることである（同条3項。これについては、p.106の(2)を参照）。

このほかに、121条の2第1項を前提として、消費者契約法にも特則が設けられている。すなわち、消費者契約上の債務の履行として給付を受けた消費者が、消費者契約法の規定により意思表示を取り消した場合において、給付を受けた当時意思表示が取消可能であることを知らなかったときは、消費者の返還義務の範囲は現受利益に限られる（消費者契約6条の2。これについては、p.211の **1** を参照）。

発展学習　**詐欺、強迫、暴利行為等の「被害者」の返還義務の範囲**

　以上のほかに、詐欺、強迫、暴利行為等の「被害者」についても返還義務の範囲の制限が認められるべきではないかが、問題とされている。たとえば、売主の詐欺による契約に基づいて買主が受領した物がその後に滅失した場合、買主は、取消しをしても価額償還義務を負うとなると、売主の代金返還義務との相殺により、結果的に、物を客観的価額で購入した場合と同じ状況になる。詐欺、強迫、暴利行為等の場合には、取消しは「被害者救済」の手段の一つと解することができるところ、これでは「救済」として不十分ではないか、というわけである（上記の消費者契約法の特則について同様の説明がみられる。p.212の 補論 参照）。

　もっとも、たとえば売主の錯誤のため代金額が客観的価額より相当安価となっていた売買が後に取り消されて無効となった場合に、すでに目的物が滅失していたときは、買主は価額償還義務を負うため、支払った代金額との差額を返還しなければならないことになる。この場合、買主は、売主の錯誤による一種の「被害者」ともみうる。したがって、121条の2第1項の原状回復の原則は、ある内容の契約が強制されたことと同じ結果を当事者の間に生ずる場合があることを前提とするものである。そうであるとすれば、詐欺、強迫、暴利行為等の場合に特別の扱いをするとしても、それは、「被害者」救済を理由とするのではなく、相手方の悪性（の強さ）を理由とするべきだろう。すなわち、相手方の返還請求が、相手方の悪性を理由として（不法原因給付にあたる〔708条本文〕、信義則に反する〔1条2項〕などとして）、全部または一部認められないことはありうるだろう（なお、消費者契約法6条の2の説明の仕方については、p.212の 補論 参照）。

③ 無効行為の追認

　無効の場合，意思表示または法律行為は，初めから意味のないものとされる。そのため，無効な行為を，それがされた時点（たとえば，無効な契約の成立時）から有効であったものとすること（**無効行為の追認**）はできない。無効な行為をした者が，それを有効とする旨の意思表示をした場合には，無効な行為と同じ内容の行為をその時点で新たにしたものとみなされる（119条）。

　もっとも，強行規定違反または公序良俗違反（以下，「（行為の）不当性」という）を理由に法律行為が無効とされる場合には，その不当性が除去されていない限り，新たな行為としても有効なものにすることはできない。

　また，意思無能力による無効については，表意者（側）しか主張することができないとすれば，表意者は，行為を初めから有効なものとしようとするならば，無効の主張をしなければよいだけである。そうであれば，表意者が積極的に追認した場合に，相手方が119条の適用を主張すること（その行為は追認時からしか効力を生じないと主張すること）は許されないと解される。そうしなければ，無効とするかどうかを表意者（側）に委ねた意味がなくなるからである。

　無効な行為の当事者の間で，追認の効力を遡及させる合意があった場合には，私的自治の原則から合意の効力を認めてよいと思われる（もっとも，行為の不当性を理由とする無効では，これは許されない）。ただし，この遡及効によって第三者を害することはできない（116条ただし書参照）。

2 全部無効と一部無効

　法律行為の内容の全部に及ぶ無効原因がある場合（例：意思無能力者のした契約，殺人契約など）には，当然に法律行為全体が無効となる。それに対し，法律行為の内容の一部に無効原因があるだけの場合には，その無効原因によって法律行為全体が無効となるか（**全部無効**），無効原因のある部分だけが無効，残部は有効となるか（**一部無効**）が問題になる。

① 法律行為を組成する条項の一部無効

　法律行為を組成する条項，たとえば契約条項の一部に無効原因がある場合に，その部分のみが無効になるか，条項全体が無効になるかという問題がある。

　この場合，明文の規定があるならば，それによることになる（例：278条1項後段・360条1項後段・580条1項後段・604条1項後段，利息1条・4条1項，消費契約9

条）。明文の規定のない場合（例：消費者契約における事業者の損害賠償責任の上限を定める条項〔故意または重過失による債務不履行に基づく損害賠償責任の制限は無効であるが，軽過失の場合の責任制限は有効〕）には，次のように考えられる。条項全体を無効にすることは，無効原因のない部分については当事者の私的自治に基づく決定を覆すこと，すなわち，契約自由への介入を意味する。そのため，この介入を正当化する理由があるかどうかによって，判断される（上の例では，契約内容を法の許容範囲内に収めればそれでよく，それ以上に契約自由に介入すべきではないと考えれば，条項の一部無効〔故意または重過失の責任の制限の無効〕でよいことになる。それに対し，消費者契約においては，事業者による不当条項の作成とその使用を抑止する必要性が大きいこと，優位にある事業者による不当条項の作成と使用は強い非難に値することを重視するならば，条項全体が無効とされてよい）。

2 法律行為の一部無効

法律行為を組成する一部の条項が無効となった場合（例：①女性との労働契約が，男女別定年制を定めた就業規則に従って，男性に比べて若年で退職させる旨の条項を含んでいる場合，②消費者契約が，事業者の故意または重過失による損害賠償責任を減免する条項を含んでいる場合，③芸娼妓契約〔⇒ p. 191 の**3**参照〕）には，その無効が法律行為全体の無効をもたらすかが問題になる。

この場合についても，明文の規定があればそれによる（例：132条・133条）。

明文の規定がない場合には，次のように考えられる。まず，全体を無効にしなければ一部を無効にした意味がなくなると考えられる場合には，全部無効となる（③では，人身売買にあたる酌婦としての稼働契約だけを無効とし，この契約の動機となった金銭消費貸借契約を有効としておくと，酌婦となった女性を雇い主の拘束から実際に逃れさせることは難しい。そこで，消費貸借契約も無効とし，芸娼妓契約全体が無効とされている）。

そうでない場合には，できる限り全部無効とすることを避け，無効部分を慣習，任意規定，条理などで補充して，法律行為の効力を維持すべきであると考えられている（例：①では，定年退職年齢を男性と同一年齢とするが，労働契約の有効性は認める。②では，事業者に415条・416条または709条に基づいて損害賠償責任を負わせるが，当該消費者契約自体は有効とする）。法律行為の当事者は，通常，その存続を望んでいると考えられるからである。ただし，無効部分を除いた部分や補充した後の法律行為では，当事者が法律行為をした目的を達成することができず，法律行為の効

力を認めることが当事者の意思に全く反すると考えられるときは，その法律行為を全部無効とせざるをえない。

3 無効行為の転換

　地上権（工作物または竹木を所有するために，他人の土地を使用する物権）を設定する契約が締結されても，その契約は，たとえば駐車場として利用することを目的としているなど工作物または竹木を所有するためにされたのでなければ無効となる（265条）。しかしながら，この場合には，契約を賃貸借契約として有効と認めてよい場合があると思われる。このように，無効な法律行為が他の法律行為の要件を充たす場合に，後者の法律行為として有効と認めることを，**無効行為の転換**という。民法にも，無効行為の転換を認める規定がある（例：971条）。

　無効行為の転換が認められるためには，一般に，①無効な法律行為が他の法律行為の要件を充たしていることと，②当事者が当初の法律行為の無効を知っていたならば，他の法律行為としての効果を欲したであろうと認められることが必要であるとされている。

　①の要件に関連して，他の法律行為が要式行為の場合について，とくに議論がある。方式の遵守を厳密に要求すると，①の要件が充たされることはほとんどなくなる。そのため，方式要件をどこまで緩和してよいかが問題とされている。この点については，方式が要求された趣旨に反しない限り，要式行為への転換を認めてよいとする見解が多い。ただし，判例上は，身分上の行為に関する事案が多いこともあって，この転換は簡単には認められていない（大判昭和11・11・4民集15巻1946頁や最判昭和25・12・28民集4巻13号701頁〔ともに，他人の子を養子とする意図で嫡出子として出生届がされた場合に，養子縁組への転換を否定した〕。そのほかに，大判昭和4・7・4民集8巻686頁。もっとも，愛人との間の子を嫡出子として届け出たときについては，判例は，一般に認知の効力を認めている〔大判大正15・10・11民集5巻703頁，最判昭和53・2・24民集32巻1号110頁（百選Ⅲ30）〕）。

2 取　消　し

1 取消しとは何か

　取消しは，ひとまず有効に存在している意思表示または法律行為を，取消権者の取消しの意思表示によって，遡及的に無効にする単独行為である。取消しがさ

れるまで，その行為は有効である。したがって，それまでは，たとえば売買の当事者は互いに債権を有し，履行を請求することができる。また，履行として給付したものの返還を請求することはできない。これに対し，取消しがされると，その行為は初めから無効であったものとして扱われる（遡及的無効）。法律行為から生じていた債権債務も遡及的に消滅し，履行としてされていた給付については，p. 218 の 2 において述べた返還の問題が生ずる。

1 取消原因

取消原因としては，行為能力制限違反，瑕疵ある意思表示（錯誤，詐欺または強迫による意思表示）であること，消費者契約法上の誤認もしくは困惑による意思表示であることまたは過量取引となる意思表示であることがある。

2 取消権の行使

取消原因がある場合には，その意思表示または法律行為の取消権が発生する。取消権が実際に行使されると，その行為は，遡及的に無効になる（121条）。

1 **取消権者**　　取消しは，制限行為能力者や瑕疵ある意思表示をした者といった，特定の者を保護するために認められる。そのため，取消しは，それをする資格をとくに認められた者（**取消権者**）しかすることができない。

(1) 行為能力制限違反を理由とする取消しの場合　　行為能力制限違反を理由として行為を取り消すことができるのは，制限行為能力者またはその代理人，承継人もしくは同意権者である（120条1項。なお，102条ただし書に反する代理行為の取消しについて，p. 262 の**2**参照）。

制限行為能力者自身も，単独で取り消すことができる（ただし，有効な取消しには意思能力が必要である）。取消しは，行為能力制限違反のない状態に戻す行為であり，違反の前と比べて制限行為能力者に不利益を生じないからである。

制限行為能力者の代理人とは，その取消しについて代理権を有する者をいう。これにあたる者として，未成年者の法定代理人（親権者，未成年後見人），成年後見人，取消権行使の代理権を与えられた保佐人または補助人のほか，それらの者により適法に選任された復代理人（105条・106条1項），特別代理人（826条ほか）などがある。

制限行為能力者の同意権者とは，保佐人と，同意権を付与された補助人である。

承継人とは，前主から権利義務等の法的地位を引き継いだ者をいう。承継人には，前主の法的地位の一切を承継した者（**包括承継人**。たとえば，相続人）と，前主から特定の法的地位のみを承継した者（**特定承継人**。売買の買主は，目的物の所有権だけを前主から承継する）がある。120条1項の「承継人」は，包括承継人と特定承継人の両方を含む。ただし，取消権のみを承継する特定承継人は考えられない。ここでの特定承継人にあたるのは，売主の地位や買主の地位といった，取消しの対象となる行為の当事者の地位の移転を受けた者である。

　(2)　瑕疵ある意思表示の取消しの場合　　瑕疵ある意思表示（錯誤，詐欺または強迫による意思表示）の取消しについては，瑕疵ある意思表示をした者，その代理人または承継人が取消権者である（120条2項）。

　代理人とは，取消可能な行為の当事者（取消可能な行為が自己のためにする行為であった場合には行為者本人，他人のためにする行為であった場合にはその代理行為の本人）を，その取消しについて代理する権限を有する者を指す。承継人については，前記*(1)*を参照。

　2　**取消しの方法**　　取消しは，取消権者が相手方に対して取り消す旨の意思表示を一方的にすること（取消しの意思表示）によって，おこなわれる（123条）。すなわち，取消しは，取消権者の単独行為である。

3　取消しの効果

　取消しがされると，取り消された行為は遡及的に無効になる（121条）。その結果，前述の無効な行為の処理がされる（⇒p.217の**2**）。

2　取り消すことができる行為を有効に確定する事由

　取消可能な行為は，取り消されるまでは有効である。取り消されると遡及的に無効になるが，反対に，有効を確定する事由もある。追認，法定追認，取消権の行使期間の経過である。

1　追　　認

　取消可能な行為は，取消権者が追認したときは，以後，取り消すことができない（122条）。その結果，行為の有効が確定する（他に無効原因があるときは，別である）。

　1　**追認権者**　　追認をする資格があるのは，取消権を有する者である（122

条）。

　2　**追認の方法**　追認は，追認権者が相手方に対して追認する旨の意思表示を一方的にすることによって，おこなわれる（123条）。すなわち，追認は，追認権者の単独行為である。

　3　**追認をすることができる時期**　追認は，「取消しの原因となっていた状況が消滅し，かつ，取消権を有することを知った後」にされなければならない。これに反する追認は無効であり，その場合，行為の取消可能の状態が継続する。

　(1)　取消しの原因となっていた状況の消滅後　第一に，追認は，「取消しの原因となっていた状況が消滅し」た後にされなければならない（124条1項）。それ以前の追認は，取消原因の影響のもとでされているため，瑕疵を治癒するものと認めることができないからである。

　「取消しの原因となっていた状況が消滅し」た後とは，制限行為能力者が行為能力者になった時以後，錯誤による意思表示については取消権者が錯誤を知った時以後，詐欺による意思表示については取消権者が詐欺の事実に気づいた時以後，強迫による意思表示については取消権者が畏怖の状態を脱した時以後を指す。

　ただし，行為能力制限違反を理由として取消可能な行為を，制限行為能力者の法定代理人，保佐人または補助人が追認する場合には，制限行為能力者が行為能力者になる前であっても追認することができる（124条2項1号）。法定代理人等は，取消原因の影響を受けていないからである。また，成年被後見人を除く制限行為能力者が，法定代理人，保佐人または補助人の同意を得て追認をするときも，制限行為能力者が行為能力者になる前であってもよい（同項2号）。行為の前に必要であった同意が事後に与えられたことになるからである。

　(2)　取り消すことができる行為の了知後　第二に，追認は，追認しようとする行為が取消可能であることを知ったうえで，されなければならない（124条1項）。追認は，取消権の放棄の性質をもつため，放棄する権利の存在を知ってされる必要があると説明されている（ただし，この点については p.61 の 補論 を参照）。

発展
学習　**主張立証責任の所在**

　*(1)(2)*の要件については，追認の効果を争う者が，そのいずれかの不充足を主張・立証しなければならないと考えられる。これらの要件は，*(1)*における制限行為能力者の行為能力制限の継続を除き，追認をする者の内心の事実であるため，追認の効果を求め

る者にとって，その立証は困難である。また，内心の事実によって意思表示の効果が否定される場合（たとえば，心裡留保，虚偽表示，錯誤による意思表示，詐欺による意思表示，強迫による意思表示）には，意思表示の効果を覆そうとする側にその事実の主張・立証責任があるとされることが普通でもあるからである。(1)における制限行為能力者の行為能力制限の継続についてこれらの論拠はあたらないが，その事実の立証は容易であるので，これだけをとくに別に扱う必要はないと思われる。なお，追認の効果を求める者が，制限行為能力者の法定代理人等が追認の意思表示をしたことを主張・立証した場合には，(1)を抗弁とすることはできない。

❷ 法 定 追 認

「追認をすることができる時以後に」，次の事由があった場合には，取消可能な行為が追認されたものとみなされる（125条）。すなわち，①全部または一部の履行（取消権者が履行する場合だけでなく，債権者として相手方の履行を受ける場合を含む〔大判昭和 8・4・28民集12巻1040頁〕），②取消権者による履行の請求（相手方からの履行の請求は含まれない〔大判明治39・5・17民録12輯837頁〕），③取消権者が債権者または債務者としてする更改，④取消権者が債務者としてし，または債権者として受ける担保の供与，⑤取消可能な行為によって取得した権利の取消権者による全部または一部の譲渡，⑥取消権者が債権者としてする強制執行である。これらは，追認の意思が黙示されたと通常みうる行為であるか，追認の意思表示をその構成要素とする行為である。そこで，相手方の信頼を保護し，あるいは，法律関係の早期安定により取引の安全を保護するために，取消権者の取消権発生の認識の有無や追認意思の有無を問うことなく，追認が擬制される。これを，**法定追認**と呼ぶ。

ただし，取消権者が，上記の行為に際して，追認となることに異議をとどめた場合（たとえば，取消権を留保する旨や行為の有効を確定させる趣旨ではない旨を，明示または黙示した場合）には，法定追認にならない。

「追認をすることができる時以後」というために，「取消権を有することを知った」ことを要するか否かにつき，見解の対立がある。

改正前125条のもとで，取消権者が取消権の存在を認識している必要はないとする判例があった（大判大正12・6・11民集 2 巻396頁〔百選Ⅰ39〕）。改正前125条は，取消権を有することの了知を追認の要件として明示していなかった（追認は取消しの原因となった状況の消滅後にしなければならないとのみしていた）改正前124条を受けて，「前条の規定により追認をすることができる時以後」に一定の事由があるときは追認が擬制されるとしていた。これに対し，現125条では，「前条の規定に

より」という文言が削除されている。これは，現124条において取消権を有することの了知が追認の要件として明示されたため，この文言を残すと，その了知以後の事由によってしか追認が擬制されないことに当然になることを避けるためである。そのため，現125条にいう「追認をすることができる時以後」の意義を，改正前125条のもとでの上記判例と同様に解すること（取消権を有することの了知を要しないとすること）は，なお可能である。

　これに対し，現行民法では，すでに述べたとおり，取消しの原因になった状況が消滅し，かつ，取消権を有することを知らなければ，有効に追認することはできないとされている（124条1項）。これによれば，取消権を有することを知らなければ，「追認をすることができる時」が到来したとはいえないと解釈することもできる（125条の改正にあたり，この解釈も排除されていない）。

発展学習　主張立証責任の所在

　法定追認の要件に関する主張・立証責任については，①から⑥のいずれかに該当する行為がされた事実を，法定追認の効果を求める者が主張・立証すべきことに疑いはない。しかしながら，その行為が，「追認をすることができる時以後」にされたという要件に関しては，問題が生じうる。これについては，法定追認が追認擬制によって特別に相手方を保護する制度であることから，公平の観点より，追認の効果を求める者に主張・立証責任があるとする見解もある。しかしながら，①から⑥の行為がされた場合には追認の（黙示にせよ）意思表示があると通常考えられること，また，追認の意思表示がされただけの場合よりも，相手方はいっそうの保護に値する状況にあるとみる余地もあること（次の補論参照）からすると，そのように考える必要はない。これによると，124条の場合にあわせて，追認の効果を争う者が，①から⑥のいずれかに該当する行為が取消しの原因となっていた状況の消滅前にされていたことを，主張・立証すべきことになる。

補論　法定追認の要件

　本文に述べたとおり，改正前125条のもとでの判例は，法定追認の場合には取消権者が取消権の存在を認識している必要はないとしており（前掲大判大正12・6・11），この解釈は現125条についても維持される可能性がある。

　この解釈による場合には，追認の意思表示と要件が異なることになる。この相違は，次のように説明することができる。法定追認の場合，（取消可能な）法律行為の内容を実現するための行為が，（一部）現におこなわれる。そのため，追認の意思表示がされるだけの場合に比べ，行為の有効な存続に対する相手方の信頼は，より強い保護に値する。また，法律関係の清算が実際に必要となることから，取引の安全もいっそうの配慮に値する。そこで，取消原因が消滅して，取消権の存在を知りえたはずであるのにそれを知らなかったことを取消権者のいわば帰責事由として，法定追認の効果が認められる。

　しかしながら，成年被後見人がした行為については，改正前124条2項が行為の了知がなければ追認をすることができないとし，改正前125条は，これを含めて「前条の規定により追認をすることができる時以後に」法定追認がありうることを定めていた。そのため，その行為については，改正前から，取消権を有することの了知が法定追認の要

件とされていたと解される（成年被後見人であった者について，行為能力を回復した後に，その回復前にした行為を知らず，したがって取消権の存在を知らないことを一種の帰責事由にあたるということもできない）。124条および125条に関する平成29年民法改正は，この点を変更する趣旨を含むものではないはずである。

また，意思表示の成立要件について表示意識必要説（⇒p.60の(2)）をとる場合には，取消権者が取消権の発生を知らないでした行為によって法定追認を認めることは，一般に（成年被後見人がした行為に限らず）適切でないことになる。

❸ 取消権の行使期間の経過

ある者が取消権を有するという状態は，取消権者が相手方との法律関係を一方的に変更することができること，その反面として，相手方が不安定な地位に置かれること，取引社会が不安定要因を抱え込むことを意味する。このような状況をいつまでも放置しておくことは，好ましくない。そこで，法律関係をなるべく早期に確定させるため，取消権に行使期間の制限が設けられている（126条）。すなわち，取消権は，追認することができる時（この意義については，125条におけるのと同じ解釈の対立がありうる）から5年または行為の時から20年が経過することにより消滅する。126条ではこの期間の経過により取消権は「時効によって消滅する」とされており，そのように解する見解もあるが，一般には，この期間は消滅時効期間（⇒p.409の**2**）ではなく，除斥期間（⇒p.392の 発展学習 参照）であるとされている（取消権は取消権者の一方的意思表示によって消滅することから，権利者の行為による時効の完成猶予または時効の更新が考えられないため）。

主張立証責任の所在
126条の適用によって，発生していた取消権が消滅する。したがって，126条の要件事実については，取消権の効果を争う者が主張・立証責任を負う。

民法126条の期間制限の法的性質
126条の期間制限の意味については，本文に述べた消滅時効期間か除斥期間かのほかに，次の対立がみられる。すなわち，①5年間・20年間という期間の定めは，単に取消権を行使するべき期間を定めるものか，それとも，②取消権を行使したうえで，取消しの結果として生ずる原状回復請求権まで行使するべき期間を定めるものか，という対立である。

②であるとする見解は，取消しの真の目的は法律行為によって給付したものを取り戻すことにあり，取消権の行使はそのための前提にすぎないから，法律関係の早期確定という126条の趣旨からして，このように解されるとする（この論拠は，とくに5年間の短期の行使期間制限によく当てはまる）。

これに対し，判例は，①の立場をとっている（大判大正7・4・13民録24輯669頁。ただし，解除に関して）。それによると，取消権者は，5年以内または20年以内に取消権を

行使すればよく，それによって生ずる原状回復請求権は，取消権の行使の時から5年間の消滅時効期間に服することになる（166条1項1号）。当事者間の法律関係は，取消権の行使によって無効に確定し，その無効という結果の実現が残るだけとなる。したがって，法律関係の早期確定という126条の趣旨は，取消権の行使によってすでに充たされている。確定した無効の結果がその後長く実現されなかった場合，第三者に不利益を生ずる恐れがなくはない。しかしながら，その場合には，177条や192条，あるいは94条2項類推適用などで，第三者保護を図ることも十分可能であろう。

取消可能な法律行為における法律関係の確定

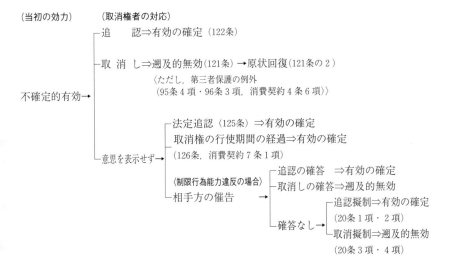

5 代 理

1 代 理 総 論

1 代理とは何か

1 代理とは何か

> **Case 42**
> 　馬主Aは，しばしば，馬の購入をBに依頼していた。ある時，Aは，牧場主Cから，「非常に有望そうな子馬が生まれた。3日以内に購入を決断してくれるなら，他には知らせない」と連絡を受けた。Aは，仕事で時間がとれなかったので，Bに購入するかどうかの判断を任せることにし，BをCのもとに送った。

　これまで，意思表示と法律行為に関する諸々の問題を扱ってきた。その際，法律行為によって権利を取得し，義務を負担する者（法律行為の当事者）が，自ら意思表示をする場合を前提としてきた。しかし，別の者が，法律行為の当事者に代わって意思表示をし，または受けることもある。これを**代理**という。

2 代理の効果

　代理においては，法律行為の当事者（売買でいえば，売主または買主となる者）以外の者（代理人）が意思表示をし，または意思表示を受ける。しかし，代理による法律行為が有効にされると，その法律行為の効果はすべて，代理をされた者（**本人**）と相手方との間に直接生ずる。

> 　代理の場合，*Case 42* では，契約の締結はBとCの間でされる。その契約において買主となるのはAであり，売主となるのはCである。

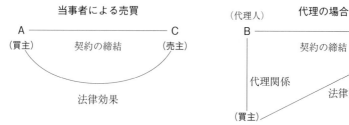

当事者による売買

A ——————————————— C
（買主）　　契約の締結　　（売主）

法律効果

代理の場合

（代理人）　　　　　　　　　　（相手方）
B ——————————————— C
　　　　契約の締結　　（売主）

代理関係　　　　　法律効果

（買主）
A（本人）

3 代理の要件

　代理は，意思表示（法律行為）をする方法の一つである。したがって，代理の方法でされる意思表示（法律行為）も，本書で前述した効力否定原因がある場合には，意思表示（法律行為）は効力を生じないか，後に効力を否定されることになる。

　もっとも，代理による意思表示（法律行為）の場合，それ以前に，その効力が本人に生ずるために充たされるべき要件がある（99条）。

　第一に，何か特別な事情がなければ，意思表示は，それをした者と受けた者との間に効力を生ずると理解されることが通常である。そこで，代理人が意思表示をする場合には代理人が相手方に，相手方が意思表示をする場合には相手方が代理人に，その意思表示の効果は他人（本人）に帰属するものとすることを明らかにして，意思表示をしなければならない。このように意思表示の効果帰属先が別人であると示すことを，**顕名**という。

> **Case 42** では，BとCともに，意思表示をする際に，効果はAに生ずる旨を示さなければならない。

　第二に，私的自治の原則のもとでは，人は，その意思表示により，自己の法律関係を形成することができるが，他人の法律関係を形成することは本来できない。そこで，代理人として行為をする者が，その事項について本人に代わって行為をする（意思表示をし，または受ける）資格を有することが必要である。この資格を，**代理権**と呼ぶ。

　なお，代理権を有する者が代理人としてする行為を**代理行為**という（もっとも，代理権の有無を問わずに，ある者が代理人と称してする行為をもって代理行為と呼ばれることも多い）。

> (Case 42) では，Bは，Aから子馬の購入の依頼を受けており，これによって代理権を与えられている。

 主張立証責任の所在

　Cが，Aに対してBの代理行為の効果を主張するためには，Bとの間の契約締結，その際にAのためにすることが示されたこと（顕名），その契約の締結に先立ってBにその契約についての代理権が発生したこと（代理権の発生原因）を主張・立証しなければならない。意思表示の効果は意思表示をした者に生ずることが通常であり，99条の適用によって，意思表示の効果が他人に帰属するという特別の効果を生ずることになるからである。

代理に類する制度

　代理では，ある者がした意思表示（に基づく法律行為）の効力が，直接かつ全面的に別の者に生ずることになる。代理のこの特徴は，代理に類似する次の諸制度と比較することで，より明確になる。

　(1)　**使　者**　たとえば，(Case 42) において，Cから連絡を受けたAが，すぐに自ら子馬を見に行き，購入するかどうかを改めて連絡することとし，その翌日，5000万円で購入したい旨を伝えるためにBをCのもとに送ったとする。この場合のBのように，決定済みの意思の伝達のために用いられる者を**使者**という。

　使者には，代理に関する後述の能働代理と受働代理の区別に対応するものとして，本人の意思表示を相手方に伝達する場合（表示の使者）と，相手方の意思表示を本人のために受領する場合（受領の使者）がある。

　代理人と使者の違いは，意思決定の自由の有無，したがって意思表示の当事者（表意者，相手方）は誰かにある。代理人は，一定の範囲で本人から独立して意思を決定するのであり，本人のために自ら意思表示をし，または受ける者である（意思表示をする場合，意思表示の内容を定める自由または意思表示をするか否かの自由がある。意思表示を受ける場合，それを受けるか否かを決める自由がある）。それに対し，使者は，意思決定の自由がなく，意思表示の伝達に関して定められたことをするだけである（表示の使者の場合，本人の意思を相手方に伝えて意思表示を完成させるか，本人が作成した契約書を持参するなど本人が完成した意思表示を相手方に伝える。受領の使者の場合，表意者が本人に対してする意思表示を受領する〔その際，受領するか否かを決める自由を有しない〕）。

　代理人は，自ら意思表示をし，または受けることから，意思能力，受領能力，意思表示の瑕疵など意思表示の効力に影響を及ぼすべき事情の有無は，代理人について判断される。それに対し，使者の場合には，それらの事情の有無は本人について判断される（もっとも，受領の使者に98条の2にいう受領能力がなかった場合には，意思表示は本人がそれを知るまで到達したと認められないとすべきである）。また，代理人が代理権を有しない事項について意思表示をしたときは，無権代理の問題となる（⇒p. 265の3）。それに対し，使者が本人から委ねられたのと異なる内容を相手方に伝達したときは，本人の意思と表示の不一致となり錯誤による意思表示となる，とするのが伝統的見解である（大判昭和9・5・4民集13巻633頁，最判平成8・6・18判時1577号87頁。もっとも，近時は，無権代理に準じて扱うことが適当であるとする見解が有力になっている）。

　(2)　**間接代理**　たとえば，(Case 42) と異なり，BがAから競走馬をもちたいと相談を受けていたところ，Cが，子馬の売買を継続的にしてきたBに，将来有望な子馬

（甲）の誕生を連絡してきたとする。この場合，Ｃが，それまで取引関係のないＡとの間の売買に応じるかどうかは，わからない。そこで，ＡとＢとの間で，ＢがＣとの間の売買により甲を取得してこれをＡに移転し，ＢのＣに対する代金債務はＡがこれを負担するものとすることが考えられる。このように，ある者（Ｂ）が当事者となってする法律行為が他人（Ａ）の計算においてされる場合を，**間接代理**という。

　代理（間接代理と対比するために，「直接代理」と呼ばれることがある）と間接代理とでは，法律関係の当事者，法律効果の発生の仕方が異なる。

　Case 42 は代理の例であるが，その場合，売買契約はＢとＣの間で締結されるが，この契約により買主となるのはＡであり，甲の所有権はＣからＡに移転し，ＡがＣに対して代金債務を負う。

　それに対し，上の間接代理の例では，ＢとＣの間で契約が締結され，買主となるのはＢであり，この契約により甲の所有権はＣからＢに移転し，ＢがＣに対して代金債務を負う。もっとも，この売買はＡがＢに委託したためにされたものであることから，この場合，甲の所有権は，通常（ＡとＢの間の事前の合意に基づき），ＢがＣから取得すると同時に当然にＡに移転して帰属する（大判大正７・４・29民録24輯785頁。また，最判昭和43・７・11民集22巻７号1462頁は，問屋が委託の実行としてした売買により取得した権利を委託者に移転する前に破産した場合につき，その権利は委託者の計算において取得されたもので，これにつき実質的利益を有する者は委託者であること，問屋は他人のために自己の名で物品の売買をすることを業とするものであることに鑑みて，委託者はその権利につき取戻権を行使することができるとした）。代金債務については，ＡとＢの間ではＡが負担することとされていても，Ｃの利益を保護する必要があることから，Ｃの承諾がなければ，Ｂがこれを免れることにはならない。

　(3)　**授　権**　　代理では，代理人（Ｂ）と相手方（Ｃ）の間でされた意思表示により，他人（Ａ）が法律行為（の効力）の当事者となり（そのため，顕名が必要になる），行為の効力は全部直接ＡとＣの間に生ずる。

　これと区別されるものに，**授権**がある。これは，ある者（Ｄ）と相手方（Ｅ）の間の法律行為（当事者はＤとＥ。そのため，顕名は不要）の効力の一部が，Ｅと他人（Ｆ）の間に直接生ずるとするものである。たとえば，Ｅが子馬の購入を希望していること，およびＦの牧場で子馬（甲）が誕生したことを知ったＤが，甲について，自ら売主となる契約をＥとの間でした場合において，それより前にＦから甲を代理によらずに処分することを許されていたときは，ＤとＥの間に売買が成立するが，甲の所有権は（Ｄを介することなく）ＦからＥに直接移転すると認められる（最判昭和29・８・24裁判集民事15号439頁）。この場合を，一般に，**処分授権**という。また，同じくＤとＥの間で甲の売買契約が締結された場合において，その後にＦが甲の処分に同意したときは，原則として契約締結時に遡って甲の所有権はＦからＥに移転したものとされる（大判昭和10・９・10民集14巻1717頁，最判昭和37・８・10民集16巻８号1700頁〔百選Ｉ38〕参照）。これは，一般に**追完**と呼ばれるが，本人による権利の処分権の付与にそのまま効力が認められる点で，処分授権と共通する。

　授権には，ほかに，授権者（Ｇ）が被授権者（Ｈ）に権利の取得（たとえば，ある物〔乙〕の取得）を委ねた場合において，Ｈが相手方（Ｉ）との間でした法律行為（乙の売買）により（当事者はＨとＩであるが）ＧがＩから直接権利を取得することになる**権利取得授権**，授権者（Ｊ）が被授権者（Ｋ）に義務の負担（たとえば，ある売買の代金債務の負担）を認めた場合において，Ｋが相手方（Ｌ）との間でした法律行為により（当事者はＫとＬであるが）ＪがＬに対し直接義務を負うことになる**義務負担授権**等がありうる

とされている。

　間接代理の受任者（H）が相手方（I）との間で売買契約を締結した場合に，目的物の所有権を委任者（G）がHを介することなくIから直接取得することを認めるのが，権利取得授権という考え方である。しかしながら，間接代理に関する上記判例は，（実質はともかく）これを認めていない。

　義務負担授権は，相手方（L）の利益を考慮しなければならないこと，および，併存的債務引受に関する470条3項および免責的債務引受に関する472条3項に照らし，その効力を当然には認められない。

2　代理の種類

代理は，種々の観点から区別されているが，なかでも次の二つが重要である。

1　能働代理（積極代理），受働代理（消極代理）

　代理では，代理人が本人のために意思表示をし，または受ける。このうち，代理人が本人のために意思表示をする場合を，**能働代理**（または積極代理）と呼ぶ。それに対し，相手方が本人のためにすることを示してした意思表示を代理人が受ける場合を，**受働代理**（または消極代理）と呼ぶ。

　契約の代理の場合には，能働代理と受働代理がともにされることになる。

2　法定代理，任意代理，法人の代理

　誰が代理人に代理権を与えるかにより，以下の三つが区別されている。

1　法 定 代 理

　法律の規定により代理権が与えられること，または法律の規定に基づいて本人以外のものが代理権を与えることがある。この代理権を**法定代理権**，ここで代理人となる者を**法定代理人**（例：未成年者の親権者や後見人，成年後見人，代理権を付与された保佐人または補助人，家庭裁判所が選任した不在者財産管理人など），その代理人による代理を**法定代理**という。

2　任 意 代 理

　本人が，代理人を選んで代理権を与える場合もある。この代理権を**任意代理権**，ここで代理人となる者を**任意代理人**（例：*Case 42* のB），その代理人による代理

を**任意代理**という。民法には,「委任による代理」(104条など) という表現がみられる。これと任意代理は,同じ場合について別の表現をするものである。民法典制定当初は,この場合の代理権は本人と代理人の間の委任契約により生ずると考えられ,「委任による代理」と呼ばれた。ところがその後,代理権は委任契約だけでなく,雇用契約や請負契約などによっても生ずるとする見解が一般的になった (⇒p.239 の 発展学習)。そこで,任意代理と呼ばれるようになった。

❸ 法人の代理

　法人 (⇒p.333 の **1** 参照) は観念的な存在にすぎないため,実際の活動は,誰か自然人が担当せざるをえない。そこで,たとえば,一般社団法人では理事が法人を代理して行為をすることになる (一般社団財団77条参照)。

　理事等の法人の代表機関は,本人たる法人によって選任されるが,その代理権の範囲の原則は,法律に定められている (たとえば,一般社団財団77条 4 項や会社349条 4 項)。そのため,理事等による法人の代理の本質は任意代理か,法定代理かという議論もみられる。しかしながら,理事等による法人の代理には,任意代理とも法定代理とも異なる点があり,そのため法律に特別の規定が用意されている。そこで,ここではこれを,**法人の代理**と呼んでおく。

3 代理制度の社会的役割

　現在の社会は,代理制度なしには成り立たないといっても過言ではない。代理制度は,社会において次のような役割を果たしている。

1 個人の活動の支援

　自然人はすべて権利能力者であり,権利を有し,義務を負うことに関して,(外国人の例外を除けば) 無限の可能性を認められている。しかしながら,自らの行為により権利を取得し,義務を負担するには,事実的または法的な制約があることもある。代理は,自然人がこの制約を乗り越えることを可能にする。

❶ 法律関係の形成に対する事実的制約の克服

　人は,法律関係を自ら形成することができる (私的自治の原則)。ところが,その形成をすべて自らしなければならないとすると,実際に形成しうる法律関係は,

ごく限られる。自然人は，同時に複数の場所にいることができず，また，個々人の事務処理能力は，たかが知れているからである。この不都合は，他人に法律関係の形成を委ねることができれば乗り越えられる。この意味で，代理は，抽象的に法律関係形成の可能性を無限に有する自然人について，その形成の障害となる事実的制約を除去または縮小する役割を果たす。この役割は，とくに任意代理にあてはまる（もっとも，代理権のみを付与された補助人による代理や，家庭裁判所が選任した不在者財産管理人による代理は法定代理であるが，この役割を果たす）。

❷ 法律関係の形成に対する法的制約の克服

人びとに自己の意思による法律関係の自由な形成を原則的に認めるにしても，判断能力が不十分な者については，保護のためにこの自由を制限することが望ましい場合がある（意思無能力無効，制限行為能力取消し）。しかしながら，法律関係形成の自由を奪うだけでは，それらの者の生活が困難になり，他の者との関係で不平等にもなる。そこで，それらの者に，権利取得や義務負担を一般的に可能にする方法を用意する必要がある。その方法のうち重要なものの一つが，代理制度の利用である。もっとも，この場合の本人は，法律行為をする資格を制限されているから，代理人を自ら選任することも通常できない。そこで，本人以外のものが，法律に基づいて代理人を選ぶことになる。このように，この役割は，とくに法定代理が担うことになる（ただし，任意後見も，本人が意思無能力者である場合には，この役割を果たすことになる）。

2 法人の活動の支援

自然人のほかに，法人も権利能力を認められている。現代においては，法人こそが取引社会の主役といっても過言ではない。ところが，法人は，観念的な存在にすぎないため，誰か自然人が代理して初めて，現実に活動することができる。このように，代理制度は，法人の活動を支援する役割を担うこともある。

2　有権代理論

1　序　　論

　代理による行為の効果が本人に生ずるためには，行為をする者がそのための権限（代理権）を有しており，かつ，行為が本人のためにすることを示して（顕名）されていなければならない（以下において，代理権を有する者が代理人として行為をする場合を，代理権のない者がする場合が「無権代理」と呼ばれることとの対比において，「有権代理」と呼ぶことがある）。また，これらの要件が充たされる場合であっても，意思表示に瑕疵がある，内容が不当であるなど，無効の原因または取消しの原因があるときは，その行為が無効とされ，または取り消されることがある。ここでは，代理によって本人に有効に効力が生ずるための要件に関する問題を，代理権に関する問題と代理行為に関する問題に分けて取りあげる。

2　代　理　権

1　意　　義

　本人のためにすることを示してされた意思表示が本人に効力を生ずるために，その意思表示をし，または受けた者が有するべき地位ないし資格を，**代理権**という。

2　代理権の発生原因

　代理権は，次の原因によって代理人に与えられる。

1　法定代理権の発生原因
　法定代理権は，その根拠となる法令の規定に基づいて発生する。

> 発展
> 学習
> **法定代理権の発生原因**
> 　法定代理権の生じ方には，大きく分けて次の三つがある。
> 　①本人に対して一定の地位にある者が，法律上当然に代理人となる場合（例：未成年者の親権者〔818条・819条3項本文・824条〕）。

②本人以外の私人の協議や指定により，代理人が定められる場合（例：父母の協議によって定まる親権者〔819条1項・3項ただし書・4項〕，指定未成年後見人〔839条〕）。

③裁判所が代理人を選任する場合（例：家庭裁判所が選任する不在者財産管理人〔25条・26条〕，家庭裁判所の決定した親権者〔819条2項・5項・6項〕，選定未成年後見人〔840条〕，成年後見人〔843条〕，代理権を付与された保佐人や補助人〔876条の4・876条の9〕）。

❷　任意代理権の発生原因

1　代理権授与行為　　任意代理権は，その発生を目的とする本人と代理人の間の法律行為（**代理権授与行為**）によって発生する。

 代理権授与行為の法的性質

代理権授与行為の法的性質の理解については，争いがある。

民法典の起草者は，本人と代理人との間の委任契約によって代理権が生ずると考えていた。この見解に対しては，後に，委任があっても代理権を生じないことがある（たとえば，間接代理の委託の場合），雇用や請負，組合など他の契約によっても代理権を生ずることがある（たとえば，販売員として雇用された場合），といった批判がされた。そこで，現在では，そういった代理権の発生を目的とする契約によって代理権は生ずる，とされることが多い。

しかしながら，代理は意思表示，したがって法律行為を代わりにおこなうことであるから，代理を他人に委ねる場合，「法律行為をすることを相手方に委託」（643条）することになる。これにより，643条にいう「効力」として，他人に代理権が授与されると考えられる。代理権を生ずる委任とそうでない委任があることは，このように解することを妨げるものではない（代理権を生ずるか否かは，合意の解釈の問題である）。また，雇用などに伴って代理権が授与されることもあるが，その場合には，本人と代理人の間に，雇用などのほかに，（代理権を生ずる）委任も存在すると考えられる。

以上は，代理権授与行為を本人と代理人との間の契約とする見解である。ほかに，代理権授与行為は，本人が代理人に一方的に代理権を与える単独行為であるとする見解もある。

この問題は，主として，代理人側の事情（たとえば，行為能力制限違反）を理由として委任，雇用など代理権授与の基礎となった契約が無効とされる場合に，代理の相手方を保護するにはどのように解すればよいか，という観点から論じられてきた。しかしながら，最近では，いずれの見解によってもほぼ同じ結論に至りうると考えられており，この議論の実益は大いに疑われている。

2　委任状について　　代理権授与行為は，口頭の合意ですることができる。書面など一定の形式による必要はない。もっとも，代理権の授与にあたって，**委任状**と呼ばれる書面が代理人に交付されることも多い。委任状には，普通，日付，本人名，代理人名，相手方名，委任事項（つまり，代理権の内容）が記され，本人が署名または記名押印をする。

本人から代理権を実際に与えられた者も，その証拠がなければ，相手方に代理人であると信じてもらえないかもしれない。それでは，代理権があっても実際に代理することができない。そこで，代理権授与の証拠になるものが必要になる。この証拠として最も一般的なものが，委任状である。

　このように，委任状は，代理権授与の事実を本人が証明するための一手段にすぎない。したがって，委任状を所持する者が，実際に代理権を有するとは限らない。委任状が偽造または盗用された場合，委任状の所持人に代理権はない。また，委任状は，記されるべき事項のうちの一部を空白のままにして出されることがある（そのような委任状を，**白紙委任状**という。たとえば，相手方や契約内容の特定が代理人に委ねられる場合，相手方名や委任事項については，その特定後に記入するしかない。それらの事項も本人が自ら記入することが理想ではあるが，困難ないし面倒なこともある。そのような場合，代理人に記載事項の補充を委ねることにして，白紙委任状が交付される）。白紙委任状の空白部分に予定されていなかった事項や人の名が記入されると，その委任状は，実際に与えられた代理権を正確に反映していないことになる。このような場合，委任状を用いてされた行為の効力をどう扱うかが重要な問題となる（⇒p. 277 の**3**）。

3 代理権の範囲

　以上のようにして発生する代理権の範囲（どの行為につき代理権があるか）は，次のようにして定まる。

1 法定代理権の範囲

　法定代理権の範囲は，法令の規定に定められていることが多い（例：未成年者の親権者に関する824条，後見人に関する859条，不在者の財産管理人に関する28条）。その場合には，それらの規定の解釈により，代理権の範囲が明らかになる。もっとも，代理権の範囲が法定されていないこともある（例：保佐人や補助人に付与される代理権）。この場合には，代理権の範囲は，選任手続を含む一定の手続により定められる（保佐人や補助人の代理権の範囲は，代理権付与の審判で特定される）。

2 任意代理権の範囲

　1　**代理権授与行為の解釈による範囲の確定**　　任意代理権は，代理権授与行為によって代理人に与えられる。したがって，任意代理権の範囲は，代理権授与

行為の内容を確定すること，つまり解釈によって定まる。

　　2　解釈によって代理権の範囲が明確にならない場合　　しかしながら，その解釈によっても，代理権の範囲が明確にならないこともある。

Case 43

　Aは，長期の海外単身赴任にあたり，妻Bに「留守中万事よろしく頼む」と言い残した。

　　この場合，AがBに留守中の代理を（含む諸事を）委ねていることは明らかである。その際，Aは，「万事よろしく頼む」といっている。しかし，Bが文字どおり「万事」，つまり何をしても構わないとは，普通，考えられない。たとえば，Aにとって全く必要のないダイヤモンドの指輪をBがAを代理して買うことは，この依頼に含まれているとは，通常は考えられない。そうすると，AがBにどこまでのことを委ねたかが明確でないことになる。

　この場合，代理権授与行為を内容不確定のゆえに無効とすることも考えられる。しかしながら，それでは，両当事者の意思に反すると思われる。そこで民法に，このような場合に当事者の意思を補充するための規定が設けられている（103条。なお，同条は，法定代理権にも適用がある〔法定代理権の範囲は，通常明確だが〕）。それによると，代理権の範囲が明確でない場合，代理人は次の(1)～(3)の行為（あわせて，**管理行為**と呼ぶ）をすることができる。代理人がそれ以外の行為をすると，無権代理行為（⇒p.265の**3**参照）となる。

　　(1)　*保存行為*　　**保存行為**とは，財産の現状を維持する行為である。物の修繕や時効の完成を阻止する措置（⇒p.420の**2**参照）が，その代表例である。また，履行期が来た債務を弁済することや，腐りやすい物を売却して金銭に換える場合のように，本来は**処分行為**でも，財産全体からみて現状を維持するものと認められるときは，保存行為として扱われることがある。

　　(2)　*利用行為*　　**利用行為**とは，財産を他人に使用させ，または財産から収益をあげる行為である。家の賃貸や金銭を預貯金にすることなどが，その例である。ただし，客体の性質を変える利用行為は許されない（103条2号）。たとえば，株式投資は収益行為だが，金銭を株式に変えることになるので許されない。

補論　**預貯金と客体の性質の変更**
　　預貯金も金銭所有権を預貯金債権に変えるから，厳密にいえば客体の性質を変更することになる。しかしながら，この債権は回収不能の危険がほとんどなく，そのためもあって預貯金は金銭の安全な保管方法と一般に考えられることから，客体の性質の変更と

は捉えられていない。もっとも，かりに預貯金についてペイオフの危険が無視できなくなると，預金保険制度により保護されない（その保護額を超える）預貯金は，客体の性質を変えるものとされることがあるかもしれない。

(3) 改良行為　　改良行為とは，財産の価値を増加させる行為である。家に造作を施すこと，畑を宅地にすることが，その例である。ただし，改良行為も，客体の性質を変えるものは許されない（103条2号）。たとえば，上記のうち畑を宅地に変えるための契約は許されない。

4 復 代 理

1 復代理とは何か

代理人は，代理権を与えられた事項について，原則として自ら代理行為をしなければならず（使者など単なる補助者の利用は別），他人に代理させてはならない（**自己執行義務**を負う）とされることがある。任意代理人は，本人からとくに選ばれて代理権を与えられる。法定代理人は，選任者からとくに選ばれて代理権を与えられるか，本人との特別な身分関係ゆえに代理権を与えられる。つまり，代理人は，その個性を重視されて代理権を与えられる。そうであるのに，代理人が代理行為を他人にさせることができるとすると，その者がとくに代理権を授与されたことの意味が失われることになりかねないとも考えられるからである。

もっとも，たとえば，契約寸前に代理人が急病のため代理行為をすることができなくなった場合や，ある行為について代理人より適任の者がある場合には，別人に代理させるほうが，本人の意思や利益にかなうことがある。そこで，代理人（**本代理人**）は，代理権を有する行為について，一定の場合に本人のために別の代理人（**復代理人**）を選任（**復任**）することができるとされている。この場合，有効に選任された復代理人のした代理行為は，本人に直接効果を生ずる。これを，**復代理**と呼ぶ。

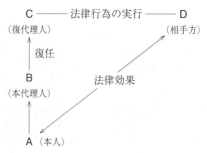

❷ 代理人の復任権

代理人がどのような場合に復任を許されるかは，任意代理人と法定代理人とで異なる。

1 任意代理人の復任権 任意代理人は，原則として自己執行義務を負い，本人の許諾を得たときか，やむをえない事由があるときにのみ，復任をすることができる（104条）。これ以外の場合にされた復任は無効であり，その復任を受けた者が本人の代理人としてした行為は無権代理行為となる。

任意代理の本人は，法律関係を自己の意思により自由に形成することができる（私的自治の原則）。代理人の選任も法律行為であるため，本人の意思に基づいてされるべきである。ところが，復任は，任意代理人が本人の意思によらずに本人の代理人を選ぶことを可能にする。そのため，任意代理人の復任権は狭く限定されている。この限定の結果として，任意代理人は，広く自己執行義務を負うことになる。ただ，任意代理人は自由に辞任することができるので（651条1項参照），それが任意代理人の過重負担になるわけではない。

<table>
<tr><td>発展
学習</td><td>**主張立証責任の所在と，民法104条の「やむを得ない事由」の判断**</td></tr>
</table>

本人は，本来，自己の選任しない者による代理行為の効果を引き受けなくてよい。したがって，104条の適用によって，本人への例外的な効果帰属が認められることになる。そのため，代理の効果を求める者が，①本代理人への代理権授与行為，②復代理人選任行為と，③本代理人が選任の許諾を本人から得たこと，または選任についてやむをえない事由があったこと（を基礎づける具体的事実）を主張・立証しなければならない。なお，やむをえない事由があったと認められるためには，復任権限定の趣旨から，本代理人が自ら代理行為をすることについて支障があったこと，および，復任しなければ本人の利益が害され，かつ，本人の諾否の判断を待てない状況にあったことを要すると解される。

---

2 法定代理人の復任権 法定代理人は，自己執行義務を負わず，自由に復任することができる（105条前段）。

法定代理の本人は，もともと代理人選任の自由を有しない。したがって，本人の事務を実際に誰が処理するかを法定代理人の判断に委ねることにしても，支障はない。また，法定代理人には，代理権の範囲が極めて広く，かつ，辞任の自由を有しない者もある（例：親権者，未成年後見人，成年後見人）。このような代理人にとって，自己執行義務は過重な負担となる。そのため，自己執行義務を課すと，いい加減な代理行為によって本人の利益が害されたり，代理人の成り手をみつけることが困難になったりする恐れもある。こういった事情から，法定代理人は，

自由な復任権を認められている。

❸ 復任がされた場合の法律関係

1　**本人と復代理人との間の法律関係**　　復代理人が復任された行為を本人の代理人としてしたときは，その行為の効力は直接本人に生ずる（106条1項）。また，復代理人は，本人に対して，その有する権限の範囲内で「代理人と同一の権利を有し，義務を負う」（106条2項）。

2　**本代理人と復代理人との間の法律関係**　　本代理人と復代理人との間には，委任（や雇用などの）契約がある。したがって，両者の法律関係は，その契約によって定まる。

3　**本人と本代理人との間の法律関係**

*(1)　**法律関係の存続**　　*復任が有効にされても，本人と本代理人との間の法律関係は影響を受けず，本代理人は代理権を失わない。したがって，本代理人がその後にした代理行為も，本人に効果を生ずる。

*(2)　**復代理人の行為についての本代理人の責任**　　*本代理人が復代理人を選任し，復代理人が代理行為をする場合，本代理人は，代理行為をいわば代行させていることになる。そのため，復代理人の行為により本人に損害が生じたならば，場合によっては本代理人がその責任を負うべきである。この責任に関し，民法には，法定代理人についてのみとくに規定が設けられている。

任意代理人についても以前は規定が設けられていたが，平成29年民法改正により，その規定は削除された。その結果，適法に選任された復代理人が本人のためにした行為は，任意代理人にとって，本人との間の委任契約上の義務の第三者を用いた履行にあたるため，任意代理人は，本人に対し，債務不履行責任の一般原則に従って責任を負う（債務不履行責任の一般原則については，債権法の解説に委ねる）。

これに対し，法定代理人は，原則として，復代理人の行為すべてについて責任を負わなければならない（105条前段。「自己の責任で」）。法定代理人は自由に復任をすることができるため，法定代理人のいい加減な復任によって，本人に不利益を生ずる恐れがある。この危険を避け，本人の利益を守るために，法定代理人に対して重い責任が課されている。ただし，やむをえない事情があって復任をした場合には，法定代理人の責任を重くすべき前述の理由があたらないことから，法定代理人は，本人に対し，復代理人の選任または監督についての

責任のみを負うこととされている（105条後段）。

復代理人のした行為についての任意代理人の責任に関する改正前民法105条の削除

改正前105条は，任意代理人は，復代理人を選任した場合，復代理人の選任および監督について本人に対し責任を負うことを原則とし，本人の指名に従って復代理人を選任したときは，復代理人の不適任または不誠実を知りながら，本人にその旨を通知することも解任することも怠ったときにのみ，責任を負うとしていた。

復代理人が本人のためにした行為は，本文でも述べたとおり，任意代理人にとって，本人との間の委任契約上の義務の第三者を用いた履行にあたる。改正前の学説には，改正前105条のように，民法の明文の規定が債務の履行の全部を独立の第三者に任せることを債務者に許容している場合（改正前105条のほか，同658条2項および同1016条2項があった）には，債務者は，その第三者の選任または監督につき過失があったときにのみ責任を負うとすること（債務者の責任を軽減すること）が妥当である，とする見解があった。しかしながら，復代理人が適法に選任されたとしても，本代理人は，自ら代理行為をすることができ，代理による法律関係の形成につき本人に対し**善管注意義務**を変わらず負う。復代理人は，その本代理人に代わって行為をするものにすぎない。そうすると，先の場合に本代理人は責任を負わないとすることは，復代理人の適法な選任を，本代理人が善管注意義務を負うべき場合を限定する事由，すなわち本代理人の義務の軽減の事由と認めることを意味する。しかしながら，復任を許諾する本人の通常の意思は，別人に代理させることを解禁するが，その別人によっても本代理人が求められるのと同様の注意義務をもって代理行為がされるべきである，というものであると考えられ，復任の許諾は，通常，注意義務の水準の切下げを認める趣旨を含まないはずである。やむをえない事由があるときの復任であっても，本人は，そのやむをえない事由がある状況のもとで本代理人に求められる注意義務の水準をもって代理行為がされることを，保障されてしかるべきであろう。したがって，復任が適法にされたという一事をもって，本代理人が善管注意義務を負う場面を復代理人の選任および監督に限定することは，適当とはいえない。また，復代理人となるべき者を本人が指名する場合も，本人が適性を判断して責任をもって指名することもあれば，本代理人の関与を前提に指名することもある。したがって，本人の指名に従って復任したという一事をもって本代理人の注意義務をさらに軽減することも，適当とはいえない。

こういったことから，平成29年民法改正において，改正前105条は削除された（なお，改正前658条2項および同1016条2項も削除された）。

<u>5</u> 代理権の行使の制限

代理人は，代理権の範囲内の行為であっても，代理権の行使を制限されることがある。

■1 共 同 代 理

同一の行為（たとえば，物品の購入や金銭の貸付けを受けること）について，複数人が同時に代理権を与えられることがある。この場合，原則として，各代理人は

単独で代理することができる。もっとも，共同して代理せよ，とされる場合もある。このような場合を，**共同代理**という。たとえば，818条3項は，父母の親権行使につき共同代理を原則としている。任意代理の場合には，本人が共同代理の指定をすることができる。共同代理の定めに反して代理人の一部が本人の名においてした行為は，無権代理行為となる（ただし，父母の親権行使としての共同代理については，825条参照）。

　共同代理は，法律関係の形成を慎重にさせるために指定される。そこで，受働代理は，共同代理の指定があっても，各代理人が単独ですることができるとされている。通常，意思表示を受けることについて慎重であることが求められることはなく，受働代理も共同でしなければならないとすると，相手方に不利益を生ずることがあるからである（たとえば，建物賃借人が多数の代理人を選任して共同代理の指定をすると，賃貸人は，契約解除のために著しく煩雑な手続を要することになる）。

 主張立証責任の所在
　　任意代理の場合，代理人が複数あるとは限らず，複数あるときも単独代理が原則である。そのため，共同代理の指定の主張・立証責任は，代理の効果を争う者にある。

２　利益相反行為，代理権の濫用

Case 44
　Aが，所有する甲土地の管理または処分にかかる行為，および他から融資を受けることについて，Bに代理権を与えた。
　①Bが，自己のAに対する債権を担保するために，Aの代理人として自己との間で甲土地に抵当権を設定する契約を締結した。
　②Bが，Cから担保付で他に融資をする代理権を与えられていたので，AとC両者の代理人として，CがAに2000万円を貸し付ける契約と，これによるCの貸付債権を担保するために甲土地に抵当権を設定する契約を締結した。
　③Bが，Dの自己に対する債権を担保するために，Aの代理人としてDとの間で甲土地に抵当権を設定する契約を締結した。
　④Bが，EのFに対する債権を担保するために，Aの代理人としてEとの間で甲土地に抵当権を設定する契約を締結した。

 　　土地に抵当権を設定することは，土地の処分行為の一種である。そのため，①〜④の契約はすべて，客観的にBが代理権を有する行為にあたる。そうすると，Bがした抵当権設定契約の効力はAに生ずる，つまり，Aが所有する甲土地にB，C，DまたはEの抵当権が設定されるという効果が生ずることになりそうである。
　　　しかしながら，代理権は，通常，本人の利益を図るために与えられる。ところが，①と②ではBが一人で契約を成立させるため，③では契約によってBが利益

を得る立場にあるため，Ａの利益が害される恐れが定型的にあり，実際にＡの利益が害されるかもしれない。また，④では，ＡとＥまたはＦとの関係次第で，抵当権の設定がＡにとって何の利益にもならないことがある。こういった場合にも，代理行為の効果をそのまま認めてよいか。これが，ここでの問題である。

1　**自己契約，双方代理**　　代理人が自らを相手方として本人のためにする契約を**自己契約**，代理人が法律行為の両当事者をともに代理してする行為を**双方代理**という。

自己契約では，本人（Ａ）と代理人（Ｂ）の利益が相反する。双方代理では，本人どうし（ＡとＣ）の利益が相反する。それにもかかわらず，法律行為の内容を一人の者（Ｂ）が決められるとなると，内容の妥当性が確保されず，自己契約では本人の，双方代理では本人のいずれか一方の利益が害される危険が定型的に大きい。そこで，自己契約および双方代理は，代理人が客観的には代理権の範囲に属する行為をしているときであっても，本人の利益を守るために原則として無権代理行為とみなされる（108条1項本文。この趣旨は，**利益相反行為の制限**と表現されている〔なお，親権者（826条），未成年後見人（860条），NPO法人の理事（NPO 17条の4）等，利益相反行為について代理権を有しないとされる者がある。それらの者がした自己契約，双方代理は，無権代理行為である〕）。その結果，無権代理に関する規定が適用される。そのため，たとえば，その行為は追認可能である。ただし，相手方が悪意であるため（双方代理の場合，本人は，無権代理の相手方の立場にあることを主張するために双方代理を許諾したか，追認したことを要し，そのときには101条2項が適用されることになるから，悪意となる），表見代理と117条の無権代理人の責任は成立しない。また，115条による相手方の取消権もない。

自己契約または双方代理の制限が本人の利益の保護を目的とするのであれば，その保護を考える必要のない行為について，例外を認めてよい。そこで，本人が当該の自己契約または双方代理をあらかじめ許諾したときは，その行為の効果は本人に帰属する（108条1項ただし書。双方代理の場合には，双方の本人の許諾が必要である）。自己の利益に対する危険を覚悟の上で許しているなら，本人をそれ以上保護する必要はないからである。また，既存債務の履行についても，自己契約または双方代理が許される（108条1項ただし書）。たとえば，Ａの財産管理全般を任され，それにより報酬を得ているＢは，支払日が到来した報酬をＡの財産から自ら支払い，受けることができる。すでに債務があって履行期が到来している場合には，いずれにせよ履行しなければならず，その履行によって本人に不利益が生

ずるわけではないからである。さらに，債務の履行にあたらなくても，本人に新たな不利益を生じない行為については，自己契約または双方代理が許される（たとえば，当事者間で契約条項があらかじめ取り決められている場合の公正証書作成〔最判昭和26・6・1民集5巻7号367頁〕）。

> Case 44 では，原則として，①②ともBがした行為は無権代理行為とみなされるため，①のBも，②のCも，抵当権を取得しない（②では，Cは，Aに対する貸付金債権も取得しない）。ただし，①では，AがBの自己契約による当該抵当権の設定をあらかじめ許諾していたときは，Bは抵当権を取得することができる。②では，AとCがともにBの双方代理による貸付けをあらかじめ許諾しており，かつ，AがBの双方代理による当該抵当権の設定をあらかじめ許諾していたときは，Cは，Aに対する貸付金債権およびその債権を担保するための抵当権を取得する（貸付けの契約については，貸付金の返済がされなければCが不利益を受けることがありうるから，Cの許諾も必要である。抵当権設定契約については，Cは抵当権を取得するだけであり，Cに何ら負担を生じないから，Cの許諾は不要である）。

2　その他の利益相反行為（一般的利益相反行為）　自己契約と双方代理が制限される理由は，上述のとおり，（一方の）本人の利益が害される危険性が定型的に大きいことにある。これと同じことは， Case 44 ③のように代理人が自己の債務につき本人を物上保証人にする契約を債権者との間で締結する場合など，自己契約にも双方代理にもあたらないものの，本人と代理人の利益が相反する行為（**一般的利益相反行為**）にもあてはまる。そのため，一般的利益相反行為も，本人があらかじめ許諾したものを除き，無権代理行為とみなされる（108条2項。親権者，未成年後見人，NPO法人の理事等，利益相反行為について代理権を有しないとされている者の場合，無権代理行為である）。その結果，無権代理に関する規定が適用されるが，利益相反行為であることを相手方は知っているか，知らなかったとしても（重大な）過失があるといえるから，相手方が本人のあらかじめの許諾があると信じ，そう信ずるについて正当な理由があるのでなければ，表見代理が成立することはない。

そのうえで，どのような行為が一般的利益相反行為に該当するかが問題になる。

一般的利益相反行為にあたるかどうかは，826条にいう利益相反行為に関する判例（最判昭和42・4・18民集21巻3号671頁）と同様に，代理人の動機や意図からではなく，行為の外形から客観的に判断すべきであると考えられる（以下，「外形判断説」という）。利益相反行為であるとなると当該行為は無権代理行為とみなさ

れ，法律関係が不安定になる。とりわけ行為の相手方にとって好ましくなく，また取引社会にとっても同様であるそのような状況を，他人が窺い知ることのできない代理人の内心の事情によって生じさせるべきではない。そこで，利益相反行為に該当するか否かは，相手方も当然に知ることができる当該行為の外形から客観的に判断されるべきである。

> ***Case 44*** ③の抵当権設定契約は，Bの債務を担保するものである。そのため，一方で，本人Aにとって，抵当権の負担，およびその抵当権が実行された場合に甲土地の喪失という不利益が生ずること，他方で，Bが，自己の債務が担保され，抵当権が実行されればその債務がDとの関係では全部または一部消滅するという利益を受けることが，契約の内容から当然に明らかになる。そのため，この契約は一般的利益相反行為に該当し，無権代理行為とみなされることになり，Dは，抵当権を取得することができない。ただし，Aが，その抵当権の設定をあらかじめ許諾していたときは，Dは抵当権を取得することができる。
>
> それに対し，***Case 44*** ④の抵当権設定契約は，Aがその所有する甲土地に抵当権の負担を受けることになるが，それによって外形上利益を受けるのはFであるため，外形判断説によれば，（EまたはFが法人であり，Bがその代表者である場合など，BとEまたはFの別人格性が否定されるべき場合を除き）一般的利益相反行為に該当しない。これは，たとえば，AにEまたはFの利益を図る理由がないところ，Bが，EまたはFが自己の取引先であるためその利益を図ろうとした場合など，実質的にみればAの不利益においてBが利益を受ける関係にあるときであっても，同じである。

主張立証責任の所在
108条の規定だけをみれば，自己契約，双方代理または一般的利益相反行為にあたることは，無権代理行為の擬制という効果を求める者が主張・立証すべきことであり，本人の許諾など例外にあたる事実の主張・立証責任は，代理の効果を求める者にあることになる。もっとも，代理人がした契約の本人に対する効果を主張する場合には，その契約の締結を主張立証することにより，自己契約または双方代理であることは当然に明らかになる。一般的利益相反行為に該当することも，外形判断説によるならば，通常，明らかになる（***Case 44*** ④において，Bが法人Eの代表者である場合など，当該行為によって利益を受ける者と代理人の別人格性が否定されるときは別）。そのため，本人の許諾など例外にあたる事実をあわせて主張立証しなければ，契約の本人に対する効果は認められない。

3 代理権の濫用

Case 45

高齢になり，財産の管理に不安を覚えるようになったAは，所有する不動産全部の管理および処分を長男Bに任せ，そのために必要な行為の代理権をBに与えていた。

Bが，Aの所有する甲土地（取引評価額3000万円程度）をAの代理人として3000万円でCに売却し，この売買を原因としてA名義からC名義への所有権移転登記がされた。Bは，代金を自ら費消する目的でこの売買をしていた。

1　**代理権の濫用**　　一般的利益相反行為にあたるか否かを外形判断説により定める場合，*Case 44* ④の抵当権設定契約が108条によって無権代理行為とみなされることはない。しかしながら，代理権は本人の利益を図るために代理人に与えられるという通常の場合，EまたはFの利益を図る理由がAにないときは，その契約は，代理権授与の趣旨を逸脱するものであり，Aとの関係ではされるべきでないものということができる。*Case 45* の代理人Bが代金を着服する目的でした売買も，代理権授与の趣旨に反すること，Aとの関係ではされるべきでないものであることは明らかである。

　利益相反行為が，本人の利益を図るためにあるという代理権授与の通常の趣旨からの逸脱を理由として無権代理行為とみなされることからすれば，これらの場合も，無権代理行為とみなされることがあってよいはずである。ただ，これらの場合，利益相反行為と異なり，代理権授与の通常の趣旨からの逸脱が外形上明らかとはいえない。そのため，効果は本人に帰属すると信じた代理行為の相手方を保護する必要もある。そこで，「代理人が自己又は第三者の利益を図る目的で」した「代理権の範囲内の行為」は，原則として本人にその効力を生ずるものの，「相手方がその目的を知り，又は知ることができたときは」，「代理権を有しない者がした行為」とみなされる（107条）。ここにいう「代理権の範囲内の行為」を，**代理権の濫用**という。

　無権代理行為とみなされる場合には，無権代理に関する規定が適用される。ただし，この場合，相手方が代理権の濫用であることを知っているか，知ることができたのであるから，表見代理が成立することはない。

　なお，代理権の濫用は，各種の代理人（任意代理人，法定代理人，法人の理事）について問題となる。

2　**代理人の「自己又は第三者の利益を図る目的」**　　107条は，「代理人が自己又は第三者の利益を図る目的」でした代理行為は無権代理行為とみなされることがあるとしている。これを字義どおりにとれば，たとえば *Case 44* ④のように本人が他人の債務につき物上保証することになる契約は，客観的に「第三者の利益を図る」ものであり，その利益を図る「目的」でされることは明らかである

から，代理権の濫用にあたることになりそうである。そして，代理行為の相手方（*Case 44* ④ではE）も自己の利益が図られることを当然知っているから，すべて無権代理行為とみなされることになる。しかしながら，たとえば *Case 44* ④において，AとFの間に継続的な取引関係がある，FがAの生活の面倒をほぼ全面的にみているといった事情から，Fの債務の物上保証がAの利益になることがあり，Aのその利益を考慮して代理行為がされることもある。そのような場合，Bがした抵当権設定契約を代理権の濫用とし，無権代理行為とみなす必要はない。そうすると，どのような場合に代理人は「自己又は第三者の利益を図る目的」で代理行為をしたとすべきかが問題になる。

代理権の範囲内でされた行為であるにもかかわらず無権代理行為と同様に扱われるのは，その行為が，代理権授与の趣旨を逸脱するものだからである。そのため，代理権授与の趣旨を逸脱して代理人または第三者の利益を図る目的でされた行為が，代理権の濫用とされるべきである。そして，ここにいう代理権授与の趣旨とは，代理行為により本人の利益を図ることをいうから，代理権の濫用となるためには，代理人が，本人の利益（経済的な利益だけでなく，生活上の利益，意思または希望をかなえる利益を含む）を無視して自己または第三者の利益（これも経済的利益に限られない）を図る目的で，代理人として行為をしたことが必要である。

107条は，平成29年民法改正において，同改正前に判例において代理の濫用にあたるとされていた場合について扱いを明確化するために新設された規定である。同改正前の判例においても，代理権の濫用となる場合については上記と同様に解されていた（任意代理権の濫用についての最判昭和42・4・20民集21巻3号697頁〔百選Ⅰ26〕，〔親権者による〕法定代理権の濫用についての最判平成4・12・10民集46巻9号2727頁〔百選Ⅲ49〕，法人理事の代理権の濫用についての最判昭和38・9・5民集17巻8号909頁等を参照）。

 代理権の種類と代理権の濫用
　　代理権授与の趣旨は，代理権の種類によって異なりうる。そのため，代理権の濫用となる場合も，代理権の種類によって異なりうる。
　　たとえば，親権者による法定代理権の濫用について，前掲最判平成4・12・10は，「子の利益を無視して自己又は第三者の利益を図ることのみを目的としてされるなど，親権者に子を代理する権限を授与した法の趣旨に著しく反すると認められる特段の事情が存」する場合に，代理権の濫用になるとしている。これによると，親権者の法定代理権の行使が代理権の濫用となる場合は，相当限定されることになる。その基礎には，親権者の裁量を広く認めることで子の福祉または保護を図るという，親権者に対する法定代理権の授与の趣旨についての理解がある。

法人の理事についても，法人運営についての判断をその裁量に（相当）広く委ねることが適当であるという観点が，その代理権授与の趣旨に含まれている。これによると，代理権の濫用となる場合はある程度限定されることになる。

　　それに対し，任意代理人については，そのような限定が一般的に認められることはなく，本人と代理人の間の個別事情から判断されることになる。

3　相手方の主観的態様

代理権の範囲内でされた代理人としての行為は，代理権の濫用にあたる場合であっても，そのことが行為の外形から客観的に明らかになるわけではない。そのため，行為の効力（本人への効果帰属）に対する相手方の信頼を保護する必要がある。そこで，相手方が2に述べた代理人の目的を知っていたか，知ることができたときに，無権代理行為とみなされる（107条）。

> **Case 45** の売買契約は，Bが代金を自ら費消する目的でしたものであり，代理権の濫用にあたる。そのため，CがBのその目的を知っていたか，知ることができたときは，無権代理行為とみなされ，Aは，たとえばC名義への所有権移転登記の抹消登記手続をCに求めることができる。もっとも，CがBから告げられるなどして着服意図を知っていたときはともかくとして，そうでなければ，適正価格の売買であることもあり，Bがその売買をすることについて，またはその売買をするにあたって，Bの着服を疑うべき具体的事情がなければ，Cが知ることができたと認められることはないと考えられる。
>
> 　これに対し，**Case 44** ④の抵当権設定契約は，BがAの任意代理人か，法人Aの理事か，未成年者Aの法定代理人か等によって，代理権の濫用にあたるかどうかの判断が異なりうる。そのうえで，代理権の濫用にあたる場合には，Eがそのことを知り，または知ることができたと認められるときに，その契約は無権代理行為とみなされ，Aは，たとえば抵当権設定登記の抹消登記手続をEに求めることができる。ところで，Aは他人Fの債務を物上保証することになるが，他人の債務の物上保証は，それをするだけの理由が不動産所有者になければ，通常されることではない。これは，物上保証を受ける者も当然理解しているべきことである。そのため，Eは，その理由があると考えてよい状況でなければ，AがFの債務を物上保証する理由について，その事情のもとで適切な調査確認をすることなくBとの間で契約を締結していたときは，代理権の濫用であることを知ることができたとされても仕方がない。

　主張立証責任の所在

　　相手方（C）が，Bとの間の契約締結，その際のAのためにすることの表示（顕名），その契約締結に先立つBの代理権の発生原因事実を主張・立証することにより，当該契約の効果が本人に生じたと認められる。これに対し，Aは，①Bがその契約を自己または第三者の利益を図る目的でしたこと，②Cが①を知っていたこと，または知ることができたこと（規範的要件であるため，厳密にいえば，この評価を根拠づける事実。Cは，そ

の評価を妨げる事実を再抗弁として主張・立証することができる）を主張・立証することにより、その契約の自己に対する効果を否定することができる。

補論 **107条が定める相手方の主観的保護要件**

　107条が定める相手方の主観的保護要件には、疑問がある。

　平成29年民法改正前の判例は、代理権の濫用の場合、代理人の行為は原則として本人に効力を生ずるとしつつ、改正前93条ただし書（現93条1項ただし書）が類推適用されるとしていた。そして、平成29年民法改正では、93条ただし書は（93条1項ただし書となっただけで）そのまま維持され、代理権の濫用についても、107条において従前の判例の立場が採用された。しかしながら、問題となる事情を「知ることができた」相手方（以下、「過失ある相手方」という）の保護を否定する理由は、心裡留保と代理権の濫用では異なる。心裡留保の場合、表意者は、確かに意図的に真意でない表示をしているが、その表示がされる事情は様々であり、一概に強い非難に値しないということにある（そのような考え方に対する疑問も含めて、p. 118 の **補論**）。それに対し、代理権の濫用の場合には、本人は、代理人に「裏切られた（被害）者」であり、保護に値するということであろう。

　確かに、代理権を濫用された本人は、「被害者」とみることができ、心裡留保者より保護に値するともいえる。そうであれば、かりに過失ある相手方の保護を否定することが心裡留保の場合には不当であるとしても、代理権の濫用の場合には問題ないことになる。しかしながら、代理は、本人が代理人を介して法律関係を形成する手段であり、代理人のした行為の結果は、本来、利益・不利益を問わず本人がすべて引き受けるべきものである。代理権の濫用は、代理権を有しない者がした、本人がその結果を本来引き受けなくてよい行為ではない。代理権を有する者がした、本人に対する義務に反する行為にすぎない。そのため、その義務違反による不利益な結果を相手方に転嫁することが認められるとしても、それは、例外的な場合にとどまるべきである。

　しかも、代理人の種類によっては、代理人の権限外行為の場合と代理権の濫用の場合の処理の整合性が疑問になることがある。たとえば、法人の理事や、営業上の代理人である（*Case 62* のBは、商25条1項の使用人にあたる）。これらの代理人については、本人が代理権の事項的範囲に加えられた制限を善意の相手方に対抗することができない旨の規定が設けられていることがある（一般社団財団77条5項・197条、会社349条5項、商21条3項・25条2項など）。その場合、相手方は、知ることが相対的に容易な代理権の範囲については善意であれば保護されるのに、行為の目的という、知ることがより難しい代理人の内心の事情については、知らないことに過失があると保護を否定されることになる。また、本人は、その効果を本来引き受けなくてよいはずの権限外行為の場合よりも、その効果を本来引き受けるべき権限内の行為の一つである代理権の濫用の場合のほうが厚く保護されることになる（従前の判例法理においても同様であったが、それらの判例では、相手方の悪意が認定されていた）。

　さらに、上に挙げた例と異なり、代理人の権限外行為について過失ある相手方の保護が否定される場合についても、相手方には権限外行為かどうかを確実に知る方法はあるが、代理権の濫用かどうかを確実に知る方法はないことを考えれば、107条が過失ある相手方の保護を否定することは、そもそも妥当とはいいがたい。

　こういったことから、少なくとも、同条にいう「知ることができた」という要件は、「当然」知ることができたはずであること、すなわち重大な過失にあたる場合を意味すると解すべきである。

❹ 転得者等の第三者との関係

Case 46

高齢になり，財産の管理に不安を覚えるようになったAは，所有する不動産全部の管理および処分を長男Bに任せ，そのために必要な行為の代理権をBに与えていた。Aの所有する不動産のなかに，甲土地があった。

①Bが，Aの代理人として甲土地を3000万円でCに売却し，この売買を原因としてA名義からC名義への所有権移転登記がされた。Bは，代金を自ら費消する目的でこの売買をしており，Cは，そのことを知っていた。その後，Cは，甲土地を3500万円でDに売却し，この売買を原因としてC名義からD名義への所有権移転登記がされた。

②Bが，Aに無断で，自己契約によって甲土地を自ら無償で譲り受け，贈与を原因としてA名義からB名義への所有権移転登記がされた。その後，Bが甲土地を3500万円でEに売却し，この売買を原因としてB名義からE名義への所有権移転登記がされた。

③Bが，Aに無断で，自己のFに対する債務の代物弁済としてAがFに甲土地を譲渡する契約を締結し，この契約を原因としてA名義からF名義への所有権移転登記がされた。その後，Fが甲土地を3500万円でGに売却し，この売買を原因としてF名義からG名義への所有権移転登記がされた。

> 問題の所在　①でBがした売買契約は107条により，②でBがした贈与契約は108条1項により，③でBがした代物弁済契約は108条2項により，無権代理行為とみなされる。そのため，①のC，②のB，③のFは，いずれも甲土地の所有権を取得していない。したがって，①のD，②のE，③のGは，無権利者との間で売買契約をしていたことになり，本来，甲土地の所有権を取得することができない。しかしながら，登記名義から，DはCを，EはBを，GはFを甲土地の所有者と（過失なく）信じていたこともありうる。そのような場合に，D，E，Gを保護する必要はないか。これが，ここでの問題である。

代理権の濫用について，平成29年民法改正により107条が新設される前の判例は，代理人の行為は原則として本人に効力を生ずるとしつつ，改正前93条ただし書（現93条1項ただし書）が類推適用されるとしていた。そして，その類推適用によって相手方との関係で本人が代理行為の効力を否定することができる場合の第三者の保護に関し，94条2項が類推適用されるとしていた（最判昭和44・11・14民集23巻11号2023頁。当時は，現93条2項にあたる規定がなかった）。学説では，これについて，改正前93条ただし書による意思表示の無効の場合には94条2項が類推適用されるため，改正前93条ただし書の類推適用により行為の効力が否定されるときも同様に解されると，形式的に説明されることが多かった。

ところが，平成29年民法改正では，心裡留保による意思表示の無効については，

善意の第三者を保護する規定（93条2項）が新設されたのに対し，代理権の濫用に関する107条には第三者保護規定が設けられなかった。そのため，第三者の保護は，無権利者との間で権利を取得すべき行為をした者一般に適用される規定または法理により図られることになる。その場合，従前の判例と同じく94条2項の類推適用がされうるものの（なお，93条2項が設けられた現在では，93条2項の類推適用とすることも考えられる〔⇒p. 138の(2)参照〕），その類推適用は，上記のような形式論理から当然に認められることはなく，代理権の濫用の相手方が権利を有するという虚偽の外形の作出または存続につき，本人の意思的関与があるときにされることになる。もっとも，ここにいう本人の意思的関与については，代理権の濫用によって他人が作出した外形を本人がその後に承認し，またはあえて放置したことと捉えること（⇒p. 138の(2)参照）のほかに，代理権の濫用は代理人による代理権の範囲内の行為であるために，本人の意思的関与が当然に認められる，と解することも可能であると思われる（いずれと解するかは，107条により代理権の濫用が無権代理行為と擬制される趣旨の理解次第になると思われる。代理権の濫用は代理人に元来許されていない行為であり，本人は無権代理行為と同様の保護を受けて然るべきであることから，107条において無権代理行為と擬制されていると解するならば，前者となる。それに対し，107条は，代理権の範囲内にあり本人に効果が本来帰属すべき行為について，主観的態様において保護に値しない相手方との関係で，無権代理行為の擬制という構成により本人を保護したものであると解するならば，後者のように考えることもできる）。

　代理人の行為が利益相反行為（自己契約，双方代理，一般的利益相反行為）であるため無権代理行為とみなされるときも，代理権の濫用に関して上に述べたことと同様に解される。

> **Case 46** ①～③では，D，E，Gが保護されるとすれば，94条2項が類推適用されるときである。
>
> 　Bがした①の売買契約，②の贈与契約，③の代物弁済契約はいずれもBの代理権の範囲内の行為であるから，その効果は本来Aに帰属すべきものであり，Aは，保護に値しないC，B，Fとの関係でその帰属を否定することができるだけであると解するならば，DがCの，EがBの，GがFの無権利を知らなければ，94条2項類推適用により，D，E，Gは甲土地の所有権を取得したと認められる。
>
> 　それに対し，擬制によるものであるとはいえ無権代理行為と扱われる以上，Aは，Bがした①の売買契約，②の贈与契約，③の代物弁済契約の結果を本来引き受けなくてよいと解するならば，Aが，①ではC名義の，②ではB名義の，③ではF名義の登記を承認し，またはあえて放置したと認められるのでなければ，94条2項の類

推適用によりD，EまたはGが保護されることはない。

6 代理権の消滅

代理権も，原因があれば消滅する。その原因には，任意代理権と法定代理権に共通のものと，それぞれに特有のものがある。そのうち，法定代理権に特有の消滅原因は，それぞれの代理権ごとに規定されている（例：不在者財産管理人について25条2項・26条，父母の親権について834条・835条・837条1項，後見人について844条・846条）。その結果，民法第1編総則では，法定代理権と任意代理権に共通する消滅原因と，任意代理権に特有の消滅原因が規定されている。

■ 法定代理権と任意代理権に共通する消滅原因

法定代理権，任意代理権とも，本人の死亡（ただし，商行為については，商506条に例外がある），代理人の死亡，代理人についての破産手続開始決定，代理人についての後見開始の審判により消滅する（111条1項）。

■ 任意代理権に特有の消滅原因

任意代理権は，委任の終了により消滅する（111条2項。委任の終了原因については，651条1項または653条に定められた事由のほか，委任事務の完了や委任期間の満了などがある）。

3 代 理 行 為

1 意　　義

代理行為とは，能働代理においては，他人（代理人）が，代理権を有する事項について，「本人のためにする」ことを示して意思表示をすることである。受働代理においては，相手方が「本人のため」であると示してした意思表示を，それを受領する代理権を有する他人（代理人）が受領することである。

2 顕　　名

■ 顕名とは何か

代理人は，意思表示をするに際して，「本人のためにすることを示」すべきこ

ととされている（99条1項）。本人のためにすると示すことを，**顕名**という。

「本人のためにすることを示して」とは，法律行為の当事者となる者を明らかにして，という意味である。「本人の名において」と表現されることもある。

顕名がされなければ，意思表示は，表意者自身に効果を生ずると理解されることが普通である。顕名は，そのような誤解を生じないようにするためのものである。顕名がされれば，代理人はその意思表示の効果を免れる（もっとも，このことについて，p. 299 の 発展学習 も参照）。

99条2項は，第三者がする意思表示について，1項を準用している。その意味は，相手方が，自己の意思表示は代理人に対してではなく，本人に対してするものであるという趣旨を代理人に示す，ということである。

❷ 顕名がない場合の効果

Case 47

Aが，Bに，競走馬の購入を依頼していた。

① Bは，Cに，「買主Aのために，あなたが所有する競走馬甲を購入したい」と述べた。

② Bは，Cに，「あなたが所有する競走馬甲を購入したい」とだけ述べた。

> 問題の所在 　競走馬の売買では，Aが買主になることも，Bが買主になることもある。そのため，Cからすれば，買主は別人であるとBが明らかにしない場合，特段の事情がなければ，Bを買主と信じることが普通であろう。これを避けるために，①では，Bは，Aが買主になることを明示している。ところが，②ではその明示がない。このような場合に法律関係はどうなるかが，ここでの問題である。

代理人が顕名をせずにした意思表示は，代理人自身の意思表示とみなされる（100条本文）。顕名がされなければ，通常，その効果は表意者自身に生ずると理解される。ところが，代理権を有する表意者が，実際には本人への効果帰属を欲していることがある。この場合，表意者に意思の不存在の錯誤（95条1項1号の錯誤）があるようにみえる。しかしながら，100条本文により代理人自身の意思表示とみなされるため，この錯誤の主張は封じられる。これは，表意者自身の意思表示と信じた相手方を保護するためである。

そうであれば，相手方が保護に値しないときは，別としてよい。そこで，相手方が意思表示に際して代理行為であることを知り，または知ることができたときは，その意思表示の効力は本人に生ずることとされている（100条ただし書）。

Case 47 ②では，原則として，Bは代理行為であると主張することができない。したがって，Cからの代金支払の請求に応じなければならない。しかしながら，たとえば，Bが従来もっぱらAの代理人としてCから競走馬を購入し，顕名がされなかったときもAを買主とする売買とされてきたような場合には，今回の取引についても，黙示の顕名があるか，そうでなくても，BがAの代理人として行為していることを，Cは少なくとも知ることができたはずである。その場合，Aは，Cに甲の引渡しを請求することができ，Bは，Cからの代金支払請求を拒むことができる。

  主張立証責任の所在

100条ただし書の要件は，顕名の存在に代わるものであるから，代理の効果を求める者に主張・立証責任がある。

  100条ただし書の意味

100条は，「代理人が本人のためにすることを示さないで」としているので，文理上は，本文，ただし書ともに，顕名がない場合の規定ということになる。上記の説明は，これを前提にしている。

しかしながら，100条ただし書を顕名のない場合の規定であると解すると，代理の場合に限って，表意者の内心の意思（本人のためであるという意思）によって，意思表示の内容が定められることになる。もちろん，それは，相手方が表意者（代理しようとした者）の意思を知っていたか，知ることができた場合に限られる。しかしながら，相手方がその意思を知っていた場合はともかくとして（意思表示解釈に関する付与意味基準説によるならば，この場合，表意者の意思に従って代理行為であると認められる），過失によって知らなかった場合も，表意者の内心の意思が積極的に表示内容として認められるのは，なぜか。代理人が適切に表示しなかったことの結果は本人が引き受けるべきであるから，この場合に，本人を保護するために代理行為の成立を認める必要はないはずである。他方，相手方も，表意者の意思表示であると理解していたのだから，たまたま表意者の意思がそれと異なると判明したからといって，本人への効果帰属を主張しうるいわれはないはずである。このように考えると，100条ただし書を顕名がされなかった場合の規定とみることは，疑問になる。むしろ，かつて有力であった見解のように，文理には反するけれども，100条ただし書は，顕名は黙示でもよいことを注意的に規定したものと解すべきではないかと思われる。

ところで，100条本文の場合には，代理するという内心の意思に反して自己の表示とされた表意者は，錯誤の主張を封じられる。これに対して，100条ただし書によって代理行為の成立が認められる場合には，表意者との間で法律行為が成立すると信じていた相手方は，95条（1項〜3項）の要件が充たされるならば，錯誤を理由に意思表示を取り消すことができると思われる。明示の顕名があった場合でも，相手方が人違いをしていたときは，錯誤の重要性が認められれば，本人が相手方の重大な過失を根拠づけない限り，相手方は95条により意思表示を取り消すことができる。そうであれば，（明示の）顕名がないのに100条ただし書によって本人との法律行為の成立が認められる場合も，人違いをしたことになる相手方は同様の保護を受けてよいと考えられるからである。

3 代理行為の瑕疵

1 代理行為の瑕疵とは

　代理人と相手方との間の意思表示についても，当事者間の意思表示と同様に，意思表示の瑕疵が生ずることがある。その際，代理行為については，特別の考慮が必要になる。

> ### *Case 48*
> 　Aを代理して，Bが，CのDに対する債権についてAが保証する契約を締結した。
> ① 　Aは，Dの詐欺により保証に応じることにし，Bに代理権を授与していた。
> ② 　Aは，Dから保証の依頼を受け（Dの詐欺はなかった），Bに代理権を授与した。その後に，Bが，Dの詐欺により，Cに対し保証契約締結の意思表示をした。
> ③ 　②において，Cの側では，Eが，Cから代理権を与えられて保証契約を締結していた。

　詐欺により意思表示がされる場合を例にとれば，代理においては，次の三つの事態が考えられる。本人が詐欺により代理権授与の意思表示をし，その代理人は瑕疵なく意思表示をする場合（*Case 48* ①でBへの詐欺はない場合），瑕疵なく選任された代理人が詐欺による意思表示をする場合（*Case 48* ②），本人と代理人がともに詐欺による意思表示をする場合（*Case 48* ①でBへの詐欺もあった場合）である。これらのうち，どの場合に，本人側の意思表示は詐欺によるものであり，取消可能となるかが問題になる。

　次に，第三者の詐欺によりされた意思表示が取消可能であるかどうかは，意思表示の相手方の主観的態様次第である（96条2項）。そこで，相手方の側で代理人が意思表示を受けていた場合（*Case 48* ③），誰の主観的態様によって意思表示の効力が判断されるか（本人の主観的態様か，代理人のそれか）も，問題になる。

　これらの問題を，**代理行為の瑕疵**に関する問題と呼ぶ。

2 原　　則

　代理において意思表示の効力が当事者の主観的事情によって影響を受ける場合には，その事情の存否は，原則として代理人について判断される。すなわち，意思の不存在や瑕疵ある意思表示にあたるかどうかは，代理人について判断され，本人の事情は考慮されない（101条1項）。また，善意もしくは悪意または過失の

5 代　理　　259

有無により意思表示の効力が左右されるときも，それらの事情の存否は，原則として代理人について判断される（101条2項）。代理において意思表示をし，受けるのは代理人であり，本人は意思表示に直接関与しないからである。

> _Case 48_ ②では，代理人Bが詐欺を受けて意思表示をしているから，その意思表示は，CがBへの詐欺を知り，または知ることができたときは（96条2項），取消可能である。③の場合，Cの代理人であるEが悪意または有過失のときは，取消可能である。
> ①では，Bへの詐欺もあり，Bがその詐欺により意思表示をしたのであれば，その意思表示は，Cが悪意または有過失であるときは，取消可能である。それに対し，Bへの詐欺がなければ，Bのした意思表示を詐欺による意思表示として取り消すことはできない。もっとも，この場合も，CがAへの詐欺について悪意または有過失であれば，Aは保証義務の履行を免れると考えられる。すなわち，BがDのAに対する詐欺について悪意または有過失ならば，Aは，自己のBに対する代理権授与の意思表示を取り消すことができ（96条2項），この取消しを悪意または有過失のCに対抗することができる（同条3項）。Aが代理権授与の意思表示を取り消すことができない場合も，悪意または有過失のCによる履行請求は信義則に反し，Aは，保証の実行を免れると考えられる。

3 例 外

意思表示の効力がある事情についての善意もしくは悪意または過失の有無によって左右される場合については，「特定の法律行為をすることを委託された代理人がその行為をしたときは」，本人の悪意または過失も考慮される（101条3項）。

> _Case 48_ ③の場合，Eが善意無過失でも，保証契約がCの委託により締結されたものであり，かつ，Cが，その契約締結の時にDのBに対する詐欺を知り，または知ることができたときは，Bがした意思表示は取消可能である。

101条3項は，平成29年民法改正により，改正前101条2項の文言を，従前の判例（大判明治41・6・10民録14輯665頁）に従い一部削除したものである。改正前の学説では，特定の行為の委託がなくても，本人が代理人をコントロールする可能性を有する場合には，本人の主観的態様を考慮すべきであるとする見解が有力だった。改正によってこの学説が否定されたわけではなく，今後も同様に解する余地はある。

101条3項に関しては，代理行為が本人の委託したものであることと，問題となる事情についての本人の悪意または過失（を根拠づける具体的事実）について，代理行為の効果を求める者に主張・立証責任がある。

補論　任意代理における101条3項の適用範囲の拡大とその理由づけ

民法上，意思表示または法律行為の効力がある事情に関する当事者の悪意または過失によって影響を受けるとされている場合は，数多くある。これらの場合の基礎には，一定の事情を知る（知ることができる）者は，自己の知る（べき）事実に基づいて適切な措置（たとえば，相手方に対する第三者詐欺を知った場合でいえば，相手方にその事実を告げるなどして取消原因を取り除いて契約をすること。以下，利益保護措置と呼ぶ）を講じれば自らの利益を守ることができるのに，それを怠った以上は不利益を受けても仕方がない，という考えがあると思われる。

法律関係の形成を委ねられる代理人は，同時に，その形成に関する利益保護措置を本人のために講ずることも委ねられていると考えられる。そのため，悪意（有過失）の代理人がその措置を怠った場合，その結果は本人が引き受けなければならない。

とくに任意代理の本人は，代理人の利用によって分業の利益を享受する。これは，自己がすべきことを他人にさせることができる，ということである。しかしそれは，他人任せにして，本来自らすべきことをしなくても許される，ということまで意味するものではない。したがって，本人は，利益保護措置を代理人に委ねた場合であっても，自ら講ずることができる利益保護措置を免れるわけではない。本人が，代理人がある法律行為をしようとしていることを知っていた場合において，その法律行為の効力に影響を及ぼすべき事情も知っていた（知ることができた）ときは，本人は，自ら利益保護措置を講ずることも，代理人に事情を伝えてその措置を講じさせることも，できたはずである。それにもかかわらず，本人がこれを怠った場合には，本人は，自己の悪意（過失）の結果を免れることができない。*Case 48* ③でいえば，Cが，Eの結ぼうとしている契約を知っており，相手方代理人Bに対するDの詐欺も知っていたときは，Cは，Eの善意無過失を主張してAによる取消しを免れることはできない。

これによれば，101条3項は，その文言が示す範囲よりも広く適用されてよい（本文に述べた平成29年民法改正前の学説が維持されてよい）。

本人側の詐欺

Case 48 では，本人側の意思表示が瑕疵を帯びたものと認められるのはどのような場合かについて扱った。では，本人側の詐欺の場合は，どうか。

たとえば，Aの代理人Bが，Cとの間で，CがDのAに対する債務を保証する契約を締結したが，Cの意思表示は，①Bの詐欺によるものだった，あるいは，②Aの詐欺によるものだったとする。

101条1項は，代理人が相手方に対してした意思表示の効力が意思表示の瑕疵によって影響を受ける場合について，同条2項および3項は，相手方が代理人に対してした意思表示の効力が本人側の主観的事情によって影響を受ける場合について，それぞれ定めている。したがって，本人側の詐欺等について101条の適用はない。

代理人の詐欺（①）と本人の詐欺（②）は，いずれも，当事者の詐欺として96条1項が適用される。代理人は相手方との間で意思表示をする者であり，本人は代理人を通じて相手方との間で直接法律関係に立つ者だからである。

4 代理人の行為能力

1 制限行為能力者である代理人がした代理行為の効力（一般）

　101条では，代理において意思表示をするのは代理人であることから，意思表示の瑕疵の存否は，原則として代理人について判断するものとされていた。これに対し，「制限行為能力者が代理人としてした行為は，行為能力の制限によっては取り消すことができない」（102条本文）。行為能力制限違反を理由とする取消しは，制限行為能力者を保護するために認められる。ところが，代理の効果は，制限行為能力者である代理人にではなく，本人に生ずる。したがって，制限行為能力者保護の趣旨は，ここではあたらない。また，任意代理の場合には本人が，法定代理の場合には選任権者が，適性を判断して代理人を選任している。そうである以上，行為能力に制限を受けた代理人の行為であっても，本人は効果を引き受けるべきであると考えられるからである。

　なお，代理人が意思能力を有しない状態でした代理行為は，無効と解されている。意思無能力による行為の無効を，意思の不存在を理由とするものと解するときはそれでよいが，意思無能力者という弱者保護のためであるとするときは，上に述べた102条本文の趣旨からすれば，代理行為の無効を認めるべきでないことになりそうにも思われる（制限行為能力者の法定代理人が意思無能力であったときは，次に述べる102条ただし書の趣旨から別である。また，意思無能力であった代理人が本人に対し責任を負わないとする必要はある）。

2 制限行為能力者が他の制限行為能力者の法定代理人である場合

　制限行為能力者を本人とする法定代理は，制限行為能力者である本人を保護するために代理人を付すものであり，いわば，本人の判断能力の不足を法定代理人に行為させることで補うものである。ところが，法定代理人も判断能力の不十分のため当該行為をすることを制限されているときは，法定代理人の行為によってこの「補充」がされることにならない。そこで，その法定代理人がした代理行為は取り消すことができるとされている（102条ただし書）。

> 補論　**制限行為能力者を法定代理人に選任することの当否**
> 　102条ただし書は，制限行為能力者が他の制限行為能力者の法定代理人になることがあることを前提にしている。制限行為能力者が他の制限行為能力者の法定代理人になることができるとされているのは，障害のある者をそうでない者となるべく同様に扱うと

いう理念から，法定代理人への就職資格を制限行為能力者から奪うことは適当でないこと，選任に際して家庭裁判所等が適性を判断するため本人を害する恐れもあまりないと考えられることを，理由とする。しかしながら，一般的にいって，判断能力に問題のある者を保護するための法定代理人に，同じく判断能力に問題のある者をあてるというのでは，本人保護という制度目的の実現を，国家自らが放棄するようなものである（成年被後見人を他の制限行為能力者の法定代理人に選任することは，111条1項2号にも矛盾する）。したがって，制限行為能力者を法定代理人に選任することは避けるべきである。また，選任後に法定代理人の能力が不十分になったとき（制限行為能力者となったとき〔ただし，制限行為能力者の法定代理人が自ら後見開始の審判を受けたときは代理権が消滅する（111条1項2号）〕のほか，補助開始の審判を受けたとき，任意後見が開始したとき）には早急に解任し，他の者を法定代理人にあてるべきであると考えられる（利益を自ら守ることを期待できない他人に大きな不利益をもたらす危険が相当ある以上，制限行為能力者について法定代理人となる資格を制限しても，不当な差別にあたるとは思えない）。

 制限行為能力者が他の制限行為能力者の法定代理人としてした行為について

　(1) **取消権者**　　102条ただし書による代理行為の取消しは，行為の当時いずれも制限行為能力者である本人（A）とその法定代理人（B），それぞれの代理人，承継人または同意権者（以下において，この代理人，承継人または同意権者をまとめて「代理人等」という）がすることができる（120条1項）。

　本人Aとその代理人等が取消権者とされるのは，当該の代理行為による不利益を免れることができるようにするためである。なお，ここにいうAの代理人または同意権者として意味をもつのは，（Bは「制限行為能力者」として取消権を認められるので）B以外の者がこれにあたる場合（例：Aの法定代理人等が複数あるとき〔未成年者Aが父母の共同親権に服するとき，Aの後見人，保佐人または補助人が複数あるとき〕のB以外の法定代理人または同意権者，Bの後任の法定代理人または同意権者）である。

　制限行為能力者である法定代理人Bとその代理人等が取消権者とされているのは，BがAの法定代理人の地位にとどまる間はその法定代理制度を通じて（とりわけBの保護者に行為の効力を判断させることによって）本人Aを保護するためと，Aから代理行為によって被った損害の賠償をBが請求されるなど，Bが法定代理人として行為をしたことにより生じうる不利益を免れることができるようにするためと思われる。

　(2) **取り消すことができない場合**　　制限行為能力者が他の制限行為能力者の法定代理人としてした行為について，その法定代理人の判断能力の不足が補われたものと法的に認めることができる場合には，本人の判断能力の不足も補われているとみることができる。そこで，被保佐人が13条1項に掲げられた行為を他の制限行為能力者の法定代理人としてすることが保佐人の同意を要する行為とされ（13条1項10号。17条1項を介して，被補助人が補助人の同意を要する行為を他の制限行為能力者の法定代理人としてすることも，そのことが補助人の同意を要するものとされたときは，同じである），これにより，被保佐人（または被補助人）がその保佐人（または補助人）の同意を得て法定代理人としてした行為は，取り消すことができないことになる。

　また，成年被後見人が他の制限行為能力者の法定代理人として行為をした場合も含めて（制限行為能力者の法定代理人が自ら後見開始の審判を受けたときは代理権が消滅する〔111条1項2号〕から，これは，被保佐人または制限行為能力者たる被補助人が他の制限行為能力者の法定代理人である場合のほか，成年被後見人である者が他人の成年後見人，保佐人または補助人〔ただし，同意権が与えられた行為について〕に選任されたときを想定して

いることになる〔この選任については，p. 262 の 補論 参照〕。なお，未成年者については，833条・867条1項・847条・876条の2第2項・876条の7第2項から，他の制限行為能力者の法定代理人として行為をすることができることは，まずない〔ただし，親権者である未成年者に，親権者も後見人もない場合の扱いは明確でない〕），制限行為能力者の法定代理人として行為をした制限行為能力者（上記の理由により，未成年者を除く），その代理人，承継人または同意権者が124条に従った追認をしたときは，当該代理行為を取り消すことができなくなる（122条）。125条により追認が擬制されるときも同じである。

3　無権代理論

1　無権代理とは何か

　代理人として行為をした者がその行為について代理権を有しなかったときを**無権代理**，その行為を無権代理行為，その行為をした者を**無権代理人**という。

> **Case 49**
> 　Aの代理人と称するBが，Cとの間で，C所有の甲自動車について，Bの指示する特殊な改造を施して500万円で売買する契約を締結した。ところが，Bは，Aのためにこの契約をする代理権を有しなかった。

　このとき，法律関係は次（**1**～**5**）のようになる。

1　契約の効果帰属先の不存在

　本人と相手方の間に，契約の効力は生じない。代理人として行為をした者に代理権がないからである。

　無権代理人と相手方の間にも，契約の効力は生じない。両者とも，本人を売買の当事者とする点で一致していたからである（ただし，p. 299 の〔発展学習〕）。

> （*Case 49*）では，AとCの間にも，BとCの間にも，売買の効力は生じない。そのため，Cは，AにもBにも，代金の支払を契約上の義務として求めることができない。

　相手方は，期待した履行を得られないというこの事態を，受け入れがたいはずである。とくに任意代理権の有無と範囲は，本人と代理人の内部関係で決められるため，外部の第三者がそれを正確に知ることは難しい。そうであるのに，代理権の不存在の結果を相手方が一方的に負担しなければならないとすると，代理人と称する者との間で契約を締結することは，相手方にとって危険なものになる。この結果を放置すると，相手方になりうる者，つまり社会の人びとが，代理人と称する者との間で契約を締結することを避けることにもなりかねない。

　代理制度は現代の社会において不可欠の制度であるため，そのような事態の発

生を防がなければならない。そこで，民法上，当事者の利害を適切に調整するために，以下のような手当てがされている。

2 本人の追認権，追認拒絶権

1 本人の追認権

無権代理人がした契約の効果は，本人に帰属しないことが原則である。もっとも，本人が効果を引き受けても構わないと考えることもある。その場合，本人と相手方の間に契約の効果を認めることが得策である。そうすることが本人と相手方双方の意思に沿うと考えられるからである。そこで，本人に，無権代理人がした契約の効果を引き受ける資格が認められている。この資格を**追認権**と呼ぶ。

本人が**無権代理契約の追認**をすると，契約の効果が，その成立の当時に遡って本人に帰属していたものと扱われる（113条1項，116条本文）。ただし，この遡及効は当事者の通常の意思を根拠とするものであるため，本人が別段の意思表示をし，相手方がこれに同意したときは，その限りでない（116条本文）。また，追認の遡及効により，第三者の権利を害することはできない（116条ただし書）。

この追認は，本人の意思表示のみによって効力を生ずる単独行為である。本人は，追認の意思表示を，無権代理人と無権代理の相手方のいずれに対してしてもよい。ただし，無権代理人に対してした追認は，その事実を相手方が知らなければ，相手方に対抗することができない（113条2項）。

主張立証責任の所在
追認は代理の効果の発生原因である。したがって，代理の効果を求める者に，追認の事実について主張・立証責任がある。

他人がした権利の無権限処分の権利者による追認
無権代理行為の追認と区別すべきものに，ある者（A）が有する権利（甲）を他人（B）が自己を当事者とする契約において無権限で処分した場合における，権利者Aによるその処分の追認がある。
この場合において，Aが追認したときは，Bの契約相手（C）はその契約により甲を取得する（⇒p.234の(3)）が，Aは，その契約によりCに対する権利を取得せず，契約上の義務を負うこともない。契約は顕名がされていないためBとCの間に成立しており，Aの追認はこれを変えるものではない（かりにAがその契約に基づく債権債務を取得するとしたならば，CがBに対して有する抗弁を主張することができなくなるなど，Cに不測の不利益を生ずることにもなる）からである。最判平成23・10・18民集65巻7号2899頁〔百選Ⅰ37〕は，Cが無権利者Bから甲の販売委託を受け，甲を第三者に売却した後に，甲の所有者Aがその販売委託契約を追認した場合について，その追認によってもAが甲の販売代金の引渡債権を取得することにはならないとした。同じことは，BとCの間で

されたのが甲の（他人物）売買または（他人物）賃貸借の場合にも妥当する（Aは，追認により売主または賃貸人になるものではなく，たとえば代金債権または賃料債権を取得しない）。

❷ 本人の追認拒絶権

　無権代理契約の効果は，本人に当然には帰属しないが，これは本人の追認によって覆る。このような法律関係の不安定は，好ましいものではない。そこで，この不安定な状態を解消するために，本人に契約の効果不帰属を確定させる資格が認められる（113条2項参照）。この資格を**追認拒絶権**と呼ぶ。

　本人が**無権代理契約の追認拒絶**をすると，その契約の本人への効果不帰属が確定する（ただし，本人が後述の表見代理責任を負う場合は別である）。これによって，本人も，以後，その契約を追認することができなくなる（最判平成10・7・17民集52巻5号1296頁）。

　追認拒絶も，追認と同様，本人の意思表示のみによって効力を生ずる単独行為である。本人は，追認拒絶の意思表示を，無権代理人と無権代理の相手方のいずれに対してしてもよい。ただし，無権代理人に対してした追認拒絶は，その事実を相手方が知らなければ，相手方に対抗することができない（113条2項）。

> *Case 49* では，Aがとくに何もしなければ，契約の効力はAに及ばない。Aが追認をすると，契約の効力は，その締結当時からAとCの間に生じていたものとされる。Aが追認拒絶をすると，Aへの効果不帰属が確定する。

3 相手方の催告権と契約取消権

　上に述べたように，無権代理契約によって不安定な法律関係が生ずる。これによって最も不利益を受けるのは，契約の相手方である。そこで，この不安定な状態を解消する手段が，相手方にも与えられている。

　相手方は，追認するかどうかを決めるよう，本人に催告することができる（**催告権**）。この催告に対して本人が相当期間内に確答すれば，法律関係はその確答のとおりに定まる。本人が相当期間内に確答しなければ，追認拒絶が擬制される（114条）。

　相手方は，不安定な法律関係を存続させることよりも，契約そのものをなかったものとすることを望むかもしれない。相手方のこのような希望を認めても，本

人も無権代理人も困らない。そこで，相手方は，本人が追認しない間は，契約を取り消すことができる（115条本文）。ただし，契約締結の当時に相手方が無権代理であることを知っていたときは，この取消権は認められない（115条ただし書）。その場合，相手方は，無権代理であることによる法律関係の不確定を覚悟し，本人の追認または追認拒絶の判断を待つことにしていたはずだからである。

　相手方が無権代理契約を取り消した場合，契約は遡及的に無効になる。

4 本人の表見代理責任

　相手方に催告権や取消権を与えても，相手方は，それによって契約の効力を本人に帰属させることができるわけではない。しかし，実際には無権代理であっても，相手方からみると，行為者に代理権があるとしか思えないこともある。その場合には，代理権の存在を正当に信じた相手方に，本人の出方を待つか，自ら契約の無効を確定させるかという保護にとどまらず，より積極的に，契約の内容の実現という形での保護が与えられてもよいはずである。とくに，代理権が存在するようにみえる状態の発生や存続に本人が関与していたならば，本人に責任を負わせてよいと考えられる。こういった観点から，**本人の表見代理責任**（⇒p. 269 の**2**）が定められている。

5 無権代理人の責任

　無権代理という事態が生じたのは，代理権がないのに代理人として契約をした者のせいである。そうであれば，この者に責任を負わせて，相手方の保護を図ることが妥当であると考えられる。この観点から，**無権代理人の責任**（⇒p. 297 の**3**）が定められている。

単独行為の無権代理

　以上は，無権代理人が契約を締結した場合の法律関係である。

　法律行為には，契約のほかに，単独行為と合同行為がある。このうち，合同行為の無権代理については，契約の無権代理と基本的に同様に考えてよい。

　無権代理人のした単独行為については，原則として113条〜117条は適用されない。ただし，相手方が無権代理に同意していたか，代理権を争わなかったときは，契約の無権代理と同様に扱われる（118条前段）。無権代理人が相手方から単独行為の意思表示を受けた場合も同じである（118条後段。ただし，113条〜117条が準用されるのは，無権代理人が同意していたときだけである）。

無権代理契約における法律関係

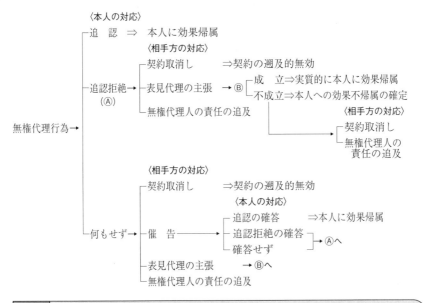

2 表見代理

1 序　論

❶ 表見代理とは何か

　1　**表見代理の必要性**　無権代理行為の効果は，原則として本人に帰属しない。しかし，相手方が代理権の存在を正当に信じていたときは，相手方の信頼を保護する必要がある。その際，契約の場合でいえば，相手方にとっては，無権代理人によって約された履行を受けることが最も望ましい保護のはずである。

　本人が追認するか，無権代理人の履行責任（117条。⇒p. 297 の**❶**）が認められれば，法的には，相手方は履行を請求することができる。しかしながら，本人が追認するとは限らない。また，無権代理人に履行責任を負わせても，相手方が実際に（十分な）履行を得られる保証はない。履行の内容が特定物の移転の場合，その権利をもたない無権代理人に，履行はほぼ不可能である。金銭の支払が履行の内容である場合も，無権代理人として契約をするような者は，十分な資力を有しないことも多い。そのため，相手方に現実に履行を得させるには，本人に契約の効果を強制的に引き受けさせることが望ましい。無権代理人が相手方の債務を

免除（519条）したときなど単独行為の無権代理の場合も，相手方を十分に保護するためには，本人にその行為の効果を引き受けさせることが求められる。これを実現するのが，本人の表見代理責任である。

2　表見代理の成立が認められる場合　　本人の表見代理責任は，民法上，次の場合において，相手方が代理権の存在を正当に信じていたときに認められる（本人の表見代理責任が認められることを指して，「表見代理の成立」ということがある）。すなわち，①本人が他人にある行為について代理権を与えた旨を相手方に対し表示した場合において，その他人が代理人として相手方との間でその行為をしたとき（109条1項。**代理権授与の表示による表見代理**），②ある行為について代理権を有する者が，別の行為について代理した場合（110条。権限外の行為の表見代理〔**代理権踰越の表見代理**〕），③代理権を失った者が，かつて代理権を有していた行為について代理した場合（112条1項。**代理権消滅後の表見代理**），④いわば①と②の組み合わせにあたるとき，すなわち，本人が他人にある行為について代理権を与えた旨を相手方に表示した場合において，その他人が，代理人として別の行為を相手方との間でしたとき（109条2項），⑤いわば②と③の組み合わせにあたるとき，すなわち，代理権を失った者が，かつて代理権を有していた行為とは別の行為について代理した場合（112条2項）である。

3　表見代理の効果　　表見代理の成立が認められる場合，本人は，無権代理であることを理由として自称代理人のした行為の効果の引受けを拒むことができない。その結果，本人と相手方の間では，有権代理と同じように扱われることになる。この場合，表見代理の「責任」というものの，本人は，無権代理行為によって権利を失い，または義務を負うだけでなく，権利を取得することもある。

　表見代理が成立しうるときであっても，無権代理であることに違いはない。そのため，本人と相手方は，無権代理の他の効果を主張することができる。すなわち，契約の相手方は，催告や契約の取消しをすることができ，また，117条の無権代理人の責任を追及することができる（最判昭和62・7・7民集41巻5号1133頁〔百選Ⅰ34〕。無権代理人は，表見代理が成立する場合であることの立証によって，117条の責任を免れることができない）。本人は，追認をすることができる。追認拒絶については，それをしても，後に表見代理の成立が認められたならば，効果の帰属を否定することができない。

　なお，表見代理の成立が裁判上確定した場合には，無権代理の効果は認められなくなると考えられる。実質的に，有権代理の場合と同様の結果が生ずるからで

ある（前掲最判昭和62・7・7参照）。

❷ 表見代理の成否の判断において重要となる点

　表見代理は，代理人として行為をした者がその行為について代理権を有していた場合に認められる法律関係を，その者が代理権を有しなかったにもかかわらず，本人と相手方との間に認めるものである。そのため，表見代理の成否を考える際には，代理権を有しない者がした行為であるにもかかわらず，どのような事情があれば代理権を有する者がした行為と同様に扱ってよいか，という観点が重要になる。ここでは，本人側の事情と相手方の事情をともに考慮しなければならない。すなわち，無権代理行為であるにもかかわらず，本人に効果引受けの責任を負わせるためには，その責任を負わせるに足る事情（帰責性）が本人にあることが必要である。また，相手方は，本人にその責任を負わせて保護されることに値する者でなければならない（保護の必要性）。そこで，表見代理については，その成立のために本人にどのような帰責性のあることが必要か，相手方が表見代理による保護に値するのはどのような場合かを，明らかにすることが重要になる。

2 代理権授与の表示による表見代理等

❶ 代理権授与の表示による表見代理

　本人が他人に代理権を与えた旨を相手方に対して表示した場合，本人は，その他人が表示された代理権の範囲内で代理人として相手方との間でした行為について，責任（表見代理責任）を負う（109条1項本文）。

　この場合，代理権を与えた旨の表示（以下，「**代理権授与表示**」という）の存在が，代理権の存在に代わる要件と認められる。すなわち，代理人と称して行為をした者（以下，その者がその行為についての代理権を有していたか否かを問わず，「代理行為者」ということがある）がある場合，その行為に先立ってその行為につき代理権授与表示がされていたならば，その行為の本人に対する効力がひとまず認められる。その際，代理行為者がその行為について代理権を有していたか否かは問われない。本人が代理権を与えたと表示した以上，相手方はそれを信ずることが通常であるから，本人は，実際がどうであれ，相手方保護のために自己の表示に責任を負うべきであると考えられるからである。ただし，代理行為者が代理権を有していなかったときは，無権代理であることに変わりはないから，相手方が保護に値しなければ，本人に表示の責任を負わせる必要はない。そこで，代理行為者がその行

為について代理権を与えられておらず，相手方がそのことを知っていたか，過失によって知らなかったときは，本人は責任を免れる（109条1項ただし書）。

Case 50
　Aが，BとCが同席する場で，甲土地を担保に3000万円融通して欲しいとCに持ちかけ，「今後一切をBに任せておくから同人が代理してやる」と告げた。後日，Cが担保物件の検分に訪れた際にも，Aは同様の依頼をした。AとBの間で代理権授与の合意はされていなかったが，Bは，代理権を授与されたものと信じ，AのためにCから3000万円を借り，甲土地に抵当権を設定し，その旨の登記も経由した。Aは，この登記の抹消の手続をCに請求することができるか。

Case 51
　D社の代理人として，Eが，Fから商品を仕入れていた。Eは，実際にはD社を代理する権限を有しなかったが，日常，次のような事情があった。Eは，D社の社長の叔父であり，社内では机を社長の隣に並べ，その机の上には「専務」と表示した板が置かれており，また，会社内外で専務と呼ばれていた。さらに，社印や社長印の保管を委ねられることも多く，取引先や同業者に対しても，D社の代理権を有するかのように振る舞っていた。D社では，それに対して特段の措置は講じられていなかった。D社は，Fの代金支払請求に応じなければならないか。

　Case 50では，AとBの間に代理権授与の合意がないため，Bは代理権を有しない。そうであるのに，Aは，Cに対して，「Bに任せておくから同人が代理してやる」と，Bが3000万円の借入れとそれに伴う担保設定につき代理権を有することを認める発言をしている。Case 51でも，Eに代理権はなかった。そうであるのに，D社は，Eに与えた待遇やEの日ごろの言動を黙認し続けることにより，EがD社を包括的に代理する権限を有すると認める行動をしていたといえる。これらの場合，CまたはFは，BまたはEの代理権の不存在を知っていたか，それを知らなかったことについて過失があったのでなければ，109条1項により保護される。すなわち，Case 50のAの抹消登記手続請求は，認められない。Case 51のD社は，Fの代金支払請求に応じなければならない。

発展
学習　　代理権授与表示の意思表示類似性と意思表示に関する規定の類推適用
　　代理権授与表示は，本人が，他人への代理権授与の事実を代理の相手方に伝えるものである。この表示は，それによって法律関係に変動を生ずるわけではないから，意思表示ではない（観念の通知〔⇒p.62の 前提知識 〕の一つである）。しかしながら，この表示は，他人の代理権を本人自身が証明することで，代理人を通じた相手方との法律関係の形成を実際上可能にするためにおこなわれる。これは，他者との法律関係の形成を目指しておこなわれる点で，意思表示に類似している。そこで，代理権授与表示には，意思表示に関する諸規定が類推適用されうる。

❷ 要　　件

109条1項の表見代理の成立には，①代理人としての行為の存在（たとえば，契約の締結とその際の顕名）と，②その行為に先立つ代理権授与表示の存在が必要である。ただし，代理行為者が代理権を有していなかった場合において，相手方がそのことを知り，または過失によって知らなかったときは，本人は責任を免れる。①は代理の効果を本人に主張するための当然の要件であるから，以下では他の要件についてのみ説明する。

1　代理権授与表示の存在

(1)　代理権授与表示の存在　109条1項の表見代理が成立するためには，当該行為より前に，本人が，相手方に対して，当該行為についての代理権を代理行為者に与えた旨の表示をしたことが必要である。この表示は，明示的にされることはもちろん（*Case 50*），黙示的にされることでも構わない（*Case 51*）。

補論 | **代理権授与表示の存否の判断**

　　明示的な表示がされた場合には，代理権授与表示の存否の判断は，通常難しくない。それに対して，黙示的な表示については，どのような場合に代理権授与表示があると認められるかが問題になる。この点については，代理権授与表示は意思表示類似の表示であることから，成立についても，意思表示の成立（⇒p.56の❸）と同様に考えてよいと思われる。

　　意思表示は，表示者が一定の主観的状態のもとでとった態度が表示行為の外形を有すると認められるときに成立する。そして，表示の成立に必要な表示者の主観的要件については，行為意識は必要，効果意思は不要ということに一致があり，表示意識の要否につき争いがある。表示行為の外形の存否は解釈によって定まるところ，解釈方法については，客観的解釈説と付与意味基準説の対立がある。意思表示についての一般的な見解は，表示意識不要説と客観的解釈説の組合せといってよい（なお，109条1項は，代理権授与表示の外形の存否の判断については，客観的解釈説を前提にするものと考えられる。同項は，代理権授与表示の成立が認められた後に，さらに，相手方の悪意または過失の有無を判断するものとしている。ということは，代理権授与表示の成否を判断する段階では，相手方の主観的態様を考慮しないものと考えられるからである）。

　　これを前提にすれば，*Case 51* では次のようになる。

　　まず，本人D社について，行為意識（厳密にいえば「行為意識に相当するもの」であるが，煩雑になることを避けるため，単に「行為意識」とする。以下，同じ）の有無，表示意識（厳密にいえば「表示意識に相当するもの」）の有無を判断することになる（ここでの行為意識は，代理行為者を通じて外部に対する何らかの行為をすることになるという意識〔認識〕，表示意識は，代理行為者を通じて外部に対する何らかの法律行為をすることになるという意識〔認識〕を指す）。D社は，Eが専務という代理権の存在を推測させる呼称を用いることを容認している。また，Eが代理権を有するかのように振る舞っていることを知りながら，これも容認している。これらの事情から，D社は，Eによる法律関係の形成可能性を知りつつ認めていると評価することができる。したがって，D社には行為意識

および表示意識があるといえる。

　次に，D社の態度から代理権授与表示としての外形を認めることができるか（D社が，Eに代理権を与えたことをFに知らせたり，認めたりするものといえるか。Fの立場からいえば，D社の態度はEが代理権を有すると思わせるものか）が問題になる。これは，客観的解釈説によると，社会一般においてどうみられるかを考えることになる。*Case 51* のような事情があれば，D社はEに代理権を与えたと認めていると理解されることが普通だろう。したがって，この要件も肯定される。

　(2)　**本人名義の使用許諾**　　代理権授与表示があったといえない場合にも，本人が自己の名義を使用して取引することを他人に許したときは，109条（1項）の趣旨に照らして，本人の表見代理責任が認められている（最判昭和35・10・21民集14巻12号2661頁〔百選Ⅰ28〕）。

Case 52

　A地方裁判所の厚生係の室内で，「A地裁厚生部」が活動していた。「厚生部」は，裁判所の正規の部局ではなく，職員の互助団体にすぎないもので，その事務は，厚生係職員（Bら）が私人としておこなっていた。「厚生部」は，Cから継続的に物品を購入していたが，その際，庁用の裁判用紙を使用した発注書，支払証明書といった官庁の取引類似の様式を用い，支払証明書にはA地裁の庁印を使用していた。この場合，A地裁（国）は，Cからの代金支払請求に応じなければならないか。

問題の所在　　Cの信頼の対象が，BらがA地裁から代理権を与えられていたこと（Bらの代理権）であるならば，この事例でも，代理権授与表示の存否が問題になる。ただ，ここでのCの信頼の対象は，「厚生部」がA地裁の一部局であって，厚生部との取引がA地裁との取引になることであったと，みることができる。そうであるとすると，ここでは，A地裁が「厚生部」を自己の一部局であると認め，自己名義での取引を許した旨を表示したといえるかと，それが肯定される場合のA地裁の責任が問題になる。

　本人が代理権授与表示をしたことにより責任を負うのは，ある行為の法律効果を引き受けると推測させるような表示をしたからである。本人が自己の名義の使用を他人に許した場合には，代理権授与の事実が表示されるのではない。しかし，本人は，自己が効果を引き受けると推測させる表示をすることを他人に許している。そこでこの場合も，代理権授与表示がされた場合と同じく，本人はその他人がした行為の効果を引き受けなければならないとされている（なお，この趣旨に基づく特則が一般社団財団8条，会社9条，商14条等にある）。

補論　　名義の使用許諾と代理権授与表示の関係
　　Case 52 の事案で，前掲昭和35年最高裁判決は，Cの信頼の対象を，「厚生部」がA

地裁の一部局であって，厚生部との取引がA地裁との取引になることと捉えている。そして，A地裁がCのこの信頼に対応する外形を生じさせたと認定し，この外形に基づいてA地裁が取引上の責任を負うかを問題にしている。

　もっとも，この事例は，109条の本来的適用の問題と捉えることも可能である。Cが，BらとA地裁は別人格であると知っているのに，Bらとする取引がA地裁に効力を生ずると考えたということは，BらがA地裁から代理権を与えられたと信じたということであると思われる。そして，その代理権授与の外形の存在を，BらがA地裁内で取引することを許されていたことや，取引に際して庁用の用紙や庁印が用いられたことなどによって基礎づけている。要するに，Cは，A地裁がBらの行為を黙認することによりBらへの代理権授与を黙示したとして，A地裁の責任を追及しているとみることができる。「厚生部」の実在に対する信頼は，代理権授与表示の外形を認めるための前提にすぎない。このように考えるならば，ここでは109条を端的に適用すればよく，その趣旨に鑑みて問題を解決する必要はない。

　以上の理は，相手方が行為者と効果帰属者が別人格であることを知っているときに，一般的に妥当する。相手方が行為者と効果帰属者の別人格性を知らないときには，109条の趣旨による解決が必要となることがあろう。ただし，その場合も，署名代理（代理人が，書面上に自己の名を出さずに，本人名義の記名押印または署名をする場合。相手方が，取引相手と行為者は別人であると気づかないこともある。とくに手形行為について問題となる）の事例を直接代理と認める判例法理（大判大正4・10・30民録21輯1799頁）を前提とするならば，109条を適用して解決することもありうる。

2　代理行為者が代理権を有しなかったこと　　　任意代理の場合，代理権が実際に授与されたとしても，その授与は本人と代理人の間でされるから，相手方には，通常，その事実がわからない。その場合，実際に代理権を授与された者が代理人であると自称しても，相手方はそれを信じてよいか，判断しかねることが多かろう。そのため，代理権を授与した本人が，相手方に対し，その代理権授与の事実を伝えること，つまり代理権授与表示をすることは，全く珍しいことではない。この場合に，代理人が表示された代理権の範囲内で相手方との間でした行為の効力が本人に生ずることに，何ら問題はない。

　それに対し，代理権授与表示がされ，代理行為者が表示された代理権の範囲内で行為をしたとしても，その者が実際には代理権を有していなかったのであれば，その行為は，無権代理行為であり，本来，本人に効力を生ずるものではない。したがって，この場合，本人に代理行為者の行為について責任を負わせることは，本人が代理権授与表示をしたことを帰責根拠として，相手方を例外的に保護することにあたる。そのため，どのような相手方を保護すべきかが問題になる。

3　相手方に悪意または過失のないこと　　　代理権授与表示は，上に述べたとおり，任意代理を実効性のある法律関係形成の手段とするために不可欠のものであるため，本人の帰責根拠とされている。その不可欠性は，相手方にとって代理

権授与の有無を知ることが困難であることに由来する。そうであれば，実際には代理権が授与されておらず，そのことを相手方が知っているときは，その表示を根拠に本人に責任を負わせる必要はない。相手方が，代理権が授与されていないことを知ることができたときも同じである。そこで，相手方が代理行為者に代理権のないことを知っていたか，過失によって知らなかったときは，本人は責任を負わない（109条1項ただし書）。なお，平成16年の民法改正までは，この要件は109条に定められていなかった。ただ，当時も，相手方の正当な信頼を保護するという109条の趣旨に照らして，これを要件とすることが確定した判例法理となっていた（最判昭和41・4・22民集20巻4号752頁）。

発展学習　**主張立証責任の所在**

　代理権授与表示は，代理権がなくても本人に効果を引き受けさせる根拠となるものである。そのため，それが代理人としての行為に先立ってされたことは，表見代理の効果を求める者が主張・立証しなければならない。これに対し，表見代理の効果を争う者は，表示された代理権の不存在と，相手方がその不存在を知り，または知らなかったとしても過失があること（を根拠づける具体的事実）を主張・立証して，責任を免れることができる。代理権不存在の主張・立証を要するのは，代理権授与表示の存在が代理権の存在に代わるものだからである。表見代理の効果を争う者が相手方の悪意または過失の主張・立証をしなければならないのは，代理権授与表示があれば，相手方はその内容に応じた代理権があると信ずることが通常と考えられるからである。

補論　**意思表示の解釈に関する学説と代理権授与表示の存否判断の関係**

　これに対して，相手方の主観的要件を明定していなかった平成16年改正前の109条においては，意思表示解釈に関する付与意味基準説を基礎に代理権授与表示の存否を判断する余地もあった。そして，そうすることにより，相手方の主観的態様の判断は，代理権授与表示の存否判断のなかに取り込まれていると考えることもできた。付与意味基準説によるならば，代理権授与表示の外形が認められるのは，相手方が本人の態度から代理権の存在を正当に信じたといえるときだけだからである。

　もっとも，客観的解釈説を基礎にして，109条1項のように，相手方の悪意または過失を代理権授与表示の存否と別個に判断する場合も，表見代理の効果を求める者は，相手方の主観的態様に関連する事情を実質的に主張・立証することが必要になる。すなわち，代理権授与の事実が明示された場合には，その表示を受けた者は，代理権が存在すると考えることが通常であると考えられる。また，代理権授与の事実が黙示された場合には，代理権授与表示の存在を立証するために，本人の態度が代理権の存在を通常推断させるものであることを根拠づける具体的事実を，主張・立証する必要がある。そうすると，代理権授与表示の存在の立証とは，結局，代理権の存在を通常信じてよい事情があることの立証であることになる。そして，代理権授与表示の存在が認められた場合に問題になりうる相手方の悪意または過失の立証は，この通常の事態とは異なる場合であることの立証ということになる。

　このような109条1項の表見代理の成否に関する判断構造は，付与意味基準説による場合も，異なるものではない。代理権の存在を通常信じてよい事情がある場合，代理権

の存在を信じたことに，原則として，正当性が認められる。したがって，付与意味基準説による場合も，その主張・立証があった場合には，例外的にこの正当性を否定する事情については，表示の存在を否定する者が主張・立証するべきであると考えられるからである。したがって，代理権授与表示の外形の存否について，意思表示解釈における客観的解釈説を基礎にするか，付与意味基準説を基礎にするかは，要件の立て方には違いを生ずるが，実質的な違いを生ずるものではないと考えられる。

❸　とくに白紙委任状が用いられた場合について

1　白紙委任状と無権代理・表見代理　　109条に関連してしばしば問題になるのが，白紙委任状（⇒p.239の2）の交付と，その濫用である。

　白紙委任状が交付される場合には，ある種の代理権がある者に与えられていることが多い。ただ，ほとんどの場合，代理人が空欄を自由に補充して何をしてもよい，という趣旨ではない。むしろ，ある範囲の者を代理人とし，ある範囲の相手方に対して，ある範囲の事項についてのみ代理権を与えることが予定されている。そのため，白紙委任状の交付を受けた代理人が予定外の行為をしたときや，予定外の者が委任状を手に入れて代理人として行為をしたときは，無権代理行為となる。ところが，委任状は，本人が第三者に対して代理権授与の事実を表示するための手段であるため，普通，その所持者にはそこに定められた事項について代理権があると考えられることになる。その結果，相手方が代理権の存在を信じて取引することが起こり，表見代理の成否が問題になる。

Case 53
　Aは，ゴルフ場会員権をBに譲渡し，その際，会員証のほかに，名義変更手続用の委任状として，白紙に実印を押印した書類1通をBに交付した。Bは，この手続をせずに，会員権をさらにCに譲渡した。Cは，前記白紙委任状をBから受け取り，これにAの氏名，委任事項（名義書換）等を記入して，Aの代理人として名義変更の手続をした。

Case 54
　Dは，所有する甲土地を担保に融資を受けようと考え，Eに，登記済証，白紙委任状および印鑑証明書を交付して，他から融資を得るよう依頼した。ところが，Eが，これらの書類を悪用して，自己のFに対する債務の担保として甲土地に抵当権を設定し，その旨の登記がされた。Dが，Fにこの登記の抹消登記手続を請求した。

Case 55
　Gは，Hから，Zを介して他から100万円程度の融資を受けるために保証人になって欲しいと依頼された。そこで，Zに保証契約締結の代理権を与えることにし，Zに白紙委任状と印鑑証明書を交付した。しかし，Hへの融資が不調に終わり，Zは，白

紙委任状等を，Gに返す目的でHに交付した。ところが，Hは，Iから100万円を借り受けるにあたってそれらの書類を悪用し，この債務につきGの代理人としてIとの間で保証契約を締結した。Iが，Gに保証の実行を請求した。

Case 56

Jは，Yから1000万円を借り受けるにあたって，Yのために自己所有地（乙土地）に抵当権を設定し，その登記手続をYに委ねて，Yに登記識別情報通知書の写し，白紙委任状および印鑑証明書を交付した。Yは，この手続をせずに，上記書類をKに交付した。Kは，それら書類を悪用し，Jの代理人であると称して，LのMに対する5000万円の債権を担保するために乙土地に抵当権を設定する契約を結び，その旨の登記がされた。Jが，Lにこの登記の抹消登記手続を請求した。

　市区町村長に印鑑が届け出られた印章を実印という。認印と違い，各人1個に限られ，その印鑑につき市区町村長から印鑑証明書の交付を受けられる。そこで，重要文書には実印を押印し，印鑑証明書により文書作成者が本人に相違ないことの証明とすることが多い。そのため，実印は，厳重に保管され，みだりに他人に利用させないことが普通であり，実印や印鑑証明書を他人が所持する場合，その者は，本人から重要な事柄を委ねられていると推測されることになる。

　平成16年改正以前の不動産登記法のもとでは，不動産登記の申請に際して，原則として登記原因を証明する書面（登記原因証書。売買契約書がその典型）の提出を要するものとされていた（旧不登35条1項3号）。不動産登記がされると，登記官は，これに登記済みであることその他の事項を記載して，権利者に返却することになっていた（旧不登60条本文）。返却されたこの書面を登記済証，俗に権利証という。そして，その後の登記申請には，この登記済証を提出することが原則として必要であった。権利の登記は，登記記録の上で利益を受ける者（登記権利者）と不利益を受ける者（登記義務者）が共同で申請することが原則であるが，登記義務者が申請人となっていることを確かめるために，登記義務者だけが有するはずの登記済証の提出が求められていたのである。登記済証は，このように重要な意味をもつので，厳重に保管され，みだりに他人に交付されないことが普通であった。そのため，登記済証を他人が所持する場合，その者は権利者本人から当該不動産の処分を委ねられているという推測が働いた。

　平成16年不動産登記法改正により，登記済証は交付されなくなり，登記識別情報（不登2条14号）が交付されることになった（不登21条・22条）。登記識別情報は，登記名義人が登記申請をしていることを確認するための情報であり，「アラビア数字その他の符号の組合せ」からなる（不動産登記規則61条。現在のところ，「その他の符号」にはアルファベットが用いられ，登記識別情報は英数字12桁をランダムに組み合わせたものとなっている）。この情報は，登記が完了したときに，登記官から登記名義人となった申請人に対して通知される（その通知書面が，登記識別情報通知書である。なお，その後の登記申請の際に必要となるのは登記識別情報，つまり12桁の符号であり，登記識別情報通知書原本の提出は不要である。また，申請人があらかじめ通知を希望しない旨の申出をした場合には，この通知はされない〔不登21条ただし書参照〕）。登記識別情報の役割は，従来の登記済証の役割と変わらない。そのため，新たな制度のもとでは，この符号を知っている者について，権利者本人から不動産の処分を委ねられているという推測が働くことになる。

なお，登記識別情報は，所有権移転登記など新たな登記が完了したときに発行されるものであり，新たな登記がされないのに登記済証を登記識別情報に替えることはできない。そのため，登記識別情報が発行されるまでは，既存の登記済証をそのまま使うことになるので（不登附則7条参照），現在でも *Case 54* のような事態が生じうる。

　　2　輾転予定型　　白紙委任状が交付され，利用される場合のすべてが，無権代理というわけではない。代理人として行為をしたのが，白紙委任状を本人から直接受け取った者ではない場合も同じである。白紙委任状は，その正当な取得者であれば誰でも代理人として使用してよいという趣旨で，複数人に次々と移転されることを想定して交付されることもある（このような場合を，輾転予定型と呼ぶ）。この場合，委任状の正当な取得者は，委任事項につき代理権を取得する。したがって，この者がその事項につき代理人として行為をした場合には，有権代理である（大判大正7・10・30民録24輯2087頁参照。委任事項以外の行為がされたならば無権代理となるが，その場合は，次に述べる「非輾転予定型」の「直接型」と同様に考えればよい）。

> *Case 53* のAは，譲渡代金さえ確保されればそれでよく，実際に誰の名義に書き換えられるかに，とくに関心を有しないはずである。Aは名義変更手続を他人に委ねたが，代理権授与の相手方をBに限る理由はなく，名義変更によって新たに名義人となる者がその手続をすればよいと考えられる。そこで，実際の必要に応じて補充されるようにと，白紙委任状が交付されている。つまり，Aには，白紙委任状の正当な取得者なら誰でもその委任状を使って名義変更につき代理してよい，という意思があると認められる。委任状を取得して利用したCも，Aの意思をそのように理解していたと考えられる。したがって，Cには名義変更について代理権があり，CがAを代理してした名義変更は有効である。

　　3　非輾転予定型　　白紙委任状が，特定の者に使用させるために交付されることもある（このような場合を，非輾転予定型と呼ぶ）。この場合に，その使用を認められた者が，本人から代理も委ねられており，その委ねられた事項について代理をすれば，有権代理である。しかし，その者が委任されていない事項について代理したり，それ以外の者が代理したりすると，無権代理となる。

> *Case 54* のDはEに限って，*Case 55* のGはZに限って代理権を授与して，白紙委任状を交付している。したがって，これらは非輾転予定型にあたる。*Case 56* も，登記手続の代行権限（その性質について，p.287の(b)参照）であるが，JはYに限ってその権限を授与して白紙委任状を与えているから，同様である。

5 代　理　　279

非輾転予定型は，無権代理行為をしたのが誰であるかに応じて，さらに二つに分けて考えられることが一般的である。

(1) 直接型 まず，本人から直接白紙委任状の交付を受けた者など，その委任状の使用を認められていた者が，その委任状を呈示して無権代理行為をした場合である（以下，この場合を「直接型」と呼ぶ）。

この者は何らかの代理権が与えられていることも多いが，この者が委任されていない事項を代理すると無権代理であり，表見代理の成否が問題となる。ただ，代理権を有する者が委任されていない事項を代理した場合については，110条が本人の表見代理責任をとくに定めている（⇒p.284の **3**）。したがって，この場合には，109条のほか，110条の適用も可能である。

> (Case 54) では，Dから委任状の交付を受けたEによる無権代理が問題となっている。これが，直接型の例である。この場合，EがFに委任状を呈示したことをもって，DからFに対する代理権授与表示がされたとして，109条1項を適用することが可能である。もっとも，ここでは，Dのために融資を受け，そのために甲土地に抵当権を設定する代理権を有するEが，自己の債務を担保するために，Dを代理して甲土地に抵当権を設定している。これは，代理権を有するEが委任されていない事項について代理したものであり，110条の適用も可能である（ただし，Eの行為は有権代理の場合であっても一般的利益相反行為にあたる。これは，Eの代理権を疑うべき相当強力な事由である。そのため，Fの過失〔109条1項ただし書〕が比較的認められやすく，FがEの代理権を信じたことにつき正当な理由がある〔110条〕とは比較的認められにくい）。

直接型でも，全く代理権を有しない者が無権代理行為をすることもある。この場合，109条1項が真価を発揮することになる（この場合の109条1項の適用について，特別な点はない）。

| 発展学習 | 代理権の授与を伴わない白紙委任状交付の例 |

　たとえば，Aに市役所で印鑑証明書の交付を受けることを依頼されて白紙委任状の交付を受けたBが，これを悪用してAの代理人としてCから借金した場合が，これにあたる（印鑑証明書の交付申請手続は，市長に対する行為であり，私法上の行為ではない。そのため，Bには私法上の代理権がないからである）。

| 補論 | 意思表示の成立に関する表示者の主観的要件と代理権授与表示の存否判断 |

　上の 発展学習 に挙げた例の場合に，判例・通説は，AからCに対する代理権授与表示の存在を肯定する。本人が委任状を自己の意思に基づいて交付（任意交付）したのであれば，交付の趣旨を問わず，代理権授与表示が成立しうるとするのである。これは，意思表示の成立に関する表意者の主観的要件についての（行為意識必要）表示意思不要説を

前提とするものといえる。代理権授与表示において，行為意識は代理行為者を通じて外部に対して何らかの行為をすることになるという認識，表示意識は代理行為者を通じて外部に対して何らかの法律行為をすることになるという認識を指すと考えられる。そうすると，委任状の交付が本人の意思に基づくものでなければ，本人に外部的な行為をする認識はないといえるから，委任状が呈示されても本人の表示があるとはいえない。それに対し，委任状が任意に交付されている場合には，本人に外部的な行為をすることの認識が認められるから，それ以上に交付の趣旨を問うことなく，本人の代理権授与表示と認められる。

これに対し，意思表示の成立に関する表示意識必要説を代理権授与表示においてもとるならば，異なる結論になる。これによると，代理権授与表示の存在は，本人が代理行為者を通じて法律行為をすることになると認識しているときにのみ認められる。先の例のAには，法律行為をすることになるという認識はない。したがって，この場合には，本人の代理権授与表示の存在を認めることができない。

(2) **間接型**　　つぎに，本人が特定の者だけに使用させるために白紙委任状を交付したところ，その委任状が転々と流通し，予定外の転得者がその委任状を呈示して無権代理行為をした場合である（以下，この場合を「間接型」と呼ぶ）。この場合，代理行為者はその本人のために行為をする権限を何ら有しないことが普通であり，そのときは，もっぱら109条の問題となる。

(Case 55) で無権代理行為をしたのは，Zに交付された委任状を転得したHである。(Case 56) で無権代理行為をしたのは，Yに交付された委任状を転得したKである。これが，間接型の例である。そして，HはGを，KはJを代理する権限を何ら有しなかった。したがって，ここで適用されうるのは109条だけである。

(a) **委任事項欄非濫用型と委任事項欄濫用型**　　間接型については，判例による解決の違いに応じて，さらに次の二つを区別することが一般的である。すなわち，白紙委任状が濫用された場合に，①委任事項欄について顕著な濫用がなかったとき（以下，「委任事項欄非濫用型」と呼ぶ）と，②委任事項欄について顕著な濫用があったとき（以下，「委任事項欄濫用型」と呼ぶ）である。

(Case 55) では，Gは，Zが代理人になることを予定し，そのために白紙委任状を交付した。ところが，代理人として行為をしたのは，Hであった。この点で，白紙委任状は濫用されている。もっとも，Gは，Hが金銭を借り入れるにあたって，その返済債務の保証を了承しており，Hが代理人として実際に締結したのも，そのような契約だった。これが，委任事項欄非濫用型の例である。

(Case 56) では，Jは自己の債務のために設定した抵当権の登記手続を委ねて，Yに白紙委任状を交付した。ところが，Kが，Jの代理人として，Mの債務のため

に乙土地に抵当権を設定する契約をした。これが，委任事項欄濫用型の例である。

*(b)　**委任事項欄非濫用型**　　判例は，委任事項欄非濫用型では代理権授与表示の成立を認め，相手方を（悪意や過失がなければ）109条（1項）の適用により保護することが多い（たとえば，最判昭和42・11・10民集21巻9号2417頁）。この場合も，無権代理であることに違いはない。しかしながら，本人は，自ら交付した白紙委任状が呈示されたことで，ともかくも代理権授与表示をしたといえる（委任状が相手方に呈示されて初めて，代理権授与表示となる。この場合，表示行為たる委任状の〔補充と〕呈示をするのは代理行為者であるが，本人は，この者を使者として代理権授与表示をすることになる）。したがって，本人に責任を負わせる基礎はある。そして，委任事項欄の濫用が顕著でなければ，本人が当初覚悟していた（のとそれほど異ならない）結果が生ずるだけであり，その保護の必要性は大きくない。それに対し，相手方の信頼を保護すべき要請は，表見代理が問題になる場合一般と同様にある。そこでこの場合には，相手方を，悪意または過失のない限り保護しようというわけである（ただし，*Case 55* では，Hの行為は有権代理の場合でも一般的利益相反行為にあたるから，Iの過失が比較的認められやすい）。

*(c)　**委任事項欄濫用型**　　これに対し，委任事項欄が顕著に濫用されると，本人は，考えてもいなかった（重い）責任を負うことになる。ここでも，確かに白紙委任状を交付した点に，本人の帰責性は認められる。しかしながら，予想外の結果からは，本人を保護する必要性も大きい。そこで判例は，委任事項欄濫用型では，本人の表見代理責任を否定することが多い。

その際，判例は，相手方の悪意または過失を認定しうる場合には，それを理由に表見代理の成立を否定する（最判昭和41・4・22民集20巻4号752頁）。それに対し，相手方の悪意も過失も認められない場合には，代理権授与表示の存在を否定している（最判昭和39・5・23民集18巻4号621頁〔百選Ⅰ27〕）。

補論　　**委任事項欄濫用型における本人の表見代理責任の成否の判断**
　　代理権授与表示の存在を否定した前掲昭和39年最高裁判決には，有力な批判がある。この判決は，本人が交付した書類が「転輾流通することを常態とするものではない」として，代理権授与表示を否定している。しかしながら，代理人名の欄を空白にした白紙委任状は，転転流通する客観的可能性を当然に内包している。したがって，本人が白紙委任状をそれと知りながら交付した場合には，予想外の者が白紙委任状を使用したとしても，それは，本人が選択した表示手段が内包する可能性の現実化にすぎない。そうで

あれば，この場合も本人の表示がないとすることは適当でない，というわけである。

　この場合，代理権授与表示は，使者たる代理行為者によってされている。その使者が，表示を誤って伝えている。意思表示の場合，使者の誤伝については，表意者の不知のうちに意思と異なる表示がされたものとして，95条の問題になるとするのが伝統的見解である。そうすると，意思表示に関する諸規定が代理権授与表示に類推適用されるとする見解によるならば，次のように考えられる。本人が白紙委任状を任意に交付した場合，その委任状が相手方に呈示されることにより，本人は，代理権授与表示をしたことになる。しかしながら，白紙委任状が濫用された場合には，使者（代理行為者）による誤伝となるので，95条の類推適用による代理権授与表示の取消し（による無効）が問題になる。委任事項欄非濫用型の場合，本人の予定していた表示と実際の表示に大きな相違がないので（重要性の要件が充たされず），代理権授与表示を取り消すことはできない。委任事項欄濫用型の場合には，本人の予定していた表示と実際の表示に大きな相違があるため，本人は，代理権授与表示の取消しにより表見代理責任を免れることができる。ただし，当該の代理権授与表示がされるについて本人に重大な過失があったときは，（相手方に悪意または過失がなければ）表見代理責任を免れない（95条3項類推適用）。

4　表示された代理権の範囲外の行為による表見代理

Case 57

　Aは，Zに売り渡した山林の登記名義の移転をZに委託し，自己の記名押印のある売渡証書，登記済証，白紙委任状を交付した。Zは，Aに無断で登記名義の移転をBに委ね，書類一式をBに交付した。Bは，それらの書類をCに示して，AとCの間の山林交換契約を締結した。

　Aは，委任状等を任意に交付しているので，それらがBからCに示されることによって，Cに代理権授与表示をしたといえる。この表示の内容は，Cに示された書類に売渡証書が含まれていることから，山林売却の代理権をBに与えたというものである。それに対し，実際にされたのは，山林交換の契約である。ここでは，代理権授与表示における委任事項と実際の代理事項が一致していない。そのため，109条1項の表見代理は成立しない。また，BがAから代理権を与えられた事実はないから，110条または112条による表見代理も成立しない。ただ，代理権授与表示は，代理行為者がした行為の効果が本人に帰属するための要件として，代理権の存在に代わるものとしてひとまず認められるものである（⇒p.271の**1**）。そして，代理権を有する者が，その代理権の範囲外の行為を代理人としてした場合には，次に説明する110条により，相手方が代理権の範囲内の行為であると正当な理由をもって信じたときは，表見代理の成立が認められる。そうであれば，代理権授与表示によって代理権を有するとされた者が，その表示された代理権の範囲外の行為を代理人としてした場合も，同様に扱われてよいのではないか。これが，ここでの問題である。

　Case 57 は，最判昭和45・7・28民集24巻7号1203頁〔百選 I 32〕の事案を簡略化したものである。この判決は，平成29年改正前民法のもとで，改正前109

条と同110条をあわせて適用して，表見代理の成立が認められることがあるとした。109条2項は，この考え方を明文化し，表示された代理権の範囲外の行為であっても，相手方が代理行為者はその行為の代理権を有すると信じ，そう信ずることについて正当な理由があるときは，表見代理が成立するとしている（もっとも，この正当な理由があると認められるのは，相手方が，代理権授与表示を，その文言にもかかわらず，当該事項についての代理権授与を知らせるものと受け取ってよかったという場合であろう。これは，代理権授与表示が解釈によってそのような内容で成立を認められるということであるから，この場合には，109条1項の表見代理が成立するはずである）。

 主張立証責任の所在
　　この場合，表見代理の効果を求める者は，代理行為者（B）と相手方（C）との間の契約の締結，その際の顕名，その契約の締結に先立つ本人（A）によるその契約以外の行為についての代理権授与表示の存在，CがBは当該契約について代理権を有すると信じたこと，そう信ずることについての正当な理由の存在（を根拠づける具体的事実）を主張・立証しなければならない。これに対し，Aは，正当な理由の存在を妨げる事実を主張・立証して争うことができる。代理権授与表示に示された契約についての代理権をBが有しないことと，そのことについてのCの悪意または過失は，論理的には別の抗弁事由になりうるが，通常，上記の正当な理由の存在を妨げる事実に含まれることになると解される。

3 権限外の行為の表見代理

1 権限外の行為の表見代理

　ある行為について本人を代理する権限を有する者が，それ以外の行為についてその本人を代理した場合にも，本人が表見代理責任を負うことがある。すなわち，この場合において，相手方が代理行為者に代理権があると信じ，そう信ずることについて正当な理由がある（以下において，簡略化して，相手方が代理権を「正当に信じ（てい）た」ということがある）ときは，表見代理が成立する（110条）。

Case 58
　　Aは，Z社が社員寮とするために建物を借りるにあたって保証人になることを了承して，Z社の代表者Bに，その契約の代理権を与え，実印と印鑑証明書を預けていた。ところが，Bは，Z社が継続的に商品の供給を受けていたYから，Yの取引先Cに対する債務の保証を依頼されたので，Aをその保証人にすることにし，Aの上記実印と印鑑証明書を利用して，Aの代理人として，YのCに対する債務をAが保証する契約を締結した。その後，Cが，Aに保証の履行を請求した。

Bは，Aから，Z社が建物を借りるにあたってAが保証する契約について代理権を与えられた。ところが，Bは，YのCに対する債務をAが保証する契約を締結した。これは，BがAから代理を委ねられた行為ではない。しかしながら，Bは，Aの実印を所持している。実印があれば（保証のための）委任状を簡単に偽造することができるので，Bがその委任状に印鑑証明書を添えてCに呈示すれば，CがBの代理権を信じることも考えられる（相手方保護の必要性）。しかも，そのように代理権があるようにみえる状況は，Aが，Bに別の行為の代理を委ねることによって，他の行為についても代理することができるようにしてしまったことに起因する（本人の帰責性）。そこで，CがBの代理権を正当に信じていたと認められる場合には，表見代理の成立が認められる。その結果，Cの請求が認められる。

❷ 要　件

110条では，代理行為者が当該行為以外の行為について代理権を有したこと（基本代理権の存在）と，相手方が代理権の存在を信じ，そう信ずることについて「正当な理由」があること（正当理由の存在）が，代理行為者における当該行為についての代理権の存在に代わる要件となって，本人の表見代理責任が認められる。

主張立証責任の所在

　　したがって，表見代理の効果を求める者が，①代理人としての行為がされたこと（契約の締結とその際の顕名），②その行為をした者が，それ以外の行為について代理権を有していたこと（基本代理権の存在），③相手方が代理行為者は当該行為の代理を有すると信じたこと（代理権存在の信頼），④相手方がそう信ずるについての正当な理由（正当理由の存在）を主張・立証する必要がある。なお，正当理由の存在は規範的要件であるため，表見代理の効果を求める者は，具体的事実の主張・立証により，正当な理由があるという評価を根拠づけるべきことになる。これに対し，表見代理の効果を争う者は，その評価を妨げる具体的事実を主張・立証することができる。

1　基本代理権の存在

　(1) 基本代理権とは　　110条の表見代理が成立するためには，無権代理行為をした者が，当該行為以外の行為について代理権を有していたことが必要である。これは，110条の「その権限外の行為」という表現から明らかになる。代理人の権限といえば，代理権だからである。そして，ここで要求される代理権を，一般に，**基本代理権**と呼んでいる。

　(2) 基本「代理権」の要否　　もっとも，この「権限」の意味については，争いがある。

Case 59

　Aは金融会社Zの投資勧誘員をしていたが，病弱であったため，実際にはAの子B
が勧誘にあたっていた。BがCの勧誘に成功し，CがZ社に投資のため金銭を預ける
ことになった。その際，Bは，Aの代理人として，Z社のCに対する返金債務をAが
保証する契約を締結した。その後，Z社が倒産し，CがAに保証の実行を求めた。

問題の所在　　無権代理行為をしたBは，Aから投資勧誘を委ねられている。しかし，投資勧
誘は，契約の締結を誘うだけのことであって，法律行為ではない。つまり，Bは，
法律行為をすることを委ねられていたわけではなく，代理権を有していない。と
ころで，今このケースのような取引がされる場合には，Cが投資した取引の内容
次第では，AがZ社のために契約締結をする代理権を有しており（金融商取64条
の3第1項参照），AがBにその契約締結まで委ねていることもありうる。ただ，
この委任が有効にされていても，Bは，Z社のための代理権は有するものの，A
のための代理権は有しない。そこで，基本代理権の存在が110条の要件であると
すると，この例では，110条の表見代理は成立しない。

　(a)　判例の原則的立場　　判例は，無権代理行為をした者が本人のための
（最判昭和34・7・24民集13巻8号1176頁）何らかの法律行為をする代理権を有
することを要するとしている（最判昭和35・2・19民集14巻2号250頁〔百選I
29〕，最判昭和39・4・2民集18巻4号497頁）。この立場（以下，基本代理権説）は，
次のことにより正当化される。第一に，110条の文言である。第二に，表見
代理が本人に法律行為の成立と同様の責任を負わせることからすると，表見
代理の成立に必要となる本人の帰責性は，本人が無権代理人に自己の法律関
係の変動を任せるほどのものでなければならない（その場合，本人は無権代理
人を通じて法律関係を形成しようとしたのだから，その形成に際しての誤りを本人に
負担させてよい）と考えられることである。

　Case 59 では，BはAのために法律行為をする代理権を有しないから，110条の
表見代理は成立しない。

「基本権限」説

　判例の立場には，有力な反対説がある。これは，次のように考えるものである。すな
わち，本人に不利益を課すには，本人にそれ相応の帰責性がなければならないことは確
かである。しかしながら，他人にごく些細な法律行為（たとえば，鉛筆1本の購入）の
ための代理権を与えた場合と，*Case 59* のように多額の投資取引の勧誘という事実行
為を委ねた場合とで，いずれが重大な事柄を任せていると考えられるか。明らかに，後
者の事実行為の委託であろう。そうであれば，本人の帰責性は，事実行為を含む対外的
な関係形成を委ねたことで足ると考えるべきである。そこで，110条の「権限」とは，
本人のために対外的行為（法律行為か事実行為かは問わない）をする権限（基本権限）と

考えるべきである（以下，基本権限説）。

　この見解によると，法律関係の形成を考えていなかった本人が履行責任を負うこともある。そのため，本人にとって過酷な結果となることも考えられるが，そのような危険については，正当理由の要件を厳格に解することで対処すればよいとされている（⇒ p. 290 の 発展学習 を参照）。

　なお，基本権限説によっても， *Case 59* では，Aが重大な事実行為を委ねたと評価されるかどうか，定かでない。確かに，Aは，場合により巨額にのぼりうる取引の勧誘をBに委ねている。しかしながら，それはZ社の取引であって，Aの取引ではない。AがBに委ねたのは，AがZ社のためにする行為（契約勧誘，場合によっては契約締結）の代行である。これは，AがZ社との関係ですべき事務の処理であるから，Aの対外的行為の処理を委ねるものに一応あたるが，Aのために重大性が認められるかどうか，定かでない。それに対し，AがZ社の代理人として行為をした場合には，基本権限説によれば，Z社が110条により表見代理責任を負うことがありうることになる。

　(b)　判例による基本代理権要件の緩和　　基本代理権の要件を緩和したともみうる判例もある。すなわち，登記申請行為の代理権を，場合により基本代理権と認めてよいとする判例がある（最判昭和46・6・3民集25巻4号455頁）。登記申請行為は（登記所という国の機関に対してする）公法上の行為であり，これを委任しても法律行為を委ねたことにならない。しかしながら，判例は，「単なる公法上の行為についての代理権は民法110条の規定による表見代理の成立の要件たる基本代理権にあたらないと解すべきであるとしても，その行為が特定の私法上の取引行為の一環としてなされ」た場合には，登記申請行為の代行権限も基本代理権と認められるとした。

補論　**登記申請の代行権限の基本代理権性**

　　法律行為（たとえば，売買）を原因とする登記の申請がされる場合，登記がされれば債務（売買でいえば，売主の登記移転義務）の弁済とその受領という私法上の効果が生ずる。そのため，この登記申請の委託は，法律行為による法律関係の形成に準ずるものとみることができる。したがって，この委託をした本人に表見代理責任を負わせることは，私法関係の変動を企図した本人にのみ法律行為的責任を負わせるという考え方に，矛盾するものではない。

　(c)　法定代理権も110条の基本代理権たりうるか　　基本代理権の要件に関しては，基本代理権は法定代理権でもよいか，という問題もある。

Case 60

　未成年者Aに，後見人Bと後見監督人Zがあった。Bは，A所有の甲土地をAの代理人としてCに売却したが，この契約についてZの同意を得ていなかった。

後見人は，13条１項各号に定められた行為について被後見人を代理する場合，後見監督人があるときは，後見監督人の同意を得なければならない（864条）。不動産の売却は，13条１項３号に該当するから，ＢがＡを代理して甲土地を売却するには，Ｚの同意が必要である。そのため，Ｚの同意を得ずにＢがしたＡの不動産の売却は，無権代理行為になる。この場合に，110条を適用してＡに表見代理責任を負わせることができるかが，ここでの問題である。

110条は，文言上，基本代理権を任意代理権に限っているわけではない。したがって，法定代理人の権限外行為に110条を適用することも可能にみえる。しかしながら，表見代理の成立には本人に相応の帰責性のあることが必要であると考えるならば，結論は異なりうる。法定代理の本人は，自ら代理人を選任して法律関係を形成させるわけでも，代理人を監督するよう期待されているわけでもない。そのため，法定代理の本人には，表見代理責任の前提となる帰責性を認めることができないからである。

この問題の結論は，代理において代理人がした行為の効果が本人に帰属する根拠をどのように考えるかに，密接に関連する。

代理人がした行為の本人への効果帰属根拠
この根拠については，大きく分けて二つの考え方がある。
一つは，代理人がした行為の効果が本人に帰属するのは，代理人と相手方がそれを求めて意思表示をしたこと，そして，その意思表示の効果を法律が認めたことを理由とする，という考え方である。これは，代理の効果が本人に帰属する根拠について，本人の意思の関与を重視しない立場といえる。この立場は，成年被後見人や未成年者のための法定代理のように，本人の意思の関与を考えることができない場合にも代理行為の効果の本人への帰属が認められていることから，このように考えている。
もう一つは，任意代理と法定代理を区別して，法定代理の場合には代理人の行為の効果が本人に帰属するものとする法律の定めが根拠であるのに対し，任意代理において代理人の行為の効果が本人に帰属するのは，本人が代理権の授与によって代理の効果を引き受けることにしたからである，とする考え方である。これは，代理における本人への効果帰属の根拠について，本人の意思の関与を重視する立場といえる。この立場は，任意代理と法定代理は，代理行為への本人の意思の関与が認められるか否かで決定的に異なり，また機能も異なることから，両者を別個に考えようとするものである。

代理における本人への効果帰属根拠として本人の意思の関与を重視しなければ，任意代理と法定代理をとくに区別して考える必要はない。そのことは，110条の適用に関しても変わらない。任意代理人が代理権の範囲内でした代理行為の場合も，その効果の本人への帰属は本人の意思の関与を根拠とするものではないので，表見代理の成立のために本人の意思的関与は不可欠では

ない。代理一般について，本人は，代理人が代理することにより利益を受ける立場にあるから，権限外行為というその代理人の逸脱行動による不利益を負担させられることがあっても仕方がない。

これに対し，任意代理人の行為の効果が本人に帰属するのは，代理権授与という本人の意思の関与があるからであるとする立場からは，異なった見解が主張されうることになる。制限行為能力者の法定代理の場合，本人は，代理権を自ら発生させることができない。そのため，任意代理の場合と同じように扱うことはできない。任意代理人の権限外行為の場合，本人は，相手方が代理権の存在を信頼してよいような事情を意思に基づいて作り出したからこそ，表見代理責任を負う。それに対し，制限行為能力者の法定代理の場合には，代理権の存在を相手方に信じさせるような事情があっても，その事情は制限行為能力者の意思に基づいて作り出されたものとはいえない。この場合には，（詐術にあたるようなときはともかくとして）表見代理の成立に必要な本人の帰責性が認められない。また，法定代理は本人を保護するための制度であるので，本人に表見代理責任を負わせるべきでない，ということになる。

補論　法定代理の多様性と法定代理権の基本代理権該当性
　　法人の理事の代理権や761条により夫婦相互に認められる日常家事処理権を法定代理権の一種であるとし，それらを基本代理権とする110条の適用が認められているので，基本代理権は法定代理権でもよいと説かれることがある（なお，判例は，761条を夫婦の日常家事代理権を認める規定であるとするが，夫婦の一方がした行為について他方が同条により責任を負うべき場合が110条の趣旨を考慮して定められるとするのであって，この代理権を基本代理権とする110条の表見代理の成立を認めているわけではない〔最判昭和44・12・18民集23巻12号2476頁（百選Ⅰ32）〕）。しかしながら，これは問題の本質を理解しないものである。かりに，それらの場合が法定代理権にあたり，それらの場合に110条の適用があるとしても，それらの場合の本人は，自己の意思により法律関係を形成しうるのであり，代理行為者が問題の行為をすることができる地位についたのは，本人の意思決定によるものである。また，本人は，代理行為者を適切に監督することを求められうる立場にもある。制限行為能力者の法定代理と事情が異なることは，明らかであろう。

2　相手方の信頼および正当な理由の存在　　110条の表見代理が成立するには，さらに，「第三者」が代理権の存在を信じ，かつ，そう信ずることにつき「正当な理由」（以下，「正当理由」ということがある）のあることが必要である。

(1)　民法110条の「第三者」の意義　　110条にいう「第三者」とは，無権代理行為の直接の相手方を指す（最判昭和36・12・12民集15巻11号2756頁）。無権代理行為の目的物を転得した者は含まれない。民法の代理に関する規定上，「第

三者」とは代理の相手方であること（99条2項，106条2項等を参照），また，転得者の保護されるべき信頼の対象は，行為者が代理権を有すること（これが，110条の信頼保護の対象である）ではなく，前主が権利を有することだからである。そのため，転得者の保護は，無権利者との間で権利取得行為をした者一般の問題（たとえば，94条2項類推適用や192条の問題）として扱われることになる（ただし，学説では，とくに手形行為に関し，転得者を「第三者」に含めてその保護を図ろうとする見解も有力である）。

(2) 「正当な理由」とは何か　　判例によると，正当な理由とは，代理権の存在を相手方が信じたことに過失がなかったこと（相手方の無過失）とされている（最判昭和35・12・27民集14巻14号3234頁）。このように考えられるのは，次の理由による。110条は，表見法理を基礎にする規定である。表見法理では，本人の帰責性に基づく真実と異なる外形が存在し，その外形につき相手方に保護に値する信頼のあることが必要である。110条において，真実と異なる外形とは，実際には存在しない代理権が存在するかのように思わせる客観的事情である。そして，本人の帰責性は，110条では，本人が基本代理権を与えたという要件に具体化されている。それに対し，相手方の信頼が保護に値するものであることを要件化したのが，正当理由である（110条の文言上，相手方の信頼は明定されていないが，正当理由の前提として要件に含めて考えられている）。したがって，正当理由とは，表見法理に基づく信頼保護制度一般におけると同様に，相手方の（善意）無過失を意味すると考えられる（以下，善意無過失説）。

　正当理由をこのように相手方の（善意）無過失と理解するならば，その存否の判断につき本人の態度や本人の事情は直接の意味をもたないことになる。たとえば，判例は，正当理由が本人の作為もしくは不作為（最判昭和28・12・3民集7巻12号1311頁）または過失（最判昭和34・2・5民集13巻1号67頁）によって生じたことを要しないとしている。

┌─────┐
│発展 │　**正当理由に関する総合判断説**
│学習 │
└─────┘
　　善意無過失説は，基本代理権の要件を，本人の帰責性を要件化したものとしている。ところが，学説では，この要件を緩和する基本権限説も有力である（⇒p. 286 の 発展学習 ）。基本権限説は，本人の帰責要件をそのように緩和する代わりに，本人に不当な結果を生ずる恐れがあるときは，正当理由の存否の判断を厳格にすればよいとしている。このような立場からは，正当理由は，本人を保護すべき事情と相手方を保護すべき事情の一切を総合的に判断して，本人を保護するか，相手方を保護するかを決めるための要件と理解されている（以下，総合判断説）。

　　この見解の支持者には，裁判においても，表向きはともかく，実際にはこのような総

合判断がされていると述べるものがある。

(3) 「正当な理由」の存否の判断方法　正当理由の存否は，判例において，典型的には次のように判断されている（たとえば，最判昭和51・6・25民集30巻6号665頁〔百選Ⅰ30〕）。

(a) 中核的事情の存在による「正当な理由」の原則的肯定　代理権の存在を推測させる核となる事情の存在が認められると，原則として正当理由の存在が肯定される。この事情の代表例は，代理行為者が実印や委任状など代理権の証明の手段となるもの（資格徴憑）を所持していることである。

(b) 不審事由がある場合の例外　ただし，そのような事情がある場合でも，代理権の存在を疑わせる客観的事情（不審事由）があるときは，この限りでない。そのような事情があるときには代理権の存在を信ずることがもっともであるといえないことは，明らかであろう。

　代表的な不審事由
　不審事由があるとされる代表的な例として，次のような場合がある。
　①資格徴憑上に不自然な点がある場合（例：委任状に改ざんの跡が窺える場合。委任状に押された印が三文判である場合），②取引の経緯に不自然な点がある場合（例：夫の不動産を売却しようとしている妻が，夫との不和を匂わせた場合），③法律行為の内容に疑念事由がある場合（例：有権代理の場合でも一般的利益相反行為に該当するとき。そうでなくても，代理行為者の親族や知人の債務のための抵当権設定や保証など，代理行為者と近い関係にある者の利益のために本人が不利益を負担する内容の取引〔代理行為者の恣意的行動の危険が大きいから〕，期間や極度額の定めのない根保証のように，本人が重大な責任を負う取引〔他人任せにしないことが通常だから〕，自宅の売却や担保化など，重要な財産の処分に関する取引〔他人任せにすることは稀だから〕），④本人と代理行為者の間に一定の人的関係がある場合（例：配偶者や同居親族による実印等の所持や使用〔これらの者は実印等の入手が容易なので，濫用の危険を疑うべきだから，といわれている〕。もっとも，これを不審事由として強調することは適当ではない。配偶者や同居親族が代理人として行為をすることは日常自然におこなわれていることであり，疑念を抱くべき事情ではない〔むしろ，本人との関係がはっきりしない他人が実印等を所持していることの方が不自然である〕。また，それらの者が実印等を所持し使用することも，通常のことであり，濫用を疑わせる一般的事情とはいえないはずである。むしろ，配偶者や同居親族が実印等の資格徴憑を所持していても正当理由を肯定する事情として働かない，他に不審事由があるならばなおさらである，ということにとどまる）。

(c) 相手方の調査・確認義務と，それを怠った過失による「正当な理由」の否定　不審事由があることにより，直ちに正当理由の存在が否定されるわけではない。不審事由があると，相手方は，代理権の存否について適当な

調査をし，確認すべきであるとされる。相手方がこれを怠ると，相手方には過失があるとされる。すなわち，正当理由の存在が否定される。

 相手方に求められる調査または確認の程度
　問題は，相手方はどの程度の調査または確認をすべきか，である。これは，個別の事情のもとで判断されるので，一概にはいえない。ただし，一般論として，次のことを指摘することができる。すなわち，相手方に要求される調査の程度は，取引の異常性の程度，調査の難易度，相手方の属性等によって異なる。取引の異常性が強い場合や本人との接触が容易である場合には，本人に対する直接の意思確認が要求されることが多い。また，相手方が当該取引の専門家である場合には，高度の調査または確認が要求される（資格徴憑があるときでも，本人への意思確認が必要であったとされることがある）。

発展学習　総合判断説からみた判例による正当理由の存否判断
　正当理由の存否をこのような方法で判断する場合には，不審事由の存否の認定や調査義務の程度を操作することにより，正当理由の存否，ひいては表見代理の成否を柔軟に判断しうることになる。そこで学説のなかには，裁判所は，この操作を通じて，表見代理の成否に関する総合判断を正当理由の要件でしているとみるものがある。

補論　正当理由の要件の位置づけと民法110条による表見代理の成否判断への同95条類推適用
　総合判断説の指摘が正しい場合はさておき，そうでなければ，正当理由の判断要素とされるのは，相手方から看取しうる客観的事情だけである。ただ，本人が実際に与えた代理権の内容（つまり，本人が求めた法律関係）と実際の行為の内容が著しく食い違う場合には，本人の保護が必要になると思われる（白紙委任状の濫用に関する p. 282 の(c)を参照）。ところが，そのような事情は，本人側の内部事情であるため，それが不審事由と認められる客観的事情に反映されない限り，正当理由の判断において考慮されない。しかしながら，それでは，本人に過酷な責任を負わせることになりかねない。そこで，このような場合に，本人の保護をどのようにして図るかが問題になる。
　総合判断説は，裁判所がこのような事情を汲み，不審事由を厳しく認めて相手方の過失の認定へとつなげ，本人を保護する場合があるとしている。しかしながら，この認識が正しいとすれば，問題である。取引において通常とるべき行動をしていた者に過失を認定することは，そもそも不当である。また，過失のある相手方は117条による無権代理人の責任も追及することができないことがあるが（117条2項2号），判例上，そこにいう相手方の過失は，表見代理規定における相手方の過失と同義であるとされている（⇒p. 298 の **2**）。そうすると，本人側の事情を考慮して表見代理の成立を否定するために過失を認定された相手方は，117条の無権代理人の責任も追及することができないことになりかねない。
　善意無過失説による場合，正当理由の存否は，相手方が実際に看取しえた客観的事情だけから判断する必要がある。本人を保護すべき事情が別にあるならば，端的にそれを理由として，本人の責任を否定する構成を考えるべきだろう。委任事項と実際の代理事項との食い違いが大きいために本人の表見代理責任を否定するということは，本人の意思と大きく異なる結果が生ずる場合に，本人に法律行為的責任の否定を許すということである。これは，錯誤による行為の効力の否定と同じ判断とみる。そこでこの場合には，本人は，110条によって生ずべき責任を95条の類推適用により免れることができる（ただし，本人の帰責性の程度が大きいときは，95条3項が類推適用される）とすることも，

考えられるのではないか。

110条により生ずべき本人の表見代理責任につき，95条の類推適用を認めることは，110条に関する主張立証責任を次のように理解すべきことをいうものである。

本人をA，代理人をB，相手方をCとし，CがAの110条による表見代理責任を追及する場合，Cは，①BとCの間の契約締結，②その際の顕名，③前記①の契約締結に先立つ基本代理権の発生原因（AとBの間の代理権授与行為），④前記①の契約のための代理権をBが有すると信じたこと，⑤そのように信ずることについての正当理由の存在（を根拠づける具体的事実）を主張立証しなければならない。

ここで，95条を類推適用するとは，①の契約と③の代理権授与行為の内容が食い違い，それが重大であると認められるときに，Aに表見代理責任を免れさせる，ということである。その基礎には，次の考えがある。すなわち，代理権授与行為は，それによって与えられた代理権の範囲内で代理権授与の事実を相手方に表示すること（代理権授与表示の使者としての伝達）の代理人への依頼を含んでいるとみることができ，また，代理人が顕名をして行為をすることは，本人から依頼された代理権授与の事実の相手方への表示（伝達）を含んでいるとみることができる。そうであれば，本人の内心の意図を示す実際の委任事項（基本代理権の範囲）と現実に行われた契約の内容（代理人が伝達した代理権の範囲）が食い違う場合には，代理権授与表示について使者たる代理人による誤伝があったとみることができ，95条1項1号の錯誤に類する事態といえることから，同条を類推適用することができる，という考えである。そうすると，Cは，前記③の主張・立証により伝達が依頼された代理権の範囲（＝Aの代理権授与表示についての真意）と，前記①②④⑤の主張・立証により自己がそのように受け取ってよかった代理権の範囲（＝使者Bを通じたAの代理権授与表示の内容）を明らかにし，結果的に両者が食い違うこと，つまり錯誤類似の事態が存在することと，その食い違いが重大であるかどうかかを，当然に明らかにしていることになる。そのため，①と③の乖離の程度が重大である場合には，Cは，前記①〜⑤を主張・立証することにより，Aの110条による表見代理責任が95条の類推適用により否定されうる場合であることを自ら根拠づけてしまうことになる。そこで，そのような場合には，Cは，Aの表見代理責任の成立を求めるために，95条3項該当性（Bによる誤伝についてのAの重大な過失〔規範的要件〕）を自ら根拠づけることが必要になる（なお，使者による表示の伝達は誤伝の危険を当然に内包しているところ，Aは，Bへの基本代理権の授与〔＝代理権授与表示についての使者へのBの選任〕によりこの危険を自らの利益のために自ら作り出すのであるから，その危険が現実化しないように高度の注意を払うべきであるということができる。したがって，この「重大な過失」の存否の判断は，Aにとって厳しくおこなわれてよい）。

以上のように，110条による本人の表見代理責任について95条を類推適用することは，基本代理権の内容と現実にされた契約の内容の相違が重大なものである場合に，本人の帰責根拠は代理行為者への基本代理権の授与だけでは足らず，相手方が代理行為者に権限ありと正当に信じた契約がされるに至ったことについて本人の責めに帰すべき事情のあることを要するとし，そのAの責めに帰すべき事情は表見代理の効果を求めるCが主張・立証すべきである，とするものである。

学説において，「正当な理由」のなかで，実際に行われた契約と委任事項の相違の程度や，本人の帰責性の程度を考慮すべきであるとする主張があることを，先に紹介した。表見代理の成否を判断する際にそういった事情を考慮する必要があるとすることは，正当であると思われる。問題は，その判断をすべて「正当な理由」の要件のなかでおこなうことがよいかどうかである。110条の文言（正当理由は，相手方が代理権の存在を信ず

ることについてのものであること）からしても，正当理由を相手方の（善意）無過失と解する判例からしても，さらに，これを前提とする117条との関係からしても，正当理由は，相手方からみて，代理行為者に現に締結された契約について代理権があると信じさせるような外的事情に限り，本人の内部事情（実際の委任内容と帰責性の程度）は，正当理由の外側にある要件として位置づけることがよいのではないかと思われる。

4 代理権消滅後の表見代理等

1 代理権消滅後の表見代理

有権代理に基づく法的主張がされても，代理人としての行為がされた時点で代理権がすでに消滅していた場合（⇒p. 256の **6** 参照），無権代理行為であることに変わりはないから，本人は，効果の引受けを拒むことができるはずである。ところが，この場合，相手方が代理権の消滅の事実を知らなかったときは，本人は，代理行為者が消滅した代理権の範囲内でした行為について表見代理の責任を負う（112条1項本文）。ただし，相手方が過失によって代理権の消滅の事実を知らなかったときは，この限りでない（同項ただし書。なお，代理権の「消滅の事実を知らな」いということは，その代理権の存在をそれより前に知っていたことが前提となる）。

> ### *Case 61*
> Aは，経営するホテルが事業不振に陥り，資金繰りに窮したため，金融機関と取引のあるBに，ホテルの敷地建物を売却し，またはそれらを担保に融資を受けるための代理権を与え，登記済証，委任状，実印を交付した。その後，Aは，Bに広範な代理権を与えたことに不安を覚え，依頼をとりやめる旨を申し入れ，Bもこれを了承した。ところが，その2日後に，BがAの代理人としてCから融資を受け，Cのためにホテルの敷地建物に抵当権を設定し，その旨の登記がされた。Aは，この登記の抹消登記手続をCに請求することができるか。

> Bの代理権は，契約締結の2日前に消滅している。しかし，ホテルの敷地建物のような大きな物件の売買や巨額の融資案件では，普通，長期にわたる交渉がある。Aは，そのような交渉も含めて，Bを代理人として使っていた。またAは，Bが何らかの契約をするかもしれないと知っていたはずである。したがって，Bの代理権を消滅させたとしても，Bに預けていた登記済証等を取り戻したり，契約交渉の相手方に代理権消滅の事実を伝えたりしておかなければ，Bによる無権代理の恐れがあることを容易に知りえたはずである。それにもかかわらず，Bに登記済証等を保持させておくことは，Bに依然として代理権があると受け取られる状態を，Aがそのような危険を知りつつ作り出すものといえる（本人の帰責性）。そして，代理権を

有するBを相手にしてきたCは，代理権の消滅を窺わせる事情がとくになければ，Bに依然として代理権があると信じても無理はない。そのような場合には，Cを保護する必要がある（相手方の保護の必要性）。そこで，Cが代理権の消滅を知らなかった場合には，そのことについてCに過失が認められるときを除いて，Aは，Bが代理権消滅後にした行為についても責任を負う。したがって，Aの抹消登記手続請求は認められない。

発展学習　**主張立証責任の所在**

112条1項に関する主張・立証責任は，条文の構造からすると，善意については代理の効果を求める者に，過失（を根拠づける具体的事実）については代理の効果を争う者にあるとみることが素直である。もっとも，学説には，相手方の悪意または過失について，代理の効果を争う者に主張・立証責任があるとする見解がある。代理権の消滅は本人と代理人との間の内部事情であり，相手方がこれを知ることは困難であるとして，相手方の信頼保護の観点からこのように説かれている（なお，大判明治38・12・26民録11輯1877頁は，反証がない以上，相手方は代理権の消滅を知らないものと推定しうるとする）。

補論　**民法112条による表見代理における本人の帰責性**

112条の文言からすれば，本人の帰責要件は，本人が代理行為者に過去に代理権を与えたことであるとするのが素直である。しかしながら，それで足るかに，疑問がある。それで足るとするならば，他人に代理権を与えることは，自己の関与しない将来の無権代理行為についての表見代理責任を一般的に覚悟しなければならないことを意味し，大きな危険を伴うことになるからである。

109条では，本人が代理権授与表示をしたことで無権代理行為が可能（または容易）になったこと，110条では，本人が基本代理権を与えたことで無権代理行為が可能（または容易）になったことが，本人の帰責根拠であると考えられる。そうであれば，112条でも，本人の行為または態度が無権代理行為を可能または容易にしたという関係が認められてしかるべきである。ところが，代理行為者に過去に代理権を与えたという事実があっても，この関係は必ずしも認められない（たとえば，AがBに金銭を他から借り入れるための代理権を一度与えたことは，そのことのみによって，その代理権が行使されて消滅した後にBがAの代理人として金銭を再度借り入れることを可能にし，または容易にするわけではない）。本人が過去に代理権を与えたことによって無権代理行為が可能または容易になったと評価することができるのは，本人が代理権を与えた事実を過去に相手方に何らかの形で伝え，または伝わるようにしており（相手方が代理権の消滅前に代理人と取引をした経験があることまで要するものではない〔最判昭和44・7・25判時574号26頁〕），そのために，相手方が，代理権の消滅後もその代理権が存続していると考えてよかった場合であると考えられる。

2　消滅した代理権の範囲外の行為による表見代理

Case 62

A社の経理部長であったBは，A社のために小切手を振り出し，それによって預金

を引き出す代理権を与えられ，Z銀行との間で当座勘定取引をおこなっていた。Bは，企画部長への配置換えによりこの代理権を失ったが，その後に，A社を代理してCから手形割引の方法で融資を受ける契約を締結した。Cは，受け取った手形の真正について，手形の支払場所であるZ銀行に照会し，Z銀行から，BはA社の代理人として届け出られており，手形上の印影は銀行届出印の印影と一致するとの返答を得たので，融資を実行した。Z銀行がそのような返答をしたのは，A社からZ銀行へのBの解任届の提出が遅れていたためだった。Cは，A社に融資金の返還を請求した。

> 問題の所在
> この場合，112条1項の表見代理は成立しない。Bは，かつてA社の代理人であったが，Bが代理権消滅後にした法律行為（Cから手形割引により融資を受ける契約）は，かつて与えられていた代理権の範囲に含まれないからである。権限外の行為であるため110条の表見代理が成立するかといえば，そうでもない。契約締結の時点でBの代理権は消滅しており，基本代理権が存在しないからである。
>
> しかしながら，A社は，Bを代理人として使っていたのであり，また，Z銀行への解任届を適時に提出しなかったことにより，Bに依然として代理権があるかのような外形を存続させている。また，経理部長の肩書を与え，会社の取引印をもたせていたことから，Bに融資を受けることについても代理権があるようにみえることについて，A社に帰責性があるということができる。他方，Cは，Z銀行への照会などによりBの代理権の有無に関する調査をしており，Bの代理権を正当に信じたといえる可能性がある。そうであれば，この場合も，本人が表見代理の責任を負うことが認められてよいはずである。

Case 62 は，最判昭和35・12・27民集14巻14号3234頁の事案を簡略化したものである。この判決は，平成29年改正前民法のもとで，改正前112条と同110条をあわせて適用して，表見代理の成立が認められるとした（改正前の判例として，ほかに，大連判昭和19・12・22民集23巻626頁〔百選I33〕，最判昭和32・11・29民集11巻12号1994頁等がある）。112条2項は，この考え方を明文化し，代理権の消滅後にされた無権代理行為が，その消滅した代理権の範囲外のものである場合も，相手方がその代理権の消滅を知らず，かつ，代理行為者は当該行為について代理権を有すると正当に信じていたときは，表見代理が成立するとしている。

Case 62 では，Cは，①Bとの間で手形割引の契約を締結したこと，②その際に顕名がされたこと，③Bが，①の契約締結に先立って，小切手の振出し等の代理権をAから与えられたこと，④Cは，Bが①の契約につき代理権を有すると信じたこと，⑤CはBの権限についてZに照会するなどしており，④のように信じたことにつき正当な理由があることから，110条の表見代理の成立を主張すると考えられる。

これに対し，Aは，③のBの代理権が①の契約締結の前に消滅していたことか

ら，110条による責任を免れることができる。しかしながら，112条1項本文は，代理人が代理権消滅後にした行為について，相手方は，その代理権の消滅を知らなかったのであれば，本人に責任を追及することができるとしている。これは，相手方は，その代理権が存在したのと同様に扱われることを求めることができる，ということである。そうであれば，Cは，③のBの代理権の消滅を知らなかったのであれば，その代理権が存在したのと同様に扱われること，つまり，その消滅した代理権が存在すれば認められる本人の責任の成立を求めることができてよいことになる（112条1項ただし書は，Cが代理権の消滅を過失によって知らなかったときは別であるとしているが，③の代理権の消滅を知らなかったことについてCに過失がある場合には，⑤の正当理由が認められることは通常ないと考えられる）。

❸ 法定代理への適用

112条は，その1項・2項ともに，「他人に代理権を与えた者」の責任を定める規定である。したがって，法定代理人であった者がその代理権の消滅後にした無権代理行為（たとえば，未成年であった者が成年に達した後に，従前の親権者または後見人が代理人としてした行為）について，112条が適用されることはない（改正前112条については，法定代理権消滅後の表見代理を認める判例〔大判昭和2・12・24民集6巻754頁〕があり，これを支持する学説も多かったが，この立場は112条の文言変更により否定された）。

3 無権代理人の責任

無権代理という事態は，無権代理人が引き起こしたといえるから，相手方が，無権代理人に何らかの責任を追及することができてよいはずである。そこで，117条が無権代理人の責任について定めている。

1 責任の内容

それによると，相手方は，一定の要件が充たされる場合に，契約の履行または損害賠償を無権代理人に請求することができる。

❶ 履 行 請 求

相手方が履行を請求すると，無権代理人と相手方との間で契約がされた場合と

同様に扱われることになる。無権代理人の「責任」とはいうものの，無権代理人も契約により生ずる権利を取得する。

> (Case 49) (⇒p.265) では，Bは，Cが請求すれば代金500万円を支払わなければならないが，Cに甲自動車の引渡しを請求することができる。

発展学習　履行請求の実効性
　履行請求は，相手方が他への売却が困難な物を売った場合（Case 49）には意味がある。また，相手方が市場で入手可能な物を買った場合に，その物の市場価格が契約時より上昇しているときも意味がある。履行請求により，相手方は，契約によって定められた代金額でその物を手に入れられるからである。もっとも，履行請求に意味がないこともある。たとえば，無権代理人が本人所有の特定物（たとえば，不動産）を売ったり，貸したりした場合，無権代理人は，通常，目的物を相手方に引き渡すことができない。

2 損害賠償請求

　相手方は，履行を請求せずに，損害賠償を請求することもできる。

　この損害賠償は，契約の履行に代わるものである。したがって，相手方は，契約が有効であり，履行されたならば得られたであろう利益（履行利益）の賠償を請求することができる（最判昭和32・12・5新聞83＝84号16頁）。

> (Case 49) では，Cは，契約が有効であり履行もされていれば，500万円を得られたはずである。ところが，甲自動車が特殊な改造のために減価し，Cが他の者に200万円（甲自動車の相当価額）でしか売却することができなかったとすれば，Cは，その差額である300万円の損害を賠償するようBに請求することができる。

2 責任の要件

　相手方は，117条1項の無権代理人の責任を追及する場合，①ある者との間で契約を締結し，②その際に顕名がされたこと（損害賠償請求の場合には，さらに，①の契約による債務の履行不能または損害賠償請求を選択する旨の意思表示，損害の発生とその金額）を，主張・立証することで足る。

　これに対し，無権代理人は，次のいずれかを主張・立証すれば責任を免れる（（　）内は，根拠条文と免責の理由）。(a)代理権の存在（117条1項。有権代理となるから），(b)本人の追認（117条1項。有権代理と同様に扱われることになるから），(c)相手

方による契約取消し（115条。契約そのものがされなかったことになるから），(d)相手方が代理権の不存在を知っていたこと（117条2項1号。相手方は保護に値しないから），(e)相手方が代理権の不存在を知らなかったことにつき過失があること（117条2項2号本文。同前），(f)契約締結時に，当該契約につき行為能力を制限されていたこと（117条2項3号。制限行為能力者に重い責任を課すことは適当でないから）。

　ただし，(e)の場合，相手方が，無権代理人が契約の時に代理権を有しないことを知っていたことを主張・立証したときは，無権代理人は責任を免れない（117条2項2号ただし書。通常の意味での過失があるにすぎない相手方が保護されないのは，善意無過失の無権代理人も本条の責任を負うことから，他人の重い責任によって保護を受ける者は無過失であることが求められるべきであることを理由とするところ〔最判昭和62・7・7民集41巻5号1133頁〔百選Ⅰ34〕参照〕，悪意の無権代理人との関係ではこの論理は成り立たないため）。また，(f)の場合には，相手方が，制限行為能力者（成年被後見人を除く）である代理人が保護者の同意を得て代理したことを主張・立証したときは，無権代理人は責任を免れないとするのが通説である。

発展
学習 **代理人として行為をした者に対する履行請求の要件と顕名の意味**
　相手方Cは，顕名の事実を主張せずに，Bとの契約締結だけを主張・立証すれば，Bにその契約（Bを契約当事者とする契約）の履行を請求することができる。Cがこのように請求した場合に，Bが請求を免れるためには，本文(c)または(f)の，自らの契約であっても義務を負わない事由を主張・立証するか，顕名の事実と本文(a)または(b)の契約の効果が本人Aに帰属することを根拠づける事実を主張・立証しなければならないとする見解がある。この見解によると，Cが117条によってBの責任を追及する必要があるのは，代理の効果としてのAに対する請求の内容が，BとCの間の契約によるBに対する請求の内容よりも大きい場合に限られる。
　この見解の基礎には，意思表示の効果は表示をした者とこれを受領した者（表示行為の当事者）の間に生ずることが原則である，という考えがあるとされている。しかしながら，顕名をすることは，この原則と異なる場合であるものとするということである。そうすると，顕名のうえで契約が結ばれている場合には，表示行為の当事者，すなわち代理行為者と相手方は，契約の当事者は本人（と相手方）であるものとすること，代理行為者は契約当事者にならないものとすることを合意していることになる。したがって，Bが顕名の事実を挙げれば，Bとの契約を原因とするCの請求は成り立たなくなるというべきである（顕名の意味について，p.256の**1**参照）。この場合，Cは，履行またはそれに代わる損害賠償を請求するためには，117条に基づいて請求するほかないことになる。

3 責任の法的性質

　117条の責任を追及された者に認められる免責立証は，以上に尽きるとするの

が一般的見解である。これによると，無権代理人は，代理権を有すると過失なく信じて契約を締結していたときも，117条の責任を負わなければならない。117条による無権代理人の責任は，法定の重い無過失責任であるとされている。

補論 **民法117条による無権代理人の責任の法的性質**
　しかしながら，次のような場合にも，無権代理人に履行責任を負わせることが適当か，疑問である。
　たとえば，本人Aが，Bに，ZのCに対する債務をAが保証する契約の締結を委ねたが，それはZから強迫を受けたためだった。BはCとの間でその契約を締結したが，その後にAが代理権授与行為を取り消した，という場合である。この場合，代理権授与行為の取消しにより，Bの代理権は遡及的に消滅する。したがって，Bは無権代理人であったことになる。この場合，117条は無権代理人の無過失責任を法定しているという見解によると，Bは，Cから求められると，保証債務を履行しなければならない。しかしながら，Aへの強迫をBが過失なく知らなかったときに，この帰結は妥当か。代理人は，契約について，その締結に関与する中間介在者にすぎない。そのような者にこれほど重い責任を負わせる理由がどこにあるか，理解しがたい。むしろ，無権代理人が代理権の不存在を知るべきであるのに知らなかったときにのみ117条の責任を認めれば，それでよいのではないか。民法典の起草者は，基本的にこのように考えていた。確かに起草者も，117条を，無権代理人の重い責任を法定する規定と考えていた。しかしながら，起草者によると，117条は，無過失責任を定める規定ではない。少なくとも過失があるために何らかの責任（不法行為責任）を負わなければならない無権代理人に，相手方保護の観点から，とくに重い内容の責任（履行責任またはそれに代わる損害賠償責任）を負わせた規定である。なお，平成29年民法改正により，過失のある相手方も悪意の無権代理人には責任を追及することができることに改められたが（117条2項2号参照），そのことによって，善意無過失の無権代理人は責任を負わないとする解釈ができなくなるわけではない（悪意の無権代理人は相手方が悪意のときに責任を免れる，善意有過失の無権代理人は相手方に過失があれば責任を免れる，善意無過失の無権代理人は責任を負わない，とする解釈が成り立ちうる）。

補論 **民法93条1項と民法117条2項**
　平成29年民法改正において117条2項2号ただし書が設けられ，悪意の無権代理人との関係では過失ある相手方が保護されることになったのは，代理権を有しないことを知りながら代理人として行為をした者の悪性の大きさを考慮すれば，過失があっても善意の相手方の保護を優先させることが適当である，という考えによる。ところが，心裡留保に関する93条1項では，心裡留保がされる事情は様々であるとして，善意であっても過失ある相手方は保護されないとする立場が維持された。代理権を有しない者が，それと知りながら代理人として行為をする事情も，様々ではなかろうか。93条1項と117条2項2号において整合的な評価がされているかについて，疑問がある（この点につき，p. 118の補論も参照）。

無権代理行為の相手方は，本人が追認するか，表見代理が成立する場合には，本人に契約の履行を求めることができる。その他の場合には，本人から履行を受けることはできない。また，117条の定める要件が充たされれば，無権代理人に履行を求めることができる。そうでなければ，無権代理人からも履行を受けることはできない。

もっとも，以上は，無権代理人と本人が別人である（という通常の）場合のことである。これに対して，無権代理人または本人が死亡し，ある者が無権代理の本人の地位（資格）と無権代理人の地位（資格）をあわせもつことがある。その場合に，上記の結論のままでよいかが議論されている。そのような事態を生ずる場合には三つある。①無権代理人が本人を相続した場合（以下，無権代理人相続型），②本人が無権代理人を相続した場合（以下，本人相続型），③第三者が無権代理人と本人を順次相続した場合（以下，第三者相続型），である。

1 無権代理人相続型

無権代理人が本人を相続した場合には，無権代理人が本人としての追認拒絶権を行使したり，本人のした追認拒絶の効果を主張したりすることができるかについて，議論されている。その行使または主張が認められる場合，相手方が契約の時に無権代理であることを知っていたか，過失によって知らなかったときは，無権代理人が契約の履行に関する責任を何ら負わないことになりうる。問題とされているのは，それでよいかどうかである。

◾ 単独相続の場合（無権代理人単独相続型）

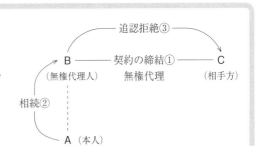

Case 63
　本人AをBが無権代理して，ZのCに対する1000万円の債務をAが保証する契約を締結した。その後，Aは，追認も追認拒絶もせずに死亡し，Bが単独でAを相続した。Cが保証の実行を求めた場合，Bは，これに応じ

なければならないか。

　この場合，契約の時に，ＣがＢの代理権の存在を無過失で信じていたとき，またはそのように信じたことにつきＣに過失があったとしても，Ｂが代理権を有しないことを知りながら行為をしていたときは，たいした問題にならない。Ｃは，117条によってＢに履行を求めればよいからである。これに対し，それ以外のときは，Ｂは117条の責任を免れる。その場合，Ｃは，もともと契約の実現による保護に値しないから仕方がない，という考えもありうる。しかしながら，代理人として行為をすることは，相手方に対し，本人との間に契約が成立する旨を表示することになると考えられる。そこで，無権代理人は，代理人として行為をした以上，本人の地位に就いて自ら表示したことを実現することができる立場になったのなら，それを実現すべきであるとも考えられる。また，Ｂが悪意の無権代理人である場合には，相手方Ｃをできるだけ保護すべきであるともいえそうである。こういったことから，本人を相続した無権代理人が本人として追認拒絶をすることを認めてよいかが，問題とされている。

1　資格融合説とその問題点

(1)　資格融合説　　判例は，無権代理人が本人を相続して，無権代理人に本人の地位（資格）も帰属することになった場合には，本人が自ら法律行為をしたのと同様になるとする（大判昭和 2・3・22民集 6 巻106頁，最判昭和40・6・18民集19巻 4 号986頁ほか。無権代理人が本人を相続すると，無権代理人たる資格は本人たる資格に融合するという考え方なので，以下，「資格融合説」と呼ぶ）。

これによると，法律行為は，当初から本人に効果帰属していたものとして扱われる。これは，相手方が無権代理行為であることを知っていたときであっても，同じである。

> 資格融合説によれば，(*Case 63*) のＢは，Ｃの請求に応じなければならない。

　資格融合説による場合の主張・立証責任の所在

　Case 63 では，Ｃは，①Ｂとの間で，自己に対するＺの債務をＡが保証する契約を締結したこと，②その際に顕名がされたこと，③Ｂは，①の契約締結の当時，代理権を有しなかったこと（Ｂがこれを争うことは，代理権を有すると認めることになり，Ｃの請求を根拠づける結果となるから考えられない。したがって，③については，Ｃは主張するだけでよく，立証を要しない），④Ａが①の契約締結後に死亡したこと，⑤ＢがＡの子であること（Ａの相続人がＢ以外にあることは，Ｂの抗弁となる）を主張・立証することにより，保証債務の履行をＢに請求することができる。代理行為者との間でされた契約の効力が本人に生ずるためには，代理行為者がその契約の締結に先立って代理権を取得していたことが本来必要である。しかしながら，資格融合説は，無権代理行為の後に無権代理人が単独で本人を相続したときは，本人が法律行為をしたのと同様になるとするから，上記③〜⑤の主張・立証により，Ｃは，保証契約の効果をＢに主張することができる。

(2) その問題点 　学説では，純粋に貫くと妥当でない結論を生じかねないとして，資格融合説に対する批判が強い。

まず，資格融合説によれば，悪意の相手方も保護されることになりかねないという批判がある（もっとも，後に述べる学説上有力な信義則説でも同じ結果となる）。

次に，本人の所有建物を無断で売却した無権代理人が，本人を他の相続人とともに共同で相続した場合（後出 *Case 64* ②），資格融合説によると，契約が無権代理人の相続分の範囲で当然に効力を生ずる可能性がある。しかしながら，そのような結果を，無権代理人や他の共同相続人はもちろん，相手方も望まないかもしれないという批判がある。もっとも，この批判は，資格融合という考え方を共同相続の場合に及ぼすときのことであって，無権代理人による単独相続の場合にはあたらない。

さらに，本人が無権代理人を相続した場合にも資格が融合するならば，無権代理の被害者である本人が当然に権利を失い，または義務を負うことになり，妥当でないという批判もある。もっとも，この批判も，本人が無権代理人を相続した場合にも資格融合説をとるときのことであって，無権代理人が本人を相続した場合にはあたらない。

結局，悪意の相手方を保護すること，および無権代理人が本人を単独で相続した場合に限って資格融合という考え方をすることをどのように考えるかが，焦点になる。

補論 　**資格融合説により処理された事案の実際**
　これまでに最上級審で資格融合説により処理された事案はすべて，無権代理人が本人を単独で相続した事案（または，それと同視しうる事案）である。しかも，そのすべてが，下級審で相手方の悪意または過失が否定されていたか，そのように認められたであろう事案であり，相手方が117条によっても履行を得られたと思われる事案である。

2　資格併存説　学説では一般に，無権代理人が本人を相続しても，資格は融合しないとされている。すなわち，本人を相続した無権代理人は，本人の資格と無権代理人の資格をあわせもつ（以下，「資格併存説」と呼ぶ）。そのうえで，この見解は，無権代理人が本人として追認拒絶をすることを認めるか否かで，次の二つに分かれる。

(1) 信義則説　一つは，無権代理人が本人の資格で追認拒絶をすることは，信義則上，許されないとする見解である（以下，「信義則説」と呼ぶ）。最高裁判

決にも，この立場を前提とする説示をするものがある（最判昭和37・4・20民集16巻4号955頁〔百選Ⅰ35〕，最判昭和63・3・1家月41巻10号104頁）。

　信義則説は，無権代理人が代理人として行為をする際に，本人との法律関係が実現される旨を相手方に示したという事情を重視する。そのような表示をした無権代理人が，自らその法律関係を実現しうる状況となったのに無権代理の主張をし，追認拒絶もしてその実現を拒むことは，自己の過去の行為に矛盾する態度であり許されない（矛盾的態度の禁止）とするのである。これは，無権代理人の態度のゆえであることから，悪意の相手方も保護されることになる（もっとも，悪意の相手方からの請求の場合には別とする見解もある）。

　これによれば，無権代理人が単独で本人を相続した場合において，相手方が契約の履行を求めたときは，無権代理人は追認を拒絶することができず，追認がされたものとして扱われる（無権代理行為の効果は本人に帰属せず，本人による追認拒絶はその効果不帰属を確定するものである。そのため，無権代理人にこの意味での追認拒絶を禁ずるだけでは，行為の本人に対する効果が認められることにならない。したがって，信義則によって認められるのは，無権代理人であった者による本人としての追認の強制または擬制である。以下において，「無権代理人の追認拒絶の信義則による制限」〔および，これと同義の表現〕は，この意味であることとする）。

> *Case 63* では，Bは追認拒絶をすることができず，契約の効力がAに帰属していたものとして扱われる。そのため，Aを相続したBは，Cからの請求を拒めない。

<table>
<tr><td>発展
学習</td><td>**信義則説による場合の主張・立証責任の所在**</td></tr>
</table>

　信義則説による場合，*Case 63* でCがBに保証債務の履行を請求するために主張・立証すべきことは，相手方が悪意のときを例外とするのでなければ，資格融合説による場合にCが主張・立証すべきこと（⇒p.302の 発展学習 の①〜⑤）と同じである。その③〜⑤の主張・立証により，信義則上，Bは追認拒絶をすることができない（追認したと扱われる）ことになるため，Cは，保証契約の効果をBに主張することができる。これによると，無権代理人単独相続型に限っていえば，相手方が悪意の場合の例外を認めるのでなければ，資格融合説を否定して信義則説をとる意味はない。

<table>
<tr><td>補論</td><td>**無権代理人による追認拒絶は先行行為矛盾か**</td></tr>
</table>

　無権代理人が履行することができる場合に無権代理の主張をすることを，矛盾的態度として一般的に許されないとすることには，疑問がある。117条によると，無権代理人は，相手方に悪意または過失があれば，履行可能なときであっても履行の責任を負わない。つまり，自らのした行為の効果の引受けを，実質的に拒むことができる。この理は，無権代理人が，無権代理であることを知りながら，あえて無権代理行為に及んだ場合にも，悪意の相手方との関係では妥当する（なお，故意に真意と異なる意思表示をした者に

すら，悪意または過失のある相手方に対して意思表示の無効の主張を認める93条1項も参照）。この規律に関して，p. 299の|発展学習|において紹介した見解のように考える（代理人として行為をした者は代理権の存在または本人の追認を主張・立証しなければ，意思表示の当事者として効果の引受けを免れないとする）か，悪性の強い無権代理人との関係一般においてその当否を問題とするのであればともかく，相続が介在した場合にだけ実質的に修正することに，合理性があるとは思えない。

(2) 資格併存貫徹説　もう一つは，無権代理人は本人としての資格を自由に行使することができ，無権代理行為の追認拒絶をすることもできるとする見解である（以下，「資格併存貫徹説」と呼ぶ）。

　この見解による場合，無権代理人は追認拒絶をすることも多いと思われるので，相手方は，表見代理責任または117条の無権代理人の責任を追及するほかないことが多くなる。

　この見解は，次のように考えるものである。すなわち，本人が生きていれば，相手方は，追認拒絶がされた場合にはそれを受け入れるほかなく，表見代理責任または117条による無権代理人の責任を追及するしかない。本人を相続した無権代理人に追認拒絶を許しても，相手方が本人生存時に比べて不利になるわけではない。本人の死亡という偶然の事情によって相手方を有利に扱う理由はなく，無権代理人に本人の資格を自由に行使させてよい。

> (*Case 63*)では，Bは，追認拒絶をすることができる。ただし，追認拒絶をした場合も，Bは，表見代理の規定または117条の規定により保証実行の義務を負うことがある。

2　無権代理人が他の相続人とともに本人を相続した場合（無権代理人共同相続型）

　無権代理人が本人を相続した場合であっても，無権代理人が共同相続人の一人であるときは，別の考慮が必要になる。すなわち，このときは，無権代理人以外の共同相続人の利益も考えなければならない。

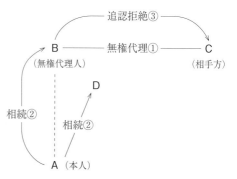

Case 64

① 本人AをBが無権代理して，ZのCに対する1000万円の債務をAが保証する契約を締結した。その後，Aが追認も追認拒絶もせずに死亡し，BとD（ともにAの子）が，Aを相続した。Zから支払を受けられなかったCが，BとDに対して保証の実行を求めた。

② Aが所有する甲建物について，Bが，代理権を有しないのに，Aの代理人としてCとの間で売買契約を締結し，この契約を原因としてA名義からC名義への所有権移転登記がされた。その後，Aが，追認も追認拒絶もせずに死亡し，BとDが，Aを相続した。さらにその後に，Bが，Cに前記所有権移転登記の抹消登記手続を求めた。

1　**資格融合説**　　この場合には，単純な資格融合説をとって，無権代理人が本人を相続したことにより法律行為が当然に効力を生ずるとすることはできない。他の共同相続人（ *Case 64* ではD）の追認拒絶権を無視することになるからである。それに対し，無権代理人の相続分の限度で，資格融合により，法律行為の効力が当然に生ずると考える余地はある。しかしながら，その場合も，相手方が望まないのに（ *Case 64* ②において，CがDとの建物共有を望まないとき）法律行為の効力が生ずる点が問題になる。なお，共同相続事例において資格融合の考え方をとる最上級審判決は存在しない。

2　**資格併存説**

(1)　信義則説　　信義則説によれば，無権代理人が本人の資格で追認を拒絶することは，信義則に反し許されない。それに対し，他の相続人については，追認拒絶権を失う理由はない。そのため，他の相続人が追認拒絶をした場合，無権代理人がした行為（以下，契約を例にとる）の全部について本人への効果帰属が認められるとすることはできない。そこで，この場合にどう考えるかをめぐって，信義則説は二つに分かれる。

(a)　追認不可分説　　一つは，共同相続人全員が揃って追認をしなければ，契約は本人に対する効力を全く認められない（共同相続人の一人でも追認拒絶をすると，本人への効果不帰属が確定する。追認をした相続人に，その相続分の限度

で効果が帰属することになるのではない）とする見解である（追認権を相続分に応じて分けることはできないとする考え方であるため，以下，「追認不可分説」という）。判例はこの立場である（最判平成5・1・21民集47巻1号265頁〔百選Ⅰ36〕のほか，同日の別判決である最判平成5・1・21判タ815号121頁）。なお，追認不可分説においても，無権代理人は信義則上追認を拒絶することができないので，他の共同相続人全員が追認をすれば，契約の効果が本人の地位を有する者全部に帰属することになる。

　無権代理人のした契約について，本人は，追認によってその契約を引き受けることができる。しかしながら，契約の一部だけを追認することはできない。本人が死亡し，共同相続人がその地位を承継した場合も，この理を変更すべき理由はない。したがって，共同相続人は（無権代理人を除き），全員一致でのみ追認することができる。

> **Case 64** ①，②のいずれにおいても，Dが追認をすれば，Bのした契約は，その成立の時に遡って本人（A）に効果帰属していたことになる。したがって，①では，Cは，BとDそれぞれに，500万円の支払を求めることができる（共同相続の場合，金銭債務は，相続の開始と同時に，各相続人に相続分の割合に応じて当然に分割されて帰属することになる〔大決昭和5・12・4民集9巻1118頁，最判昭和34・6・19民集13巻6号757頁〔百選Ⅲ62〕等〕ため）。②では，Bは，抹消登記手続を求めることができない。
>
> 　Dが追認拒絶をすると，本人に対する効果不帰属が確定する（②では，登記を抹消しなければならない）。この場合，Cは，Bに117条の責任を追及するしかない。Cは，117条の要件が充たされるならば，①ではBに保証債務の履行を求めることができる。②では，Bに損害賠償を求めるしかない。

　(b)　追認可分説　　これに対して，無権代理人の相続分の限度では，追認拒絶制限により契約が追認されたのと同様に扱うべきであるとする考え方もある（これは，追認権を分けることができるとする考え方であるため，以下，「追認可分説」と呼ぶ）。

> **Case 64** では，次のようになる。
> 　Dが追認をした場合は，追認不可分説によるときと同じである。
> 　Dが追認を拒絶した場合，①では，Bはその相続分である2分の1の限度で保証を拒絶することができず，Cは，Bに500万円の支払を請求することができる。Cは，117条の要件が充たされるならば，同条の履行責任として1000万円全額の支払をBに請求することもできる。②では，Cは，Bの相続分である2分の1の限度で

甲建物の共有持分権を取得したと主張することができる。この場合，甲建物はCとDの共有となり，Bは何ら権利を有しないため，Bの抹消登記手続請求は認められない。それに対し，Dには，自己が共有持分権を有する旨の登記の実現を求める権利がある。この場合に，CとDの共有の登記をすることは，登記手続上の制約から，A名義からC名義への所有権移転登記を抹消しなければできない。そのため，Dは，Cに対し，その所有権移転登記の全部抹消を請求することができることになる（最判平成12・1・27判時1702号84頁，最判平成17・12・15判時1920号35頁参照）。

補論　　**追認不可分説と追認可分説の基礎にある考え方の違い**

　　追認不可分説と追認可分説は，実質的利益考量と形式的法律論の両面において，考え方を異にする。

　　実質的利益考量の面では，両者は，*Case 64* ②で一部追認という結果を是とするか非とするかにおいて異なる。追認不可分説は，一部追認はDの意に沿わない可能性があるCとDの共有を生じ，また，法律関係を複雑にするため，適当でないとする。それに対し追認可分説は，一部追認という結果は，共同相続人の一人が自己の相続分を他に譲渡した場合と異ならないから，これを非とするにはあたらないとする。

　　形式的法律論の面では，両説には次のような違いがある。

　　追認不可分説は，共同相続人は契約の本人への効果帰属を決めうる地位を承継し，その決定のための手段が追認権と追認拒絶権であると捉えている。そして，無権代理行為の一部追認による効果の一部帰属は認められないとして，追認不可分という結論に至る。これによると，契約の効果として生ずる権利義務の性質（可分債権・債務〔*Case 64* ①〕か，特定物の所有権移転義務〔*Case 64* ②〕か）は，意味をもたない。

　　それに対し，追認可分説は，共同相続人は，形式的には無権代理の本人の地位という不可分な法的地位を承継するが，実質的には無権代理行為の効果を引き受けるかどうかを決める地位を承継し，それを決するものが追認権または追認拒絶権であるとする。そこで，各相続人が相続分に応じてその効果を引き受けるかどうかを判断すればよいとする。この場合，共同相続人への帰属の対象となる無権代理行為の効果は何かが，重要な意味をもつ。*Case 64* ①では，帰属の対象は保証債務である。これは金銭債務なので，相続開始により各相続人に相続分に応じて当然に分属する。したがって，BとDは，500万円の債務を負うことになりうる地位を別個に取得する。そこで，Bへの帰属分について，信義則上Bの追認拒絶を禁ずることにより，Bにその履行を強制することが可能になる。これに対し，*Case 64* ②では，帰属の対象は建物所有権の移転義務である。この義務は，共同相続人全員がしなければ完全には履行されないが，各相続人は，自己の共有持分権を移転することはできる。そこで，Cが求めた場合に，信義則上Bの追認拒絶を制限することによって，BにCへの共有持分権の移転を強制することが可能になる。

　　追認可分説による以上の結論は，無権代理人であった者に追認の拒絶を制限する根拠となる信義則を，矛盾的態度の禁止という意味でのみ捉えた結果であるように思われる。しかしながら，信義則判断においては種々の事情が考慮されてよいはずである。そうであるならば，追認可分説から別の結論が導かれることもありうると思われる。すなわち，*Case 64* ①②ともに，Bは無権代理人であり，BがAを相続した後に本人の資格で追認を拒絶することは，自己の過去の態度に矛盾する。①においては，そのためにBの追

認拒絶を制限し，Bに相続分の限度で保証債務を当然に負わせても，他者の利益に影響しない。そこで，Bは，信義則上，追認の拒絶を禁じられる。それに対し，②においてBの追認拒絶を制限すると，他者（共同相続人D）の利益に重大な影響を及ぼす。ここでは，Bの追認拒絶に他者の利益の擁護という意味も含まれうることから（この他者の利益にも配慮すべきであるという前提をとるならば），Bの追認拒絶も信義則によって制限されるわけではない。このようにすることも考えられる。

(2) 資格併存貫徹説　　資格併存貫徹説によると，この場合にも，無権代理人は，本人の資格で追認拒絶をすることができる。これは，他の共同相続人が追認をしたときも同じである。そのため，追認不可分説を前提とするときは，無権代理人が追認拒絶をすれば無権代理行為の本人（の地位にある者全部）への効果不帰属が確定し，相手方は，表見代理の責任または117条の責任を追及するほかない。ところが，この場合には，相手方は，善意無過失であっても履行を得られないことがある（*Case 64* ②の場合，Bは，建物の共有者の一人にすぎず，他の共有者の持分権を移転することができない）。このような結論は妥当でないと，資格併存貫徹説は批判されている。

> 補論　**無権代理人による追認拒絶が信義則違反となる場合**
> 　他の共同相続人が追認をすることは，あまり考えられない。したがって，資格併存貫徹説の問題点が現実化することは，あまりない。しかしながら，理論的には，やはり問題が残る。117条は，その要件が充たされるときに相手方が無権代理人に履行を請求した場合，その履行が可能ならば，無権代理人はこれに応じなければならない旨を定めている。そうであれば，他の共同相続人全員が追認（に同意）をしており，無権代理人の意思次第で相手方に履行を得させることができるのに，無権代理人が追認を拒むことは，117条によって許されていない態度といわざるをえない。したがって，このとき（117条の無権代理人の責任が成立する場合であって，他の共同相続人全員が追認をしたとき）は，無権代理人は信義則上，追認を拒絶することができない（追認したものとみなされる）と考えるべきである。

③　本人が追認拒絶をした後に死亡した場合

以上では，本人が追認も追認拒絶もせずに死亡した場合を問題とした。では，本人が追認拒絶後に死亡した場合はどうか。

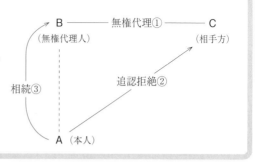

Case 65
　本人AをBが無権代理して，ZのCに対する1000万円の債務をAが保証する契約を締結した。Aが追認拒絶をした後に死亡し，Bが単独でAを相続した。さらにその後に，Cが，Bに保証債務の履行を求めた。

　本人の追認拒絶により，無権代理行為の効果は（表見代理が成立する場合は別として）本人に生じないことが確定する。その後は，本人も，あらためて追認をしてその効果を帰属させることはできない。この理は，無権代理人が本人を相続することにより影響を受けるものではない。したがって，無権代理人が単独で本人を相続しても，本人が行為をしたのと同様になることはない（資格融合を生じない）。無権代理人が本人による追認拒絶の効果を主張することも，原則として信義則に反するものではなく，許される（最判平成10・7・17民集52巻5号1296頁）。

> **Case 65** では，Bが保証契約の代理権を有していたこと，Aの追認があったこと，Aが追認したものとされることのいずれも認められないため，CがBに保証債務の履行を請求することができるのは，表見代理または117条の無権代理人の責任が成立するときとなる。

発展
学習　**判例に反対する見解**
　この判例には，有力な異論がある。すなわち，この判例によると，悪意または（無権代理人が契約の時に代理権を有しないことを知らなかった場合に）過失のある相手方は，無権代理人から履行を受けられない。ところが，同じく悪意または過失のある相手方は，本人が追認拒絶をせずに死亡したのであれば，契約の効力が生ずるものとして保護される。後者の結論の基礎には，無権代理行為をした張本人が自己への効果の帰属を否定することは不当であるという考慮がある。そうであれば，その効果の帰属を否定する点では，本人による追認拒絶の効果の主張も同じであるから，無権代理人はこれも許されないというべきではないか，という異論である。

補論　**反対説の問題点**
　しかしながら，無権代理人相続型において，無権代理人は，無権代理行為をしたというだけの理由でその効果の引受けを拒むことができず，履行を強制されることになるかは，定かでない。これまでの判例において，無権代理人が実際に履行を強制された事案はすべて，117条によっても履行責任が認められたであろう事案である。また，無権代

理人に自らがした行為の効果の否定を認めるべきでないとすることや，悪意または過失のある相手方にも履行を得させることが，117条の示す価値判断（悪意または過失のある相手方には履行を得させない。無権代理人は，悪意または過失のある相手方には，自己のした契約を履行すべき責任を負わない）に適合するかも，問われるべきである。さらに，有効な追認拒絶によって確定されたはずの法律関係を，後に実質的に否定しうるとなると，法律関係の不安定が長く継続することになる。これでは，かえって取引社会の安全を脅かす結果になる。このように考えれば，判例の立場は，不当とはいえない。

2 本人相続型

本人が無権代理人を相続した場合にどうなるかも，問題とされている。

この場合，本人は，無権代理の「被害者」であるから，無権代理人を相続したことによって追認拒絶権を失う理由はない。したがって，資格融合によって法律行為の効力が生ずることも，本人が追認拒絶を信義則上制限されることもない（最判昭和37・4・20民集16巻4号955頁〔百選Ⅰ35〕）。

そのうえで問題とされているのが，追認拒絶によって法律行為（契約を例にとる）の本来的履行を確定的に免れる本人は，117条の履行責任も免れるか，である。

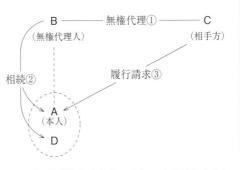

Case 66

① 本人AをBが無権代理して，ZのCに対する1000万円の債務をAが保証する契約を締結した。その後，Bが死亡し，AとD（ともにBの子）がBを相続した。Aがこの無権代理行為の追認を拒絶したので，Cは，AとDに117条による履行の請求をした。

② Aが所有する甲建物について，Bが，代理権を有しないのに，Aの代理人としてCとの間で売買契約を締結し，この契約を原因としてA名義からC名義への所有権移転登記がされた。その後，Bが死亡し，AとDがBを相続した。Cが，Aに甲建物の明渡しを求めた。

117条による無権代理人の責任は，相続によって承継される。そして，無権代理人を相続した本人は，相手方の悪意または過失などの免責立証に成功しない限り，履行の責任を負う（最判昭和48・7・3民集27巻7号751頁）。そうでなければ，

無権代理に関係がなかった他の共同相続人は無権代理人の責任を承継するのに，本人だけはその責任を負わないことになり，不均衡になるからである。

　もっとも，履行の内容が特定物の給付である場合（*Case 66* ②）にも本人が117条の履行責任を負うかについては，学説上議論がある（判例はまだない）。

　資格併存貫徹説の立場から，この場合の本人も，無権代理人としての履行責任は負わなければならないとする見解がある。それに対し，通説は，本人は117条の履行責任を拒めるとする（賠償責任は負う）。その理由は，①無権代理人の死亡という偶然の事情がなければ，本人は履行の責任を負わなかったこと。その結果として，相手方も履行を得られなかったこと。②本人は無権代理人の地位を承継しているが，共同相続の場合，無権代理行為の目的物を所有している本人だけが履行責任を負うことになり，他の相続人に比べて不利な立場に置かれること。③その財産を他人に勝手に売られた者が売主を相続したという類似の事例について，権利者が権利移転を拒むことを認める判例（最大判昭和49・9・4民集28巻6号1169頁）があり，これと同様に考えられることである。

> **Case 66** ①では，AまたはDが免責立証に成功しない限り，Cは，AとDそれぞれに500万円の支払を求めることができる。この事例のように，本来の履行が金銭債務を目的とする場合，117条の履行請求と損害賠償請求の違いは，とくに，利息の額と契約上の違約金の支払を求められるかに現われる。履行請求の場合，約定された利率に基づいて利息の支払を求めること，約定された違約金の支払を請求することができる。それに対し，損害賠償請求の場合には，法定利率に基づく遅延損害金の支払を求めることになり，違約金の支払を求めることはできない。したがって，約定利率が法定利率よりも高率の場合や，違約金の定めがある場合に，相手方は履行を求める方が有利になる。
>
> **Case 66** ②では，通説によると，Cは，AまたはDに対し，117条による損害賠償を請求することができるだけである。

3 第三者相続型

　第三者が，無権代理人と本人の双方を相続し，無権代理人の資格と本人の資格をともに取得した場合についても，問題とされている。

Case 67

本人Aをその配偶者である
Bが無権代理して，A所有の
甲土地をCに売却し，この売
買を原因とする所有権移転登
記がされた。その後，Bが死
亡し，AとD（AとBの間の
子）がこれを相続した。さら
にAが追認も追認拒絶もせず
に死亡し，Dが単独でAを相
続した。Dが，Cに対して，

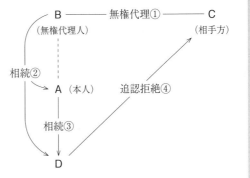

本人の資格で追認拒絶の意思表示をし，前記所有権移転登記の抹消登記手続を請求した。

1 判例の立場とそれに対する批判

1 **判例の立場**　判例によれば，第三者が無権代理人と本人の双方をこの順
に相続した場合，第三者が本人の資格で追認を拒絶する余地はなく，資格融合に
より法律行為の効力が当然に生ずる。そして，この結論は，信義則の観点からも
是認される（最判昭和63・3・1家月41巻10号104頁）。無権代理人を相続した第三者
は，包括承継により無権代理人と法律上同じ地位に立つため，この第三者がその
後に本人を相続した場合，無権代理人相続型と同視することができるからである。

> **Case 67** では，AとCの間の売買の効力として甲土地の所有権をCが取得する
> から，Dの請求は認められない。

2 **判例に対する批判**　この判例には，次の二つの批判がある。
第一に，第三者は追認を拒絶することができないとする結論が信義則からも認
められる，という点に批判がある。すなわち，無権代理人相続型において無権代
理人が追認の拒絶を禁じられるのは，代理人として行為をした者が自ら後にその
行為の効力を否定することは矛盾的態度となるからである，とする見解がある。
この見解を前提にすれば，ここでの第三者は，自ら無権代理行為をしたものでは
ないから，信義則によって追認拒絶を制限されることはない。
第二に，判例の理屈を貫くと，本人が先に死亡し，次に無権代理人が死亡した
場合には，本人相続型と同視されるべきことになる（もっとも，これに関する判例

はまだない)。この場合，第三者は，本人の資格で追認を拒絶することができるはずである。このように，本人と無権代理人のいずれが先に死亡するかという偶然の事情により法的結果が大きく異なることは適当でない，という批判である。

❷ 追認拒絶を認める見解

学説では，この場合の第三者に追認拒絶を認める見解が有力である。

1 信義則説 信義則説では，第三者には追認拒絶を咎められるべき事情がないので，第三者は追認拒絶をすることができるとする見解が有力である。

2 資格併存貫徹説 資格併存貫徹説によれば，第三者は，当然に，本人の資格で追認拒絶をすることができる。

> 1，2いずれの見解によっても，(*Case 67*)では，Dの追認拒絶は有効である。そのため，表見代理または無権代理人の責任が成立するのでなければ，Dの請求は認められる。

| 補論 | 判例と批判説の対立点

判例とそれを批判する見解は，次の点で考え方が異なると思われる。

第一に，批判説は，追認拒絶制限の根拠となる信義則を矛盾的態度の禁止という意味に解し，判例批判を展開している。しかしながら，第三者相続型において，第三者に信義則上追認拒絶を認めないとするのが判例であることからすれば，むしろ，判例のいう信義則をそのように解することを疑うことができる。ただし，判例において，信義則の意味は明らかにされていない。

第二に，判例と批判説は，相続に対する理解も異にするのではないか。相続によって，相続人は被相続人の法的地位を包括的に承継する。無権代理人が死亡した場合，そこで承継される地位には，将来本人を相続したならば，事情によっては本人の資格で追認を拒絶することを許されない地位も含まれていると解しうる（批判説は，おそらく，このようには考えない）。このように解すると，この場合を無権代理人相続型と同視することは，相続法の当然の帰結であって，不当とはいえない。第三者は，これを避けたければ，無権代理人の相続を放棄すればよい。第三者が本人を先に相続した場合，第三者は，後に無権代理人を相続しても追認拒絶を制限されることがない法的地位を承継したことになる。そのため，第三者がその後に無権代理人を相続しても，すでに有する本人の資格での追認拒絶権の行使を制約されることはない。

このように解すると，相続の順序により，結果が大きく異なることになる。しかしながら，それは，相続法の帰結にすぎない。複数の人の死亡の順序という偶然の事情によって法律関係が変わることは，現在の相続法のもとでは当たり前のことである。そのような結果を生ずる相続法の原則そのものを見直すというのであればともかく，「無権代理と相続」の場面でのみ相続法の原則を修正すべき理由があるのか，不明である。

なお，本人と無権代理人が同時に死亡し（推定による場合を含む），第三者が本人と無権代理人をともに相続したときは，その第三者は本人の地位と無権代理人の地位をとも

に有することになるが，その際，無権代理人相続型または本人相続型においてみられる特殊な扱い（資格融合または追認拒絶の制限，本人所有の特定物の給付が履行の内容である場合の117条1項による履行責任の否定）がされることはないと解される。同時に死亡した者は互いに相続人にならないため，第三者は，本人の地位と無権代理人の地位のいずれについても，もう一方の地位を有しない者として承継することになるからである。

4 無権代理人が本人の後見人となった場合（無権代理人後見人就職型）

　無権代理行為の追認を本人の資格で拒絶することが許されるかどうかが問題となる場合は，相続が絡む事例のほかにもある。かつて無権代理行為に関与した者（無権代理行為をした者，無権代理行為に協力した者）が，後に，制限行為能力者である本人の後見人になり，本人の有する追認権または追認拒絶権を代理人として行使することができるようになった場合である。この場合について，判例は，そのような後見人が無権代理行為の追認拒絶をすることは原則として許されるとしている（最判平成6・9・13民集48巻6号1263頁〔百選I6〕）。この場合，後見人は，追認権または追認拒絶権を本人に代わって行使することになるので，本人の利益を考えて追認するか否かを決めなければならない。そのため，後見人自身が無権代理行為に関与していたというだけでは，追認拒絶をすることが信義則に反することにはならない。

 　例外的に追認拒絶が許されない場合
　ただし，例外的に，追認拒絶が信義則上認められない場合もありうるとされている。その例外的場合と認められるには，法律行為の効力の本人への帰属を認めることでしか相手方を適切に保護することができないこと，相手方がそのような例外的保護に値すること，追認拒絶を否定しても制限行為能力者の保護目的に反しないといえる事情のあることが，必要になると思われる。

6 条件と期限

1 条件，期限とは何か

　法律行為は，原則として，成立によって直ちに効力を生ずる。このことは，たとえば，各種の典型契約についていずれも，「～によって，その効力を生ずる」（549条・555条・586条1項など）と，成立と効力発生が一体的に規定されていることにも現われている。これによると，たとえば不動産の売買契約の成立によって，目的不動産の所有権が売主から買主に移転し，売主に代金債権が，買主に登記協力請求権と目的物引渡請求権が発生する。また，それらの権利は，発生と同時に行使が可能になることが原則である。そして，法律行為の効力は，取消しや解除がされた場合，またはその法律行為により生じた権利や義務が時効により消滅した場合を別とすれば，原則として，その法律行為によって追求された目的が達成されるまで存続するものと考えられている。

　法律行為の当事者は，こういった扱いを合意によって変更することができる。たとえば，当事者が法律行為の効力の発生や消滅，法律行為から生ずる債務の履行を，将来の一定の事実次第であるものとすると合意すると，その合意が私的自治の原則から効力を認められる。

　この合意は，効力発生等をどのような事実にかからせるかにより，二つに分けられる。転勤を命じられたら部屋を貸すというように，実現するかどうか不確実な事実にかからせる場合を，**条件**という。それに対し，来年4月1日から部屋を貸すというように，その実現が確実な事実にかからせる場合を，**期限**という。

2 条　件

1 総　論

1 条件とは何か

　法律行為の効力の発生や消滅を将来の実現が不確実な事実にかからせる旨の特約を，**条件**という。その事実そのものを条件と呼ぶこともある（たとえば，127条

の「条件が成就した時から」という場合の条件は，これにあたる。区別のために，条件事実と呼ばれることがある）。

2 停止条件と解除条件

条件は，その成就によって法律行為の効力がどのような影響を受けるかに応じて，二つに分けられる。成立した法律行為の効力が条件成就の時に生ずる場合を，**停止条件**という（条件成就まで効力の発生が停止されているから）。それに対し，発生していた法律行為の効力が条件成就の時に失われる場合を，**解除条件**という（条件成就によって，発生していた法律関係が解消されることになるから）。

Case 68
AとBの間で，BがZと婚姻することになった場合には，Aが，所有する甲建物をBに与える旨の契約がされた。

Case 69
Cが所有地をDに売却したが，契約締結後1年以内にCの指定する業者YとDとの間で建築請負契約が成立しなければ，この売買は効力を失うものとされた。

Case 68 では，BがZと婚姻することになるかどうかは，わからない。そして，BとZが婚姻することにより，AとBの間の贈与の効力が発生する。したがって，BとZの婚姻は，AとBの間の贈与契約に関する停止条件である。

Case 69 では，DとYの間の請負契約がCとDの間の契約締結後1年以内に成立するかどうかは，わからない。そして，DとYの間の請負契約が1年以内に成立しないことにより，CとDの間の売買の効力が消滅する。したがって，DとYの間の請負契約の不成立は，CとDの間の売買契約に関する解除条件である。

2 停止条件つき法律行為

1 停止条件つき法律行為

法律行為について，その効力の発生が条件にかかることとされた場合を，**停止条件つき法律行為**という。

停止条件つき法律行為は，条件成就の時点から効力を生ずる（127条1項）。ただし，当事者は，合意によって，効力発生時期を法律行為の成立以後の任意の時点に遡及させることができる（127条3項）。

主張立証責任の所在
　契約など法律行為に基づく権利は，その法律行為の成立の時に発生することが原則であるところ，停止条件が付されていると，その条件の成就の時まで権利の発生が停止される。したがって，停止条件が付されていることについては，権利の発生を争う者が主張・立証責任を負う。これに対し，その条件の成就は，権利の発生の停止という条件の効果を消滅させる事由であり，権利の発生を求める者に主張・立証責任がある（大判大正5・6・1民録22輯1109頁）。

❷　停止条件として特殊な条件が付された場合

　無意味または不適当な条件が付されることもある。そのような条件が停止条件とされた場合には，次のように扱われる。

　1　既成条件　　当事者が条件とした事実が，法律行為の時にすでに成否が確定しているものである場合，その条件を既成条件という。

　条件（事実）は，法律行為の時にその成否が未確定な事実をいう。したがって，既成条件は，本来の意味での条件とはいえない。もっとも，当事者が，条件の成否の確定を知らずに法律行為をすることもある。そのような場合に法律行為の効力に疑義を生じないよう，既成条件が付されたときの効果が法定されている。

　既成条件が停止条件とされた場合（たとえば，宅地の売買が，その土地が売主の所有に属するならば効力を生じるものとされた場合〔札幌地判昭和37・5・17判時322号36頁参照〕）において，法律行為の時に条件が成就していたときは，法律行為は条件が付されていないもの（無条件）となる（131条1項前段）。条件の不成就が確定していたときは，法律行為は無効となる（131条2項前段）。

主張立証責任の所在
　主張・立証責任については，通常の停止条件と同様である。

　2　不法条件　　内容が不法である条件を，不法条件と呼ぶ。法律行為に不法条件が付された場合（たとえば，AとBの間で，Aが自動車事故でBを負傷させ，それによってBが保険金を受け取ることを条件に，BがAにその半額にあたる金額を贈与する契約をした場合）には，法律行為は無効となる（132条前段）。不法な条件が付されていることによって，法律行為全体が不法性を帯びる（強行規定違反または公序良俗違反になる）からである。不法な行為をしないことを条件とした場合（たとえば，犯罪行為をしないことを条件に金銭を与える契約をした場合）も，法律行為は無効である（132条後段）。

主張立証責任の所在

上の例で，AがBに贈与を原因として支払を請求した場合，Bが上記内容の停止条件が付されたことを抗弁として主張・立証すれば，請求は斥けられる。この抗弁は，Aの債権の発生原因である贈与の公序良俗違反性をいうものであるため，条件の成就は再抗弁にならない。

3　不能条件　　将来実現することが社会通念上ありえないと考えられる条件を，不能条件という。不能条件が停止条件とされた場合（たとえば，Aが琵琶湖に落とした指輪が発見されたら，AがBに100万円を贈与する旨の契約がされた場合）には，法律行為は無効となる（133条1項）。

 主張立証責任の所在

停止条件は，それが付されていることが抗弁となる。そして，停止条件が不能条件の場合，条件成就の主張自体が失当となるとされている。

補論　**不能の停止条件が付された法律行為の効力**

社会通念上実現不可能と解される停止条件が付された場合，当事者は，その条件が付された契約を真意でしたと認められないことが多かろう。しかしながら，その停止条件つきの法律行為が当事者の真意に基づくといえるならば，その後に条件が成就したときは，条件成就の主張を認めて差し支えないと思われる。

4　純粋随意条件　　条件の成否が当事者の意思によって決定される場合，その条件を随意条件という。そして，条件の成否が純粋に当事者の意思のみにかかる場合（たとえば，「気が向いたら」100万円を与える旨の契約がされた場合）を，純粋随意条件という。それに対し，当事者の意思に基づいてある事実を実現することが必要となる場合（たとえば，「所有地を売却したならば」100万円を与える旨の契約がされた場合）を，単純随意条件という。

債務者の意思のみにかかる純粋随意条件を停止条件にした場合（たとえば，AがBとの間で，気が向いたら100万円を与える旨の契約をした場合）には，法律行為は無効とされる（134条）。そのような場合，Bが100万円の支払を求めても，Aが「気が向かない」といえば効力を生じない。そのため，当事者に法的拘束力を生じさせる意思がないと考えられるからである。

 主張立証責任の所在

上の例で，Bから100万円の支払を請求されたAは，純粋随意条件の存在を抗弁として主張・立証すればよい。

3 解除条件つき法律行為

■ 解除条件つき法律行為

　法律行為について，その効力の消滅が条件にかかることとされた場合を，**解除条件つき法律行為**という。

　解除条件つき法律行為は，条件成就の時から効力を失う（127条2項）。ただし，当事者は，合意によって，効力の消滅時期を法律行為の成立後の任意の時点に遡及させることができる（127条3項）。

主張立証責任の所在
　解除条件がつけられていることおよびその条件の成就は，法律行為によって発生した効果を消滅させる事由である。したがって，それらについては，法律行為の効果を争う者がその主張・立証責任を負う。

② 解除条件として特殊な条件が付された場合

　無意味または不適当な条件が解除条件とされた場合には，次のように扱われる。

　1　既成条件　　既成条件が解除条件とされた場合（たとえば，奨学金の給付申請が採用されたときは学費免除を打ち切ると合意された時点において，すでにその採否が決定していた場合）において，法律行為の時に条件が成就していたときは，法律行為は無効となる（131条1項後段）。条件不成就が確定していたときは，法律行為は無条件となる（131条2項後段）。

主張立証責任の所在
　主張・立証責任については，通常の解除条件と同様である。

　2　不法条件　　不法条件を解除条件とする法律行為（たとえば，Aが麻薬を使用したときは支給を打ち切るという条件で，BがAに毎月生活費として一定額の金銭を支払う旨の契約），または不法な行為をしないことを解除条件とする法律行為（たとえば，AがBとの間の不倫関係を解消したときは支給を打ち切るという条件で，BがAに毎月生活費として一定額の金銭を支払う旨の契約）は，無効である（132条）。

主張立証責任の所在
　上の例で，AがBに支払を請求した場合，Bが上記内容の解除条件が付されたことを抗弁として主張・立証すれば，請求は斥けられる。この抗弁はAの債権の発生原因である契約の公序良俗違反性をいうものであるため，Bは，条件成就の主張・立証を要しない。

3　不能条件　　不能条件が解除条件とされた場合（たとえば，AがBにダイヤの指輪を売る契約が，Bが前日琵琶湖に落とした別の指輪が発見されたときは効力が消滅するものとして締結された場合）には，法律行為は無条件となる（133条2項）。

| 発展 学習 | **主張立証責任の所在**
　解除条件はその成就の事実とあわせて抗弁となるところ，不能の条件は成就しえないので，抗弁そのものが失当となるとされている。

| 補論 | **不能の解除条件が付された法律行為の効力**
　社会通念上実現不可能と解される解除条件が付された場合，当事者は，その条件を真意で付したと認められないことが多かろう。しかしながら，その条件が真意で付されたと認められるならば，その後に条件が成就したときは，法律行為の効力の消滅を認めて差し支えないと思われる。

4　純粋随意条件　　純粋随意条件を解除条件にした場合（たとえば，AがBに，気が変わったら返してもらうことを条件に，自動車を贈与する契約をした場合）には，法律行為の効力は影響を受けない（最判昭和35・5・19民集14巻7号1145頁参照）。この場合，当事者の一方が欲すれば法律行為の効力は消滅するから，法律行為の拘束力は弱い。しかしながら，ともかくも効力を発生させる合意はあるため，これをあえて無効にする必要はないからである。

4 条件に親しまない行為

　条件が付されると，法律行為の効力が不安定になる。そのため，法律行為の効力を不安定にすることが適当でないと考えられる場合には，条件を付すことは許されない。このように条件を付すことが許されない法律行為を，「条件に親しまない行為」という。

　条件に親しまない行為とすることは，条件をつけるという当事者の意思を認めないということである。したがって，何が条件に親しまない行為にあたるかは，当事者の意思をどのような場合に制約すべきかという問題である。

　この点については，一般に，次のように考えられている。

　条件を付すと強行規定または公序良俗に反する結果となる場合には，条件を付すことが許されない。婚姻，離婚，養子縁組といった身分行為は，条件を付すことを認めると身分秩序が不安定になるので，条件に親しまない行為とされている。手形行為についても，条件を付すと取引秩序を不安定にするということから，条件を付すことができないとされている（手1条2号・12条1項ほか）。

取消し，追認などの単独行為も，原則として条件を付すことができない（相殺については，506条1項後段に明文の規定がある）。単独行為の相手方は，他人の一方的意思表示によって法的地位を左右されるという不安定な立場にある。そのうえ条件が付されると，相手方の法的地位が著しく不安定になるからである（この理由から，相手方の地位が不安定になることがない場合には，例外が認められうる。催告後相当期間内に履行がされないことを停止条件とする解除は，その代表例である〔大判明治43・12・9民録16輯910頁〕）。

条件に親しまない行為に条件が付された場合には，原則としてその法律行為が全部無効になる。条件の合意は，法律行為の効力全体と密接不可分の関係にあるからである（ただし，例外を定める特別の規定〔たとえば，手12条1項後段・77条1項，小15条1項後段〕がある場合は別）。

5 条件つき権利の保護

1 期待権と条件つき権利の意味

法律行為に条件が付された場合，当事者の一方は，条件の成否が未定の間，条件が将来成就すれば一定の利益を得られると，期待することになる（**Case 68** において，Bは，Zと婚姻すれば甲建物を得られると期待するはずである）。この期待を抱く当事者は，物やその価値を支配するわけでも，特定人に一定の行為を請求することができるわけでもなく，その期待をしているという状態を権利ということはできない。しかしながら，条件が成就した場合を考えれば，この期待をすることができる地位には財産的価値が認められる。そこで，この地位に一定の法的保護が与えられている。権利とはいえないけれども，ある結果（利益）の発生を期待する地位が法的に保護される場合，その地位を**期待権**と呼ぶ。そして，条件の成否未定の間に当事者の一方に認められる期待権を**条件つき権利**という。

2 条件つき権利の保護

条件つき権利を有する者（条件つき権利者）は，以下のように，その利益を保護される。

1 **条件つき権利の侵害の禁止** 第一に，条件つき権利に対する義務者（条件成就によって権利を失い，または義務を負担する当事者）は，条件の成否未定の間に，条件の成就によって相手方が受ける利益を害してはならない（128条）。違反があった場合，条件つき権利者は，条件が成就したときに（債務不履行や不法行為を理

由とする）損害賠償を請求することができる。

> たとえば，(*Case 68*) において，Aが甲建物を壊した場合，Aは，Bの条件つき権利を侵害したことになる。もっとも，Bは，Zと婚姻しなければ，もともとその所有権を取得することができない。そのため，BがAの行為によって損害を被ったというためには，Zとの婚姻という条件の成就が必要となる。この条件が成就すれば，Bは，甲建物を取得したはずであるのに，Aの行為によりそれが不可能になったことになる。そこで，Bは，Aの債務不履行を理由として損害賠償を請求することができる。

発展学習	**主張立証責任の所在**

> *Case 68* でBがAの債務不履行を理由として損害賠償を請求する場合，Bは，Aとの贈与契約の締結，贈与目的物たる甲建物のその後の滅失，甲建物の価額を主張・立証しなければならない。これを受けて，Aは，抗弁として，甲建物の滅失につき自己に帰責事由のないことか，AとBの間の贈与がBとZの間の婚姻を停止条件としたことを主張・立証することになる。後者の抗弁が提出された場合には，Bは，再抗弁として，Zとの婚姻を主張・立証することができる。

　128条は，法律行為の当事者間についてのみ規定している。第三者が条件つき権利を侵害した場合には，条件つき権利は法律上保護される利益にあたるから，条件つき権利者は，その第三者に不法行為を理由とする損害賠償（709条）を請求することができる。

　2　条件つき権利の処分等の可能　　第二に，条件つき権利義務は，一般の権利義務と同様に，処分，相続，保存の対象となり，またはその権利義務のために担保を設定することができる（129条）。

> たとえば，(*Case 68*) において，Bは，甲建物について，将来贈与が効力を生じたときに有することになる所有権移転登記請求権を保全するための仮登記をすることによって，条件つき権利を保全することができる（保存の例）。また，Bは，条件成就によって甲建物を取得することができる地位を，条件の成否が未定の間に，他人に譲渡することができる（処分の例）。次に，条件の成否未定の間にAが死亡した場合，Aの条件つき義務は，その相続人に相続される（相続の例）。(*Case 68*) の場合には，Bが条件つき権利を担保の対象とすることは考えづらい（Bが条件つき権利を担保に供することは，処分にあたる）が，金銭の停止条件つき贈与の場合，Bが，条件成就によって取得する支払請求権について，他人に保証させることがありうる（担保の例）。

　3　条件成就の擬制　　条件が成就することによって不利益を被ることになる

当事者が，条件を不成就に終わらせて不利益を免れようとすることが考えられる。たとえば，*Case 68* において，AがBとZの婚姻を妨げるべく画策する場合や，次のような場合が考えられる。

Case 70

　Aは，所有する甲土地を1億円程度で売却するようBに依頼し，Bが売却に成功した場合には売却価格の5パーセントを謝礼として支払うことを約束した。Bが9800万円程度での買受けを希望するCとの間で交渉を進め，成約までもう一歩という状況になっていたところ，A自身がCとの間で，甲土地を9500万円でCに売る契約を締結した。

---

　(1)　条件成就の妨害の効果　　このような場合，相手方は，(2)に掲げる要件のもとで，条件を成就したものとみなす権利を取得する（130条1項）。相手方は，この権利を一方的な意思表示によって行使することができ，それにより条件の成就が擬制される。その結果として，停止条件の場合，法律行為の効果の発生が認められる。解除条件の場合，法律行為の効果の消滅が認められる。

　(2)　条件成就とみなす権利の発生要件　　条件成就とみなす権利が相手方に発生するには，①条件成就を妨害する行為があったこと，②妨害行為と条件不成就との間に因果関係があること，③その妨害が，条件成就によって直接に不利益を受ける条件つき法律行為の当事者（「条件が成就することによって不利益を受ける当事者」）によるものであること，④当事者に妨害の故意のあること（条件の成就を妨げることになると認識していることを意味し，条件成就によって生ずる不利益を免れようとする意思は必要ない〔大判大正9・10・1民録26輯1437頁〕），⑤妨害行為が信義則に反する違法なものであることが必要である。

> *Case 70* では，AがCと直接結んだ契約は，Bによる甲土地の売却という条件の成就を妨げる行為にあたり，この行為によってその条件の成就は不可能になった。また，Aは，条件成就により謝礼の支払という不利益を受ける立場にあるから，130条1項の当事者にあたる。A自身が直接Cと契約を結べば，Bによる条件成就（土地売買契約の締結）は当然に妨げられることになるから，Aには条件成就を妨げることになるという認識があったといえる。A自身の契約締結が信義則に反する違法なものかどうかは，一概にはいえない。たとえばAがBの尽力の成果を利用して自ら契約を締結したのであれば，Aの行為は信義則に反すると考えられる。

主張立証責任の所在

　①～⑤の要件については，すべて，条件成就の擬制の効果を求める者に主張・立証責任がある。130条1項の適用によって，条件を成就したものとみなす権利が発生するからである。なお，⑤は規範的要件であるので，具体的事実の主張・立証により信義則違反という評価を根拠づけるべきことになる。

　4　**条件不成就の擬制**　　条件の成就によって利益を受ける当事者が，本来成就したかどうかわからない条件を信義則に反して故意に成就させることもある。このような場合には，130条2項により，条件不成就の擬制が認められる（これにあたる例として，最判平成6・5・31民集48巻4号1029頁〔百選Ⅰ40〕の事案がある〔130条2項は，この判例を明文化する趣旨で，平成29年民法改正において設けられたものである〕）。これは，かつらの製造販売業者であるAとBの間で，①Aがある種のかつらを製造販売しないこと，②違反の場合にはAがBに1000万円を支払うこと，という内容の裁判上の和解が成立していたところ，その後，Bが，おとりを使ってAに①に違反する行為をするよう仕向けたために，Aが①に違反する行為をしたという事案である）。

3　期　　限

1　総　　論

1　期限とは何か

　法律行為の効力の発生もしくは消滅または債務の履行を，将来の実現が確実な事実にかからせる旨の特約を，**期限**という。その事実そのものを期限と呼ぶこともある（たとえば，135条の「期限が到来するまで」という場合の期限は，これにあたる。区別のために，期限事実と呼ばれることもある）。

2　期限の種類

　期限には，次のような種類がある。

　1　**確定期限と不確定期限**　　期限は，確定期限と不確定期限に分けられる。家を来月1日から3年間貸すというように，到来の時期が定まっている期限を**確定期限**という。それに対し，私が死んだらこの家をあげるというように，到来することは確実であるが，その時期が定まっていない場合を**不確定期限**という。

　2　**始期と終期**　　期限は，また，始期と終期に分けられる。

　(1)　始　期　　債務の履行または法律行為の効力の発生を，発生確実な事実

にかからせる場合を**始期**という。そして，債務の履行に関するもの（法律行為の効果として発生している債権の行使を阻止する事由となる期限）を**履行期限**，法律行為の効力発生に関するもの（法律行為の効果の発生そのものを阻止する事由となる期限）を**停止期限**と呼ぶ。毎月15日に家賃を支払うという場合は，前者にあたる。来月1日から家を貸すという契約を結んだ場合は，後者にあたることがある（この場合，停止期限とされることのほかに，賃貸借の予約と解されることも，成立した賃貸借が効力を生じたものの，その履行期限が翌月1日と解されることもある。いずれにあたるかは，意思表示解釈の問題である）。民法は，履行期限についてしか定めていないが（135条1項），停止期限も契約自由の原則から認められる。

　履行期限が到来すると，法律行為から生じていた権利の行使が可能になる（135条1項）。

　停止期限が到来すると，法律行為の効力が発生する（停止条件成就の場合と同じである）。

　(2) ***終　期***　　法律行為の効力の消滅を，将来の発生確実な事実にかからせる場合もある。これを**終期**と呼ぶ。たとえば，家を今後3年間貸すという場合は，その例である。法律行為に終期が付されたときは，その法律行為の効力は，終期の到来により消滅する（135条2項）。

③　条件か期限（不確定期限）かの区別が微妙な場合

　条件は将来の発生が不確実な事実であり，期限は将来の発生が確実な事実である。この区別は一見明瞭であるが，いずれにあたるかの判断が難しい場合もある。たとえば，「出世払い」でよいとして金銭が貸与された場合，これは停止条件つきの金銭消費貸借か，それとも不確定期限つきかが問題とされている。

　そのいずれであるかは，法律行為の趣旨など諸般の事情から決定されるべき意思表示解釈の問題である。ただ，判例は，「出世払い」の合意がある場合につき一般に，不確定期限と解している（大判明治43・10・31民録16輯739頁，大判大正4・3・24民録21輯439頁）。これによると，債務を履行するのに十分な資力ができた時点か，そのような可能性のないことがはっきりした時点で，返済期が到来することになる。

2 期限の利益

1 期限の利益とは何か

　法律行為に期限が付されるのは，当事者の一方または双方が，それによって何らかの利益を受けるからである。当事者のこの利益を，**期限の利益**という。

　たとえば，履行期限を定めて金銭が貸与された場合，債務者は，期限の到来まで返済を猶予されるという利益を受ける。したがって，この場合には，債務者が期限の利益を有することになる。もっとも，債権者が期限の利益を有することもある。たとえば，利息つき金銭消費貸借の場合には，債務者は上記の期限の利益を有するが，債権者も，期限の到来まで待つことによって定められた利率に従った額の利息を受け取ることができるという利益を有する（利息つき消費寄託に関して，大判昭和9・9・15民集13巻1839頁参照）。また，無償寄託（物を一定の期間無償で預ける契約）の場合には，期限の利益は債権者（寄託者）のためにある。

2 期限の利益を有する者

　このように，誰が期限の利益を有するかは場合によって異なるものの，多くの場合，期限は債務者に猶予を与える趣旨で定められると考えられる。そこで，期限の利益は債務者にあるものと推定されている（136条1項）。ただし，当事者が反対の特約をした場合や，当該法律行為の性質によって反対の趣旨が明らかである場合（たとえば，上記の無償寄託や，利息つき金銭消費貸借・金銭消費寄託の場合）には，この推定は覆る。

3 期限の利益の放棄

　期限の利益を有する者は，期限の利益を放棄することができる（136条2項本文）。たとえば，返済期限が定められている場合に，債務者は，期限の到来前に返済することができる。期限の利益が放棄されると，期限の到来と同じ法律効果が生ずる。

　期限の利益の放棄は，期限の利益を有する者の相手方に対する一方的意思表示によってされる単独行為である。相手方にも期限の利益がある場合であっても，期限の利益の放棄は，一方の意思表示のみによって可能である。ただし，この場合には，放棄によって相手方の利益を害することは許されない（136条2項ただし書）。そのため，放棄をする者は，放棄によって相手方に生ずる損害を賠償する

義務を負う（たとえば，利息つき金銭消費貸借の借主は，返済期の到来前に繰り上げて返済することができる。ただし，それによって貸主が損害を受けたときは，借主はその損害を賠償する義務を負う〔591条3項参照〕）。

❹　期限の利益の喪失

　債務者は，次のときには期限の利益を主張することができない。①債務者が破産手続開始の決定を受けたとき，②債務者が担保を減失させ，損傷させ，または減少させたとき，③債務者が担保供与義務を履行しないとき（137条）。これらの事由があるときには，債権者と債務者の間で，信用の基礎が失われたと認められる。また，（①は当然として）債務者の財産状態が悪化していることが通常である。それにもかかわらず，債権者に期限の到来まで債権の行使を認めないとすると，債権者の利益が不当に害される（債権を十分に回収できない）恐れが強い。そこで，債務者は期限の利益を主張することができないとされている（なお，①については，破103条3項が適用され，137条の適用の余地はない）。

　①〜③の事由が生じた場合の効果については，二つの異なった見解がある。一つは，その事由の発生により，債権者は一方的意思表示によって期限到来と同じ効果を生じさせることができるとする見解である。もう一つは，その事由の発生により，期限の到来と同じ効果が当然に生ずるとする見解である。両者の違いは，債権者が債権を行使するために，期限を到来させる意思表示をする必要があるか否かにある（ただし，①については，破103条3項により，期限到来と同じ効果が当然に生ずる）。判例は，前者の立場である（大判昭和9・11・1民集13巻1963頁，大連判昭和15・3・13民集19巻544頁）。

　当事者は，契約自由の原則から，②または③の事由が生じたときの効果を定めることができる。また，①〜③以外の期限の利益喪失事由を定めることもできる（その際，その事由が生じた場合の効果も定めることができる）。そのような事由としてしばしば定められるものに，たとえば，債務者が他の債権者から差押えを受けたこと，手形交換所の取引停止処分を受けたこと，債務の（一部の）履行を遅滞したことなどがある。

第4章

法　人

1 法人総論

1 法人の意義

1 法人とは何か

　自然人以外で権利能力を認められるものを**法人**という。わが国では，人または財産を基礎にして法人がつくられる。

2 法人制度の必要性

　法人制度のもつ意味は，法人制度がない場合の不都合を考えれば，理解しやすい。

Case 71

　Ａ，Ｂ，Ｃら10人は，全員が1000万円とトラックを持ち寄り，共同で宅配業を営むことにした。

　① 　Ｚから甲土地を購入し，営業所を設置することにした。
　② 　その後，Ａは，個人的に多額の負債を抱え込むことになった。
　③ 　事業がうまく行かず，共同事業体も負債を抱えるにいたった。

この例で，権利能力を有するのがＡら個人だけである場合，次のような不便が生ずる。

　Ａら個人しか権利者になれないなら，Ｚとの契約はＡら10人が一緒にしなければならない。また，購入した甲土地も全員の共同所有となり，登記も10人の共有の登記をすることになる。これらはかなり面倒である。さらに，構成員に変動があった場合，契約の変更のために相手方の同意を得る必要がある。また，実態にあった登記を維持するには，そのつど登記を変更しなければならない。後者の不便を避けるために，代表者名義で登記しておくことも考えられる。しかしながら，それでは，代表者による悪用の危険がある。

　営業所の敷地建物，事業用トラックといった事業体の財産も，Ａらの共同所有である。そのため，②の場合，Ａの債権者が，事業体の財産から債権回収を図ろうとする恐れがある。これが認められるならば，事業資金が安定せず，事業の継続や拡大にとって大きな支障になりかねない（もっとも，677条。また，p.383の**2**）。

　事業体の負債も，構成員の共同の負債ということになる。共同の意味にはいろ

いろありうるが，事業体の負債について，たとえば各構成員が持分の限度で，個人財産によって責任を負う可能性がある。事業への出資や参加が万一のときに個人責任を伴うとなると，人びとは事業への出資や参加をためらうかもしれない。また，経営不安が生じたら，一刻も早く脱退しようとするだろう。これも，事業の継続や拡大にとって大きな支障になる。

　権利能力を認められるのが自然人だけの場合には，法律関係が複雑になり，また，事業の継続や拡大が困難になる。法人制度は，法律関係を単純化し，法人財産を構成員の財産から分離独立させることによって，これらの問題点を解決するのに役立つ。

> 　法人制度が認められれば，法人は，構成員から独立した権利主体となる。そのため，法人自身が契約当事者となり，また，財産を有することができる。登記も法人名義ですることができるから，構成員の変動による名義変更の必要もない。
> 　法人と構成員は互いに独立の権利主体となるから，構成員は，法人の財産に直接的な権利をもたない。そのため，(Case 71) ②の場合，A個人に対する債権を，法人の財産から強制的に回収することはできない。これにより，構成員個人の資産状況の悪化が事業経営を直接に脅かす恐れがなくなる。
> 　また，法人のなかには，法人の債務は法人財産だけがその引当てになる（「責任」を負う，という）とされるものが多い。構成員は，個別に保証や担保提供でもしない限り，出資分以上の責任を負わなくてよい。したがって，このような法人については，出資分を失う覚悟さえあれば，積極的に出資，参加することができ，経営不安が生じても慌てて退社する必要はない。

　法律関係の単純化や財産の分離は，他の方法によってもその全部または一部を実現することができる（たとえば，信託や有限責任事業組合の利用）。ただ，それらを比較的直截に，かつ安定的に実現することができる点に，法人の特長が認められる。また，どの自然人からも独立した権利義務の帰属点となることは，法人のみに認められることである。

発展学習	**無主無管理の財産の発生を避ける目的での法人制度の利用**

　どの自然人からも独立した権利義務の帰属点を作り出す法技術であることを活かして，法人制度は，誰にも帰属せず，管理する者が誰もいない財産を生じさせないために利用されることがある。相続財産法人は，その代表例である。ある者が死亡したときに相続人がなければ，その者に帰属していた権利は，直ちに国庫に帰属するとでもしない限り，誰にも帰属せず，したがって管理することができる者がない財産になってしまう。無主無管理の財産が生ずると，先占を目指した争いを誘発しかねず，財産の荒廃を招くこともあり，社会的損失が大きい。また，死者に対する債権は消滅することになってしまい，

この点でも社会への影響は甚大である。さらに，相続人が存在しないようにみえても，探索すればその存在が判明することもある。そのため，まずは誰かに相続財産の現状を維持しつつ相続人を探索させ，それでも相続人があると判明しなければ，その財産を適切に清算させることが望ましい。相続財産の帰属主体を作り，その主体のために誰かが財産を管理することにすれば，こういったことが実現しやすくなる。そこで，相続人のあることが明らかでない場合に，相続財産が法人とされている（951条）。

2 法人法の構造

1 法人制度を設ける場合に必要となる定め

法人制度は，現在の社会では不可欠の制度である。ただ，自然人以外のものに権利能力を与えようとする場合には，一定の配慮が必要になる。

まず，自然人については，みな平等に扱われるべきであるという要請がある。そのため，自然人は，出生により一律に権利能力を付与される。これに対し，自然人以外のものについては，そのような要請はない。そこで，どのようなものを，どのような手続によって法人とするかについて，定めが必要になる。この点，法人は法律の規定によってのみ成立するとされており，法律に基づいて人または財産を基礎にした法人が創設される。

つぎに，人または財産を基礎に創設される法人は，自然人と違い観念的な存在で，人為的に作られ，消滅させられるものである。そのため，権利能力を付与しようとする場合，どの時点からどの時点まで付与するかを定める必要がある。また，その存在がハッキリと認識されるよう（他の法人と区別することができるよう），名称や住所を定めさせることも必要になる。

さらに，法人は，社会において独立の権利主体として活動することになるが，なかでも法人が取引の主体となる場合を考えると，法人の取引相手となる者の保護と法人の登場による取引社会の混乱の防止を図らなければならない。そこで，法人が取引主体となるにふさわしい実体と組織を備え，適切に運営されるようにさせなければならない。また，取引相手が取引に応じるかどうかを判断するために最低限必要となる情報を手に入れられるように，法人の存在，組織，資産状況，活動状況等に関する情報の開示についても定めておく必要がある。

2 法人法の構造

上に述べたような事柄について定める法律は，次のような構造になっている。

まず，民法が，法人は法律の規定によってのみ成立すること（33条1項），法人に認められる権利能力の範囲（34条），法人は登記されるべきこと（36条）を定めている。

つぎに，民法のこれらの規定を受けて，具体的にどのようなものが法人となるか，その法人の設立の方法，法人の名称や住所，組織，運営，管理，情報開示等については，法人類型ごとに個別法令において定められている。たとえば，株式会社が法人であることとその設立方法，組織，公示または開示その他に関しては会社法に，一般社団法人が法人であることとその設立方法，組織，公示または開示その他に関しては一般社団法人及び一般財団法人に関する法律（以下「一般法人法」。なお，本章では，一般法人法の条文引用に際しては，単に「法」と略記する）に，特定非営利活動法人（以下「NPO法人」）が法人であることとその設立方法，組織，公示または開示その他に関しては特定非営利活動促進法（以下「NPO法」）に，それぞれ規定されている。また，とくに登記に関しては，商業登記法，組合等登記令が設けられている。

したがって，民法は，法人に関する通則を定める法人基本法としての性格を有するが，その通則にあたるのは上記の事柄だけであり，ごくわずかである。法人に関する規定のほとんど全部が法人の類型ごとに個別の法律〔〔法人〕根拠法〕に置かれており，法人に関して生ずる法的問題はほとんどすべて，それら根拠法（の規定）の適用または解釈により処理されることになる。

3 本書で取り上げる事柄

法人法の構造が以上のようなものであることから，民法総則を扱う本書で取り上げるべき本来的事項は限られたものとなる。しかしながら，以下では，法人に関する通則のほかに，各種の法人に比較的広く共通して問題となる事柄のうち重要なものを取り上げるほか，**一般社団法人**と**一般財団法人**についてどうであるかを，（多くを 発展学習 として）とくに説明する。一般社団法人と一般財団法人（以下，あわせて「一般法人」ということがある）をとくに取り上げる理由は，主に次の三つである。

第一に，歴史的経緯である。わが国の法人法制は，平成18年の一般法人法等の制定と民法改正（以下，「平成18年法人法改革」と呼ぶことがある）により，大きく変更された（施行は，平成20年12月1日）。以前は，民法も（法人通則を定めるほか）法人類型の一つである公益法人の根拠法であり，公益法人に関する規定は民法総則

のなかに置かれ，その法的問題は民法総則における問題の一つとして扱われていた。その公益法人であったものの多くが，一般法人法の施行日以後は，一般法人等となり，同法の適用を受けることになった。そこで，それまで民法総則において論じられてきた問題がその後どのように扱われる（べき）かを考えるには，一般法人法の規律を知る必要がある。

　第二に，学問分野の仕切りである。営利法人である会社に関する規律については，会社法という学問分野が確立されており，そこで解説および検討がされている。ところが，非営利法人については，その法的問題をまとめて扱う学問分野は確立されていない。そのため，非営利法人にかかる法的問題は，現状では民法総則のなかで取り上げるほかない。

　第三に，一般社団法人と一般財団法人の性格である。非営利法人には非常に多くの法人類型が含まれ，その法的問題は「非営利法人法」として独立に扱われてよいものである。そのため，これを民法総則のなかで取り上げるとしても，焦点を絞らざるをえない。その際，一般社団法人と一般財団法人は，非営利法人の一類型にすぎないものの，他の非営利法人類型と違い，営利を目的としないこと以外に目的の限定がなく，その意味でまさに一般性を有するものである。そこで，「非営利法人法」という学問分野が確立されるまでの間は，これを中心に非営利法人にかかる諸問題を取り上げることには，（一般法人法は会社法を参考にした規定を数多く置いており，会社法とともに検討することが望ましい面があるにもかかわらず）一定の合理性があると考えられる。

3　法人の分類と類型

1　法人の分類

　法人には非常に多くの類型があるが，それらについての重要な分類として次の三つがある。

◼1　社員の有無による分類

　第一に，法人の基礎が何かによる分類である。法人の基礎になるものには，人と財産がある。人を基礎とする法人にはその構成員となる**社員**があるが，財産を基礎とする法人には社員がない。一般社団法人や会社は前者の例であり，一般財団法人は後者の例である。この違いは，法人の組織，運営，管理の面で大きな違

いを生ずることになる。

2　経済的利益の社員への分配の有無による分類——営利法人と非営利法人

　第二に，法人が，その財産から経済的利益を社員に分配すること（これを，一般に「**営利**」と呼ぶ）を目的とするか，そうでないかによる分類である。ここで，経済的利益を社員に分配するとは，剰余金または残余財産の分配を受ける権利を社員に認めることをいう（会社105条２項参照）。営利を目的とする法人を**営利法人**，営利を目的としない法人を**非営利法人**という。株式会社をはじめとする会社のほとんどは前者の例であり，一般社団法人，一般財団法人，NPO法人などは後者の例である。

　「営利」の意味は上記のとおりであり，法人が収益事業をすることができるかどうかの問題ではない。非営利法人であっても，収益事業をして経済的利益を得ることができる。また，社員に経済的利益を分配しないといっても，それは，剰余金または残余財産の分配を受ける権利を社員に認めないことを意味するだけであり，社員が役員または従業員として報酬または給与等の支払を受け取る形をとれば，社員が実質的に法人の財産から経済的利益を受けることになりうる。したがって，営利を目的とするか否かは，法人に構造的な違いを直ちに生じさせるものではない。ただ，非営利法人のうち（営利を目的としないだけでなく）一定の実

質的目的に限って成立を認められるもの（たとえば，学校法人や宗教法人）については，その実質的目的によって権利能力の範囲が画され，おこなうことができる事業の範囲が限定されることがありうるほか，根拠法により，権利能力付与の趣旨に照らして，全事業に占める収益事業の割合や理事等の報酬額について規制が加えられることがある。

❸ 社員の法人債務に対する責任による分類

第三に，社員のある法人において，社員個人の財産が法人に対する債権の引当てになるか否かによる分類である。

法人と社員は別個の権利主体であるから，法人に対する債権につき社員の財産が当然に引当てになるわけではない。しかしながら，社員の財産が法人債権者の債権の引当てになると，法律上されることもある。この場合の社員の責任を，**無限責任**と呼ぶ。これに対して，法人に対する債権の引当てとなるのが法人の財産だけである（社員は，社員であることを理由として責任を負わない）場合の社員の責任を，**有限責任**と呼ぶ（この場合も，社員は，経費や出資等の，法人に対して拠出義務を負う限度では責任を負う）。

かつては前者の例も多かったが，一般社団法人，株式会社，合同会社，NPO法人など，現在では多くの法人において社員の有限責任性が認められている（合名会社の社員の責任は無限責任であり〔会社576条2項〕，合資会社には，有限責任社員のほかに無限責任社員がある〔同条3項〕）。また，かつては，社員の有限責任を認める前提として，社員との別人格性の確保と，とくに法人債権者保護の見地から，法人が最低限保有するべき資産額が法定されることが多かった（たとえば，株式会社や有限会社の最低資本金制度，有限責任中間法人の基金制度）。しかしながら，財産をいくら積み上げさせても社員と法人の別人格性が確保される保障はなく，また，現実に要求されていた額もそう大きくなかったため，債権者保護の面での有用性も限定的だった。現在では，法人の適正な運営を確保するための諸制度を法定し，これを通して債権者保護をも図ることによって，社員の有限責任を認める傾向が強まっている。

社員の有限責任化の流れは，社員は法人の実質的（共同）所有者であるという観念が希薄になり，社員と法人の別人格性が重視されるようになった結果とみることができる。社員と法人の別人格性を重視し，互いの財産の独立を認めることにより，人びとは高リスクの事業にもリスクを限定して乗り出すことができ，経

済活動の活性化を期待することができる。その半面，法人の運営と情報開示が適切にされずに法人債権者が不利益を受けたり，財産隠しの器として法人制度が悪用されたりするといった恐れもある。多くの制度には「光と影」がつきものであるが，法人制度については，「光」の面が重視されて，法人運営の適正確保のための諸制度を法定し，法人格否認の法理の活用など法律外での一定の手当てにも期待しつつ，その使い勝手をよくする方向で改革がおこなわれてきたということができる。

2 法人の類型

上に述べた営利法人，非営利法人に分類される法人の類型には，様々なものがある。その主なものを示せば，次のとおりである。

1 営利法人に属する法人類型

営利法人に分類されるものとして，たとえば次のようなものがある。

法人の類型	法人とする規定	営利性を示す規定
株 式 会 社	会社3条	会社105条・504条
持 分 会 社 （合名会社・合資 会社・合同会社）	会社3条	会社621条1項・666条
投 資 法 人	投信61条	投信137条・158条
特定目的会社	資産流動化13条1項	資産流動化27条2項

これらのうち，株式会社と持分会社（合名会社，合資会社，合同会社）は，定款で定めることができる目的事業に限定のない，その意味で一般的な営利法人である。それに対して，他のものは，目的とすることのできる事業が限定された，その意味で特定目的の営利法人である（投資法人は，資産を主として特定資産に対する投資として運用することを目的とする法人であり〔投信2条12項〕，資産の運用以外の行為を営業としてすることができない〔同63条1項〕。特定目的会社は，資産の流動化にかかる業務を行うためだけに設立される法人であり〔資産流動化4条1項〕，することのできる業務は特定資産〔金銭債権，不動産など〕の流動化，すなわち有価証券の発行による資金調達および特定資産の譲受けのみに限定される）。

なお，保険業を営むことを目的として保険業法に基づいて設立される相互会社（法人となることの根拠規定は保険業18条）は，「会社」と称するものの，非営利法人

に分類される（社員に剰余金が分配されるが，社員とは保険契約者であり〔同2条5項〕，したがって剰余金の分配は契約者配当となるため）。

　また，消費生活協同組合，農業協同組合など各種の協同組合は，伝統的に，営利法人に分類されてこなかった。しかしながら，営利法人と非営利法人を剰余金分配の可否を基準として区別する場合には，協同組合のなかには剰余金の分配が可能なものがあり（たとえば，消費生活協同組合〔消費生協21条・52条〕や農業協同組合〔農協22条・52条〕），それらは営利法人にあたる。

2　非営利法人に属する法人類型

　1　非営利法人に属する法人類型　　非営利法人に分類される法人として，たとえば次のようなものがある。

法人の類型	法人とする規定	非営利性の根拠（規定）
一般社団法人	法3条	法11条2項・35条3項
一般財団法人	法3条	社員の不存在（法153条1項参照），法153条3項2号
医 療 法 人	医療39条1項	医療44条5項・54条・56条
学 校 法 人	私学3条	社員の不存在（私学30条1項参照），私学51条
国立大学法人	国立大学6条	社員の不存在，国立大学32条2項
宗 教 法 人	宗教4条	宗教6条2項・50条
特定非営利活動法人	NPO 2条2項柱書	NPO 2条2項1号
弁 護 士 会	弁護31条2項	会員の財産権を認める規定の不存在

　これらのうち，一般社団法人と一般財団法人は，営利を目的としないこと以外に目的の限定がなく，目的とする事業を定款に定めることにより（他の規制法等により制限されない限り）どのような事業でもおこなうことができる，その意味で一般的な非営利法人である。それに対して，他のものは，特定の目的を追求するための法人であり，おこなうことのできる事業がその目的による制約を受ける，その意味で特定目的の非営利法人である（たとえば，医療法人は，病院・診療所等を開設することを目的とする法人であり〔医療39条1項〕，その開設する病院または診療所の業務のほか，医療関係者の養成等一定の業務〔医療42条〕，社会医療法人として認定を受けた場合に厚生労働大臣が定める収益業務をおこなうことができる〔医療42条の2第1項〕）。NPO法人は，保健，医療または福祉の増進を図る活動や社会教育の推進を図る活動など，

NPO法別表に掲げられた20の活動に該当する活動をすることを目的とする法人であり〔NPO 2条1項〕，当該特定非営利活動にかかる事業のほか，その事業に支障のない限りで定款に定めた事業をおこなうことができる〔NPO 5条1項・11条1項11号〕）。

2　**公益法人**　　一般社団法人と一般財団法人のうち，公益社団法人及び公益財団法人の認定等に関する法律（以下「公益法人認定法」）にもとづく**公益認定**を受けたものは，それぞれ，**公益社団法人**，**公益財団法人**（あわせて，公益社団・財団法人ということがある）となる。ほかに，学校法人，医療法人，社会福祉法人なども含めて，不特定多数の者の利益を図ることを目的とする法人を総称して，公益法人ということがある。

公益社団・財団法人は税制上の優遇措置を受けられるが，公益認定を受けるためには，「公益目的事業を行うことを主たる目的とする」必要がある（公益認定5条1号）。ここにいう公益目的事業とは，「学術，技芸，慈善その他の公益に関する」公益法人認定法別表に掲げられた23「種類の事業であって，不特定かつ多数の者の利益の増進に寄与するものをいう」（同2条4号）。そして，公益社団・財団法人は，「当該公益目的事業の実施に要する適正な費用を償う額を超える収入を得てはなら」ず（同14条），毎事業年度における公益目的事業比率が50％以上となるように公益目的事業をおこなわなければならない（同15条）。また，公益認定を受けた日以後に寄付を受けた財産など一定の財産（公益目的事業財産）は，原則として，公益目的事業をおこなうために使用し，または処分しなければならない（同18条）。したがって，一般法人も，公益認定を受けることにより，事業活動の自由に一定の制約を受けることになる。

4　法人の設立と法人の権利能力の範囲

1　法人の設立

法人は，人びとが自由に作ることができるとはされていない。取引安全の保護，法的安定性の確保といった観点から，権利能力を認めるには一定の条件を充たしていることが必要であると考えられるからである。そこで，法人の成立は，民法その他の法律に規定がある場合にのみ認められるとされている（33条1項）。このような立法主義を，法人法定主義という。

法人は法律の規定に従ってのみ設立を認められるが，その設立に際しての国の関わり方は，様々である（代表的なものとして，次頁のようなものがある）。

平成18年法人法改革の前は，民法上の公益法人は，主務官庁の（裁量的判断である）許可により設立されたが，現在は，その後の規制緩和の結果，**準則主義**を採用する立法例が顕著に増えている。

設立主義	その意義	例
特許主義	設立のために特別の立法による特許が必要な場合	日本銀行，日本赤十字社，独立行政法人都市再生機構ほかの独立行政法人
認可主義	法定の要件を備えて，主務官庁の認可を得ることによって，設立される場合（主務官庁に認可に関する裁量権なし）	消費生活協同組合（消費生協57条以下）や農業協同組合（農協59条以下）など各種協同組合，学校法人（私学30条以下）
認証主義	申請者提出の書類に基づいて，主務官庁が法定の要件の具備を確認（認証）することによって，設立される場合	宗教法人（宗教12条以下），特定非営利活動法人（NPO 10条以下）
準則主義	一定の要件を充足すれば自動的に設立が認められる場合	一般社団法人（法22条），一般財団法人（法163条），株式会社（会社49条），持分会社（会社579条），弁護士会（弁護34条1項），弁護士法人（弁護30条の9）
当然設立	法律上当然に法人とされる場合	相続財産法人（民951条）

一般社団法人の設立

　法人の設立の方法は様々であるが，ここでは，一般法人法に定められた一般社団法人と一般財団法人の設立手続について概説する。

（1）準則主義による設立

　一般社団法人の設立には，定款の作成と，主たる事務所の所在地における設立の登記が必要である。一般社団法人も活動するためには財産が必要であるが，保有すべき財産額に関する規制はない。

　一般社団法人は，前記の設立の登記がされることにより成立する（法22条）。したがって，一般社団法人は，準則主義により設立される法人である。

（2）設立時社員とその員数

　一般社団法人の設立に関する事務（定款の作成，定款に公証人の認証を受けること，事務所の所在場所の決定，設立時理事・設立時監事等の選任，設立されるべき法人のための対外的行為等）は，設立の登記の申請を除き（法318条1項参照），設立される法人の社員になろうとする者（設立時社員）がおこなう。

　定款は，設立時社員が「共同して」作成しなければならない（法10条1項）ことから，設立時社員は2人以上でなければならない。なお，設立後は，社員が1人になっても法人の存続に影響はない（社員が欠けると，その一般社団法人は解散する〔法148条4号〕）。

（3）定款の作成

1）定款の意義

　ここにいう**定款**とは，一般社団法人の基本的規則およびその内容を記載した書面をいう（定款は電磁的記録により作成することもできるが〔法10条2項〕，以下では取り上げない）。一般社団法人の設立時の定款は，公証人の認証を受けなければ，その効力を生じない（法13条）。

2) 記載事項

一般社団法人の定款に記載される事項は，必要的記載事項，相対的記載事項，任意的記載事項に分かれる。

1 必要的記載事項

必要的記載事項とは，そのすべてを定款に記載しなければならない事項である。一つでも記載されないと，定款の効力は生じない。一般社団法人の定款の必要的記載事項は，①目的，②名称，③主たる事務所の所在地，④設立時社員の氏名または名称（法人の場合）および住所，⑤社員の資格の得喪に関する規定，⑥公告方法，⑦事業年度である（法11条1項）。

①の目的とは法人がおこなう事業をいい，その種類に限定はない（強行法規や公序良俗に反する事業を目的とすることができないことは，当然である）。収益事業であってもよい。収益事業を営むこと自体は，一般社団法人の非営利性に反しないからである。

②の名称については，「一般社団法人」という文字を用いなければならない（法5条1項）。法人の取引相手となる者や他の法人およびその利害関係者の保護のため，当該法人を他の法人から明確に区別することができるようにする趣旨である（法5条3項・6条・7条も参照）。

2 相対的記載事項と任意的記載事項

相対的記載事項とは，「この法律の規定により定款の定めがなければその効力を生じない事項」をいう（法12条）。その記載がなくても，定款の効力に影響はない。たとえば，社員の経費支払義務（法27条），理事会，監事または会計監査人の設置（法60条2項）が，その例である。

任意的記載事項とは，必要的記載事項および相対的記載事項以外の事項であって，一般法人法の規定に違反しないものをいう（法12条）。

定款に「社員に剰余金又は残余財産の分配を受ける権利を与える旨」を定めても，その定めは効力を有しない（法11条2項）。ここから，一般社団法人は非営利法人であることが明らかになる。

3) 設立時理事，設立時監事，設立時会計監査人の選任

一般社団法人を設立するためには，その設立に際して理事となる者（設立時理事）の選任が必要である（法15条1項）。設立しようとする法人が理事会設置一般社団法人である場合には，設立時理事は3人以上でなければならず（法16条1項），そのなかから設立時代表理事が選定される（法21条1項）。

また，その設立に際して監事となる者（設立時監事）または会計監査人となる者（設立時会計監査人）を選任することができ，設立しようとする法人の類型次第では，これらを選任しなければならない（法15条2項）。

設立時理事（および設立時監事）は，その選任後遅滞なく，当該法人の設立の手続が法令または定款に違反していないことを調査しなければならない（法20条1項）。これは，準則主義により設立される一般社団法人の適正な設立を担保するためである。

(4) 設立の登記

設立の登記の申請は，当該一般社団法人を代表すべき者（設立時〔代表〕理事）が申請する（法318条1項）。この登記がされることによって，一般社団法人が成立する。設立手続中に生じた法律関係は，成立した一般社団法人に帰属することになる。

一般財団法人の設立

(1) 準則主義による設立

　一般財団法人の設立には，設立者による定款の作成と定款に記載された財産の拠出，主たる事務所の所在地における設立の登記が必要である。一般財団法人は，この設立の登記がされることにより成立する（法163条）。したがって，一般財団法人は，準則主義により設立される法人である。

(2) 定款の作成

1) 定款の作成

　ここにいう**定款**とは，一般財団法人の基本的規則およびその内容を記載した書面をいう。

　定款は，原則として，設立者が作成する（法152条1項）。設立者は1人でも2人以上でもよいが，後者の場合は，その全員で共同して作成しなければならない（法152条1項かっこ書）。設立者は，遺言において，一定の事項を定めて一般財団法人を設立する意思を表示することができ，この場合には，遺言執行者が定款を作成する（同条2項）。これらの定款は，公証人による認証を受けなければ効力を生じない（法155条）。

2) 記載事項

　一般財団法人の定款に記載される事項（法153条・154条）については，多くの点で一般社団法人の定款記載事項と同様であるが，次の相違がある。

　第一に，一般財団法人の定款には，社員に関する記載事項がない。一般財団法人には社員がないからである。

　第二に，一般財団法人の定款には，一般社団法人の定款にない必要的記載事項がある（法153条参照）。具体的には，①設立者の氏名または名称（法人の場合）および住所，②設立に際して（各）設立者が拠出する財産およびその価額，③設立時評議員，設立時理事および設立時監事の選任に関する事項，④設立時会計監査人の選任に関する事項（**大規模一般財団法人となる場合または会計監査人を任意に設置する場合**），⑤評議員の選任および解任の方法である。いずれも，社員がなく，財産を基礎とするという一般財団法人の性質に由来するものである。

　②で拠出される財産の価額の合計額は300万円を下回ってはならない（法153条2項）。一般財団法人は財産を基礎として独立の権利能力を認められるものであるため，それに値する財産を保有している必要があるとの趣旨による（300万円という額は，かつての有限会社の最低資本金の額や有限責任中間法人の基金の額を参考にして，一般財団法人に一律に要求するのに適当な金額として定められたものであり，積極的な根拠のあるものではない）。なお，一般財団法人は，純資産額が2事業年度連続して300万円を下回ると解散することになるため（法202条2項），設立後も一定規模の財産を保持しなければならない。これも，前記趣旨によるものである。

　一般財団法人も，収益事業を法人の目的として掲げてすることができるが，設立者に剰余金または残余財産の分配を受ける権利を与える旨の定款の定めは効力を有しない（法153条3項2号）。これにより，一般財団法人の非営利性が明らかにされている。

　第三に，一般財団法人は，任意的記載事項として，その財産のうちある財産を「一般財団法人の目的である事業を行うために不可欠な」財産（「**基本財産**」）と定めることができる。基本財産について，理事は，その維持と法人の目的にかなった使用・運用をすべき義務を負うことになる（法172条2項参照）。

(3) 設立者による財産の拠出

　設立者は，原則として，公証人による定款の認証の後遅滞なく，財産の拠出を全部履

行しなければならない（法157条1項本文）。拠出された財産は，生前処分のときは法人成立の時に一般財団法人に帰属する（法164条1項）。遺言で財産の拠出をしたときは，遺言の効力発生時から一般財団法人に帰属したものとみなされる（同条2項）。後者は，当該財産を相続人に帰属させないためである。また，一般財団法人の成立後は，拠出につき錯誤，詐欺または強迫による取消しは認められない（法165条）。法人成立後は利害関係を有する者が多数にのぼりうることを考慮して，法人の財産を安定させる趣旨と解される。

(4) 設立時評議員，設立時理事，設立時監事等の選任

設立行為において，設立時評議員，設立時理事，設立時監事の選任が必要である（法153条1項6号・159条1項）。設立時評議員と設立時理事は各3人以上でなければならず（法160条1項），設立時理事のなかから，設立時理事の過半数をもって，設立時代表理事を選定しなければならない（法162条1項・3項）。また，**会計監査人設置一般財団法人**を設立しようとする場合には，設立時会計監査人の選任も必要である（法153条1項7号・159条2項）。

設立時理事および設立時監事は，その選任後遅滞なく，設立手続の調査をしなければならない（法161条1項）。これは，一般社団法人の設立手続の調査と基本的に同様であるが，調査事項に財産拠出の履行の完了が加わる。

(5) 設立の登記

設立の登記の申請は，当該一般財団法人を代表すべき者（設立時〔代表〕理事）がおこなう（法319条1項）。この登記がされることによって，一般財団法人が成立する。設立手続中に生じた法律関係は，成立した一般財団法人に帰属することになる。

2 法人の権利能力の範囲

法人が設立されると，その法人は独立の権利主体となり，権利能力を取得する。

法人の権利能力には，自然人にはない制限がある。すなわち，「法人は，法令の規定に従い，定款その他の基本約款で定められた目的の範囲内において，権利を有し，義務を負う」（民34条）。その意味は，この規定に違反する法人の行為が無効になることにある（詳細は，法人の対外関係の問題として取り上げる〔⇒p.355の**2**〕）。

5 法人の公示と情報開示

法人は，その成立の時から権利能力を取得する。これにより，法人は，自己の名で財産を有し，法律行為をすることができるようになる。

取引相手からすると，法人の存否や目的，資産状況を知ることは，非常に重要である。たとえば，法人が存在しなければ，法人のためとしてされた法律行為は無効である。また，ある法人が別の法人と誤認されるようなことがあってはなら

ない。さらに、法人の目的の範囲外の行為は無効になり、法人の資産状況がわからなければ取引に応じてよいかどうかを判断することが難しい。こういったことから、法人の存在や目的、資産の状況などを、外部の第三者が容易に知ることができるようにしておく必要がある。そこで、法人の公示方法が用意され、名称に関する規制や重要な情報を開示させる制度が整えられている。

　まず、法人の公示方法として、**法人登記**（会社法上の会社等については商業登記）の制度がある。この登記には、目的、名称、保有資産に関する事柄、組織ほかの法人に関する基本的な重要事項が記載されるべきものとされ（たとえば、法301条・302条、会社911条～914条、組合等登記令2条〔医療法人、学校法人、管理組合法人、NPO法人、弁護士法人ほかの場合〕）、それらの登記すべき事項は、登記をしなければ善意の第三者に対抗することができないとされる（たとえば、法299条1項、会社908条1項、NPO7条2項）。また、故意または過失によって不実の事項を登記した者は、その事項が不実であることを善意の第三者に対抗することができないとされることもある（たとえば、法299条2項、会社908条2項）。

　つぎに、法人の名称について、名称中に当該法人の類型を示す文字を使用すること、他の類型の法人または同一類型の他の法人であると誤認される恐れのある文字を使用してはならないとされることが多い（たとえば、法5条～7条、公益認定9条3項～5項、会社6条～8条、NPO4条）。

　また、法人は、定款その他の**基本約款**を書面や電磁的記録で作成して、これを事務所に備え置き閲覧等に供さなければならないとされているが（法10条・14条・152条・156条、会社26条・31条）、これは法人に重要事項につき開示させる意味をもつ。そのほかにも、法人は、様々な書類の作成、保存、備置き、閲覧その他の開示を義務づけられることが多い。たとえば、社員総会の議事録（法57条、会社318条）、理事会・評議員会・取締役会等の議事録（法95条3項・193条・197条〔法95条準用〕、会社371条）、会計帳簿や計算書類（法120条以下・199条、会社432条～435条・442条・617条～619条、NPO28条）、財産目録（公益認定21条、NPO14条）、役員等の名簿（公益認定21条、NPO28条）、社員のある法人について社員名簿（法31条・32条、会社121条・125条、NPO28条〔社員のうち10人以上の者について〕）などである。これらも、法人の重要な情報を開示させるものである。

1 法人の組織

　法人は，自ら活動することができるわけではない。そこで，活動するための機関が必要になる。この機関になるのは，自然人と，自然人からなる組織である。

　法人が活動するためには，基本的な意思を決定する機関と，業務を執行する機関が必要である。また，対外的な業務の執行のためには，法人を代理する権限を有する機関も必要となる。

　法人の基本的意思の決定は，定款など法人の基本約款のほか，社員のある法人では社員全員からなる**総会**が担う。総会は，法人の解散や基本約款の変更を（法令に反しない限りで）自由におこなう権限を有する（たとえば，法35条1項・146条・148条3号，会社295条1項・466条・471条3号，NPO25条1項・31条1項1号）。それに対し，社員のない法人でも，基本的意思を決定する機関（たとえば，一般財団法人の評議員，評議員会）が通常設置されるが，この機関の意思決定権限の範囲は，法人の類型により様々である（たとえば，一般財団法人の評議員会は，法人の解散や法人の目的変更の権限を原則として有しない〔⇒ p. 350 の[発展学習](2)参照〕。財団たる医療法人には，法人の解散や法人の目的変更の権限を有する機関が，そもそも存在しない）。

　法人の実際の活動については，法人内部の業務執行をする権限を有する機関が設けられる（たとえば，法91条1項，会社363条1項2号）ほか，その業務に関する一切の裁判上または裁判外の行為をする権限を原則として有する（法人を「**代表する**」）機関（**代表機関**または**代表者**。たとえば，理事や取締役）が設置される（たとえば，法77条1項・4項，会社349条1項・4項，NPO16条）。なお，代表者の代表権は，定款の定め等による法人内部での制限が認められることもあるが，その制限は善意の第三者に対抗することができないとされることが多い（たとえば，法77条5項，会社349条5項。これに対し，NPO法人，学校法人など，代表権の範囲を登記することにより，代表権の範囲を第三者に対抗することができる場合もある〔NPO16条・組登令2条2項6号・別表・NPO7条2項，私学28条2項・組登令2条2項4号・6号・別表〕）。

　このほかに，業務の執行や会計を監査する機関（たとえば，監事・監査役や会計監査人）が置かれることもある。法人制度の悪用の防止や法人内外の利害関係者の保護を考えれば，それらの設置が望ましい。しかしながら，必置の機関とすると，法人運営上の負担を重くし，小規模な法人の設立および存続を困難にする。

そのため，公益性の強い法人（たとえば，公益法人，NPO法人），社員総会の権限が制限される法人（たとえば，理事会設置一般社団法人，取締役会設置会社）または社員のない法人（たとえば，一般財団法人），利害関係人が多数にのぼり経理が複雑になると想定される法人（たとえば，大規模一般社団法人，大規模一般財団法人，大会社である公開会社）などにおいて設置義務が課される傾向がみられる。

 一般社団法人の組織（機関）

　(1)　概要

　一般社団法人は，社員のある法人であり，根本的な意思決定機関たる**社員総会**（法35条）と法人の業務を執行する**理事**（法60条1項）を必ず置かなければならない。そのほか，定款の定めにより，**理事会，監事，会計監査人**を置くことができる（法60条2項）。

　一般社団法人には多様な法人が含まれるため，必置の機関は最小限に絞られ，機関設計は各法人の自治に広く委ねられている。ただし，監事は，理事会または会計監査人が置かれる場合は必置となる（法61条）。理事会設置一般法人では，社員総会の決議事項が限定され，社員の法人運営への関与が希薄となるため，これを補うために監督機関たる監事の設置が義務づけられている。会計監査人設置一般法人では，会計監査人の独立性確保のために，その選任および解任ならびに再任しないことに関する議案の内容は監事が決定するとされることから（法73条），監事が必要とされている。負債総額200億円以上の一般社団法人（**大規模一般社団法人**。法2条2号）では，会計監査人が必置となる（法62条）。債権者等の利害関係人が多くなり，経理も複雑化するため，外部専門家の監査を受けるべきものとされている。

　(2)　社員総会

　社員総会は，社員全員からなる，一般社団法人の根本的な意思を決定する機関である。もっとも，その権限は，理事会が設置されているかどうかで異なる。

　理事会非設置一般社団法人では，社員総会は，一般社団法人に関する一切の事項について決議することができる（法35条1項），最高万能の意思決定機関である。それに対し，**理事会設置一般社団法人**では，一般法人法に規定する事項と，定款で定められた事項についてのみ決議することができる（法35条2項）。理事会設置一般社団法人では，社員が多数にのぼることが想定され，意思決定の機動性を欠く恐れがあるため，総会の権限を限定して理事会に業務執行の決定権限等が与えられ，意思決定過程の合理化が図られている。もっとも，理事会設置一般社団法人においても，社員総会は，定款の変更（法146条），理事・監事・会計監査人の選任（法63条1項）と解任（法70条1項），理事の競業または利益相反取引の禁止を解く承認（法84条1項），役員の責任の免除（法112条・113条1項），計算書類の承認（法126条2項），事業の全部譲渡（法147条），解散（法148条3号），合併の承認（法247条・251条1項・257条）を決議することができる。したがって，法人の組織・運営・管理は，根本的には社員総会の決議に由来するということができる。

　なお，社員総会は，剰余金を分配する旨の決議をすることはできない（法35条3項）。一般社団法人の非営利性を確保するためである。

　(3)　理事，理事会

　一般社団法人の業務は，原則として，**理事**がおこなう。もっとも，業務執行と法人の代表のあり方についても，理事会設置の有無により異なる。

理事会非設置一般社団法人においては，定款に別段の定めがない限り，理事が業務を執行する（法76条1項）。理事の員数に制限はないが，2人以上選任されたときは，業務執行については，定款に別段の定めがある場合を除き，理事の過半数により決定する（同条2項）。理事は，原則として，一般社団法人を代表する（法77条1項本文）。理事が複数あるときも，各自が代表権を有する。ただし，法人は社員総会の決議等によって法人を代表する理事（代表理事）を理事のなかから定めることができ（同項ただし書・同条3項），この場合には，その代表理事だけが法人を代表する（同条4項）。

　理事会設置一般社団法人では，理事は3人以上でなければならず（法65条3項），全理事により**理事会**が構成される（法90条1項）。理事会は，法人の業務執行の決定，理事の職務の執行の監督，代表理事の選定・解職をおこなう（同条2項）。理事会設置一般社団法人では**代表理事**が必ず選任され（同条3項），その代表理事が法人の業務を執行し（法91条1項1号），法人を代表する（法77条1項）。代表理事のほかに，理事会の決議によって業務を執行する理事（業務執行理事）が選定されることがある。この場合には，その理事も，法人の業務を執行する（法91条1項2号）。これ以外の理事の権限は，理事会における議決権の行使等を通した法人の業務執行の意思決定への参画と，代表理事等の業務執行の監督となる。

　(4)　監事，会計監査人

　監事が置かれた場合，監事は，理事の職務の執行を監査する権限と，会計監査権限を有する（法99条1項・124条1項）。**会計監査人**が置かれた場合，会計監査人は，会計監査権限を有する（法107条1項・124条2項1号）。

一般財団法人の組織（機関）

　(1)　概要

　一般財団法人は，社員のない法人である。そのため，とくに法人の意思決定と理事の業務執行の監督の仕組みが，一般社団法人と相当異なる。

　一般財団法人は，**評議員**，**評議員会**，**理事**，**理事会**および**監事**を必ず置かなければならない（法170条1項）。**大規模一般財団法人**では，会計監査人も必置である（法171条）。機関設計についての自由度が一般社団法人と比べて小さいのは，社員による意思決定や監督がなくても法人が適正に運営・管理されるようにするためである。

　(2)　評議員，評議員会

　法人の設立に際して根本規則である定款が作成されるが，法人の意思決定をそこであらかじめ全部しておくことは不可能である。そこで，法人の基本的な意思を決定する機関が必要になり，一般社団法人では社員総会がこれにあたる。社員のない一般財団法人では，定款の定めのもとで，評議員会がこれにあたる。

　一般財団法人は，**評議員**を3人以上置かなければならず（法170条・173条3項），その全員により**評議員会**が組織される（法178条1項）。

　評議員は，定款で定められた方法に従って選任され，または解任される（法153条1項8号）。もっとも，理事または理事会が評議員の選任または解任をする旨の定めは効力を有しない（同条3項1号）。評議員会は業務執行機関たる理事および理事会を監督する立場にあり，評議員会の構成員たる評議員の選解任権を理事または理事会に認めると，十分な監督がおこなわれなくなる恐れがあるからである。

　評議員会は，一般法人法に規定された事項と定款で定められた事項について決議することができる（法178条2項）。法定の事項としては，理事・監事・会計監査人の選任（法177条〔法63条準用〕）および解任（法176条），計算書類等の承認（法199条〔法126条2

項準用〕），定款の変更（法200条），事業の全部譲渡（法201条），合併の承認（法247条・251条1項・257条）などがある。

こういった権限から，評議員会は，多くの面で，理事会設置一般社団法人における社員総会に近い役割を担うことになる。もっとも，評議員会は，定款に定めがなければ，法人の目的と評議員の選解任の方法に関する定款の定めを原則として変更することができず（法200条1項・2項。ただし，同条3項の例外がある），法人の解散を決議することもできない（理事会設置一般社団法人の社員総会は，〔一般社団法人では問題にならない評議員の選解任は別として，〕これらをすることができる）。一般社団法人は社員を基礎とする法人であるため，法人に関するあらゆる事項が，直接間接に社員の意思に由来すべきである。理事会設置一般社団法人においては，法人の活動に必要となる意思決定を合理化するために社員総会の権限が限定されているだけであり，社員総会が法人の根本意思を定める機関であるという性格まで失われるものではない。これに対して，一般財団法人は，設立者の意思により設定された目的を実現するために拠出された財産を基礎とする，社員のない法人である。評議員は，設立者という他人の意思を実現するための機関であり（そのため，法人と評議員の関係は民法の委任に関する規定に従うとされている〔法172条1項〕），法人の設立を無意味にする決定や自己と法人との関係を自ら決めることは原則としてできないとされている。

(3) 理事，理事会

一般財団法人においても，**理事**が法人の業務を執行し，法人を代表する。

一般財団法人では，理事は3人以上でなければならない（法177条〔法65条3項準用〕）。理事は，評議員会の決議により選任され（法177条〔法63条1項準用〕），または解任される（法176条1項）。解任については，一般社団法人の理事と異なり，評議員会の権限の過大化を避ける趣旨で，解任事由が限定されている（同項各号）。理事の権限は，理事会設置一般社団法人の理事の権限と同じである（法197条による法77条4項・91条1項等の準用参照）。すなわち，理事会により理事のなかから代表理事が選任され，その代表理事が法人の業務に関する一切の行為につき法人を代表する。また，理事会による業務執行の決定に基づいて，**代表理事**および**業務執行理事**が法人の業務を執行する（なお，基本財産の維持と目的外処分の禁止を定める法172条2項は，理事の権限の範囲を制限するものではなく，理事の事務処理上の義務を定めるものと解される）。

すべての理事により，**理事会**が構成される（法197条〔法90条1項準用〕）。理事会の権限は，理事会設置一般社団法人における理事会と同様である（法197条〔法90条2項準用〕）。

(4) 監事，会計監査人

一般財団法人においても，**監事**と**会計監査人**が，業務執行や会計の監査をおこなう。すでに述べたように，監事は必置の機関である。

監事・会計監査人とも，評議員会の決議により選任され（法177条〔法63条1項準用〕），または解任される（監事につき法176条1項，会計監査人につき同条2項）。解任事由が限定されている点とその趣旨は，理事についてと同様である。

監事と会計監査人の権限は，一般社団法人の監事，会計監査人の権限と同じである（法197条〔法99条～110条（法104条2項を除く）準用〕）。

2 法人の適正な運営の確保

　法人には，通常，設立者，社員，法人債権者など多数の利害関係者が存在する。そのため，法人が適正に運営されなければ，社会に多大の不利益をもたらすことになりかねない。そこで，法人運営の適正化を促進するための制度が法定されることが多い。

　たとえば，法人の活動を異なる機関に分掌させ，かつ，機関の活動に対して法人組織内で様々な監督がおこなわれる仕組み（たとえば，社員による監督，機関による相互監督，外部者による会計監査）の構築（⇒p.348の **1** 参照）は，まさに法人運営の適正化のためにある。

　法人に課される各種文書の作成とその開示（⇒p.346の **5** 参照）も，法人運営の適正化を促進するための制度に位置づけることができる。法人内部で法人運営の実情の把握とそれを踏まえた運営上の見直しの契機になるとともに，上記の内部的監督の実効性を確保するための前提が確保されるほか，外部への開示により法人運営の透明性と効率性の向上が期待されるからである。

　さらに，理事，監事ほかの役員等に，その職務を適正に執行する義務が強行法規として課され，その違反がある場合に役員等は法人に対して賠償責任を負う旨の規定が設けられることが多いが（たとえば，法111条1項・177条，会社423条1項），これは，実際に法人運営にあたる者に適正な職務遂行を間接的に促し，それを通じて法人の適正な運営を確保しようとするものとみることができる。

7 法人の消滅

　自然人が死亡し，権利能力を失うのと同じように，法人は消滅することがあり，それにより権利能力を失う。もっとも，自然人も法人も，広範に権利を有し，義務を負い，多くの法律関係の当事者となっていることが普通である。したがって，権利能力の消滅に際して，既存の法律関係の処理が問題になる。

　自然人については，死者に自己の法律関係の後始末をさせることはできない。そのため，死亡によって権利能力は消滅するものとされ，相続制度が設けられている。これにより，相続人その他の者が，死者の法律関係を承継し，その処理にあたることになる。

　法人の場合には，自然人と異なり，法律関係を自ら処理することも可能である。

そこで，法人は，一般に，次のような過程を経て消滅するものとされている。すなわち，定款などの基本約款に定められた存続期間の満了や解散事由の発生，破産手続開始決定などの一定の事由により，法人は**解散**する（たとえば，法148条・202条，会社471条，NPO31条１項）。これにより，その法人の**清算手続**が開始される。この場合，当該法人（**清算法人**）は，「清算の目的の範囲内において，清算が結了するまで」なお存続するものとみなされることが普通である（たとえば，法207条，会社476条，NPO31条の４）。清算手続においておこなわれるのは，一般に，現務の結了，債権の取立てと債務の弁済，残余財産の引渡しである。清算法人においては，この事務の執行のために清算人が選任され（従前の代表者が清算人になるものとされることも多い〔たとえば，法209条１項１号，会社478条１項１号，NPO31条の５本文〕），原則として清算人が，清算法人を代表する（たとえば，法214条１項本文，会社483条１項本文，NPO31条の９第２項参照。もっとも，破産手続が開始され，破産管財人への事務の引継ぎがおこなわれたときは，清算人の任務は終了する〔たとえば，法215条２項，会社484条２項，NPO31条の12第２項〕）。

清算が結了すると，法人は消滅する（法人は，「清算が結了するまで」存続する）。

法人の解散および清算について実際上最も重要な意味があるのは，法人について破産手続が開始される場合である。この場合については，破産法（倒産手続法等）で扱われる。

法人の対外関係

1 序　論

　法人は，自然人と同様に，独立の権利能力者として権利を有し，義務を負う。もっとも，自然人と全く同じというわけではない。自然人は，権利能力を無制限に認められるのが原則である（その主体となることができる権利や義務，法的地位に一般的な制限はない。ただし，外国人については例外がある〔3条2項〕）。それに対して，法人は，いくつかの理由から，権利能力も無制限には認められていない（その主体となることのできない権利義務，法的地位がある）。また，法人の法律関係は，現実には他者たる自然人（とくに，理事等の代表者）の行為によって形成される。そこで，代表者等のしたどのような行為の効果が法人に帰属すると認められるかも，問題になる。

　なお，本節において紹介する判例・学説には，平成18年法人法改革以前のものもあるが，とくに検討を加えていない限り，同改革後も妥当するものとしてあげている。

2 法人の権利能力

1 法人の権利能力

　法人は，権利能力を有する。しかしながら，法人の権利能力には，自然人にはない制限がある。そして，その制限に反する法律行為は，無効とされる。

1 性質による制限

　第一に，法人には，その性質上主体となることのできない権利義務や法的地位がある。すなわち，法人は，身分上の権利義務や法的地位（例：婚姻や養子縁組の当事者となること），肉体の存在を前提とする権利義務や法的地位（例：生命や身体の自由を基礎とする権利，雇用契約上の労務者としての地位）の主体にはなれない。

❷ 法令による制限

第二に，法人の権利能力は，法令による制限を受ける（34条）。清算法人の権利能力が清算の目的の範囲内でのみ認められること（法207条，会社476条，NPO31条の4），法人は一般法人の役員になることができないこと（法65条1項1号・177条），株式会社の取締役になることができないこと（会社331条1項1号）は，その例である。

❸ 目的による制限

第三に，法人の権利能力は，当該法人の定款その他の基本約款に定められた目的による制限を受ける。

法人は，基本約款において目的を定めている（例：「鉄鋼の製造及び販売並びにこれに付帯する事業」〔製鉄会社〕，「農業生産力の増進及び組合員の経済的社会的地位の向上」〔農業協同組合〕，「弁護士及び弁護士法人の使命及び職務にかんがみ，その品位を保持し，弁護士及び弁護士法人の事務の改善進歩を図るため，弁護士及び弁護士法人の指導，連絡及び監督に関する事務を行う」〔弁護士会〕）。法人は，この「目的の範囲内において，権利を有し，義務を負う」(34条)。この規定は法人の権利能力を制限するものであり，制限に反する法人の行為は無効であるとするのが判例である（最大判昭和45・6・24民集24巻6号625頁，最判平成8・3・19民集50巻3号615頁〔百選I7〕）。これは，法人は一定の目的のために設立されるので，権利義務の帰属もその目的の範囲内で認められることで足る，という考えによる。

> **発展学習** 「目的による制限」の意味についての学説
> この判例には，学説上，異論もある。判例の立場によると，①法人が不法行為責任や債務不履行責任を負うことの説明に窮すること（不法行為をすること，債務不履行をすることは，およそ法人の目的に属することとはいえないから），②目的の範囲外の行為の効果が法人に帰属しえないとすると，適切でない結果を生ずる（相手方の信頼を不当に害し，また，取引の安全を脅かす）恐れのあることが，批判の主たる理由である。そこで，法人も，性質上および法令上の制限を除き，権利能力を一般的に認められ，具体的な取引行為の効果が法人に帰属しうる範囲が「目的の範囲」によって画されると考えるべきであるとされる。これによると，法人の取引行為は（後に述べるように）理事がするのが原則であることから，34条の「目的の範囲」は，理事のした法律行為の効果が法人に帰属しうる範囲，つまり理事の代理権の範囲を画するものであることになる。その結果，目的の範囲外の行為は，理事の無権代理行為となり，追認（拒絶制限），表見代理法理，無権代理人の責任によって相手方の信頼および取引の安全の保護を図る可能性が出てくるとされている。

2 法人の「目的の範囲」の判断

　そうすると問題になるのが，法人の「目的の範囲」はどのように判断されるか，である。

■1 判断に際して考慮すべき点

　目的の範囲外の行為が無効とされるならば，次の諸点の考慮がとくに必要になる。

　第一に，法人の権利能力は基本約款に定められた目的の範囲内でしか認められないといっても，その目的の実現には様々な行為が当然に必要になる，という事情である。どのような事業をするにも，それに付随する様々な行為が必要であり，また，事業資金を確保することが必要である。そのため，目的の範囲を限定的に捉えることは，法人の目的の実現を難しくする恐れがある。

　第二に，法人の取引相手と取引社会の安全の保護である。法人と取引しようとする者に，法人の目的を確認するよう求めることは現実的ではない。また，取引相手がたとえ法人の目的を知っていても，第一に述べた事情があるために，当該取引が目的に直接に該当しないからといって，取引に応ずるべきでないともいえない。さらに，ある行為の目的該当性は一義的に判断することができないことが多いため，後に当該行為を目的の範囲外として無効とすることは，取引社会に混乱をもたらす恐れがある。

　第三に，法人に権利能力を付与する法の趣旨である。法律が，法人となることを認めるにあたって，目的について限定している場合とそうでない場合がある。前者については，その限定から外れた目的では法人の成立が認められず，権利能力は付与されなかったはずである。そうであれば，その法人については，目的の実現に無関係な行為を有効にさせる必要はない，といえそうである。

　第四に，社員や設立者の意思の尊重である。社員や設立者は，普通，ある目的を実現するための法人であるからこそ社員になり，あるいは法人を設立し，通常，経済的負担をしている。そのため，ある行為が社員や設立者の意思に照らしてされてよいものかどうかが，考慮されてよい。

　第五に，法人自身と社員その他の（行為の相手方を除く）法人の利害関係者の財産的利益の保護である。法人は，通常，目的の実現に適した組織作りをしており，目的から外れる行為の場合，その行為によって法人が財産的不利益を受ける危険

が相対的に大きい。その危険が現実化した場合，法人やその利害関係者からすれば，行為は無効とされることが望ましい。もっとも，このような考え方は，法人をあたかも社会的弱者と同様に保護するものであり，強調することは適当でない。

以上のうち，第一と第二の事情は，目的の範囲を緩やかに解して行為の効力を維持すべきであるという評価に傾く事情であり，第三〜第五の事情は，反対の評価に傾きうる事情である。もっとも，第三〜第五の事情からくる要請には，行為の無効以外の効果（法人の責任の追及，行為をした〔あるいは，許した〕役員等の責任の追及，法人の解散命令など）によっても，相当程度応えられるはずである。

② 判例による判断

1　一般的判断基準　判例は，ある行為が目的の範囲に属するかどうかは，次のような基準で判断されるべきであるとしている。すなわち，①目的の範囲内の行為とは，基本約款に明示された目的に該当する行為に限られず，その目的を遂行するのに直接または間接に必要な行為一切を含む（大判大正元・12・25民録18輯1078頁，最判昭和27・2・15民集6巻2号77頁ほか）。②ある行為が法人の目的を遂行するのに必要かどうかは，その行為が目的遂行に現実に必要であったかどうかを問わず，行為の客観的な性質にそくして抽象的に判断する（前掲最判昭和27・2・15，最判昭和30・11・29民集9巻12号1886頁）。

この判断基準を用いて，判例は，営利法人たる会社については目的の範囲による制限を事実上認めず，他の法人については若干の制限を認めることがある。

2　営利法人たる会社の場合　判例は，1で述べた基準を用いて，営利法人たる会社（以下，単に「会社」という）については，目的の範囲による制限をもはや存在しないも同然としている。

Case 72
鉄道の運営およびそれに付帯する事業を目的とするA会社は，財政基盤を強固にするために経営の多角化を図ることにし，不動産事業を営むことにした。そこで，A社は宅地を造成するためにBから広大な土地を買い受けた。その土地は，A社が経営する鉄道の路線から遠く離れており，鉄道の集客増は見込めなかった。不動産事業に行き詰まったA社は，不動産売買はA社の目的の範囲外の行為であるため契約は無効であるとして，Bに代金の返還を請求した。

Case 73
製鉄業を営むC社は，政党Dに350万円の政治献金をした。同社の定款では，「鉄鋼

の製造及び販売並びにこれに付帯する事業」が目的とされていた。そこで，C社の株主が，この献金は目的の範囲外の行為であり，取締役はこの献金により会社に損害を与えたとして，その賠償を求める株主代表訴訟（会社847条3項・5項）を起こした。

　会社は，総会において定款を変更することができ，目的とする事業についても同様である。したがって，Case 72 や Case 73 のような形で問題が起きるのは，営利法人が定款を変更しないで新たな事業を始めたり，寄付をしたりした場合である。定款変更後に同様の行為がされた場合には，その定款変更が許されるかどうかの問題になる。

　会社の究極の目的は，1円でも多くの利益をあげ，社員（株式会社では株主）への利益分配の最大化を図ることにあり，定款における目的の定めは，そのような究極の目的を達成する手段を定めるものにすぎないと考えることができる。したがって，会社には非常に広く行為の自由が認められてよい。このように考えるならば，Case 72 のような新規事業を追加する目的変更が許されないことは，およそ考えられない。Case 73 のような政治献金を可能にする目的変更も，それによって会社の利益，したがって，自己の利益が損なわれると考える社員（株主）は，退社（株式の売却や買取請求）をすればよいともいえるので，さほど問題ないはずである。そうすると，Case 72 では，定款変更手続を経ずに新規事業が開始されたことにより，その事業に関連する法律行為が無効とされるべきかが問題となる。Case 73 では，定款変更手続を経ずにされた政治献金は，取締役が本来すべきでないことであり，したがって取締役が違法に会社に損害を与えたことになるか（会社423条1項参照）が問題になる。いずれについても，定款変更の手続がとられていたならば，社員は，その目的変更が会社に与える影響を判断し，自己の利益を保護する機会を得られたはずである。ところが，その手続がとられなかったため，社員がこの機会を失った。社員のこの利益を保護するためにその法律行為を会社はすることができないとすべきかが，ここでの問題である。

　まず，当該行為が，基本約款に定められた目的を遂行するのに直接または間接に必要な行為にあたるかが判断される。この点については，①目的の遂行に通常役立つ行為（例：取引先の援助〔債務の物上保証や資金援助〕。前掲大判大正元・12・25，最判昭和33・3・28民集12巻4号648頁），②法人の維持に役立つ行為（例：収益事業。大判昭和6・12・17新聞3364号17頁，最判昭和30・3・22判時56号17頁），③法人に社会通念上期待される行為（例：寄付。最大判昭和45・6・24民集24巻6号625頁）などは，この必要性を充たすとされている。

　次に，目的遂行上の必要性は，行為の客観的性質にそくして抽象的に判断される。これは，結果として法人に損失しか生じなかった取引であっても，目的遂行上の必要性が認められうることを意味する。このようにされるのは，現実の必要性はそもそも判断が難しいだけでなく，法人内部の事情であるため，これを考慮すると相手方の地位が不安定になること，および，第三者は詳細な調査をしてか

らでなければ安んじて取引をすることができなくなり，法人の自由な行為を事実上制限することにもなりかねないことによる。

　判例にそくしていえば，(Case 72)と(Case 73)は，次のようになる。

　(Case 72)のA社とB間の不動産売買は，A社の目的である鉄道事業の遂行に直接必要な行為であるとはいえない。しかしながら，その売買は，A社が収益事業としてしたものであり，抽象的にみれば会社に利益をもたらし，会社の維持に役立ちうる行為といえる。したがって，目的遂行上の（間接的）必要性を認めることができ，目的の範囲内と認められる。そのため，この売買は，A社の目的の範囲外の行為であることを理由に無効とされることはない。

　(Case 73)でC社がした政治献金も，C社の目的である鉄鋼の製造販売に直接必要な行為であるとはいえない。しかしながら，寄付は，一般に会社に期待される社会的役割を果たす行為であり，企業体としての円滑な発展を図るうえで相当の価値と効果が認められる。また，会社が社会的役割を果たすために相当程度の寄付をすることは，社員（株主）の予測に反するものでもない。この理は，政治献金についても異ならない。したがって，政治献金も，目的遂行上の（間接的）必要性が認められ，目的の範囲内と認められる。そのため，C社の取締役がした政治献金は，違法とはいえない（前掲最大判昭和45・6・24。もっとも，会社と取締役との関係ではこのようにいえるのだろうが，政治献金は思想・信条の自由に直接かかわるものであるから，会社と社員〔株主〕との関係では，社員の同意なしに会社が政治献金をすることが適法といえるかには，疑問もある）。

　会社を含め法人においては，基本約款中にその「目的」となる事業として，「本業」にあたる事業のほかに，それに付帯する事業が通常掲げられている。その場合，(Case 72)と(Case 73)で問題となる行為はいずれも，その付帯事業に該当すると認められる。

　この結果，会社にとっては，ほぼすべての行為が，少なくとも間接的には営利目的に関連することになる。したがって，会社については，目的の範囲による権利能力の制限は有名無実化しているということができる。

　3　会社以外の法人の場合　　他の法人については，これと異なる判断がされることもある。

Case 74
　A農協は，定款において，「組合員の事業または生活に必要な資金の貸付け，組合員の貯金の受入れその他の付帯事業」を目的に掲げていた。あるとき，A農協は，経済的基盤を確立するために，リンゴ移出業者Bから販売委託を受けることにより手数料を稼ぐことにした。その契約に際して，A農協は，Bから，リンゴの集荷に要する

費用の融資を申し込まれた。BはA農協の組合員ではなかったが，A農協はこれに応じることにした。ところが，Bは，A農協にリンゴを納入せず，貸付金も返済しなかった。そこで，A農協が，Bに貸付金の返済を請求した。

Case 75

A農協の理事Zは，非組合員である知人Cから，Cが営む土建業の事業資金の融通を頼まれ，A農協を代理してCに250万円を貸し付けた。この融資は，農協は非組合員に資金の貸付けをすることができないことを知るCとZが，あえてしたものだった。その後，Zは，不正融資が発覚したため理事辞任に追い込まれ，CのA農協に対する250万円の債務を連帯保証する契約を，A農協との間で締結した。弁済期が到来し，A農協は，Cに貸金の返還を，Zに保証債務の履行を請求した。

Case 76

D税理士会は，税理士法が改正されることになったので，その改正を税理士会にとって有利なものにすべく，政治団体Yの活動を支援すること，Yへの活動資金提供のため各会員から特別会費5000円を徴収することを，総会で決議した。D税理士会の会員Eが，この決議は無効であるとして，特別会費納入義務の不存在の確認を請求した。

　　Case 74 と Case 75 では，いずれも，農協の組合員以外の者に対する金銭の貸付けが問題になっている。このような貸付けを，員外貸付けと呼ぶ。農協は，構成員である組合員に対し剰余金の配当をする法人であり（農協5条・7条3項参照），この点では会社と同じく営利法人に分類されるべきものである。もっとも，農協は，会社と異なり，設立根拠法（農業協同組合法）において，「農業者の協同組織の発達を促進することにより，農業生産力の増進及び農業者の経済的社会的地位の向上を図り，もつて国民経済の発展に寄与することを目的とする」（農協1条）とされ，そのうえで，おこなうことができる事業が農協法10条に定められている。それによると，農協がする金銭の貸付けについては，原則として組合員への貸付けだけが認められる（同条1項2号。農作物の販売など他の事業についても同じである。もっとも，組合員以外の者による組合の事業の利用も，定款にそれを認める定めを置けば，一定程度まで可能となる。その程度は，原則として当該年度の組合員の事業利用分量の20％以内であるが〔同条17項ただし書〕，資金の員外貸付けは政令により25％以内とされている。また，定款に定めを置けば，地方公共団体，銀行等に貸付けをすることができる〔同条20項〕）。したがって，Case 74，Case 75 の員外貸付けは，目的の範囲外の行為として無効ではないかが問題になる。

　　Case 76 は，Case 73 と似た事案である。ただし，Case 76 の税理士会には，Case 73 の製鉄会社と性質上異なるところがある。すなわち，税理士会は，非営利法人であり，設立根拠法（税理士法）において，「税理士及び税理士法人の使命及び職責にかんがみ，税理士及び税理士法人の義務の遵守及び税理士業務の改善進歩に資するため，支部（……）及び会員に対する指導，連絡及び監督に関する事務を行うことを目的とする」（税理49条6項）とされている。そして，税理士は，税理士会に入会を強制されており，脱退の自由も実質的に保障されていない（税理49条の6・52条）。そのため，税理士会の会員である税理士には，製鉄会社の社員（株主）と違い，総会決議が気に入らなければ法人を脱退すればよいという理屈は成り立たない。

会社以外の法人の場合も，法人の行為がその目的の範囲に属するかどうかの判断について，抽象的には会社と同じ基準が妥当する（最判昭和44・4・3民集23巻4号737頁，最判昭和45・7・2民集24巻7号731頁）。もっとも，その基準を実際に適用する際に，会社と違い，目的の範囲による制限が厳格に解されることがある。すなわち，目的遂行上の必要性がある程度実質的に判断されるとともに，その他の事情も考慮して，法律行為の有効または無効が判断されることがある。

　　判例にそくしていえば，（Case 74）～（Case 76）は，次のようになる。
　　（Case 74）と（Case 75）については，農協が員外貸付けを原則として認められていないことは農協法から明らかになる。農協は農協法に基づく法人であるから，定款に定めのない員外貸付けは，そもそも「できない」行為にあたるとみられる。このことは，相手方も知っているべきことである。したがって，員外貸付けは，定款に定めがない限り，農協の目的の範囲に属しないとされることが原則である。しかしながら，（Case 74）の員外貸付けは，Ａ農協が経済的基礎を確立するために，これも定款に定めさえあれば員外利用が認められる事業である農産物の販売委託を受けようとしてされた。そこで，この貸付けは，Ａ農協の本来の事業に付帯するものと認めることが適当であり，Ａ農協の目的の範囲内に属するものとして有効である（最判昭和33・9・18民集12巻13号2027頁）。
　　それに対し，（Case 75）では，目的の範囲内と考えるべき例外的事情は存しない。したがって，Ｃに対する員外貸付けは，目的の範囲に属しないものとして無効である（最判昭和41・4・26民集20巻4号849頁）。ただし，この場合，Ａ農協は，Ｃに無効な契約に基づいて250万円を給付したことになるから，708条に該当しなければ，不当利得の返還を請求することができる（契約が有効の場合と，利息または遅延損害金〔以下，「利息等」という〕に違いが出る。すなわち，契約が有効である場合には約定された利率により利息等が計算されるが，不当利得返還請求の場合には法定利率によることになる）。また，Ａ農協とＺの間の保証が，Ｃの負う不当利得返還債務にも及ぶと認められる，あるいはＡ農協に生じうべき損害を担保する趣旨であると認められるならば，Ａ農協は，Ｚに対しても，その債務の履行として250万円（＋利息等）の支払を求めることができる。
　　（Case 76）では，税理士会は，税理士法49条6項の定める（公的な）目的の実現のために，税理士法により設立を強制されている（同条1項）法人である（同条7項）。税理士会について目的の範囲を会社のように広く解すると，税理士法の要請するこの目的の達成が妨げられる恐れがある。また，税理士は，税理士会への加入を強制されており，脱退の自由も実質的に保障されていない。このような法人では，多数決により政治団体への寄付を決定しうるとなると，構成員の思想・信条の自由が不当に侵されることになる。そのため，政治団体への寄付は税理士会の目的の範囲外の行為であり，Ｄ税理士会の特別会費徴収決議は無効とされる（最判平成8・3・19民集50巻3号615頁〔百選Ｉ7〕）。それに対し，最判平成14・4・25判時1785号31頁は，税理士

会と同様の性質の法人である司法書士会が大震災で被災した他の司法書士会の復興支援のために寄付をすることは，その目的の範囲に属し，その寄付のための特別負担金徴収決議の効力は，公序良俗に反するなど会員の協力義務を否定すべき特段の事情のない限り，会員に及ぶとする）。

補論 会社以外の法人における「法人の目的の範囲」の判断

　Case 74 ～ Case 76 では，各法人の設立根拠法において明らかにされている法人の特性が強く考慮されている。税理士会は，法律により特定の目的のため設立が強制されており（税理士会に，設立の目的およびそれを実現するための事業〔目的事業〕を定める自由はない），事実上の強制加入団体であることから，目的の範囲を緩やかに解して法人の行為の自由を広く認めることは，法人化の趣旨のほか，とくに構成員の自由の保護に著しく反することになりかねない。

　農業協同組合は，かつて一般に，弱小事業者が多い農業者を組合員としてこれを保護するために設立されるものであり，そのために各種補助など公的な保護も受ける法人であると捉えられていた。この捉え方によれば，特定の目的を実現しようとするからこそ法人として認められ（農業協同組合には，農業法が認める範囲でしか，目的および目的事業を定める自由はない），種々の保護が与えられることから，その目的の範囲は厳格に解すべきであり，法人に行為の自由を広く認めることは適当でないとされることになる。そして，かつては，これと同様の捉え方がされる法人が非常に多かった。民法上の公益法人，学校法人，医療法人，社会福祉法人，宗教法人，消費生活協同組合など農業協同組合以外の各種協同組合は，その例である。

　これらの法人と異なり，平成18年法人法改革によって誕生した一般社団法人と一般財団法人は，その設立根拠法である一般法人法において設立の目的を限定されておらず，法人が自由に目的および目的事業を定めることができる。そのため，一般法人については，目的の範囲に関し，税理士会はもちろん農業協同組合とも同様に解すべき理由はなく，会社の場合と同様の実質的判断がされてよい。それだけでなく，一般法人が市場において優遇措置を受けることなく会社と競争しなければならないことを考えれば，行為の自由とそれに対応した責任の範囲を意味する目的の範囲について，会社と同様の実質的判断がされるべきである。

　このことは，一般法人が公益認定を受けた場合（この補論において，以下，この法人を指して「公益法人」という）であっても変わらない。公益法人は，その目的の公益性ゆえに，公益認定を受け，税制上も優遇されるが，公益目的事業以外の事業をすることも認められている。公益認定法においては，公益目的事業をおこなうことを主たる目的とすること（公益認定5条1号），社会的信用維持のため公益法人にふさわしくない事業をしないこと（同条5号），全事業における公益目的事業の比率が50％以上であること（同条8条・15条），他の事業が公益目的事業の実施に支障を及ぼす恐れのないこと（同法5条7号）などが公益認定の要件とされている。そうであっても，公益法人は一般法人が公益認定を受けたものであり（同法4条），公益認定が取り消されてもその法人は消滅せず，一般法人として存続する（同法29条5項参照）。したがって，事業に関する上記の要件は，公益法人として扱われるためのものであり，権利能力の前提ではない。そのため，公益認定法における上記制限に反する行為があったとしても，行政庁による是正勧告・命令（同法28条1項）や公益認定の取消し（同法29条2項）といった公益認定法上の効果のほか，代理権の濫用，理事の義務に反する行為として当該理事その他の役員の責

任等を認めることで足り，その行為を無効とする理由はないと解される。

　NPO法人については，設立根拠法であるNPO法が，目的とすることができる活動を限定している（NPO2条1項・別表）ものの，目的事業以外の事業（「その他の事業」）をすることも認めている（同法5条1項）。また，NPO法が認める目的事業は公益的な活動がほぼ網羅される広範なものとなっており，事業の限定に実質的な意味があるとはいえない。NPO法人と公益法人の制度目的の類似性も考慮すれば，NPO法における活動の限定を過大視することは適当でなく，公益法人と同様に考えるべきである（同法3条は，特定の個人または法人その他の団体の利益を目的とする事業〔1項〕と，特定の政党のための法人利用〔2項〕を禁じているが，それらに該当する行為についても，目的外行為とする必要はなく，NPO法上の効果のほか，代理権の濫用，理事その他の役員の責任等を認めることで足る）。

　さらに，上に述べた設立根拠法において設立の目的が定められている法人のうち，たとえば農業協同組合（など各種協同組合）については，経済社会において現実に果たしている役割，市場における競争環境，それらに照らした制度目的の捉え方の変化を考えれば，法人が権利を取得し義務を負うことができる範囲について，会社（や一般法人）と異なる扱いをすることに合理性があるかに疑問がある（市場において会社とほぼ同一条件での競争関係に置かれているのに，自らの責任で行為をする自由を会社と比べて〔厳しく〕制限されることは，不当な差別的取扱いともいえる）。同じことは，医療法人，社会福祉法人，学校法人など，設立根拠法において設立目的が定められているものの，いわゆる「本業」以外の事業も比較的広く認められ，また，その「本業」にあたる事業について（たとえば会社や一般法人などもその事業を営むことができるため）他類型の法人との競争にさらされている法人にも妥当する。

　以上によれば，従来法人の目的の範囲外であり民34条により無効であるとされてきた行為について，一般に，設立根拠法が定める法人化の趣旨および構成員の自由の保護等に照らし公序良俗に反して無効とされることはあるとしても，そうでなければ，私法上の効果は，代表者による代理権の濫用としての処理，または当該行為をした理事その他の役員の責任等にとどめることが，適当ではないかと思われる。

　主張立証責任の所在

　ある行為が目的の範囲外であることは，その行為の無効原因である。したがって，これは，行為の効果を争う者が主張・立証しなければならないと考えられる（東京地判昭和62・9・22判時1284号79頁参照）。

3　代表者による法人の代理

1　代表者による法人の代理

　法人は，独立の権利主体となるが，観念的な存在であるから，現実の行為を自らすることができるわけではない。そのため，法人の現実の活動は，誰か自然人が担当する必要がある。そこで，法人においては，**代表者**（理事，取締役など）が法人の事実行為，法律行為，訴訟行為のすべてを担うことになる。このうち，法

律行為については，代表者は法人を代理することになる。ただ，代表者の行為がなければ法人の行為はありえないため，その意味では，代表者の行為は法人の行為そのものであると評価することができる。そのため，代表者による代理行為を指して，**代表行為**と呼ばれることがある。

2 代表者の代理権の範囲

1 包括代理の原則

　理事等の代表者は一般に，原則として法人の事務一切につき権限を有するとされる（⇒p.348の**1**参照）。したがって，法律行為についても，代表者は，原則として，法人の法律行為一切に関する代理権（包括代理権）を有する。

2 代表者の代理権の制限と第三者の保護

　もっとも，代表者の代理権が制限されることもある。その主なものとして，定款や総会決議等により法人内部で加えられる制限のほか，委任権限の制限，利益相反事項の代理の禁止その他の法令による制限がある。

1 定款または総会決議等による法人内部での制限

　(1) **法人内部での制限**　法人には自治が認められているため，法人は，その内部での決定により，代表者の代理権に制限を加えることができる。定款の定めによる制限，社員総会の決議による制限がその例である。これらの制限に反する代表者の行為は，無権代理行為となる。

　(2) **善意の第三者の保護**　しかしながら，この制限は，法人内部でされるものであり，外部の第三者がこれを知ることは容易でない。しかも，代表者は，包括代理権を有することが原則である。そのため，この制限を知らなかった第三者の保護が問題になる。

Case 77

　一般社団法人Ａの定款では，代表理事は，金銭の借入れをするためには，社員総会における総社員の3分の2以上の決議を要するとされていた。ところが，Ａ法人の代表理事Ｂは，この議決を経ずに，Ａ法人を代理してＣから100万円を借り入れた。

　定款など基本約款に制限が明示されている場合，その基本約款をみれば，第三者もその制限を知ることができる。総会決議についても，過去の議事録を調べることにより，制限を設ける決議の存在の有無を知りうる場合もある。しか

しながら，法人との取引に際して，そのようなことを取引相手に要求することは妥当でない。それでは，円滑な取引が妨げられることになるからである。そこで，代表者の代理権に法人内部で加えられた制限は，その制限を知らない第三者（善意の第三者）に対抗することができないとされることが多い（たとえば，法77条5項・197条，会社349条5項。それらの法人では，代表者の代理権の範囲は〔法人〕登記事項とされておらず，代理権の範囲または制限を登記することができない。そのため，登記された事項は第三者に対抗することができるという登記の効力〔積極的公示力という〕が働くことはない。それに対し，たとえばNPO法人については，代表者の代理権の範囲が登記事項とされており，理事の代理権を制限した場合，そのことを代理権の範囲として登記することにより，その制限を第三者に対抗することができる）。

代表者は，制限された行為以外については代理権を有する。そこで，制限された行為を代表者が法人のためにした場合には，民110条による処理も可能である。しかしながら，原則として包括代理権を有し，法人を「代表する」という代表者の特性を考慮して，相手方保護要件が民110条に比べて緩和されている（もっとも，規定の体裁からすれば，〔代表者の代理権の「制限」を，一部「消滅」とみて〕民112条1項の特則とみるほうが素直である）。

> (Case 77) では，BとCの間で締結されたA法人を借主とする金銭消費貸借契約は，A法人の定款によるBの代理権の制限に抵触し，Bによる無権代理行為となる。しかしながら，Cは，その制限を知らなかったならば，A法人に対してこの契約の効果（貸付金の返還と約定利息の支払等）を主張することができる。なお，A法人が理事会設置一般社団法人である場合には，Bによる借入れが法90条4項1号・2号という法令による代理権の原始的制限（⇒p.370の(3)）に反しないかどうかが，まず判断されるべきことになる。

 主張立証責任の所在

代理行為の主張・立証責任は，原則として，その行為の効果を求める者にある。したがって，代理権の存在も，本来，この者が主張・立証しなければならない。しかしながら，法人の代表者との法律行為に基づいて法人に対して法律効果を主張しようとする者は，法律行為の相手が法人の代表者であることを主張・立証すればそれでよく，定款の規定等による法人内部での代理権の制限がないことまで主張・立証する必要はない。代表者による代理の効果を争う者が，その制限があることを抗弁として主張・立証する必要がある。代表者は包括代理権を有することが原則であり，定款の規定等による制限はその例外にあたるからである。そのうえで，代理の効果を求める者は，再抗弁として，第三者の善意を主張・立証することになる。

発展
学習　相手方の無（重）過失の要否

　　相手方は，善意でありさえすれば，過失または重大な過失があっても保護されるか否
　かが問題となる。

　　宗教法人の代表役員の代理権の制限に関して善意の第三者の保護を定める宗教24条た
　だし書につき，「善意であっても重大な過失のある相手方又は第三者までも保護する趣
　旨のものではないと解するのを相当とする」とした判例（最判昭和47・11・28民集26巻9
　号1686頁）がある。そこで学説には，平成18年改正前民法54条（以下，「民旧54条」とい
　う）につき，これと宗教24条ただし書は同趣旨の規定であるとして，民旧54条について
　も同様に解すべきであるとする見解があった。この見解によるならば，第三者の善意が
　主張・立証された場合，代理の効果を争う者は，再々抗弁として，相手方の重大な過失
　を具体的事実により根拠づけることができることになる。

補論　同前

　　しかしながら，民旧54条と宗教24条ただし書は，法人代表者の包括代理権の制限に対
　する第三者保護規定である点では共通するが，次の点で大きく異なっていた。すなわち，
　民旧54条は，理事が（定款や総会などでの）法人の内部的決定によって，ある行為につ
　いて代理権を制限された場合に関する規定である。それに対し，宗教24条ただし書は，
　宗教法人の代表役員が同条本文の定める行為について，代理権を法律上制限されている
　場合に関する規定である。また，前掲最判昭和47・11・28は，「本文に記載する物件が
　宗教法人の存続の基礎となるべき重要な財産であり，特殊な利害関係人を多数擁する宗
　教法人の特性に鑑み」て，重大な過失ある相手方等は保護されないと解するべきである
　としている。

　　以上によると，一般社団法人に関する法77条5項，一般財団法人に関する法197条
　（法77条5項準用），株式会社に関する会社349条5項等についても，第三者の無重過失と
　いう要件を付加すべきでない。

　(3)　*代理権の制限を知っていた第三者の保護*　　代理権に加えられた制限を
知っていた第三者は，上記の保護を受けることができない。しかしながら，そ
のような第三者が，それでも代理権の存在を信ずることがある。

Case 78

　Case 77 において，Cは，以前Bを通じてA法人に融資をした際に，A法人の定
款によるBの代理権の制限を知った。しかし，前回の取引の際に提出を受けたものと
同形式の議決書をBが持参したので，Cは，総会の承認決議があったものと考え，今
回の取引に応じた。ところが，その議決書は，Bが偽造したものだった。

　　この場合，Cは，Bの代理権の制限を知っている。そのため，法77条5項の要
　件は充たされない。しかしながら，Bが持参した議決書から，CがBの代理権の
　存在を信じたとしても不思議はない。そこで，Cが他の規定によって保護される
　ことはないかが問題になる。

　法77条5項や会社349条5項等の，代表者の代理権に法人内部で加えられた

制限に関する第三者保護規定は，相手方が保護を受けるために過失の有無を問わないものとし，この点で民110条の適用を排除している。これは，代表者の包括代理権に対する信頼を厚く保護する趣旨である。しかしながら，その制限を知る第三者が，他の事情からそれでも代表者の代理権の存在を信じた場合には，代理権の包括性に対する信頼ではなく，個別の代理権授与の存在に対する信頼の保護が問題になる。したがって，この場合は，法77条5項等が対象とするところではなく，民110条の適用を排除する理由はない。そこで，相手方がその行為についての代表者の代理権を信じ，そう信ずることに正当な理由があるときは，相手方は，民110条の適用により保護される（最判昭和60・11・29民集39巻7号1760頁〔百選 I 31〕。ただし，「類推適用」とする）。

> **Case 78** では，CがBの代理権を信じたことについて正当な理由があると認められるならば，Cは，A法人に対して契約の効果を主張することができる。前回取引と同形式の議決書は，相当有力な資格徴憑といえる。ただし，議決書に不審な点がある場合には，Cはさらに何らかの調査確認をすべきであったとされることも考えられる（正当な理由の存否の判断については，p.291 の(3)参照）。

2　法令による制限

(1)　**委任権限の制限**　　代表者は，法人の包括代理権を有する（原則）。したがって，法人を代理して法人の代理人を自由に選ぶことも，できそうである。しかしながら，たとえば代表者が自己の職務に属する行為の一切につき他人に代理権を与えたとすると，それは，代表者を選任した法人の（機関の）通常の意思に反し，選任行為を無意味にすると考えられる。そのため，代表者の委任権限が法律上制限されることがある。たとえば，NPO 17条の2は，NPO法人の理事は，定款または総会決議による禁止がないときに限り，特定の行為についてのみ委任をすることができるとしている（ほかに，たとえば，学校法人に関する私学40条の3も同様である）。

これに反してされた委任は無権代理行為であり，委任の相手方が法人の代理人としてした行為も無権代理行為となる（もっとも，基本約款や総会決議等による特定行為の委任の禁止は法人内部での代表者の代理権の制限にあたるから，p.365 の**2**に述べた問題となる）。

一般法人，株式会社，持分会社等には，この種の制限に関する法律の規定はない。これらの法人においては，代表者は法人のための法律行為を他人に委任

する権限を有するが，法人は，基本約款や総会決議などによりその権限を制限することができる。また，代表者は，職務の全部または一部を包括的に他人に委ねることもできる。ただし，委任が代表者の法人に対する義務違反（善管注意義務違反）になることはあり，委任が広い範囲に及ぶほどこの義務違反にあたりやすくなると考えられる。

　委任に関する規制のこういった違いは，それぞれの法人の性格の違いに由来すると考えられる。すなわち，NPO法人等については法人の事業内容や活動が通常それほど広範囲に及ばないことから，法人の利益の後見的保護が優先されているのに対し，一般社団法人等については法人の事業内容や活動が非常に広範囲に及びうることから，法人の決定の自由を阻害しないことが重んじられていると思われる。

　(2)　利益相反取引にかかる代理権の制限　　代表者は，一般に，①自己または第三者のためにする法人との取引（たとえば，代表者自身または代表者が代理する第三者と法人との間の売買や貸借），②法人が代表者以外の者との間でする，法人と代表者との利益が相反する取引（たとえば，代表者の債務の法人による保証）についても，代理権を法律上制限されている（たとえば，法84条1項2号・3号・197条〔84条1項準用〕，会社356条1項2号・3号・595条1項）。これは，代表者が自己または第三者の利益を図るために法人の利益をないがしろにすることを防ぐ趣旨によるものである。

　代表者の制限に反する代理行為の効力は，無権代理行為とみなされることになると考えられる（民108条参照）。

発展学習	**法人の代表者が制限に反してした利益相反行為の効力**

　　一般法人，株式会社，持分会社等において，代表者は，利益相反行為について，社員総会，理事会，取締役会等の承認を得なければならないとされている（法84条1項2号・3号・92条・197条，会社356条1項2号・3号・595条1項。なお，法84条は，医療法人〔医療46条の6の4〕，社会福祉法人〔社福45条の16第4項〕，学校法人〔私学40条の5〕などに準用されている。これらの法人においては，ここにいう承認がある場合には，当該行為が民108条の定める行為に該当する場合であっても，民108条の適用が除外される〔法84条2項，会社356条2項・595条2項〕）。これに違反する代表者の行為の効果については，これまで，無権代理行為になるとするのが一般的見解であった（株式会社の取締役の会社356条1項違反行為の効力について，判例は，当初，無権代理行為であり会社に効果が帰属しないとしていたが〔最判昭和39・8・28民集18巻7号1366頁〕，その後，当該行為は会社と取締役との間では無効〔会社への効果不帰属〕だが，その無効〔効果不帰属〕は善意の第三者に対抗することができず，かつ，第三者の悪意の立証責任は会社にあるとしている〔最大判昭和46・10・13民集25巻7号900頁〕）。これは，平成29年民法改正の前は，民法上，改正前民

108条に反する自己契約または双方代理は無権代理行為と一般に解され，それ以外の利益相反行為についての規定は存在しなかったことを前提とするものである。ところが，平成29年改正民法において，利益相反行為一般につき，本人の事前の許諾等の例外事由がなければ，無権代理行為とみなすこととされた（民108条）。法人の代表者の利益相反行為について，これと異なる扱いをすべき理由はないと考えられる（そのうえで，民108条に規定がないため，この場合に第三者をどのように保護するかが問題になる〔これについては，p. 254 の**4**を参照〕。その際，前掲最大判昭和46・10・13は，この第三者保護のあり方を示すものとして，今後も維持されうると考えられる）。

以上に対し，NPO 法人の理事につき NPO 17条の4 は，利益相反取引について理事は代表権を有しないとし，所轄庁が利害関係人の請求または職権により特別代理人を選任するものとしている。代表者がこれに反して法人のためにした行為は，理事が利益相反行為につき代表権（代理権）を有しないことから，従前と同様に無権代理行為になると解される。

 (3)　法令によるその他の制限　　法令による代表者の代理権の制限には，次のようなものもある。

Case 79

 A市の市長Bは，A市のためにC銀行から融資を受けることにし，市議会議長を伴ってC銀行に赴き，契約を締結するとともに融資金を受け取った。返済期にC銀行がA市に返済を求めたところ，Bが金銭を自己のために使ってしまったことが判明した。

 この事例は，代理権の濫用の問題のようにもみえる。ところが，その前に考えなければならないことがある。A市のような地方自治体については，現金の出納および保管は，会計管理者の権限とされている（自治170条）。つまり，市長Bや市議会議長には，A市のために現金を受け取る権限がない。また，ここで問題となっている金銭消費貸借契約は，書面ですれば合意のみによって成立しうるが（587条の2第1項），そうでなければ目的物が実際に授受されて初めて成立する（587条）。その結果，諾成契約としての金銭消費貸借契約の場合，A市とCの間に契約は成立しているが，CがBに金銭を貸付金として交付しても，BにこれをA市のために受領する権限がないから，A市に交付したことにならない。要物契約としての金銭消費貸借契約の場合，Bはその契約をA市のために単独でする代理権を有しないから，A市とCの間に契約は成立していない。そのため，いずれにせよA市に借受金の返済義務は生じない（A市は，金銭を受け取っていないから，不当利得返還義務もない）。そこで，表見代理の規定（要物契約たる金銭消費貸借契約の場合は直接適用，諾成契約たる金銭消費貸借契約の場合は類推適用）によるCの保護の可否が，まず問題となる。

 このような場合も，代表者の行為は無権代理行為となる。そのため，相手方がその行為の効果を法人に主張しうるかどうかは，表見代理の規定が（類推）適用されるか否かによる。ここでは，法令による制限は代理権の原始的制限と

解されているため，代表者の包括代理権に対する信頼の保護は問題にならない。そこで，（無権代理人である代表者には他に代理権があるから）民110条の（類推）適用の可否が問題となる（大判昭和16・2・28民集20巻264頁，最判昭和34・7・14民集13巻7号960頁〔要物契約たる金銭消費貸借契約についてであるが，110条の「類推適用」とする〕）。そのため，理論的には，相手方に代表者の代理権を信ずべき正当な理由があれば，表見代理の成立が認められる。

　しかしながら，この正当な理由が認められることは，ほとんどない。代理権は法令によって制限されているところ，「法令の不知は許さず」とされることが原則だからである。

> (*Case 79*) では，Ｃ銀行が市長や市議会議長にＡ市のために現金を受領する代理権があると信じたことについて正当な理由が認められることは，まずない。したがって，Ｃ銀行は，通常，融資金の返済をＡ市に求めることができない。

 民法110条が機能する場合

　もっとも，*Case 79* と異なり，市区町村長が一定金額以上の契約を締結するためには議会の承認決議を要するという定めが条例にある場合において，市区町村長が議会の議決書を偽造して契約したときは，正当な理由が認められることもありうる。実際，若干異なる事案についてであるが，正当な理由の存在を認める判決例もある（最判昭和39・7・7民集18巻6号1016頁）。

 法人内部の他の機関の議決または同意等を要する場合

　理事会設置一般社団法人・財団法人に関する法90条4項・197条や，取締役設置会社に関する会社362条4項は，一般法人または会社では，「重要な財産の処分及び譲受け」，「多額の借財」等をすることの決定は，理事会または取締役会がすることとし，理事または取締役にその決定を委任することができないと定めている。この規定により，代表理事等が重要な財産の処分や多額の借財等について代理権を制限されるか否かが問題になる。

　一方で，株式会社に関して，取締役会の決議は内部手続にすぎず，代表取締役がその決議を経ずに取引をした場合にも，その効果は原則として会社に帰属するとする判例がある（最判昭和40・9・22民集19巻6号1656頁，最判平成21・4・17民集63巻4号535頁）。他方で，学校法人に関して，平成16年改正前私立学校法のもとで，金銭の借入れには評議員会の議決および理事の3分の2以上の同意を要する旨の寄付行為（現在の定款にあたる）の定めがあるにもかかわらず，理事長がその手続を経ずに金銭の借入れをした場合について，その借入れは寄付行為による代理権の制限に反する行為であるとして，同法49条が準用していた民旧54条を適用した判例がある（最判昭和58・6・21判時1082号45頁）。

　代理行為をするについて他の者の決定または同意を要する旨の定めは，代理一般についていえば，代理権の制限と解されることが通常である。代理権は，他人のための意思表示を，独立してすることができることを内容とする権限だからである。これを前提と

すれば，株式会社に関する上記判例は，たとえば取引の迅速・安定を重視して代表取締役の権限の制限を容易に認めないこととするなど，株式会社に特殊な考慮によるものと解することができる。その場合，一般法人について同様の考慮がされるべきであるとすれば，株式会社に関する上記判例に従い，一般法人の代表理事が理事会の決議を経ずにした重要財産の処分等の取引の効果は，原則として法人に帰属する。これに対し，一般法人には株式会社と同様の特殊な考慮は妥当しないとすれば，一般法人に関する法90条4項・197条は理事等の代理権を制限するものであり，相手方の保護は民110条の適用によることになる。後者の場合，第三者が理事等の代理権を信じたことの「正当な理由」の存否については，どのような財産が「重要」であり，どの場合に「多額」の借財にあたるかは，法人の規模や事業内容，金銭債務の残高その他の諸般の事情を総合考慮して定まるものであることが，考慮されなければならないと思われる。

4 法人の不法行為

1 法人の不法行為

自然人は，違法な行為によって他人に損害を生じさせることがある。その場合，加害者は，不法行為責任を負う。これに対し，法人は，観念的な存在であるため，法人自身の行為があるとはいえない。しかしながら，法人も不法行為と無縁ではない。第一に，法人のために活動する個人が，他人に損害を生じさせることがある（例：代表者が法人のための取引に際して詐欺を働いた場合）。この場合には，法人も責任を負うとすることが公平である。第二に，法人が操業する工場から大気汚染や水質汚濁が発生したような場合には，法人自身の不法行為とみることが自然である。

第二の場合については，不法行為一般の問題（709条の問題）として扱うことが適当である。それに対し，第一の場合については問題がある。直接の不法行為者は法人のために活動した者であって，法人自身ではないからである。ここでは，法人が，どのような場合に，どのような理由で，どのような責任を負うかを明らかにする必要がある。

2 代表者の行為による法人の責任

Case 80
　A会社が，Bに対して50万円の貸金債権を有していた。弁済期が経過したのにBが返済しないため，A社の代表者Xと従業員Yが，B宅を訪ね，Bにその返済を求めた。ところが，Bは，「無い袖は振れない」と平然と繰り返すばかりだった。Bの態度に

激高したＹがＢを殴って負傷させ，Ｘは，「全額返済するまで預かっておく」と一方的に述べて，Ｂが所有するノートパソコンとスマートフォン（以下，あわせて甲という）を持ち去った。

Case 81

　一般社団法人Ｃの定款では，代表理事は，500万円以上の金銭の借入れをするためには，理事会における総理事の３分の２以上の決議による承認を要するとされていた。

　Ｃ法人の代表理事Ｚは，理事会の承認を得ていないのに，Ｃ法人を代理してＤ銀行から1000万円を借り受け，これを着服した。Ｄ銀行の担当者は，Ｃ法人の定款によるＺの借入権限の制限を知っていたが，Ｚが理事会名の承認議決書を提出したことから，貸付けに応じていた。ところが，その承認議決書は，Ｚが偽造したものだった。

　Case 80 では，Ｘが甲を持ち去ったこと，Ｙが暴行したことにより，Ｂに損害が生じた。ただ，他人の財物を無断で持ち去ること（占有侵奪）も，他人を暴行することも，Ａ社の事業にあたらない。そうであるとしても，ＸまたはＹの行為は，Ａ社の代表者または従業員として貸付金を取り立てることに関連してされたものである。この場合に，Ｂは，損害賠償の請求を，ＸまたはＹに対するほか，Ａ社に対してもすることができるか。これが，ここでの問題である。

　Case 81 では，Ｚがした本来すべきでない契約によって，Ｄ銀行が損害を被る可能性がある。ここでＺがしたのは無権代理行為であり，Ｄ銀行は，Ｚが代理権を有すると信じたことについて正当な理由があると認められるならば，民110条の（類推）適用により，Ｃ法人に貸付金の返還を請求することができる（⇒p.367 の(3)参照）。正当な理由があると認められないときは，この請求は認められない。その場合であっても，Ｄ銀行は，Ｚの行為により被った損害の賠償をＣ法人に請求することができるか。これが，ここでの問題である。

　Case 80 と **Case 81** には，Ｘ，ＹまたはＺによる他人に損害を加える行為が，事実行為か（事実的不法行為。**Case 80**），取引行為か（取引的不法行為。**Case 81**）という違いがある。この違いは，次の点で意味をもつ。すなわち，後者の場合には，法人の損害賠償責任のほかに，取引の効果が法人に帰属するかどうかが問題になり，したがって，相手方の信頼を保護すべきかどうかが問題になる。それに対し，前者の場合には，そのような相手方の信頼保護は問題にならない。

1　代表者の行為による法人の責任

　このような問題について一般に，法人は，理事その他の代表者がその職務をおこなうについて第三者に加えた損害を賠償する責任を負う旨が定められている（たとえば，法78条・197条〔法78条準用〕，会社350条・600条，NPO 8 条〔法78条準用〕）。

　これにより，法人は，他の権利主体である代表者の行為について損害賠償責任を負うことになる（代位責任という）。これは，自らの行為についてのみ責任を負えばよいという自己責任の原則からすると，例外的な責任といえる。この例外的責任が認められるのは，次の理由による。すなわち，法人は，代表者を利用する

ことにより自己の活動領域の拡大という利益を得るとともに，その拡大は他人を害する危険を拡大するものでもある。そのため，代表者の行為により他人に生じた損害について法人に責任を負わせることが公平である。

なお，法人のこの責任については，民722条2項による過失相殺がありうる（最判昭和41・6・21民集20巻5号1078頁）。

2 責任の要件

法人の上記責任は，①理事等の代表者が，②「職務を行うについて」他人に損害を加えた場合であって，③その加害行為が一般的不法行為（民709条）の要件を充たすときに生ずるとされている。ただし，取引的不法行為の場合，相手方が，当該行為は職務行為に属しないことを知っていたか，重大な過失により知らなかったときは，この限りでない。

1 理事等の「代表者」が加害行為をしたこと 第一に，理事等の「代表者」が加害行為をしたことが必要である。したがって，法人の任意代理人や従業員の行為は，適用対象外である。

> (*Case 80*) の場合，Ｘがした占有侵奪はこの要件を充たすが，Ｙがした暴行はこの要件を充たさない。(*Case 81*) のＺがした無権代理行為は，この要件を充たす。

|発展学習| **代表者以外の者による法人の職務をおこなうについての不法行為**

任意代理人や従業員の不法行為（たとえば，*Case 80* のＹがした暴行）について，法人が責任を負わないということではない。そのような者の行為について，法人は，民715条1項によって責任（使用者責任）を負う。民715条1項も，法78条等と同趣旨の規定であるが，文言上は，その内容がやや異なる。しかしながら，現在の判例法理によると，民715条1項と法78条とで，結論に違いを生じない（民715条1項ただし書の免責立証が認められることはまずないため）。したがって，代表者の不法行為については法人類型ごとに定められた法78条等の諸規定が適用され，それ以外の者の不法行為についてはその者が民715条1項にいう「被用者」にあたるならば同項が適用されるというように，適用条文が異なるだけであると考えておけばよい。

---

2 代表者が「職務を行うについて」加えた損害であること 第二に，代表者が，「職務を行うについて」他人に損害を加えたことが必要である。

損害が「職務を行うについて」加えられたといえるかどうかは，加害行為が，その外形からみて代表者の職務に属すると認められるかどうかで判断するとされている（外形理論。大判昭和15・2・27民集19巻441頁，最判昭和50・7・14民集29巻6号1012頁ほか）。これは，行為者の主観を基準とするのではなく，行為の外形から

客観的に判断するということである。もっとも，その判断は，必ずしも明確とはいいがたい。

　この要件は，代表者という他人の行為のうち，法人が責任を負うべき行為の範囲を画するものである。したがって，法人の帰責根拠がどこまで及ぶかが重要な意味をもち，第三者に生じた損害が代表者に活動させること（法人の活動領域の拡大）によって類型的に生ずる危険の実現とみられるかどうかが，基準になるだろう。これによると，取引的不法行為の場合（たとえば，*Case 81* の場合や，代表者による詐欺の場合）において，法人の事務であるとして代表者がした行為により他人に損害が生じたときは，（代表者の主観的態様のいかんを問わず）この要件は充たされるとしてよいはずである。それに対し，事実的不法行為の場合には，代表者がその職務に関連してした行為により他人に損害が生じたときに，この要件が充たされると考えられる。

> *Case 80* の場合，他人の財物を勝手に持ち去ることは，Ｘの職務に属する行為とはいえない。しかしながら，ここでの占有侵奪は，Ｘがその職務に属するＡ社の債権の回収を図るための手段としてしたものであり，Ｘの職務に関連してされたということができる。したがって，「職務を行うについて」の要件は充たされる。
> *Case 81* のＺがＤ銀行との間でした契約の締結は，無権代理行為であるから，Ｚの職務に属する行為とはいえない。しかしながら，この契約の締結は，Ｃ法人の代表理事であるＺが，偽造のものとはいえ理事会の承認議決書を呈示したうえで，Ｃ法人のためにすることを示してしたものであるから，外形上Ｚの職務に属する行為にあたると認められる。したがって，「職務を行うについて」の要件は充たされる。

3　加害行為が一般的不法行為の要件を充足すること　　第三に，法78条等の法人の責任を定める規定からは明らかでないが，加害行為が民709条の要件を充たすことが必要であるとされている。

> *Case 80* のＸの行為は，Ｂの所有権を故意に侵害する行為であり，Ｂはこれによって少なくとも甲の使用利益相当額の損害を被っているから，この要件は充たされる。
> *Case 81* のＺの行為は，Ｄ銀行から1000万円を故意に騙し取る行為であり，Ｄ銀行はこれによって少なくとも1000万円の損害を被っているから，この要件は充たされる。

4　取引的不法行為における相手方の主観的態様　　以上の要件が充たされる場合であっても，取引的不法行為においては，相手方が，当該行為が代表者の職務に属しないことを知っていたか，重大な過失により知らなかったときは，法人は損害賠償責任を負わない（前掲最判昭和50・7・14）。取引的不法行為の場合に「職務を行うについて」の要件に関して外形理論がとられるのは，法人と取引関係に入ったと信じた者を害しないようにするためである。そのため，職務に属しないことを知り，または重大な過失により知らない相手方は保護に値しないとして，法人の損害賠償責任が否定されている。

> したがって，の場合には，1～3の要件が充たされていても，D銀行の主観的態様次第で，C法人の損害賠償責任が否定されることがある。

発展学習　　**主張立証責任の所在**
1～3の要件に該当する事実については，法人に損害賠償を請求する者に主張・立証責任がある。それに対し，4の要件については，責任を否定する者に主張・立証責任がある。

❸　取引的不法行為における法人の損害賠償責任を定める規定と民法110条の関係

理事等の代表者の無権代理行為が法78条等の要件を充たすとき（Case 81）には，法78条等と民110条の関係が問題になる。これについては，民110条のみが適用されるとする見解（取引関係については取引法理によるべきであるという考えに基づく），民110条の表見代理の成否をまず判断し，表見代理不成立の場合にのみ法78条等が適用されるとする見解（両規定の制度目的の違いを認めたうえで，表見代理の成立によって契約の効果が実質的に法人に帰属するならば，損害賠償責任を問題とする余地はないとする考えに基づく），相手方はいずれを主張してもよいとする見解（相手方が表見代理による保護を求めない場合に，損害賠償による保護を否定する理由はないという考えに基づく）がある。

法78条等の責任は，理事等に代理権がないことを過失により知らなかった者も追及することができるが（過失相殺により賠償額が減じられることはある），民110条の責任は，過失により理事等の代理権を信じた者は追及することができない。代表者の不法行為についての法人の責任は代位責任であるとしても，法人の活動は代表者を利用することで初めて可能になるといえること，および，法人による代

表者の利用は他人に損害を生ずる危険を増大させることに鑑みれば，不法行為が取引の形式でされたからといって，被害者に過失があるというだけで，法人が一切の責任を免れるとすることは適当でない。したがって，第一の見解は妥当とはいえない。また，法78条等は損害賠償を認めるものであるのに対し，民110条は契約の履行を認めるものである。相手方は，その履行を得るために取引をしたとはいえ，無権代理であるためすぐには履行を得られない状況となったことから，たとえば特定物の給付よりも，損害賠償金の支払を望むこともあるはずである。法人は，金銭の支払ではなく契約の履行を望むのであれば，無権代理行為を追認すればよい。そうであれば，民110条の表見代理が成立する場合には法人の責任を履行の責任に固定する第二の見解も，妥当とはいえない。さらに，法78条等による責任も，民110条による責任も，要件が充たされるか否かは争ってみなければわからないことがある。以上より，第三の見解が支持されるべきである。

> **（Case 81）** では，D銀行は，ZがC法人のために当該貸付けを受ける代理権を有すると信じたことにつき正当な理由があったか否かにかかわらず，法78条により，C法人に損害賠償を請求することができる。ただし，Zの上記代理権を信じたことにつき重大な過失があったときは，この限りでない（⇒p.376の4）。また，重大な過失にいたらない過失があったときは，損害賠償額が減額されることがある（民722条2項）。

❹ 不法行為をした代表者個人の責任

　ここで前提としている事例では，実際に不法行為をするのは代表者個人である。したがって，この者は，法人が法78条等により損害賠償責任を負う場合でも，不法行為責任を負う（最判昭和49・2・28判時735号97頁）。

　かつて民法44条2項に，「法人の目的の範囲を超える行為によって他人に損害を加えたときは，その行為に係る事項の決議に賛成した社員及び理事並びにその決議を履行した理事その他の代理人は，連帯してその損害を賠償する責任を負う」と定められていた。この規定は平成18年民法改正により削除され，これと同趣旨の規定は，個別の法人根拠法にもあまりみられない（ただし，宗教11条2項）。しかしながら，この規定が定めていたのと同様の効果は，民719条によって得られると考えられる。

　個別の法人根拠法において，理事，監事その他の役員等がその職務をおこなうについて悪意または重大な過失があったときは，当該役員は，これによって第三

者に生じた損害を賠償する責任を負う旨の規定が置かれることも多い（たとえば，法117条1項・197条〔法117条1項準用〕，会社429条1項・597条，農協35条の6第8項，消費生協31条の4第1項，医療48条1項，社福45条の21第1項，私学44条の3第1項）。これは，民709条の適用を排除し，役員等の不法行為責任を軽減する趣旨ではない。役員等の法人に対する任務懈怠により第三者に損害が生じた場合において，役員等に任務懈怠につき故意または重大な過失があるときは，第三者との関係での故意または過失を問うことなく，その役員等の第三者に対する損害賠償責任を認めるものである（役員等は，当然，法人に対しても損害賠償責任を負う〔たとえば，法111条1項・197条（法111条1項準用），会社423条1項・596条，農協35条の6第1項，消費生協31条の3第1項，医療47条1項，社福45条の20第1項，私学44条の2第1項〕）。適用事例として，たとえば，代表者の任務懈怠により法人の資産状態が悪化して法人債権者が債権を回収することができなくなった場合，法人が倒産に瀕した時期に代表者が返済の見込みのない金銭の借入れをし，あるいは代金支払の見込みのない物品購入をした場合，代表者の無謀な経営を他の役員が放置し法人が倒産するに至った場合（監視義務の重大な過失による違反にあたるとき）などが考えられる。

| 補論 | 役員等の悪意または重過失の任務懈怠による第三者に対する責任 |

　本文の末尾に述べた法理は会社取締役に関して発展してきたものであり，その趣旨は，会社が経済社会において重要な地位を占めること，および会社の活動が取締役の職務執行に依存することを考慮して，第三者保護の立場からとくに法が定めた責任であると説かれている（最大判昭和44・11・26民集23巻11号2150頁参照）。

　会社429条1項は比較法的に珍しい規定といわれているが，わが国では，同様の規定は，農業協同組合や消費生活協同組合など各種協同組合，一般法人，医療法人，社会福祉法人，学校法人など，相当多くの法人について定められるに至っており，一般的なものとなっている。宗教法人，NPO法人についてはその種の規定が定められていないが，むしろ，それらの法人について，会社429条1項と同様の規定が設けられていないのはなぜかを問うべき状況になっている。

　ただ，会社429条1項について，役員等の責任の根拠と責任を認めるべき場合に関して相当の議論がある状況である。そのような状況で，一般法人等の他の類型の法人にも広く同様の規定を設けることが適切であるかには疑問もある。文言はほぼ同一であっても，役員等の責任が認められるべき場合については，法人の類型ごとに判断していく必要があると思われる。

3 権利能力なき社団

1 法人以外の団体の法律関係

団体には，法人になっているものもあるが，そうでないものもある。

> ### *Case 82*
> Aは，Z大学の卒業生5万人からなる同窓会である。Aは，その会則によると，会員相互の親睦を目的として，会誌を発行し，懇親会や親睦旅行等を開催するものとされ，会員は入会時に会費1万円を支払うものとされている。Aの日常の事務は，執行部（会長，副会長，会計担当）が，雇い入れた事務員を使用しておこなっている。また，Aは，年に1回会員総会を開いて，予算および決算の承認や，執行部の選出その他重要事項の決定を，多数決でおこなっている。
>
> ### *Case 83*
> Bは，Z大学にある写真愛好者の会である。Bは，現在学生5人が会員となっており，写真展の開催と写真集の発行を随時おこなうことを主たる活動内容としている。Bの活動経費は，写真展の入場料収入と写真集の販売収入，会員の支払う年会費（1万円），OBから受ける寄付によって賄われている。Bでは，慣行として，年次総会で会長を選び，会長が会の財産（現在，預金50万円とOBから寄贈された高級カメラ20台がある）を管理し，会の運営に必要な事務（写真展開催や写真集発行に要する契約の締結など）をおこなうものとされている。
>
> AやBは，一般法人法に基づいて法人格を取得することができる。ところが，かつては，AやBのように公益を目的とせず，構成員に収益分配もしない団体は，原則的に法人格を取得することができなかった。また，法人格を取得することができる場合でも，法人を設立するには法定の手続を経る必要があり，その手続にはある程度の時間がかかる（たとえば，組織を固め，必要な資金を集めることはそう簡単にできることではない）。したがって，この期間は，団体は法人格のないまま活動せざるをえない。このような事情から，ある団体が法人となっていない場合に，その団体にどのような法的地位を与えることが適当かが問題となる。

団体が法人となった場合，その団体の法律関係は，民法やその設立根拠法等における規定または準則によって規律される。では，法人でない団体についてはど

うか。

　そのような団体に関するものとして，民法には組合に関する規定がある。組合は，当事者が出資をして共同の事業を営むことを合意することによって成立する団体である（667条1項）。民法は，組合を，組合員個人が自己の権利義務に若干の団体的制約を受ける結合体と捉えており，個人を超えた団体としての独自性をさほど認めていない。たとえば，組合財産は総組合員の共有とされ（668条），各組合員は組合財産に持分を有し（668条参照），また，組合債務につき個人財産で一定の責任を負うことになっており（674条・675条），さらに，組合を脱退する際に持分の払戻しを金銭で受けられることになっている（681条）。

　法人以外の団体は，すべて組合に関する規定によって規律されることが適当かといえば，そうとはいえない。たとえば，*Case 82*のAのような同窓会の場合，会員が同窓会の事業による負債について個人財産で当然に責任を負うとは，普通考えられていない。また，同窓会の得た収益から配当を受けたり，退会時に持分の払戻しを受けたりすることもないだろう。

　そうすると，法人以外の団体については，組合の規定によって規律すればよい場合と，そうでない場合があることになる。

2 権利能力なき社団とは何か

　法人以外の団体は，法人ではないから，法人に関する規定や準則の直接適用がないことは明らかである。しかしながら，それらの規定や準則の類推適用をおよそ禁ずる理由はないから，法人以外の団体が，組合の規定によるのではなく，法人と同様に扱われることがあってもよいはずである。

　そうなると，法人以外の団体が，どのような場合に法人と同様に扱われてもよいかが問題になる。この点については，伝統的に，次のように考えられてきた。すなわち，ある団体について，その実体が法人と変わりのないもの（社団〔⇒p.338 の 発展学習〕）であるかどうかを判断する。それが肯定される場合には，できるだけ法人と同様に扱う。それが否定される場合には，原則として組合の規律による。ここで，法人と変わりのない実体がありながら権利能力を有しない団体は，**権利能力なき社団**と呼ばれている。

　権利能力なき社団に関する問題は，かつて盛んに論じられ，実際上も大きな意味をもっていた。法人法制の隙間のために，公益を目的としない非営利の団体の多くが，法律上およそ法人になることができなかったからである。また，民法上

の公益法人になろうとする場合も，主務官庁から設立許可を得るためにある程度長期にわたる活動実績を求められることが多かったが，その期間中は法人でない団体として活動するほかなかったからである。そして，このような背景のために，権利能力なき社団に関する議論においては，法の不備に由来する不公平の是正が重要な視点になっていたと思われる。

ところが，中間法人法の制定（平成13年。なお，同法は，すでに廃止されている）により実質的に，一般法人法の制定（平成18年）により名実ともに，法人法制の隙間は埋められた。また，平成18年法人法改革により，準則主義により一般法人がまず設立され，そのなかで公益認定を受けたものが公益法人となることに改められるとともに，一般法人の設立中の法律関係にかかる規定が整備された。そのため，法の不備に由来する不公平の是正という点では，権利能力なき社団に関する議論の意味は失われたといってよい。

しかしながら，法人に関する法制度がいかに整備されても，社会に存在するすべての団体が法人になろうとするわけではなく，法人になるべきであるともいえない。また，法人になっていない団体にはすべて組合の規定を適用すればよいかといえば，そうでもない。したがって，法人でない団体が，組合の規定の適用を受けず，単なる個人の集まりという扱いも受けない場合を認め，その場合の法律関係を明らかにすることが，今後も変わらず必要になる。

2 権利能力なき社団に関する判例法理

判例は，団体が法人と同様の実体をもつと認められるのはどのような場合か（権利能力なき社団の要件）を明らかにしたうえで，そのような団体に認められる法的地位に関する準則（権利能力なき社団の効果）を形成してきた。

1 権利能力なき社団の要件

判例によると，次の要件を備える団体が，権利能力なき社団と認められる。すなわち，①団体としての組織を備えていること，②多数決の原則がおこなわれていること，③構成員の変更にもかかわらず団体そのものが存続すること，④組織によって代表の方法，総会の運営，財産の管理その他団体としての主要な点が確定していることである（最判昭和39・10・15民集18巻8号1671頁〔百選I8〕，最判平成6・5・31民集48巻4号1065頁〔百選I78〕など）。

> $\boxed{Case\ 82}$のAは、会則を有し、総会を年に1度開き、執行部を選出し、日常の運営にあたる事務員まで雇っているから、団体としての組織を備えているといえる。また、総会では多数決で重要事項が決定されており、会員の入退会が随時あるだろうが、それによっても同窓会は変わらず存続する。さらに、予算と決算が総会における承認事項となっていることから、財産の管理についても定めがあるとわかる。したがって、Aは、権利能力なき社団に該当すると考えられる。
>
> $\boxed{Case\ 83}$のBは、年次総会を開いて会長を選び、会長が会の日常の運営にあたることになっている。総会の決議は多数決でされているであろうし、OBの存在から会員が入れ替わっても会が存続していることがわかる。さらに、会の財産（預金やカメラ）の管理方法も定められている。ただ、Bの場合には、規約の存在が明らかでない。しかしながら、事業運営のための諸業務についての慣行が不文の規約として確立し、存在している場合に上記④の要件を充足するとした判決例がある（最判昭和55・2・8民集34巻2号138頁）。これによるならば、文書化された規約がない場合であっても、Bは、権利能力なき社団と認められる可能性がある。

|発展学習| **権利能力なき社団の要件に関する判例法理の実質**
判例上、上記の定式が繰り返し用いられているけれども、判例において採用されている要件の実際は、これと異なるとの指摘がある。すなわち、①は④に吸収され、②は不可欠とはされていない（これを問題としない判決例がある〔最判昭和49・9・30民集28巻6号1382頁、前掲最判昭和55・2・8など〕）。③は要件としての明確さに乏しい（この要件の存否を判断するための事情に触れない判決例〔最判昭和42・10・19民集21巻8号2078頁、前掲最判昭和55・2・8〕、この要件を欠くと思われるのに権利能力なき社団の成立を認めた判決例〔前掲最判昭和39・10・15〕がある）。したがって、①～④では、④だけが実際には要件として残る。ただし、そのほかに、権利能力なき社団の存在が肯定された事例では、他の財産とは区別された財産の存在（団体の意思決定や対外的代表の対象とされ、その管理および処分が他の財産とは区別された形式と態様によっておこなわれている財産）が認定されている、とする指摘である。

$\underline{2}$ 権利能力なき社団の効果

権利能力なき社団においては、次のような効果が認められる。

$\boxed{1}$ 組織に関する事項について

第一に、団体の組織に関する事項について、法人の組織に関する規定の類推適用が認められることがある（前掲最判昭和55・2・8〔権利能力なき社団につき、平成18年改正前の民56条を類推して、地方裁判所による仮理事の選任を認めた〕）。

❷ 財産関係について

1 財産の帰属形態　第二に，団体の財産について，組合と異なる取扱いが認められる。すなわち，団体の財産は，その構成員全員に「総有（的）に（帰）属する」とされる（最判昭和32・11・14民集11巻12号1943頁，最判昭和39・10・15民集18巻8号1671頁〔百選 I 8〕，最判昭和47・6・2民集26巻5号957頁）。

団体が財産を所有しているとみられる社会的実態があるのに，その団体が権利能力を有しないことがある（たとえば，山林が特定の個人や複数人に属するのではなく，村落共同体の財産であるとみられる場合）。この場合，法律上，団体に所有権を認めることはできない。そこで，財産は団体構成員の共同所有に属すると法的に構成されることがある。この場合の共同所有形態は**総有**と呼ばれる。

総有という構成がされるのは，財産が団体に帰属しているという実態にできる限りそくした法的処理を可能にするためである。そのため，団体構成員は，財産の共同所有者であるが，団体の定めに従って財産を使用収益することを認められるだけで，財産に対する持分を有しない。したがって，財産の分割請求や持分の譲渡，脱退による持分の払戻しもありえない。財産の管理または処分は，常に団体の決定によるべきことになる（ただし，団体が消滅する場合には，その時点における構成員が残余財産の分配を受けることがあり，この点では，構成員に共同所有者性が認められる）。

権利能力なき社団の財産は構成員全員に総有的に帰属するとする上記の判例は，権利能力なき社団が法人と同様の実体をもつことから，その財産に関する法律関係をできるだけ法人の場合と同様に扱おうという考慮に基づいている。そして，財産が構成員全員に総有的に帰属するというこの基本的効果から，いくつかの具体的効果が導かれている。

2 対外的法律関係の形成の方法　まず，代表者が団体の名においてする法律行為により，構成員全員が共同して（総有的に）権利を取得し，義務を負う（つまり，実質的に，代表者は権利能力なき社団のために法律行為をすることができる〔前掲最判昭和39・10・15，最判昭和48・10・9民集27巻9号1129頁（百選 I 9）〕）。

法人と組合における対外的法律関係形成の方法
　　もっとも，対外的な法律関係の形成方法は，法人と組合のいずれに準じて考えるかで，さほど違いを生じない。代表者がある場合には，その代表者が代理をすることになる。
　　法人においては，理事等の代表者が法人を代理する。代表者が数人あるときは，その過半数による意思決定に基づいて，各代表者が代理することになるのが原則である。
　　組合の場合も，業務執行者がなければ，各組合員が代理権をもつが（670条の2第1

項），業務執行者がある場合には，業務執行者が組合員を代理する（同条2項）。その際，各組合員または各業務執行者は，日常の事務については各自単独で組合員を代理することができるが（同条3項），日常の事務にあたらない事柄については，組合員または業務執行者の過半数の同意を得て代理しなければ，その行為の効果は組合員に帰属しない（同条1項・2項後段）。代理の効果の構成員への帰属の仕方は法人と組合では異なるが，それは，次の3および4の問題である。

3　団体財産に対する構成員の権利　つぎに，このようにして取得された団体（構成員全体）の財産につき，構成員は，持分をもたず，分割請求権（や解散時の残余財産分配請求権）も有しない（前掲最判昭和32・11・14）。また，構成員は，脱退時に出資分等の払戻しを受けることもできないのが本来であるとされてきた。

発展
学習

団体構成員の脱退時の払戻請求権
　組合の規定による場合には，構成員は持分を有する（668条は，組合財産は総組合員の「共有」に属するとする）。そのため，構成員は，持分処分を制限されるが（676条1項），脱退時には持分の払戻しを金銭で受けられる（681条2項）。また，解散時に残余財産分配請求権を有する（688条3項）。
　権利能力なき社団において脱退時の払戻しを一律に認めないことは，構成員各人の財産権を著しく制約することになり不当ではないか，という批判がある。そのうえで，規約に定めがあればそれに従うものとし，規約に定めがない場合には，団体の営利性，非営利性によって分ける見解がある。すなわち，団体が収益の分配を目的としている場合には，構成員に脱退時の払戻請求権を認める。団体が収益の分配を目的としていない場合には，構成員の出資は団体への贈与とみることもできようから，脱退時の払戻請求も認めないとする見解である。

補論

同前
　上に紹介した考え方は，中間法人法が制定される前に唱えられていたものであり，民法上の公益法人が非営利法人のモデルと考えられていた当時の法状況からすれば，自然なものといえた。
　ところが，その後に，中間法人法は，有限責任中間法人の社員に，出資金（基金）の返還を受けることを認めた（中間法人65条）。また，一般法人法は，一般社団法人につき基金制度を設けたが，ここにいう基金とは，一般社団法人に拠出された金銭その他の財産であって，当該一般社団法人が拠出者に対して返還義務を負うものである（法131条。ただし，その返還義務の履行については，基金が一般社団法人の財産的基礎をなすことから，とくに法人債権者の保護を考慮して，いくつかの制限が設けられている〔法141条参照〕）。一般社団法人の社員は，定款の定めるところに従い経費支払義務を負い（法27条），これについては払戻しを受けられないが，それ以外の金銭等の拠出義務を当然に負わされることはなく，個別に合意した場合にのみこれを負う。そして，個別合意に基づいて社員が法人に拠出する財産は，贈与や返還を求めない趣旨が明らかでない限り，返還されるべきものであるはずである。
　そうであれば，権利能力なき社団についても，団体の営利性・非営利性だけを基準に脱退時の払戻請求の可否を決めることは適当でない。構成員は法律上当然に課される財

産拠出義務を負っているわけではないから，構成員が団体に拠出した財産は，団体との合意により返還請求の可否が決められるべきであり，その際，贈与や経費の支払であるなど返還を求めない趣旨が明らかにならない限り，返還されるべきものと考えられる。

4　団体債務に対する構成員の責任　　さらに，代表者が団体の名においてした取引による債務は，構成員全員に総有的に帰属し，「社団の総有財産だけがその責任財産となり，構成員各自は，取引の相手方に対し，直接には個人的債務ないし責任を負わない」（最判昭和48・10・9民集27巻9号1129頁〔百選I9〕）。要するに，構成員の有限責任が認められる。

 団体構成員の有限責任の根拠
　　組合の規定による場合には，構成員は，団体の債務について損失負担割合に応じた無限責任を負うことになる（674条）。
　　権利能力なき社団の債務に対する構成員の個人責任の有無については，団体の性格によって判断すべきであるとする見解がある。ただ，どのような場合に構成員に有限責任を認めるかについては，①団体の営利性，非営利性で分ける見解（営利団体では「利益あるところまた損失あり」という考えから無限責任，非営利団体では有限責任），②持分の有無で分ける見解（潜在的持分すらない団体の場合には有限責任，持分を観念しうる団体では無限責任），③団体の財産を確保するための適切な措置（リスクに応じた合理的な出資の確保および維持，合理的方法による財務状況の開示等）が講じられているかどうかで分ける見解（講じられていれば有限責任，そうでなければ無限責任）などがある。法人に関する近時の立法では，構成員の有限責任を認める際に，法人に③の措置を講じさせるという観点から制度が設計される傾向が顕著である（投資事業有限責任組合契約に関する法律における投資事業有限責任組合や，一般法人法における一般社団法人に関する規律を参照）。

5　財産の公示　　権利能力なき社団の財産は，構成員全員に総有的に帰属し，団体自身が私法上の権利義務の主体となるわけではない。そのため，団体が不動産を有する場合，その登記を団体名義ですることはできない。本来であれば構成員全員の名で登記すべきことになるが，それは事実上不可能なことが多い（構成員が多数である場合や，構成員の変動が予想される場合）。そこで，（不動産は構成員全員のために信託的に代表者個人が所有するものとして）不動産登記は，代表者の個人名義ですることができるとされている（最判昭和47・6・2民集26巻5号957頁）。

　代表者の個人名義で登記をすると，代表者自身の所有不動産と見分けがつかず，代表者の不正処分の危険や，第三者が代表者自身の財産と誤認する恐れがある。これを防ぐために，たとえば肩書つきの登記（「○○社団代表者××」という名義での登記）を認めることが考えられる。しかしながら，不動産登記については形式審査主義がとられている（書面上不備がないかを形式的に審査するだけで，記載事項が実際に正しいかどうかを審査しない）ため，そのような登記申請があった場合，そ

れが実際の権利関係を反映しているかどうかを確かめようがない。そのため，肩書つきの登記を認めると，財産隠しなどのために悪用される恐れがある。このような理由から，肩書つき登記は認められていない。

代表者が交代すると，新代表者名義への所有権移転登記をする必要がある。その場合に旧代表者がそのための登記申請に応じないときは，新代表者（前掲最判昭和47・6・2）のほか，権利能力なき社団（最判平成26・2・27民集68巻2号192頁）も，旧代表者に対し，新代表者名義への移転登記の申請を請求することができる。

| 補論 | **権利能力なき社団の財産たる不動産の登記名義**について |

権利能力なき社団の場合に肩書つきの登記が認められないことについては，学説上批判も強かった。ただ，その批判は，法人法制の不備から中間団体が法人になれなかった時代に始まったものである。ところが，現在では，すべての団体が，法人になろうとすれば，なることができる。したがって，確実に保全すべき不動産を有するならば，法人になればよい。また，法人にならずとも，その不動産につき信託を設定して，その登記を経ることによっても，団体は不動産に対する権利をほぼ確実に保全することができる。したがって，判例の取扱いを支持することができる。

| 発展学習 | **預貯金の口座名義**について |

財産の公示に関しては，預貯金の口座名義も問題になる。これについては，実務の慣行上，これまでのところは肩書つきの名義使用が認められている。なお，財産の公示に関する扱いは，法人でない団体一般に共通するものであるから，組合の場合との相違は問題にならない。

❸ 訴訟上の当事者能力について

権利能力なき社団に総有的に帰属する財産などをめぐって争いが生じた場合，権利能力なき社団の名で訴え，または訴えられることができるかが問題になる。この点については，民事訴訟法上，「法人でない社団」であっても，代表者または管理人の定めがあれば，その名において訴え，または訴えられること（訴訟上の当事者能力）が認められている（民訴29条）。そして，判例によると，団体が固有の財産を有しない場合であっても，内部的運営および対外的活動に必要な収入を得る仕組みが確保され，かつ，その収支を管理する体制が整っているなど，他の事情と併せて総合的に観察して，当事者能力が認められることがある（最判平成14・6・7民集56巻5号899頁）。

権利能力なき社団論の捉え方

　すでに述べたところにも現われているが，権利能力なき社団論については，次の2点に留意が必要である。

　第一に，判例は，団体が権利能力なき社団にあたるかどうかをまず判断し，その結果によって団体に生ずる法律関係が一律に決まる，という態度をとるものと理解されている。ただ，法人以外の団体に関する法的問題の捉え方としては，具体的に問題となる効果ごとに，その効果を認めるためにふさわしい要件は何かを探るという方法もありうる。そして，この観点から，判例の態度に批判が加えられている。

　第二に，この議論に大きな影響を及ぼす変化が，法人法制に生じた。

　まず，中間法人法から一般法人法の制定へと続く一連の立法により，ある種の団体は法人になろうにもなれないという事態を生じさせていた法律の隙間が埋められ，また，法人設立中の法律関係が明確化された。これまでの権利能力なき社団論は，法の不備に由来する不公平の是正を大きな目的としてきたと考えられるが，そのような要請はもはや存在しない。

　つぎに，現在の法人法制のもとでは，社員のある法人においても，その基礎として「社団」であることは求められていないと考えられる（⇒ p.338 の 発展学習 ）。権利能力なき「社団」論は，法人との実質的同一性を有する団体（「社団」）にできる限り法人と同様の取扱いを認めようとするものであったが，社団であることが法人に認められる法律効果の基礎になっていないとすれば，議論の前提自体が変わってくる。

　以上のようにみると，判例に対する批判学説が従前から指摘するとおり，ある団体について組合と異なる規律を認めるための要件として，法人との実質的同一性を意味する「社団」性を求める必要性は疑わしい。むしろ，問題となる個別の効果ごとに，どのような事情が重視されるべきかを考えるべきである。

　そうすると，財産の帰属については，組合との効果の違いは構成員に持分が認められるかどうかにあるから，実態として団体財産といえるものが存在し，その財産につき誰にも持分がないとみられる（べき）かどうかが，重要になる。そして，そのような財産を有する団体のための取引によって生ずる債務は，団体財産だけが引当てとなり，構成員の個人財産は引当てにならないとしてよいと思われる。この場合も，団体のための取引を代表者等に委任したことをもって，構成員に債務や責任を負担させる根拠は一応あるといえる。しかしながら，それでは，持分を観念することができないような団体への参加を危険の大きなものにし，すべての団体に法人成りを強制することはできず，すべきでもないという基本的な考え方に反することになる。このような団体のための取引によって生ずる債務の引当てとなるのは団体財産だけであるとしても，債権者は，不安ならば個別の保証や担保設定を受けるか，取引に応じなければよく，不当に害されることにはならないと考えられる。このように考える場合には，社員が有限責任を享受する前提として種々の法的規制に服する法人とのバランスが問題になるが，それらの規制が債権者保護につきどの程度実効性のあるものであるかには疑問もあり，また，債権者は，債権者保護の体制が整っていない（かもしれない）団体との取引であることをあらかじめ知り，かつ，それに備えることができる（そして，危ないとなれば取引が避けられ，それにより団体は法人でないために思うように活動できなくなって，法人と実質的に同一の立場に立てないことになる）から，問題視するには及ばないと思われる。

　以上のように考える場合には，権利義務の帰属と団体債務に対する構成員の責任に関しては，判例による権利能力なき社団の認定の実質的要件と指摘されている（⇒ p.382 の 発展学習 ），団体が構成員から独立した社会的存在と認められ，団体が構成員の財産から

区別される独自の財産を有すると認められることが，団体の財産から構成員が経済的利益の配分を受ける地位を認められていないことを加えたうえで，依然として大きな意味をもつと考えられる。

第5章

時 効

1 時効総論

1 時効とは何か

1 時効とは何か

時効は，ある事実状態（たとえば，ある人が所有者であるかのような事実状態や，当事者の間に債権債務が存在しないかのような事実状態）が所定の期間（時効期間という）継続した場合に，その事実状態に対応する権利関係を認める制度である。その権利関係を認めるにあたって，継続した事実状態が真実の権利状態と一致していたかどうかは，問われない。

時効は，それによって権利の取得や消滅が認められることになるので，権利変動原因の一種ということになる。

2 取得時効と消滅時効

時効は，権利関係確定の基礎になる事実状態の違い，したがって認められる効果の違いによって，**取得時効**と**消滅時効**に分けられる。

ある者が権利者であるかのような状態が継続した場合に，その者にその権利の取得が認められるのが取得時効である。

それに対し，ある権利が行使されない状態が継続した場合に，その者にその権利の消滅が認められるのが消滅時効である。

Case 84

Aは，B宅から高価な花器（甲）を盗み，以後，自分の物のように扱っていた。盗みから22年後に，Aは別件の窃盗で逮捕された。Bは，警察からの連絡で花器をAが所持していることを知り，Aにその返還を請求した。

Case 85

Cは，Zから12年前に土地を買い，そこに建物を築造して住んできた。ある日，隣人Dが，「土地を売ろうと思って測量したところ，お宅の建物の敷地南側5坪は，私の所有地であることがわかった。できるだけ早く返して欲しい」といってきた。

Case 86

　Eは，災害で家財を失った友人Fに，1年後に返すという約束で100万円を貸した。しばらくしてFとは音信不通になったが，それから8年後に開かれた高校の同窓会でFに再会し，Fが事業に成功して資産家になっていることを知った。Eは，Fに100万円の返済を請求した。

Case 87

　Gは，隣人Hに一時金を支払うことで，Hから，Hの所有する乙土地に，公道に至るため自動車で通行することを目的とする地役権の設定を受け，毎日のように自動車で乙土地を通行していた。ところが，しばらくしてGは転居し，以後，乙土地を全く通行しなくなった。転居から22年後に戻ったGが再び乙土地を自動車で通行しようとしたところ，Hがこれを妨げたので，Gは，Hに妨害をやめるよう求めた。

　Case 84 と Case 85 が取得時効の例，Case 86 と Case 87 が消滅時効の例である。これらの例では，次のような結果となる。

　Case 84 では，Aは，Bの返還請求を拒むことができる。Aは，甲を20年を超えて占有し続けているので，時効による所有権の取得（162条1項）を主張することができるからである。

　Case 85 では，Dの主張が真実でも，Cは，土地購入時にその土地全部の所有権を取得したと信じ，かつ，そう信じたことに過失がなかったのであれば，Dの請求を拒むことができる。Cは，10年を超えて土地を占有し続けているので，時効による所有権の取得（162条2項）を主張することができるからである。

　Case 86 では，Fは，Eの返還請求を拒むことができる。EがFに返済を請求することができ，かつ，Eがその請求をすることができることを知ってから5年を経過しているので，Fは，Eの債権の時効による消滅（166条1項1号）を主張することができるからである。

　Case 87 では，Gは，Hに妨害の停止を請求することができない。Gが乙土地を最後に自動車で通行した時から〔291条参照〔通路を開設していない場合，「継続的でなく行使される地役権」にあたる〕〕20年を経過しているので，Hは，Gの地役権の時効による消滅（166条2項）を主張することができるからである。

除斥期間

　消滅時効と似ているが，異なるものに**除斥期間**がある。除斥期間とは，その期間内に権利を行使しなければならないとされる期間のことである。盗品または遺失物の被害者または遺失者による回復につき193条が定める期間（盗難または遺失の時から2年間），家畜以外の動物の飼い主による回復につき195条が定める期間（占有を離れた時から1か月）等が，その例である。①除斥期間には更新（⇒p. 417の **1**）がない（完成猶予〔⇒p. 417の **1**〕は認められる場合がある〔平成29年民法改正前に判例上除斥期間とされていた改正前724条後段に関するものであるが，最判平成10・6・12民集52巻4号1087頁〕），②除斥期間の効果発生には援用（⇒p. 431の **1**）を要しない点で，消滅時効とは異なるとされ

ている。もっとも，どの場合が除斥期間にあたるか（たとえば，126条が定める取消権の期間制限について，前段の5年間，後段の20年間ともに消滅時効期間とする見解，ともに除斥期間とする見解，前段の5年間は消滅時効期間，後段の20年間は除斥期間とする見解がある），また，除斥期間とされる場合の効果については議論がある。

3 時効制度の全体像

1 時効の効果

時効によって，次のような権利変動が生ずる。

取得時効によって，ある者（時効取得者）が財産権を取得する。この取得は，他人の権利に基づく取得（承継取得）ではなく，新たな権利の取得（原始取得）である。この権利取得と相容れない他の権利は，反射的に消滅する（たとえば，*Case 84* のBの所有権）。それに対し，時効取得者が占有開始時に現に権利を取得し，または有していたとしても存在したと認められる権利は，消滅しない（たとえば，無効な売買により土地の占有が開始された場合において，売買当時にその土地に設定され対抗要件が備わっていた抵当権や地上権）。

消滅時効によって，ある者の財産権が消滅する。その反射的結果として，他者の義務や負担も消滅する（*Case 86* でいえば，Eの金銭債権が消滅する結果，Fの金銭債務も消滅する）。

こういった時効の効果は，起算日に遡って生ずる（144条）。これを，**時効の遡及効**という。時効は，時の経過に法的意味を認めるものであるから，その効果は期間満了後に生ずるとすることが素直である。しかしながら，それでは，時効期間中に生じうる種々の法律関係の処理について複雑な問題が生じかねない。そこで，その処理を簡明にするために，遡及効が認められている。

この結果，所有権の取得時効の場合，時効取得者は，占有を始めた時から所有者だったことになる。そのため，たとえば，時効が認められるまでの間の使用利益を元の所有者に返還する必要はない（*Case 84* のAは，甲の使用利益をBに返還する必要はない）。また，時効取得者がその間にした処分は，自己の物または権利の処分になる（*Case 85* のCが，Xの債権のために土地に抵当権を設定した場合，越境部分についても抵当権は有効に設定されていたことになる。そのため，Dは，Xに対して抵当権設定登記の抹消登記手続を求めることができない）。債権の消滅時効の場合には，債権は，その行使が可能になると同時に消滅していたことになる。そのため，元債務者は，時効の基礎となる事実状態の継続中の利息や遅延損害金を支払う必要

がない（ Case 86 のFは，借りた100万円はもちろん，債務が存在していれば時効が認められるまでに生じたであろう利息または遅延損害金も支払う必要がない）。

❷ 時効の効果発生の要件

時効の効果が生ずるには，一定の事実状態が所定の期間（時効期間）継続し，それに対する障害事由が起こらないことが必要である。これを，**時効の完成**と呼ぶ（ Case 84 では，Aが甲を手に入れた日の通常翌日〔140条本文〕から20年間占有し続けることによって，時効が完成する。 Case 86 では，Eが金を貸した1年後の返済日の通常翌日〔140条本文〕から5年間，返済請求など権利を行使せずに放っておくと，時効が完成する）。

もっとも，時効が完成しても，権利の取得や義務の消滅という利益を受けるかどうかは，時効によって利益を得る当事者（ Case 84 のA， Case 85 のC， Case 86 のF， Case 87 のH）の意思に委ねられる（145条）。この時効の利益を受ける旨の意思表示を，**時効の援用**という。時効の利益を受ける者は，反対に，時効による利益を受けないとすることもできる。この旨の意思表示がされた場合には，その完成した時効の効果は認められない。これを，**時効利益の放棄**という。

2 時効制度の正当化根拠

取得時効によって，ある者が財産権を取得する。それは，多くの場合に，他の者が自己の意思によらずに財産権を失うという結果を伴う（ Case 84 のBは甲の所有権を， Case 85 のDは土地の所有権を，それぞれ失う）。消滅時効においては，より端的に，財産権者がその意思によらずに財産権を失うことになる（ Case 86 のEは債権を， Case 87 のGは通行地役権を失う）。このように，時効制度には，ある者から財産権を強制的に奪う（そして， Case 84 や Case 86 のように，場合によっては他人による権利や利益の不正ともいえる取得を認める）という側面がある。そして，時効制度が民法典等の法律に定められているということは，国家がそのような財産権の剥奪を承認することを意味する。しかしながら，人びとは，自己の財産権を簡単に奪われるべきではない。それは，国家による剥奪の場合も同じである。そうすると，国家がそのような結果を生ずる時効制度を置くことはどのようにして正当化されるかが，問題とされざるをえない。この点について，次のような考え方がある。

1 時効制度の正当化根拠

❶ 社会の法律関係の安定

第一に，時効制度は，長期間継続した事実状態をもとに社会において築かれてきた法律関係の安定を図る必要性から正当化される，とする考え方がある。

ある事実状態が長く続くと，社会において，それは真実の権利状態を反映したものであると考えられることが普通である。そのため，その事実状態を基礎に様々な法律関係が形成されることがある。その法律関係を，真実の権利状態に基づいて突然覆すと，事実状態を信頼した者が不利益を被り，ひいては社会の安全が脅かされる。こういったことを避けるために時効制度が必要になる，ということである。

> これは，（Case 85）を考えればわかりやすい。Cは，越境部分も自己の所有地であると信じて建物を築造し，住み続けている。その建物を取り壊せといわれると，Cは困るだろう。また，Cは，建物築造資金を借りるにあたって，建物に担保を設定しているかもしれない。そのような場合，建物を取り壊さなければならないとなると，担保権者も不利益を被ることになる。

もっとも，この説明に対しては，次の批判がある。すなわち，時効の効果が発生するための要件として，長期間継続した事実状態を基礎に何か新たに法律関係が生じたことは，要求されていない（たとえば，**Case 85** において，Cは，建物や土地越境部分に第三者の権利が全く成立しなくても，時効により越境部分の土地所有権を取得することができる）。また，第三者との間に法律関係が形成された場合についても，第三者の信頼は，時効の効果発生の要件とされていない（Cの建物に抵当権の設定を受けた者が当初から越境を知っていたとしても，時効の効果が生ずる）。したがって，これだけでは時効制度の存在理由を十分に説明することができない。

❷ 権利の上に眠る者は保護に値しない

第二に，長期間にわたって権利を放置した者は，（他人の利益を守るために）その権利を奪われても仕方がない，という考え方がある。

> これも，（Case 85）を考えればわかりやすいだろう。Dは，12年にもわたって，自己の所有権を守るための措置を何ら講じなかった。そして，それでとくに不都合を感じなかったわけである。他方，Dの権利行使を認めると，Cは，自宅建物を取

り壊さなければならなくなる。このような場合，Dの長期の権利不行使を一種の帰
責事由とみることもできるのではないか，ということである。

　もっとも，この考え方にも限界がある。まず，時効には比較的短期で債権の消
滅を認めるものがある（たとえば，724条1号，1048条前段）。それらの場合，権利
者の怠慢であるとまでいえないこともある。また，権利者は，権利を行使する義
務を負っているわけではなく，他人の利益を保護するために，一種の帰責事由的
な考え方がされうるだけである。ところが，そのような考え方も，保護に値する
利益を他人が有しない場合（ Case 84 や Case 86 ）には妥当しないはずである。

③　立証困難の回避

　第三に，時効制度は，事実の立証が困難になることによる不都合を避けるため
に認められている，とする考え方がある。

　事実状態が長期間継続している場合，その事実状態は，真実の権利関係を反映
している蓋然性が高い。ところが，時間の経過とともに，事実を証明するための
資料は失われていくことが普通である。そのため，権利の発生または消滅を主張
しようにも証拠を提示することが難しくなる。それを避けようとして事実を主張
するための証拠を保全し続けることは重い負担になる。事実を明らかにする証拠
が失われた結果として真実に基づかない判決が下され，実際には権利を有する者，
あるいは義務を負わない者が不利益を被るようなことがあると，裁判に対する信
頼が失われることにもなりかねない。このような事態を避けるべく，訴訟におけ
る立証困難とそれに備える負担を社会と人びとに免れさせるために時効制度はあ
る，というわけである。

> 　この考え方は， Case 86 のような金銭債務の弁済を考えればわかりやすいだろ
> う。 Case 86 と異なり，Fが借りた100万円を期限に返済していたとする。ところ
> が，人びとは，金銭債務を弁済し，受取証の交付を受けても，それを長く保管して
> おくとは限らない。Fがまさにそうであったとすると，Fが，債務を弁済したこと
> を証拠によって明らかにすることは難しい。その結果，二重払を強いられる恐れが
> ある。この恐れを免れさせるために，時効制度は役立つ，というわけである。

　もっとも，この考え方にも，問題点がある。長期間継続した事実状態が真実の
権利関係を反映していないことも，珍しくない。しかも，そのことが，証拠上明
らかであることもある（ Case 84 や Case 86 ）。そのような場合に非権利者や義務

者が保護されるのはなぜかを，この見解は積極的に説明するものではない。

2 一元的説明から多元的説明へ

　かつては，これら三つの考え方のうち，とくに社会の法律関係の安定という根拠か立証困難の回避という根拠によって，時効制度全般を正当化しようとする見解がみられた。しかしながら，それが成功しないことは明らかである。

　そのため，こんにちでは，時効制度は，上記の三つの根拠から多元的に正当化されるものと理解されている。その多元的根拠からの正当化も，時効制度全般について一律にされるのではなく，時効制度に含まれる多様な制度ごとにおこなわれることが一般的である（取得時効制度と消滅時効制度を別個に考え，さらに，それぞれにおいて長期時効制度と短期時効制度を分けて考える。ただし，その中身は実に多様）。

　もっとも，いずれにせよ，妥当とはいえないような結果が個別的に生ずることは避けられない（たとえば，*Case 84* や *Case 86*）。しかしながら，そのような結果も，時効という社会的に必要な制度の安定のためにはやむをえない。

2 時効の完成

1 取得時効

1 序　論

1 取得時効とは

　取得時効は，ある者が物または権利を所定の期間支配し，または行使し続けたという事実状態を基礎に，その者による権利の原始取得，その反射的結果として真の権利者など他の者の権利の喪失または制限を認める制度である。

　取得時効による権利の取得（その反射としての，他の者の権利の喪失または制限）は，起算日に遡って生ずる（144条）。その結果，たとえば所有権の取得時効の場合，時効期間中に目的物から生ずる利益（**果実**という。木を所有している場合の木の実〔天然果実。88条1項〕や，物を賃貸した場合の賃料〔法定果実。88条2項〕などが，その例）は，時効によって権利を取得した者（時効取得者）に帰属する。また，時効取得者が時効期間中にした目的物またはその権利の処分（たとえば，抵当権の設定）は，有効になる。さらに，時効期間中に所有権を侵害した者は，時効取得者に対して不法行為責任を負う。

2 取得時効の対象になる権利

　権利のすべてが取得時効の対象になるわけではない。取得時効の対象となるのは，所有権（162条）と所有権以外の財産権（163条）である。

　また，財産権のすべてが取得時効の対象になるわけでもない。たとえば，取消権や解除権などの**形成権**（権利者が一方的な意思表示によって法律関係を変動させることのできる地位）は，財産上の契約に関するものであっても，取得時効の対象にならない。取得時効は，物の継続的支配または権利の継続的行使を前提とする。ところが，形成権は，権利を1回行使するだけで消滅する権利であり，継続的に行使されることがないからである。また，債権のなかでも，1回きりの給付を目的とする金銭債権などは，取得時効の対象にならない。これも，継続的に行使さ

れることがないからである。

 取得時効の対象にならない権利

　そのほかに，取得時効の対象にならない権利として，たとえば次のものがある。

　身分上の権利や一定の身分を前提とする権利（例：扶養を受ける権利。162条・163条の反対解釈），地役権のうち，継続的に行使されないもの，または外形上認識することができないもの（283条），直接法律の規定によって成立する権利（例：留置権や先取特権。法律の定める要件を充たさないのに，権利取得を認めることはできないから）。

2 取得時効の完成要件

　取得時効の効果が生ずるには，**取得時効の完成**が必要である。

　取得時効の完成の要件は，所有権の取得時効とそれ以外の財産権の取得時効とでは若干異なるが，以下では前者について説明する（所有権以外の財産権に関する取得時効の完成の要件については，p. 407 の 「所有権以外の財産権の取得時効」を参照）。

　時効の完成は，一般的にいえば，一定の事実状態が一定期間継続すること，そして時効の完成を妨げる特別の事由（時効障害事由。p. 417 の **3** 参照）がないことによって認められる。これを，所有権の取得時効に関して162条にそくしていえば，所有権の取得時効は，ある者（占有者）が，他人の物を，所有の意思をもって，平穏かつ公然に占有するという事実状態が，20年間継続することによって完成する（同条1項）。もっとも，物の占有が善意無過失で開始された場合には，占有を継続すべき期間は10年間でよい（同条2項）。ただし，いずれの場合であっても，時効障害事由があるときは，この限りでない。

 主張立証責任の所在を考慮した取得時効の完成の要件

　162条の文言からすると，取得時効の完成が認められるためには，（時効完成の障害事由を除く）上記の要件がすべて積極的に充たされなければならないようにみえる。ところが，それらの多くについて，「推定」規定があり（⇒p. 402 の 発展学習，p. 407 の 発展学習「主張立証責任の所在」を参照），また，解釈による拡張がされている（⇒p. 403 の 4 参照）。そのため，それらを考慮して所有権の取得時効の完成要件を整理すると，次のようになる。すなわち，①物（⇒p. 403 の 4）の占有が，②20年間継続した場合（ただし，p. 407 の 発展学習「主張立証責任の所在」参照），または②10年間継続し，かつ，③占有開始時に占有者が無過失であった場合には，取得時効の完成が認められる（以上は，取得時効の効果を求める者が主張・立証すべき積極的要件である）。ただし，(a)占有者における所有の意思の不存在（⇒p. 402 の 発展学習），(b)暴行または強迫による占有（⇒p. 403 の 発展学習），(c)隠匿による占有（⇒p. 403 の 発展学習），(d)10年間の占有継続による取得時効の場合に，占有開始時における占有者の悪意（⇒p. 407 の 発展学習「主張立証責任の所在」），または(e)

時効障害事由の存在（⇒p.417の**3**）のうち，いずれか一つでも認められるときは，その限りでない（(a)〜(e)は，積極的要件の主張・立証がされた場合に，取得時効の効果を争う者がそれらのいずれかを主張・立証するべき消極的要件である）。

1 時効完成に必要な事実状態

162条によるならば，所有権の取得時効の完成には，ある者が所有の意思をもって，平穏かつ公然に，他人の物を，占有することが必要である。

1 占 有 まず，ある者が，物を**占有**することが必要である。占有とは，自己のためにする意思をもって物を所持することをいう（180条参照）。

物の所持は，自分で現実にする必要はない。他人を通じてすることでも構わない（181条）。たとえば，物を他人に貸したり，預けたりした場合，貸主や寄託者にも占有（間接占有という）が認められる。

発展学習 **主張立証責任の所在**
　　占有は，取得時効の効果の発生要件である。したがって，取得時効の効果を求める者が，時効取得者における占有の事実を主張・立証しなければならない。

2 「所有の意思をもって」する占有（自主占有）であること 占有は，「所有の意思」をもってする占有と，そうでない占有に分けられる。前者を**自主占有**，後者を**他主占有**という。所有者のする占有が，自主占有の例である。それに対し，賃借人や受寄者は，他人の物を借りたり，預かったりするだけで，他人が所有者であることを前提として占有するだけである。これが，他主占有の例である。

所有権の取得時効の完成には，占有が，「所有の意思をもって」されるもの（自主占有）であることを要する（162条）。**所有の意思**とは，所有者と同じように物を排他的に支配しようとする意思のことをいう。実際に所有者であるかどうかは問われない。たとえば，他人の物を盗んだ者（*Case 84* のA）は，所有者ではないが，所有の意思があると認められる。

所有の意思の有無（自主占有か，他主占有か）は，占有者の内心の意思を基準に決められるのではない。占有者がその物を占有することになった原因（**権原**という）の客観的性質によって判断される（最判昭和45・6・18判時600号83頁）。たとえば，物の買主の占有は，（売買契約が無効であったとしても）自主占有である。売買は，占有取得者がそれにより物の所有権を得ようとする性質のものだからである（この性質自体は，契約が無効であっても変わりがない）。それに対し，物の賃借人や受寄者の占有は，（その物を賃貸人や寄託者に返さないで自分の物にしよう，と内心で思

っていても）他主占有である。賃貸借や寄託は，占有取得者がそれにより物の所有権を得ようとする性質のものではないからである。

　他主占有がどれだけ長期間継続しても，取得時効は完成しない。ただし，他主占有が自主占有に変わる場合も認められている（185条。他主占有者が自己に占有させた者に対し所有の意思を表示した場合〔たとえば，賃借人が賃貸人に向かって，「実はこれは自分の物だ」と主張した場合〕と，新権原による自主占有を開始した場合〔たとえば，賃借人が賃貸人との間でその物を購入する契約をした場合〕）。

発展
学習 **主張立証責任の所在**

　所有の意思の存在は，取得時効の効果が発生するために必要な積極的要件であるかのようにみえる。しかしながら，占有の態様に関しては，186条1項が「占有者は，所有の意思をもって，善意で，平穏に，かつ，公然と占有をするものと推定する」と定めている。そのため，占有の事実が立証されると，この規定によって，占有者に所有の意思があり，その占有は善意，平穏，かつ公然の占有であるものと，ひとまずされる。そこで，取得時効の効果を求める者が占有の事実を主張・立証すれば，その占有は，所有の意思をもってされているものと暫定的に認められる。取得時効の効果を争う者は，これを覆すために反対の事実，すなわち，占有が所有の意思のないものであることを主張・立証しなければならない（最判昭和54・7・31判時942号39頁。なお，186条1項は「推定する」という文言を用いているが，これは，通常の法律上の推定とは異なると一般に理解されている〔暫定真実を定める規定とされている〕。法律上の推定の場合には，効果Aを生じさせるために要件aが必要であるとされている場合に，bという事実の立証によりaの存在が推定され，効果Aが生ずる〔たとえば，取得時効の効果が生ずるには，20年間または10年間の占有継続が要件の一つ（要件a）とされている。しかし，186条2項によって，ある時点での占有の事実とその20年後または10年後の占有の事実（事実b）が立証されれば，その間の占有の継続（要件aの充足）が推定され，他の要件も充たされれば取得時効の効果が生ずることになる〕。これに対し，162条の取得時効の効果が生ずるためには，占有，所有の意思，善意，平穏，公然ほかの要件が必要であるが，要件の一つである占有の事実が立証されれば，186条1項の適用によって，所有の意思，善意，平穏，公然という他の要件も充たされることが「推定」されることになる。この点で，186条1項は，法律上の推定とは性質が異なり，162条の要件の一部について，主張・立証責任を転換する規定であるとされている〕。

　所有の意思がないことの主張・立証は，占有が他主占有権原に基づくことか，「占有者が占有中，真の所有者であれば通常はとらない態度を示し，若しくは所有者であれば当然とるべき行動に出なかったなど，外形的客観的にみて占有者が他人の所有権を排斥して占有する意思を有していなかったものと解される事情」（最判昭和58・3・24民集37巻2号131頁。他主占有事情という）のいずれかを主張・立証することによって，おこなうことになる。

　3　「平穏かつ公然」の占有　　162条では，取得時効の完成には，占有者が占有を「平穏に，かつ，公然と」取得し，保持することも必要であるとされている。平穏とは，暴行や強迫によらないことをいう。公然とは，密かに隠していないこ

とをいう。他人の物を盗んだ者の占有は，自主占有とされ，取得時効の完成の可能性がある。しかしながら，強盗の場合，占有取得時に平穏の要件が欠ける。窃盗の場合，占有取得時に公然の要件が欠けることがある。

暴行もしくは強迫または隠匿により始まった占有も，その事情が止めば平穏かつ公然の占有となり，その時から時効が進行するとされているが，疑問である。

 主張立証責任の所在

占有の事実が主張・立証されれば，186条1項の適用により，「平穏に，かつ，公然と」占有するものと，ひとまずされることになる。そのため，取得時効の効果を否定する者が，占有が暴行もしくは強迫または隠匿によるものであるという評価（規範的要件）を，具体的事実により根拠づけなければならない。

4　「物」の占有　162条の文言によると，所有権の取得時効の完成は，「他人の物」の占有を要件とする。

Case 88

Aは，Bとの間で，Bの所有する甲建物を100万円で買い受ける契約を締結し，この契約に基づいて甲建物の引渡しを受けた。ところが，まもなくAとBの間でこの契約について争いが生じ，代金支払も移転登記もされないまま，10年以上が経過した。Aが，Bに代金の支払と引換えに所有権移転登記手続をするよう求めたところ，Bは，貨幣価値の著しい変動を理由に，3000万円の支払がなければ応じないと主張した。そこで，Aは，取得時効を理由に，所有権移転登記手続をするよう求めてBを訴えた。

Case 89

Cは，Dから乙建物の贈与を受けて居住してきたが，乙建物につきC名義への所有権移転登記はされていなかった。その後，Dが，借金をするにあたって，乙建物にCに無断で抵当権を設定した。抵当権の実行として担保不動産競売（民執180条1号）がおこなわれ，その手続により，Eが，DからCへの贈与から9年11か月が経った時点で乙建物の所有権を取得し，乙建物についてE名義への所有権移転登記がされた。それから3か月後にEから乙建物の明渡しを求められたCは，乙建物の時効による取得（以下，「時効取得」ということがある）を主張した。

 Case 88 のAは，Bから購入した「自己の」建物について，時効取得を主張している。*Case 89* のCも，Dから贈与された「自己の」建物について，時効取得を主張している。これらの主張が許されるかが，ここでの問題である。

162条の文言からは，自己の物は取得時効の対象にならないことになる。

しかしながら，判例は，取得時効を，物の占有継続という事実状態を一定の場合に権利関係にまで高めようとする制度とみて，そのような事実状態が存在する

場合には，それに従った権利関係を認めることが制度趣旨に合致するとしている（最判昭和42・7・21民集21巻6号1643頁〔百選Ⅰ45〕，最判昭和44・12・18民集23巻12号2467頁）。これによると，取得時効の目的物が誰の所有に属していたかは確定される必要がなく（最判昭和46・11・25判時654号51頁），したがって，物の「他人」性は取得時効の要件にならない。

> (Case 88) のＡ，(Case 89) のＣともに，取得時効の効果の発生に必要となる他の要件が充たされるならば，時効取得が認められる。

| 発展学習 | 「自己の物」の時効取得を限定する見解 |

(Case 89) のＣは，所有権の取得をＥに対抗するために登記を必要としない（最判昭和41・11・22民集20巻9号1901頁）。時効完成時点での所有者は，時効取得者との関係では，物権変動の「当事者」にあたるとされる（「第三者」とされない）ためである。このように解されるのは，そうしなければ実質的に登記名義の取得が時効完成の要件になるところ，時効完成までは取得時効を原因とする登記をすることができないため，登記がないことによって時効取得者に不利益を被らせるべきではないからである。

ただ，そうすると，(Case 88) では，売主であるＢは，売買契約上の反対給付（代金）を得られないまま，登記名義を移されてしまう（Ａの所有権取得原因は，売買ではなく，取得時効だから）。これでは契約当事者間の公平を害することになるとして，この場合には時効取得を認めるべきでないとする見解もある。

また，(Case 89) は，そもそも二重譲渡事例であり，Ｃは，（贈与を原因とする）登記をすることができたのに，それを怠った者にすぎない。この場合には，同一物権取得者間の優劣を決する規定（177条）があるから，それによって問題を処理すればよく，時効取得を認めるべきでないとする見解もある。

❷　一定期間以上の占有継続

所有権の取得時効が完成するためには，❶で述べた事実状態（占有）が，一定の期間継続することが必要である。

1　時効期間　所有権の取得時効の完成に必要となる占有継続期間（時効期間）は，次のとおりである。

(1) 長期取得時効期間　取得時効の完成には，原則として，20年間の占有継続が必要である（162条1項）。

(2) 短期取得時効期間　ただし，占有者が物の占有開始時に善意無過失であった場合には，時効完成に必要な占有継続期間は10年間である（162条2項）。ここにいう善意とは，占有者が自己に所有権があると信ずることをいう（大判大正9・7・16民録26輯1108頁，最判昭和43・12・24民集22巻13号3366頁）。無過失とは，この意味での善意であることについて過失のないことである。

なお，動産については，取引行為による善意無過失の占有取得者は直ちに所有権取得を認められることに注意を要する（192条参照）。

　*(3)　**起算点**　上に述べた20年間または10年間の期間の計算が開始される時点（**起算点**）は，時効の基礎になる事実たる占有が開始された時点である（通常は，その翌日から〔140条本文参照〕20年または10年の経過により時効が完成する）とするのが，判例である（最判昭和35・7・27民集14巻10号1871頁，最判昭和46・11・5民集25巻8号1087頁〔百選Ⅰ57〕，最判平成15・10・31判時1846号7頁）。これは，取得時効の効果を求める者に起算点の任意選択を認めない，ということである（これに対しては異論もあり，その対立は「取得時効と登記」と呼ばれる問題に関して重要となるが，それについては物権法の解説に委ねる）。

 期間の計算方法について
　ある時点から20年または10年の期間が満了するのはどの時点かを判断するためには，期間の計算方法を知っておくことが必要になる。期間の計算方法については，138条〜143条に規定がある。
　それによると，期間が時間によって（つまり，時，分，秒の単位で）定められた場合には，即時より計算を開始して，その時間の経過によって期間は満了する（139条）。たとえば，午前10時に，「今から8時間レンタカーを貸し借りする」という契約は，その日の午後6時をもって期間満了となる。
　期間が日の単位で定められた場合には，原則として翌日から計算を開始して（140条本文。**初日不算入の原則**），最終日の終了をもって期間は満了する（141条）。たとえば，1月31日に「これから5日間」という契約を結んだ場合，2月1日が1日目，2月2日が2日目で，2月5日の終了をもって，契約期間満了となる。
　期間が週，月または年の単位で定められたときは，原則として翌日から計算を開始して（140条本文），「暦」に従って計算し（143条1項），期間の末日の終了をもって満了する（141条）。1か月または1年をなす日数のばらつきは無視するということである。もっとも，期間の満了点については，いくつかの決まりがある。すなわち，①週，月または年の初めから起算するときは，最後の週，月または年の末日をもって満了とする（例：1月31日に「これから1か月間」という場合，2月1日から起算し，2月28日〔か29日〕の終了をもって期間は満了）。②週，月または年の途中から起算するときは，「その起算日に応当する日の前日」をもって満了とする（143条2項本文。例：2月1日に「これから1か月間」という場合，2月2日から起算し，〔3月2日の前日である〕3月1日の終了をもって期間は満了する）。③最後の月または年に応当日がないときは，その月の末日をもって満了とする（143条2項ただし書。例：1月30日に「これから1か月間」という場合，1月31日から起算するが，2月には31日がない。そこで，2月末日の終了をもって期間は満了する）。
　期間の初日に関して，期間が午前0時から起算されるときは，初日も算入される（140条ただし書。1月31日に，「明日から5日間」という場合）。また，期間の満了に関して，期間の末日が日曜日や祝日その他の休日にあたるときは，その日に取引をしない慣習がある限り，その翌日をもって満了とされる（142条）。

2　占有の継続

(1) **占有の承継**　取得時効の起算日以後に，物の占有者が変わることがある。その場合，取得時効の効果を求める者は，自己の占有だけを主張するか，前の占有者（直前の占有者に限られない。その前，さらにそれより前の占有者も含む）の占有をあわせて主張するかを選択することができる（187条1項）。ただし，前の占有者の占有をあわせて主張する場合には，その瑕疵（取得時効の完成に不利になる事情。すなわち，占有開始時の悪意または過失，暴行もしくは強迫または隠匿による占有）もまた承継することになる（187条2項）。

> *Case 90*
>
> 　Aが，Bの代理人と称するZとの間で甲土地をBから購入する契約を締結し，甲土地のAへの引渡しとA名義への所有権移転登記がされた。ところが，Zにはこの契約を締結するための代理権がなく，Aは契約時にそのことを知っていた。Aは，甲土地を，3年間占有した後，Cに売却した。その際，Cは，Aが甲土地の所有権を有すると無過失で信じていた。Cは，甲土地を，5年間占有した後，Dに売却した（Dも，Cの所有権を無過失で信じていた）。Dの占有開始から7年後に，Bが，甲土地の所有権は自己に属するとして，Dに甲土地の返還を請求した。

> 　Dは，占有開始時に善意無過失だが，その占有期間は時効期間の10年間に満たない。もっとも，Dは，187条1項により，AまたはCの占有を承継することができる。そこで，Aの占有期間3年とCの占有期間5年を合算すると，合計15年間の占有継続となる。ところが，Aは占有を始めた時に悪意なので，Dは，Aの占有を併せて主張する場合には，その悪意も承継する。そのため，取得時効期間は20年間となり，やはり時効期間に満たない。これに対し，DがCの占有だけを併せて主張すれば，12年間の占有継続となり，Cは善意無過失で占有を始めているので，期間10年の取得時効の完成が認められる。

|発展学習| **悪意の占有開始者による前主の善意占有の承継**
　Case 90 と異なり，Dが占有開始時に悪意であった場合に，Cの占有を承継することでDに期間10年の取得時効の完成を認めてよいか。判例はこれを肯定する（最判昭和46・3・23裁判集民事102号293頁，最判昭和53・3・6民集32巻2号135頁〔百選I46〕。同一占有者が占有中に悪意になった場合〔162条2項の適用により10年間の占有継続で時効完成〕と同じ事態とみる）が，学説には反対説もある。

(2) **自然中断**　時効期間が満了する前に，占有者が任意に占有を中止するか，他人に占有を奪われた場合には，占有の継続が破られ，時効は完成しない（164条）。これを**自然中断**という。

この場合，それまでに経過した時効期間はご破算になる。占有を失った者が再び取得時効の基礎となる占有を始めたときは，その時からあらためて時効の進行が開始する。

ただし，他人に占有を奪われた場合には，占有者は占有回収の訴え（200条）を提起し，それに勝訴して占有を回復すれば，占有を失っていた期間も占有が継続していたものとみなされる（203条ただし書）。

主張立証責任の所在

20年間または10年間の占有継続は，所有権の時効取得という法律効果を発生させる要件であるから，その効果を求める者が主張・立証すべきことになる。もっとも，前後二つの時点での占有が立証された場合には，その間の占有継続が推定される（186条2項）。したがって，取得時効の効果を求める者は，ある時点での占有の事実と，その後20年または10年以上経過したある時点での占有の事実を主張・立証するだけでよい。この主張・立証があると，取得時効の効果を争う者が，抗弁として，時効が完成するまでの間に占有者が占有を失ったことを主張・立証しなければならない。これに対し，占有回収の訴えにより占有を回復したことが，取得時効の効果を求める者の再抗弁事由となる。

時効期間が10年とされるには，占有者の占有開始時の善意無過失を要する。これによって取得時効の効果を求める者に有利な効果が生ずるから，この者が，善意無過失を主張・立証すべきはずである。しかしながら，占有の事実が立証されれば，占有者は善意であるものと，ひとまずされる（186条1項）。したがって，取得時効の効果を求める者は，占有者の占有開始時における無過失という評価（規範的要件）を具体的事実により根拠づけるだけでよい。これに対して，取得時効の効果を争う者が，抗弁として，占有者の悪意の主張・立証責任を負う（もっとも，善意の立証を伴うことなく無過失が立証されうるのか〔無過失という評価が根拠づけられるときは，通常，善意も立証されているのではないか〕，という疑問もある）。

所有権以外の財産権の取得時効

所有権以外の財産権の取得時効については，163条に定めがある。これは，主として，地上権や永小作権といった用益物権を念頭においた規定であるが，不動産賃借権もこの規定により取得時効の対象になる（最判昭和43・10・8民集22巻10号2145頁）。163条によると，所有権以外の財産権の場合には，所有権の取得時効と異なり，「自己のためにする意思をもって」財産権を行使することが，時効完成の要件となる（所有権の取得時効の場合には，「所有の意思をもって」する占有）。「自己のためにする意思をもって」行使するとは，その権利の内容を享受する意思をもって，事実上その財産権の権利者としての行為をすることをいう。この行為とは，地上権や永小作権，不動産賃借権の場合には不動産の用益であるが，占有があれば用益ありといえるのか，利用を示す何らかの事実が必要かについて争いがある。自己のためにする意思の有無は，所有の意思の有無と同様，権原の客観的性質によって判断される。

1 序　論

❶　消滅時効とは

　消滅時効とは，権利が行使されない状態が継続した場合に，その権利の消滅を認める（その結果として，義務や法的負担の消滅を生ずる）制度である。

　消滅時効による権利の消滅は，起算日に遡って生ずる（144条）。その結果，たとえば債権者は，債権に基づく請求や執行をすることができなくなる。ただし，権利が全く存在しなかったことになるわけではない。たとえば，債務者が時効の援用後に「弁済」をした場合，非債弁済として不当利得返還の問題を生ずることになるわけではない。このほか，508条も参照。

❷　消滅時効の対象になる権利

　消滅時効の対象になる権利は，債権（166条1項）と，債権および所有権以外の財産権（166条2項）である。したがって，所有権は時効によって消滅することがない（他人が物を時効取得すると，元の権利者の所有権は消滅する。しかしながら，これは，他人の権利取得の反射的結果であって，時効消滅とは異なる）。また，身分上の権利も消滅時効の対象にならない。

　債権および所有権以外の財産権のすべてが消滅時効の対象になるわけでもない。たとえば，担保物権は，原則として被担保債権と別個に時効によって消滅することがないと解されている（ただし，抵当権については，債務者および抵当権設定者以外の者との関係では被担保債権から離れて時効による消滅があると解釈しうる〔大判昭和15・11・26民集19巻2100頁〕規定が設けられている〔396条〕）。

発展学習　**抗弁権の永久性の理論**
　　明文の規定があるわけではないが，権利が他人からの請求を排斥する手段（抗弁権）として働く場合（たとえば，取消権や解除権が，双方未履行の契約に基づく履行請求を排斥するために行使される場合）には，この権利は消滅期間の制限に服さないことがあるとする見解がある（抗弁権の永久性の理論という）。権利が抗弁権として行使される場合，その行使は，現状を維持する方向に働く。これは，既存の事実状態に法的安定性を付与するという時効制度（期間制限制度）の趣旨に沿う結果となる，という考えによる。

2 消滅時効期間

　消滅時効の効果が生ずるためには，消滅時効の完成が必要である。そして，消滅時効の完成には，権利不行使の状態が所定の期間継続することが必要である。この期間（消滅時効期間）の長さは，消滅の対象となる権利やその発生原因によって様々である。

主張立証責任の所在
　消滅時効は権利の消滅原因であり，消滅時効の完成は，そのための要件である。したがって，消滅時効の完成（起算点と期間の経過）については，権利消滅の効果を求める者に主張・立証責任がある。

1　債権の消滅時効期間

　債権の消滅時効期間は，1以下に述べるとおりである。

　債権の消滅時効期間については，平成29年民法改正により，規定の大きな変更がされた。ただし，平成29年改正民法の施行日である令和2年4月1日より前に生じた債権および同日より前にされた法律行為を原因として同日以後に生じた債権の消滅時効の期間については，改正前民法の規定が適用される（改正附則10条4項。商事債権の消滅時効期間についても改正前商法の規定が適用される〔整備法4条7項〕）。たとえば，令和2年3月10日に売買契約が締結された場合，その契約による代金債権の消滅時効期間については，代金の支払日が同年4月1日より前であるときも同日以後であるときも，平成29年民法改正前の規定が適用される（消滅時効の原則的期間は，民事債権の場合には改正前民法166条1項および167条1項により支払日〔の翌日〕から10年間，商事債権の場合には改正前商法522条により支払日〔の翌日〕から5年間である）。

　1　原　則　債権の消滅時効は，民法その他の法律に異なる規定がなければ，時効障害事由（⇒p. 417の**3**参照）が生じないまま，①権利を行使することができる時（「客観的起算点」）から10年（166条1項2号），または②権利を行使することができ，かつ，債権者が権利を行使することができることを知った時（「主観的起算点」）から5年（166条1項1号。同号は，文言上必ずしも明らかとはいえないが，客観的起算点の到来を当然の前提にしている）を経過することにより完成する。

　ここでは，「権利を行使することができる時」の意義と，「債権者が権利を行使することができることを知った時」の意義が問題になる。このうち前者について

は，改正前166条1項のもとで判例および学説の蓄積があり，現166条1項においてもそれがそのまま妥当すると解される。

　(1)　*「権利を行使することができる時」*　　債権の消滅時効は，「権利を行使することができる時」より前に進行が開始することはない（166条1項）。これは，消滅時効は権利の不行使を理由として権利を消滅させる制度であるところ，権利を行使することができないのにそのような不利益を権利者に負わせることは適当でない，という考えによる。

　「権利を行使することができる」とは，権利の行使につき法律上の障害がなく，さらに権利の性質上，行使を現実に期待することができることをいう（最大判昭和45・7・15民集24巻7号771頁，最判平成8・3・5民集50巻3号383頁，最判平成21・1・22民集63巻1号247頁ほか）。

　法律上の障害がある場合の典型例は，債権に停止条件または期限が付されている場合である。この場合，債権者は，条件が成就し，または期限が到来するまで，法律上，権利を行使することができない。そこで，それまでの間，時効は進行を開始しない。それに対し，期限の定めのない債権は，成立と同時に行使が可能となるので，債権成立の時から時効の進行が開始しうる。

　法律上の障害がなくなっても，権利の性質上，その権利の行使を現実に期待することができないときは，消滅時効は進行しない（前掲最大判昭和45・7・15〔弁済供託における供託金取戻請求権の消滅時効の起算点について，供託者が供託金をいつでも取り戻せる（496条1項）ことから供託の時とするのではなく，供託の基礎となった債務について紛争の解決などによってその不存在が確定するなど，供託者が免責の効果を受ける必要が消滅した時であるとした。弁済供託は，弁済をめぐって紛争がある場合に債務者が債務免脱の効果を求めてすることも多く，紛争が未解決の間にその効果が失われることになる供託金の取戻しを期待することはできず，供託の時を起算点とすることは「法が当事者の利益保護のために認めた弁済供託の制度の趣旨に反する結果となる」ことによる〕，前掲最判平成8・3・5〔交通事故の後遺障害に関する自賠72条1項前段による損害てん補請求権（以下「てん補請求権」）の消滅時効の起算点について，加害者と疑われる者に対する自賠3条による損害賠償請求権（以下「賠償請求権」）の存否が争われている場合は，賠償請求権が存在しないことが確定した時であるとした。賠償請求権とてん補請求権は両立しないこと，被害者に両請求権の同時行使を求めることには無理があること，賠償請求権では損害全部の賠償を得られるのに対し，てん補請求権では請求可能な金額に上限があることなどから，加害者と思われる者があ

る場合に被害者がまず賠償請求権を行使することは当然であり，その紛争において賠償請求権の不存在が確定する前にてん補請求権の行使を期待することは，てん補請求権の性質からみて，被害者に難きを強いるものであることによる〕。また，最判平成19・4・24民集61巻3号1073頁〔自動継続特約（満期日までに預金者から申出がない限り，満期日に元利金を元本とする定期預金を前回と同一の預入期間をもって継続することとする特約）付きの定期預金契約にかかる預金債権の消滅時効の起算点について，預金者が初回満期日に継続停止を申し出て払戻しの請求をすることが契約上可能であることを理由に初回満期日とすることは，預金者に対し契約上その自由に委ねられた行為を事実上おこなうよう要求するに等しいものであり，同定期預金契約の趣旨に反するとし，預金者が解約の申入れをするなどして以後自動継続の取扱いがされなくなった満期日が到来した時であるとした〕は契約の趣旨を考慮して定まる権利の性質上，最判平成28・3・31民集70巻3号969頁〔宅建業法に基づく営業保証金還付請求権の消滅時効の起算点について，取戻公告がされなかったときは，取戻事由の発生時から6か月が経過した時（この時点で，取戻しにつき法律上の障害がなくなる）ではなく，取戻事由の発生時から10年を経過した時であるとした〕は権利の根拠となる法令の趣旨を考慮して定まる権利の性質上，それぞれ権利の行使を現実に期待することができる時まで消滅時効の進行は開始しないとしたものとみることができる）。

　これに対し，権利の性質上ではなく，権利者の個人的な事情によって権利の行使が事実上できないだけの場合には，時効の進行は妨げられない。たとえば，権利を行使することができるに至ったが，権利者がそのことを知らないこと（たとえば，条件の成就または期限の到来を知らないことや，非債弁済者〔705条参照〕が債務の不存在を知らなかったこと）は，166条1項2号の時効期間の進行を妨げない。また，証書の紛失や病気などで，権利者が権利を現実に行使することができなかったことも，時効の進行開始に影響を及ぼさない（ただし，ある種の事実的障害は，時効期間満了時に意味をもつことがある。p.427の**7**参照）。

　(2) 「*債権者が権利を行使することができることを知った時*」　166条1項1号は，同項2号と比べて，短い期間で時効が完成することとしている。債権の消滅時効は，債務の履行または債務の存否をめぐる争いに備えなければならない状況から債務者（とされる者）を免れさせ，また，その争いが起こりうる状態の継続による社会的不利益を解消するために設けられている制度である。もっとも，消滅時効により権利を失わせることになる以上，債権者にその不利益を負担すべき事情があることが求められる。166条1項2号では，当該の債

権者が現実に債権を行使することはできなかったとしても，債権を行使すること自体は可能であったという状況では，上記の債務者および社会の利益に鑑みれば，債権の不行使が不利益負担の根拠になるとして，消滅時効期間が権利を行使することができる時から10年とされている。これに対し，その債権者が，現実に債権を行使することができる状況になりながら，その後に不行使を続けた場合には，上記の債務者および社会の利益に鑑みて，より短い期間で消滅時効の完成を認めてよいと考えられる。これが，166条1項1号において，同項2号よりも短期の消滅時効期間が定められている理由である。そうであれば，「債権者が権利を行使することができることを知った時」とは，当該の債権者による権利の行使を現実に期待することができることとなった時点をいうことになる。

債権者が具体的にどのような事実を知ったときがこれにあたるかは，事案ごとに判断するほかないものの，債権者が，債権の発生の原因となる事実と債務者を知ることは不可欠である。それに対し，法的評価にあたる事柄（たとえば，安全配慮義務違反による損害賠償債権の場合に，債務者に同義務の違反があること）については，債権者がその評価をするに至ることはもちろん，その評価が成り立つことを現に知ることも必要ではなく，その評価がされうることを認識しうるだけの事実を債権者が知ることでよいと考えられる。その事実を知っているならば，権利が最終的に認められるかどうかはわからないにしても，権利を主張し，必要ならば争うことは可能であると考えられるからである。

(3) 民法166条1項の適用の例　売買契約における目的物引渡債権と代金債権など，契約上の給付にかかる債権については，通常，客観的起算点と主観的起算点は一致する。それらの債権は，履行期日の到来により行使することができることになるところ，債権者は，契約（特段の定めがない場合には，法律の規定）によって定まる履行期日を知っているはずだからである。そのため，その債権の消滅時効は，履行期日の（通常）翌日から5年の経過により完成する（166条1項1号）。

債務が目的物の滅失などにより履行不能となった場合の損害賠償債権の消滅時効については，一般的には，本来の債務の履行を請求することができる時が起算点となる（最判昭和35・11・1民集14巻13号2781頁，最判平成10・4・24判時1661号66頁）。履行不能による損害賠償債権は，本来の債権が形を変えたものと考えられるからである。そのため，たとえば売買契約の目的物が契約締結後に

売主の過失により滅失した場合の買主の損害賠償債権については，目的物が引渡日の前後のいずれに滅失したかを問わず，その滅失の事実を買主が知らなかったときであっても，買主は引渡日を知っているはずであるから，その引渡日の（通常）翌日から5年の経過により消滅時効が完成する（166条1項1号）。

これに対し，たとえば売買の目的物の品質が契約の内容に適合しないこと（以下「契約不適合」という）による損害賠償債権や安全配慮義務違反を理由とする損害賠償債権（以下では，職場での事故による負傷を例にとる）などの場合には，客観的起算点と主観的起算点は，多くの場合に一致しない。契約不適合による損害賠償債権は目的物の引渡しの時に，安全配慮義務違反による損害賠償債権は損害発生の時に，通常，それぞれ行使が可能になる。それに対し，債権者（A）が権利を行使することができることを知るのは，前者については，目的物が契約に適合しないことを知った時，後者については，損害発生の原因となった事故が使用者の安全配慮義務違反によるものであったと認識しうるだけの事実（以下「安全配慮義務違反」とのみいう）を知った時であり，それらは，多くの場合において，目的物の引渡しの後または事故の後のことである。これらの場合には，Aが契約不適合または安全配慮義務違反を知った時点により，損害賠償債権の消滅時効の完成の時点が異なってくる。

引き渡された目的物の契約不適合による損害賠償債権の場合には，Aが瑕疵を知ったのが引渡しから5年以内であるときは，その知った日の（通常）翌日から5年の経過により消滅時効が完成する（166条1項1号。ただし，Aは，その知った日の〔通常〕翌日から1年以内に契約不適合の事実を売主に通知しなければ，売主が引渡しの時にその不適合を知り，または重大な過失によって知らなかったときを除き，損害賠償債権を失う〔566条〕）。それに対し，Aが不適合を知ったのが目的物の引渡しから5年を過ぎた後のことであったときは，引渡しの日の（通常）翌日から10年の経過により消滅時効が完成する（166条1項2号。このときも，566条による債権の消滅がありうる）。

安全配慮義務違反の場合には，生命または身体の侵害による損害賠償が問題になる。この場合には，167条の適用があるため，客観的起算点からの消滅時効期間は20年間となる。そのため，Aが安全配慮義務違反を知ったのが事故の時（ただし，客観的起算点が事故の時よりも後になることもある。たとえば，損害が原因行為の時から一定の期間を経て発生する性質のものである場合には，損害の全部または一部が発生した時に権利の行使が可能になると解されるため〔最判平成16・4・27民

集58巻4号1032頁（百選Ⅱ109）参照〕，客観的起算点は事故の時ではなく，その損害の全部または一部が発生した時である）から15年以内であるときは，その知った日の（通常）翌日から5年の経過により消滅時効が完成する（166条1項1号）。それに対し，Aが安全配慮義務違反を知ったのが事故から15年を過ぎた後のことであったときは，事故の日の（通常）翌日から20年の経過により消滅時効が完成する。なお，この場合，Aがその事故による損害について不法行為を理由として賠償を請求するときも，同じ処理がされる（724条・724条の2参照）。

発展
学習 **主観的起算点からの消滅時効期間の進行が認められるかどうかが問題となる場合**
　　上に述べた安全配慮義務違反に基づく損害賠償請求では，法的評価が一義的に明確でない原因によって債権が発生するために，債権者が権利を行使することができることを知った時点が問題になっている。主観的起算点からの時効の進行については，ほかに，主観的起算点は一見明確であるが，その時点から時効の進行の開始を認めてよいかに疑問が呈されている場合がある。確定期限の定めが付された契約において，債権者が，期限到来時に，その期限の到来を覚知していない場合がその一例である。たとえば，弁済期日が定められている貸金債権について，①親権者が，未成年者Aを代理して貸付の契約をしたが（貸付金も交付），Aが成年に達した後も，Aに弁済期を伝えていなかった場合，②任意代理人が，本人Aを代理して貸付の契約をしたが（貸付金も交付），Aに弁済期を伝えていなかった場合，③貸主Aが，弁済期が到来した時に，意思無能力となっていた場合，④貸主が，弁済期到来前に，相続人Aに弁済期を伝えないまま死亡した場合などである。
　　期間5年の消滅時効の進行につき，債権者における権利を行使することができることの認識が要求されている趣旨は，権利行使の現実的な機会を確保する点にある。そうであれば，債権者が弁済期以前のいずれかの時点において債権の発生を基礎づける事実と弁済期を認識しているときは，弁済期が到来しさえすれば権利行使の現実的な機会が一度は確保されたということができる。したがって，①〜④のすべてにおいて，期限の到来により主観的起算点からの消滅時効期間の進行が認められてよいと思われる。
　　もっとも，これらの場合につき，弁済期の到来を知らないことを債権者の不利益に帰することが相当でないと感じられるときと，そうでないときがあるとし，①と③，場合により④において，Aが期限の到来を覚知するまで主観的起算点から5年の消滅時効期間の進行を認めるべきではないとする見解もある。
　　この見解において，②について，弁済期の経過による期間5年の進行開始が否定されないのは，代理人の主観的態様は本人に帰責されるという考慮によるものであろう。そうであれば，①についても同様に解すべきであると思われる。③について，主観的起算点からの時効の進行が開始しないとすることは，債権者が弁済期到来後に事理弁識能力を失い，それが継続した場合に，時効の進行が妨げられることはなく，そのために158条1項が設けられていることとのバランスを失すると思われる。そして④については，③において弁済期の経過により期間5年の消滅時効の進行を認めるのであれば，この場合にその進行を否定することは適当ではない。④についてはさらに，相続の包括承継性の一つの効果として，相続人はその認識を有していると扱われてもやむをえないと考えられる。

2 **例　外**　平成29年民法改正では，債権の消滅時効期間に関する規律を単純化するため，166条1項と異なることになる規定が，民法の内外を問わず数多く削除された。もっとも，改正されずに維持された規定もある。

　民法総則中の例外規定として，168条がある。これは，地代債権や契約に基づく扶養料債権など，一定額の金銭等を定期的に給付することを目的とする基本権としての権利である定期金債権について，消滅時効期間をとくに定める規定である。同条によれば，定期金債権については，①その債権から生ずる支分権たる各期の債権（たとえば，毎期の地代や扶養料の支払を求める権利）を行使することができる時（「客観的起算点」）から20年，または②各期の債権を行使することができ，かつ，債権者がその権利を行使することができることを知った時（「主観的起算点」）から10年が経過することにより，消滅時効が完成する。各期の債権が弁済されると定期金債権について承認による時効の更新（⇒ p. 427 の**6**参照）となることから，起算点が各期の債権を基準に定められ，また，改正前168条1項が定期金債権の消滅時効期間を債権の原則的時効期間の2倍としていたことを踏まえて，主観的起算点からの消滅時効期間と客観的起算点からの消滅時効期間のいずれについても，166条1項の2倍とされている（各期の債権については，166条1項が適用される）。

　ほかに，たとえば724条は，不法行為による損害賠償債権の消滅時効期間を，被害者等が損害および加害者を知った時（主観的起算点）から3年間（同条1号），不法行為の時（客観的起算点）から20年間としている（同条2号。これは，客観的起算点から20年の期間の定めも消滅時効期間であることを明確にしたほかは，改正前724条を実質的に維持したものである）。主観的起算点から3年間という短期の消滅時効期間の定めは，もともと，不法行為の加害者は，予期しない偶然の事故により未知の当事者間に生ずるという不法行為の法律関係の特質のゆえに，不安定な地位に置かれるところ，時間の経過とともにその地位が著しく不安定になることから加害者を保護するという趣旨によるものである。この趣旨は現在でも否定することができないということから，短期の消滅時効期間の例外が維持された。客観的起算点から20年間という長期の消滅時効期間の定めは，反対に，被害者保護の趣旨によるものと思われる。

　もっとも，たとえば医療過誤，契約上の保護義務違反または安全配慮義務違反等として構成することが可能な事故による損害について，債務不履行と構成するか不法行為と構成するかによって債権の消滅時効期間が異なることに，合理性が

あるとはいえない。この問題性については，人の生命または身体の侵害による損害賠償債権の消滅時効に関して，一方で債務不履行を理由とする損害賠償債権の客観的起算点からの消滅時効期間が20年間とされ（167条），他方で不法行為による損害賠償債権の主観的起算点からの消滅時効期間が5年間とされる（724条の2）ことで，一定の手当がされている。

❷　その他の権利の消滅時効期間

1　**債権および所有権以外の財産権の消滅時効期間**　債権および所有権以外の財産権の消滅時効の期間は，原則として，20年間である（166条2項）。

 166条にいう権利の「行使」の多義性
　166条は権利が行使されない状態の継続による消滅時効の完成を定めているが，そこにいう権利の「行使」は，権利の種類によって意味合いが違ってくる。
　たとえば地上権等の用益物権や賃借権では，目的物を権利設定の目的に従って利用していることが権利の行使に該当し，この利用が継続されている間は，消滅時効が進行することはない。ここでは，当事者間で権利が行使されない場合にも消滅時効の完成を妨げる事由を，166条が定めていることになる。
　それに対して，金銭債権のように，一回的給付により実現される債権の場合には，権利の行使は，債務者に任意の履行を求めることか，債務者から任意の履行を得られない場合の強制的実現に向けた手続をとることしかない。これらは，すべて，147条から150条までに時効の完成猶予事由または更新事由として規定されている。したがって，一回的給付により実現される債権については，166条1項にいう債権を「行使しない」ことが，147条以下の規定を離れて独自の意味をもつことはないと考えられる。

2　**形成権の消滅時効期間**（行使期間）　形成権については，その消滅時効期間（行使期間）を法律がとくに定めている場合がある（例：取消権に関する126条）。そのような場合には，当然，その規定に従うことになる。しかしながら，そのような定めがない場合もある（たとえば，契約解除権）。この場合，判例は，消滅時効期間は債権に準ずるとしている（賃料不払を理由とする賃貸借契約の解除権に関する最判昭和56・6・16民集35巻4号763頁，無断転貸を理由とする賃貸借契約の解除権に関する最判昭和62・10・8民集41巻7号1445頁，借地10条〔借地借家13条〕による建物買取請求権に関する最判昭和42・7・20民集21巻6号1601頁，満期白地の手形の補充権に関する最判昭和44・2・20民集23巻2号427頁など。これによると，166条1項が類推適用され，債権および所有権以外の財産権として166条2項が適用されるのではない）。

 形成権の行使により生ずる債権の消滅時効期間
　形成権の消滅時効については，形成権自体の行使の問題のほかに，行使の結果として

生ずる債権の消滅時効期間の問題がある。これについては，p.228 の 発展学習 「民法126条の期間制限の法的性質」を参照。

発展学習 消滅時効期間の合意による変更

　平成29年改正前民法のもとで，法律に定められている時効期間を当事者が合意によって変更することは可能か，とくに契約によって発生する債権の消滅時効期間についてどうかが，問題とされていた。これは，現行民法のもとでも，同じく問題になりうる。

　改正前の学説では，法定の時効期間を延長する合意は，時効完成前の時効利益の放棄が認められないことと同じ理由（強い立場にある債権者が，弱い立場にある債務者に不当に延長を強いる恐れがある）から無効であるが，法定の時効期間を短縮する合意は，そのような問題がないため有効であるとする見解が有力に主張されていた。

　時効期間の定めを公序の一種と捉えるならば，合意による変更はそもそも認められない。それに対して，時効期間の定めも一義的には私人間の法律関係に関するものであることから，ある程度は私的自治に委ねてよいとするならば，合意による変更も認められうる。かりに後者であるとすると，次のことを指摘することができる。

　時効期間を延長する合意には，確かに上述のような恐れがあるが，その恐れをもって一律に無効とする必要はない。時効期間についても私的自治を認め，合意を許す以上，その合意が法的に許容される私的自治的形成の範囲を超えている場合にだけ，無効とすればよい。そうすると，たとえば，債権者が優越的地位を不当に行使した合意や，事実上時効にかからない権利を認める（時効制度そのものを潜脱する）ことになる合意は，公序に反し無効であるが，そうでなければ，その合意も有効と解してよい。

　時効期間を短縮する合意も，原則として有効であるが，公序による縛りはある。債務者のほうが優位にある場合に，その優越的地位を不当に行使した短期化の合意や，ある権利から権利としての実質を奪うほど短期の合意は，やはり公序に反し無効とされるはずである。

　もっとも，時効期間についての当事者の合意に法的意味を認める方法は，合意による時効期間の変更を認めることだけではない。法律に許容する旨の定めがないにもかかわらず，合意による時効期間の変更を認めると，第三者にもその合意の効力が及ぶのかが問題になるなど，時効制度の安定性を害する恐れがある。そこで，時効期間の合意がある場合には，合意された期間をその権利にかかる時効期間と認めるのではなく，その合意が実質的に不当であるとして許容しえないものでない限り，延長の合意をした当事者が法定の時効期間の満了による時効の完成を主張すること，短縮の合意をした当事者が，その期間の経過後に合意の無効を主張して権利を行使することを，いずれも矛盾的態度として許さないとするにとどめることが考えられる。

3　時効障害

1　総　論

　取得時効，消滅時効ともに，時効の完成は，一定の事由（時効障害事由）の発生により妨げられる（時効障害）。

　時効障害については，2以下に述べるとおりであるが，これは，平成29年民

法改正により大きな変更がされたものである。そして，同改正後の規定は，同改正法の施行日である令和2年4月1日以後に生じた事由に適用される。その施行日より前に改正前147条に定められた中断事由または改正前158条〜161条に定められた停止事由が生じていたときは，令和2年4月1日以降も，改正法の適用はなく，同年3月31日までと同様に扱われる（改正附則10条2項）。また，151条が定める協議をおこなう旨の書面による合意が令和2年3月31日以前にされていたとしても，151条は適用されない（時効の完成猶予の効力は認められない。改正附則10条3項）。

　時効障害には，取得時効と消滅時効に共通するものとして，時効の完成猶予と時効の更新がある。また，取得時効に特有のものとして，（自然）中断がある（164条・165条）。

　時効の完成猶予とは，一定の事由がある場合に，時効期間は進行し続けるものの，本来の満了時期を過ぎても，所定の時期が経過するまで時効が完成しないとされることをいう。

　時効の更新とは，一定の事由がある場合に，それまで進行していた時効期間の経過を無意味なものとし，時効完成の基礎となる事実がなお存在するときには新たに時効の進行が開始するとされることをいう。

　時効障害については，おおむね，権利者による権利の実現または確保に向けた権利の主張がされたと認められる事由がある場合，および権利者に権利行使を期待することは難しいと認められる事由がある場合に時効の完成が猶予され，権利の存在を確たるものとして認める事由（または，権利存在の高度の蓋然性を示す事由）があれば時効が更新される，という考え方がとられている。

　権利者による権利の主張がされた場合，または権利者による権利行使を期待しがたい事情がある場合には，権利不行使の怠慢という権利者に不利益を負わせる理由があたらなくなる。また，権利者による権利の主張がされた場合には，継続してきた事実状態への信頼が揺らぎ，相手方はその権利の存否をめぐって争うか，争いに備えることができる（または，備えるべきことになる）。そこで，このような場合には，権利の存在（またはその高度の蓋然性）が認められるわけではないため，それまで進行してきた時効期間を無意味にすることはされないものの，その権利の存否を明らかにするための手続の進行中またはその手続を現実にとるために要すると考えられる期間が経過するまで，時効の完成が猶予される。

　権利の存在を確たるものとして認める事由（または，権利存在の高度の蓋然性を示

時効障害事由	条文	完成猶予の期間	更新の時	その他
裁判上の請求 支払督促 和解，調停 破産手続参加，再生手続参加，更生手続参加	147条	その事由の終了まで ただし，更新とならずにその事由が終了した場合は，その終了の時から6か月を経過するまで	確定判決等により当該の権利が確定された時	時効期間が10年より短い権利の場合，更新後の時効期間は10年となる（169条1項）
強制執行 担保権の実行 形式的競売 財産開示手続	148条	その事由の終了まで ただし，取下げまたは法律の規定に従わないことによる取消しの場合は，その終了の時から6か月を経過するまで	その事由が終了した時（左記の取下げまたは取消しの場合を除く）	—
仮差押え 仮処分	149条	その事由の終了の時から6か月を経過するまで	—	—
催告	150条	その催告の時から6か月を経過するまで	—	催告の繰返しによる再度の完成猶予なし
協議をおこなう旨の合意	151条	その合意の時から1年，当事者が定めた1年未満の協議期間，または当事者の一方による協議続行の拒絶の時から6かのうち，いずれかを経過するまで	—	協議の合意の繰返しにより，最長5年の完成猶予
承認	152条		その承認の時	—
未成年者または成年被後見人に対する時効	158条	その者が行為能力者となった時等から6か月を経過するまで	—	—
夫婦間の権利の時効	159条	婚姻の解消の時から6か月を経過するまで	—	—
相続財産に関する時効	160条	相続人が確定した時等から6か月を経過するまで	—	—
天災その他避けることのできない事変	161条	その障害が消滅した時から3か月を経過するまで	—	—

す事由）があれば，権利者に権利不行使の怠慢はなく，事実状態を真の権利状態であると認めるべき基礎もなくなる。そのため，時効の更新が認められる。

　時効障害に関するこのような考え方から，たとえば裁判または強制執行等による時効障害については，おおむね，その手続の申立てに始まる手続の進行中は時効の完成が猶予され，その手続における権利の確定または満足をもって時効が更新される。また，権利の確定等に至らないまま手続が終了した場合（たとえば，

訴えや手続の取下げの場合）には，その終了の時から6か月間の完成猶予とする（6か月が経過したときに時効が完成する）こととされている。

2 各種の時効障害事由とその効力

❶ 裁判上の請求等による時効の完成猶予と更新

　裁判上の請求，支払督促，訴え提起前の和解・民事調停法または家事事件手続法による調停，破産手続参加・再生手続参加・更生手続参加の各事由については，それらの事由が終了するまでの間に時効が完成することはない（147条1項）。これらの手続が開始された場合，手続の継続中は，債権者がその手続の帰趨を（他に何らかの措置を講ずることなく）見守るのは当然である。そこで，手続の終了まで時効が完成することはないとされているほか，権利が確定されないままその手続が終了した場合には，いわば時効の完成を妨げる別の手続をとるための期間として，手続終了の時から6か月を経過するまで時効は完成しないこととされている（同条1項柱書かっこ書）。

　上記の手続において確定判決またはそれと同一の効力を有するもの（以下「確定判決等」という）によって権利が確定したときは，その時から新たに時効の進行が始まる（同条2項）。その場合，10年より短い時効期間の定めがあるものであっても，その時効期間は10年となる（169条1項。たとえば，売買代金債権につき確定判決により時効が更新された場合には，その消滅時効期間は，その確定の時から〔5年ではなく〕10年となる）。

　1　裁判上の請求　　裁判上の請求とは，民事訴訟における訴えの提起のことである。債権者の債務者に対する履行請求の訴えや，所有者の占有者に対する物の返還請求の訴えのように，給付の訴えがその典型例である。そのほか，確認の訴えの提起（大判昭和5・6・27民集9巻619頁），反訴の提起（民訴146条参照），債務者から提起された債務不存在確認訴訟に対する債権者の訴え棄却を求める応訴（大連中間判昭和14・3・22民集18巻238頁）も，裁判上の請求に該当するとされている。

発展学習	**債権の一部請求の訴えの扱い**

　平成29年改正前民法のもとで，債権の一部についてだけ裁判上の請求がされた場合に，債権の全部について（改正後の時効の更新に相当する）時効中断が認められるかが，問題とされていた。判例は，一部請求の趣旨が明示されている場合には，請求の範囲でのみ時効中断効が生じ（最判昭和34・2・20民集13巻2号209頁。第1審係属中に請求が拡張され，残部全額も訴求されたが，残部についての時効は請求拡張の書面が裁判所に提出された

時に中断するとし，残部の消滅時効の完成を認めた），残部については，裁判上の請求に準ずる時効中断効は生じないが，特段の事情のない限り，「裁判上の催告」としての効力が認められる（最判平成25・6・6民集67巻5号1208頁）のに対し，一部請求の趣旨が明示されていない場合には，債権の同一性の範囲内において債権全部につき時効中断効が生ずるとしている（最判昭和45・7・24民集24巻7号1177頁。ただし，残部の請求は既判力によって遮断される）。時効中断効は訴訟物の範囲でしか認められず，前者の場合には債権の一部だけが訴訟物となっていることがその理由である。もっとも，学説では，二つの場合に実質的な違いはない（いずれにせよ債権者による権利行使であり，一部請求の趣旨を明示していても，基本となる債権全体について存否が判断されることが普通である）として，反対する見解も有力だった。

平成29年民法改正は，この問題について特定の立場をとってされたものではない。改正前の判例を前提にするならば，改正後は，明示的一部請求の場合には，訴えの提起によって残部も含めた債権全部について時効の完成猶予の効力が生じる。そして，請求認容の判決が確定したときは，認められた部分につき時効の更新の効力が生じ，残部についてはその時からさらに6か月を経過するまで完成猶予の効力が継続することになる。明示的でない一部請求の場合には，訴えの提起によって債権の全部について時効の完成猶予の効力が生じる。そして，請求認容の判決が確定したときは，認められた部分につき時効の更新の効力が生じ，残部の請求は既判力によって遮断される。

2 確定判決と同一の効力が認められる事由

以下の手続では，確定判決と同一の効力をもって権利が認められることがあり，裁判上の請求と同様の考え方で，時効の完成猶予の効力および時効の更新の効力が認められる。すなわち，手続継続中は時効の完成が猶予され，権利が確定判決と同一の効力をもって認められたときは，その時に時効の更新の効力が生ずる。権利が認められるに至らずに手続が終了したときは，その終了の時から6か月を経過するまで時効の完成が猶予される（ただし，終了事由によっては，時効の完成猶予の効力がそもそも生じないとされること〔たとえば，支払督促の申立てが却下された場合（民訴385条）や支払督促が債務者に送達されない場合（大判明治40・4・11民録13輯423頁）。これらの場合には，債務者に権利の行使が知らされないことになるため，時効の完成猶予の効力は初めから生じなかったものとされる〕など，例外もある）。

(1) 支払督促 　**支払督促**とは，金銭その他の代替物または有価証券の一定の数量の給付を目的とする請求について，債権者の申立てによって裁判所書記官が発する支払命令をいう（民訴382条本文）。債務者が争わなければ，簡易迅速な手続で最終的には確定判決と同一の効力が認められる（民訴396条）。

(2) 和解および調停の申立て 　民事上の争いについて，当事者は，訴え提起前に簡易裁判所に**和解**の申立てをすることができる（民訴275条）。この場合に訴えの提起前に和解が成立し，和解調書が作成されると，この和解調書の記

載は確定判決と同一の効力を有する（民訴267条）。

民事調停法と家事事件手続法による**調停**については，調停において当事者間に合意が成立し，それが調書に記載されたときは調停が成立したものとされ，その記載が確定判決と同一の効力を有する（民調16条，家事268条1項）。

(3) 破産手続等への参加　債務者が支払不能または債務超過にある場合に破産手続が開始されると，破産手続開始の申立てをしなかった債権者は，この手続のなかで弁済（配当）を受けるために，自己の債権を裁判所に届け出る必要がある（破111条）。この届出を，**破産手続参加**という。破産債権が確定すると，破産債権者表が作成され，その記載は，破産債権者の全員に対して確定判決と同一の効力を有する（破124条3項）。なお，債権者は破産手続開始の申立てをすることができるが（破18条1項），この申立ては裁判上の請求にあたるとするのが判例である（最判昭和35・12・27民集14巻14号3253頁〔平成29年改正前民法について〕）。

このほか，破産手続と類似の，債務者が経済的破たんの状態にある場合のための手続である民事再生手続，会社更生手続についても，それらの手続に参加しようとする債権者は，債権の届出をすることになる（民事再生94条，会社更生138条）。これらの手続においては，再生債権者表の記載（民事再生104条3項），更生債権者表等の記載（会社更生150条3項）が確定判決と同一の効力を有する。

❷　強制執行等による時効の完成猶予と更新

強制執行，担保権の実行，形式的競売（民執195条），財産開示手続（民執196条）の各事由については，申立て等による開始から終了するまでの間に時効が完成することはない（148条1項）。そして，権利の満足に至ることなくその事由が終了した場合には，その満足に至らなかった残部について，申立ての取下げまたは法律の規定に従わないことによる取消しのときを除き，その終了の時から新たに時効の進行が始まる（同条2項）。前記取下げまたは取消しによるその事由の終了のときは，その終了の時から6か月を経過するまで，時効は完成しない（同条1項柱書かっこ書）。

強制執行，担保権の実行は権利の強制的実現の方法であり，申立て等によりその手続が開始されたときは，債権者に権利不行使の怠慢はなく，継続してきた事実状態への信頼も揺らぐ。そこで，手続の開始により完成猶予の効力が認められる。そして，それらの手続が終了した時に権利が実現されずに残ったとしても，

（取下げまたは法律の規定に従わないことによる取消しの場合を除き）権利者が権利の実現をそのための公的手続において図ったことに変わりはなく，その手続はその権利の存在を前提としたまま終わったのであるから，その権利が存在する高度の蓋然性が認められる。そこで，それらの手続の終了（ただし，取下げまたは前記の取消しによる終了の場合を除く）の時に，時効の更新の効力が認められる。

　形式的競売とは，換価のためのみの競売であり，「留置権による競売及び民法，商法その他の法律の規定による換価のための競売」（民執195条）をいう。民執195条に明示されている留置権による競売のほか，たとえば，共有物分割のための競売（258条2項），弁済供託のための競売（497条），限定承認の際の競売（932条）などがこれにあたる。これらの競売は，債権者の権利を満足させることを目的とした手続ではないが，一般に債権者としての権利行使の側面があり，留置権に基づく形式的競売では留置権者に配当がされる場合も実務上ある。そのため，強制執行等と同様に扱うこととされている。

　財産開示手続は，金銭債権者がその債権の存在を確定する勝訴判決を得たにもかかわらず，執行の対象となる債務者の財産を特定することができないために強制執行を申し立てることができないときなどに，強制執行等の準備として行われる手続であり，強制執行，担保権の実行としての競売等と並ぶ民事執行手続の一つとして位置づけられているものである（民執1条参照）。そこで，当該債権の消滅時効の障害事由として強制執行等と区別すべき合理的理由はないとして，強制執行等と同様に扱うこととされている。

🔳 仮差押えまたは仮処分による時効の完成猶予

　仮差押え（民保20条）と**仮処分**（民保23条）は，将来の強制執行による債権の実現や，契約取消し後の給付物の返還請求権の実現等を保全するために，債務者等の財産の現状を維持すべく，その財産の処分を暫定的に禁ずるなどの措置を講ずる手続である。これらは，その開始に債務名義は不要であり，権利の終局的な実現を図るものではなく後に本案の訴え等を予定する暫定的な手続にとどまる。そのため，時効の更新の効力は認められない。ただ，権利の公的手続による実現に備えておこなわれるものであり，これらがおこなわれるということは，権利者が権利の実現に向けた公的手段の一つに自ら訴えたことを意味する。そこで，時効の完成猶予の効力が認められている（149条）。

　仮差押えまたは仮処分の申立てがされたときは，その事由が終了した時から6

か月を経過するまで，時効は完成しない。149条によれば，「その事由が終了した時」が，時効の完成猶予期間である6か月間の起算点となる。この起算点は，申立ての却下または取下げによる終了の場合はその終了の時であり，仮差押えまたは仮処分の決定がされた場合は，本案の訴えが提起されるまでの間は時効の完成を認めないこととする趣旨からして，仮差押えまたは仮処分の効力が消滅した時と解される（改正前147条2号に関する最判平成10・11・24民集52巻8号1737頁は，不動産の仮差押えに関する事案につき，仮差押えによる時効中断は，仮差押えの執行保全の効力が存続する間は継続する旨を述べており，その趣旨は維持されるべきである）。

| 補論 | **仮差押えまたは仮処分の完成猶予事由化の影響の有無** |

　仮差押えまたは仮処分（以下，「仮差押え等」という）は，改正前147条2号では（時効の更新に相当する）時効の中断事由とされていたところ，平成29年民法改正により，時効の更新が後続することのない完成猶予事由とされた（149条。以下，「完成猶予事由化」という）。これは，改正前民法のもとでの機能からして，仮差押え等は，その付随性，暫定性から，本案の訴えが提起されるまでの間，時効完成を阻止するものとすれば足る，という認識による。

　改正前157条は，「中断した時効は，その中断の事由が終了した時から，新たにその進行を始める」としていたため，仮差押え等について「その事由が終了した時」とはどの時点をいうかが問題とされていた。149条でも，その事由が終了した時から6か月を経過するまで時効は完成しないとされているため，「その事由が終了した時」の意義（改正前157条と同様に解されるか）が問題になる。

　平成29年改正前民法のもとで，仮差押え等の時効中断の効力については，発令手続が終了した時に終了するとする説（以下，終了説）と，執行保全の効力が存続する間は継続するとする説（以下，継続説）があった。また，継続説のなかでは，後に本案の勝訴判決が確定した場合につき，仮差押え等による時効中断効は確定判決による時効中断効に吸収されて消滅するとする説（吸収説）とこれを否定する説（非吸収説）があった。そして，判例は，継続説中の非吸収説であった（最判平成6・6・21民集48巻4号1101頁，前掲最判平成10・11・24）。

　以上の判例および議論状況は，平成29年民法改正において仮差押え等が完成猶予事由化されたことによって影響を受けるものではない，と一般に説かれている。

　ただ，次の2点につき，従来の状況が維持されうるかに，やや疑問がある。

　一つめは，終了説に関してである。

　民事保全手続の付随性・暫定性による完成猶予事由化を重視するならば，保全決定の発令をもって「事由が終了した」とすることが，素直であるとも考えられそうである。ところが，仮差押え等は，改正前民法では時効中断事由であり，手続が終了した時から新たに消滅時効期間が進行し，債権者には一般の商事債権であれば5年，一般の民事債権であれば10年という時間が与えられていた。ところが，完成猶予事由化されたことにより，仮差押え等の事由が終了した後に債権者に与えられる期間は6か月となる。そのため，149条のもとで終了説をとるならば，たとえば仮差押登記によって時効の完成が猶予されても，後続の措置をとらなければ，6か月の経過で時効が完成することになる。この結果は受け入れがたく，終了説はとりがたいのではないかと思われる。

二つめは，改正前の判例が今後もそのまま妥当するかに関してである。

前掲最判平成10・11・24は，継続説かつ非吸収説をとることを明言した。その際，形式的には，改正前147条が，仮差押えと裁判上の請求を別個の時効中断事由と規定していることを根拠にしている。

この論理は，改正前には仮差押え等が裁判上の請求と同じ時効中断事由であったからこそ，成り立つものである。ところが，改正により，仮差押え等は，時効の更新が後続することのない完成猶予事由とされた。それに対し，裁判上の請求は，それ自体としては完成猶予事由であるが，その後に請求を認める確定判決があれば，それによって時効の更新の効力が生ずる。そうすると，上記平成10年最高裁判決の論理が妥当するのは，完成猶予の効力に限られると思われる。そのうえで，仮差押えの後に本案の訴えが提起され，勝訴判決が確定すると，それによって，時効の更新の効力が生じ，時効の完成猶予の効力は（裁判上の請求によるものだけでなく，仮差押え等によるものも）消滅すると解される。ただ，そうなると，債権者が，本案の訴えを提起して勝訴の確定判決を得るという，いわば本則と考えられる対応をしたときのほうが，本案の訴えを提起しないままにしておくときより早く時効が完成することになりうることになる（改正前に，吸収説はまさにこの点において批判されていた）。

④ 催告による時効の完成猶予

催告とは，権利者が義務者に対して義務の履行を求める意思の通知をいう。

催告は権利の主張の一種であり，催告がされた場合には継続してきた事実状態への信頼が揺らぐといえる。また，相手方にその権利の存否をめぐる争いに備える必要性を認識させることになる。そこで，催告は時効の完成猶予事由の一つとされている。ただ，催告は，一方的な権利の主張にすぎない。そのため，時効の更新の効力は認められていない。

①および②の事由が，裁判所またはこれに準ずる機関が関与して権利関係を確定もしくは実現する手続またはそれらに向けた手続であるのに対し，催告は，相手方に通知をすればよいだけであり，その際に主張の根拠を示す必要もない。ただ，①または②の事由にあたる手続をとるには，通常，相当の準備が必要であり，時間もかかる。そのため，権利者が時効の完成間際にそれらの手続によって権利を行使しようとしても，間に合わないこともある。そのような場合には，権利者に時間的猶予を与えることが望ましい。催告は，主にこのような趣旨から，時効の完成猶予事由とされている。

催告がされたときは，その時（通常，催告の通知が相手方に到達した時）から6か月を経過するまで，時効は完成しない（150条1項）。なお，その6か月が経過するまでの間にあらためて催告がされても，その再度の催告に時効の完成猶予の効力はない（同条2項）。催告は，権利者の一方的な行為にすぎず，権利の存否の確

定に資するところに乏しく，また権利者が手軽に繰り返すことができるものである。そのため，訴えの提起等の**1**または**2**にあたる手続をとるための時間的猶予を与える必要はあるが，その猶予の期間を長くすることは適当でないと考えられることから，再度の催告による時効の完成猶予期間の延長は認められていない。

5 協議をおこなう旨の合意による時効の完成猶予

　権利の存否をめぐる争いも，私人間の法律関係をめぐる争いであるから，当事者の間で自律的に解決されることが望ましい。ところが，平成29年改正前民法のもとでは，その自律的解決に向けた取組みが続けられていても，時効期間の満了の時が近づくと，権利者は，訴えの提起など強行的な措置をとらざるをえなかった。これでは，争いの解決までにより多くの時間と費用を要するなど，当事者のいずれにとっても不利益となりかねない。そこで，そのような事態を避けることができるようにするため時効障害事由として新たに設けられたのが，**権利についての協議をおこなう旨の合意**による時効の完成猶予である（151条）。

　当事者がこの合意を書面でしたときは，その合意がされた時から1年，当事者が定めた1年未満の協議を行う期間，または当事者の一方が他方に対して協議の続行を拒絶する旨の書面による通知をした時から6か月のいずれかが経過するまで，時効は完成しない（同条1項）。協議をおこなう旨の合意，協議の続行を拒絶する旨の通知は，その合意または拒絶の有無をめぐって争いになることを避けるために，書面（同条4項の電磁的記録を含む）ですることが必要とされている。

　紛争の自律的解決を図るためには比較的長い時間を要することがあり，協議が1年間または当初定めた1年未満の期間で調わないこともある。そこで，協議の継続を当事者が合意する場合には，紛争の自律的解決の支援という観点から，完成猶予の期間をさらに延ばすことが望ましい。もっとも，協議の開始から長い時間が経過すると，協議が調う見込みは薄れる。また，時効制度には時間の経過に伴う証拠の曖昧化により増大する社会的負担の回避という公益的な目的もある。そこで，完成猶予の期間は合理的な範囲にとどめられるべきである。こういった考慮から，協議をおこなう旨の合意によって時効の完成が猶予されている間に再度の協議をおこなう旨の合意がされた場合，さらなる時効の完成猶予の効力が認められるが，その期間は，時効の完成が猶予されなかったとすれば時効が完成すべき時から5年を超えることができないとされている（同条2項）。

　これに対し，催告によって時効の完成が猶予されている間にされた協議をおこ

なう旨の合意，協議をおこなう旨の合意によって時効の完成が猶予されている間
にされた催告には，時効の完成猶予の効力は認められない（同条3項）。前者につ
いては，当事者による紛争の自律的解決の支援という観点からすれば，完成猶予
の効力が認められてもよさそうである。そのようにされなかったのは，（立案担当
者による説明とは異なるが）催告による時効の完成猶予の趣旨（訴えの提起等の権利
の確定または実現のための公的手段をとる準備をするために必要な時間を権利者に与える
という趣旨）による，と説明されるのではないかと思われる。

6　承認による時効の更新

　承認とは，時効の利益を受けるべき者が，時効によって権利を失うべき者に対
して，その権利の存在を認識し，争わない旨を表示することである。承認により，
権利の存在が当事者の間で明確にされる。また，承認があれば，権利者は権利保
全のために特別の措置を講ずる必要があるとは考えないことが普通であり，その
ことを責められない。こういったことから，権利の承認が時効の更新事由とされ，
承認があった時から新たに時効の進行が始まることとされている（152条1項）。

　承認は，裁判外でされるものでもよく，特別の方式も要しない。また，明示さ
れる必要はなく，権利の存在を認識し争わない旨を示す行為はすべて承認となる。
たとえば，利息の支払は元本の承認となり（大判昭和3・3・24新聞2873号13頁），
利息債権を自働債権とする相殺は元本の承認となる（大判昭和17・7・31民集21巻
824頁）。また，債務の一部弁済は残額についての承認となる（大判大正8・12・26
民録25輯2429頁，最判平成25・9・13民集67巻6号1356頁）。

　承認は，時効の利益を受けるべき者にとって，不利な効果を生ずる意思的行為
である。しかしながら，承認をするために，承認の対象となる権利の処分（その
権利を相手方に与えることになる行為）について行為能力または権限を要しない
（152条2項）。承認は，権利を有しない状態（取得時効の場合）または義務もしくは
負担がある状態（消滅時効の場合）が継続するという，承認をする者にとって不利
な効果を生ずるが，処分行為ではないからである。

7　その他の事由による時効の完成猶予

　158条～161条では，時効期間が満了すべき時に，権利者に時効の完成猶予また
は更新のための措置を講ずることを期待しがたいと考えられる一定の事由がある
場合に，その事由が消滅した後に一定期間が経過するまで，時効が完成しないこ

ととされている。それらの場合に権利者に権利を失わせることは，財産権保護の要請に著しく反するという考えに基づくものと思われる。たとえば，時効期間満了の前6か月以内に，未成年者または成年被後見人に法定代理人がないとき（158条1項）がこれにあたる（なお，最判平成26・3・14民集68巻3号229頁は，時効の期間の満了前6か月以内に精神上の障害により事理弁識能力を欠く常況にあるものの，後見開始の審判を受けていない者について，「少なくとも，時効の期間の満了前の申立てに基づき後見開始の審判がされたときは」，158条1項が類推適用され，後見人が就職した時から6か月を経過するまで，その者に対し時効は完成しないとした）。

3 時効の完成猶予または更新の効力が及ぶ人的範囲

> ### Case 91
> 　Aは，BがC銀行から融資を受ける際に，保証人になった。Bは期日に返済することができなかった。その2年後にCから保証の実行を求められたAは，Cに対し，「迷惑をかけないよう，保証人の責任を果たすべく努力する」と答えた。ところが，それからさらに4年後に，Aは，Bとともに，Bの債務の時効による消滅を主張した。
>
>
> 　Cは，返済期日に貸付金の返還債権を行使することができることを当然知っている。したがって，CのBに対するその債権は，返済期日の翌日から5年を経過したときは時効により消滅する（166条1項1号）。
> 　保証債務は，主たる債務（以下，「主債務」という）の履行を確保するためのものなので，主債務と法的運命を共にするという性質（主債務に付き従うということから，付従性という）を有する。すなわち，主債務が有効に成立しなければ保証債務も有効に成立しない，主債務が（一部）消滅すれば保証債務も（その限度で）消滅する，主債務にかかる債権が他に移転されれば保証債務もそれに従って移転する（新たな債権者のために債務が保証されることになる），という性質を有する。そのため，BのCに対する債務が時効によって消滅すれば，Aの保証債務も消滅することになる。
> 　AとBが，CのBに対する債権の時効による消滅を主張したのは，Bの返済期日から6年後のことである。そのため，この主張は認められる可能性がある。問題は，Aが，Bの主債務の返済期日から2年後に，Bの主債務と自己の保証債務を承認したことにある。これによって，Cの保証債権については，時効の更新の効力が生ずる。では，CのBに対する債権についてはどうか。これが，ここでの問題である。

　時効の完成猶予または更新の効力は，その「事由が生じた当事者及びその承継人の間においてのみ，その効力を有する」（153条）。これは，時効の完成猶予の効力も時効の更新の効力も人の法的行為により生ずるが，人の法的行為は原則として他の人を益することも害することもない，という考えを基礎にしている。

Case 91 では，Aの承認によって，AとCの間でのみ時効の更新の効力が生ず る。その効力はBに及ばず，Bとの関係で時効の完成猶予事由も更新事由もなけれ ば，CのBに対する債権については，返済期日の翌日から５年の経過により消滅時 効が完成する。そして，この債権が時効により消滅すると（Bだけでなく，Aも援用 権者である〔145条かっこ書。また，p.434 の**2**〕，付従性の結果として，CのAに対す る保証債権も消滅することになる。

なお，Case 91 とは事情が異なるが，最判平成25・9・13民集67巻６号1356頁 は，保証人が主債務を相続し，主債務者兼保証人となった場合において，主債務の 相続を知りながら保証債務の弁済をしたときは，その弁済は，特段の事情のない限 り，主債務者による承認（⇒p.427 の**6**参照）としての効力（現在では主たる債権の消 滅時効の更新の効力，判決当時は時効の中断の効力）を有するとした。

　もっとも，時効の完成猶予または更新の効力が及ぶ範囲の限定には，例外もい くつか定められている（たとえば，154条，457条１項）。

Case 91 において，Cが返済期日から２年後に請求をし，それを受けて債務を 承認したのがBだった場合には，時効の更新の効力が保証人Aにも及ぶ（457条１ 項）。その場合，CのBに対する債権についてはもちろん，CのAに対する保証債 権についても，時効は完成していないことになる。

発展 学習　**時効の完成猶予または更新の効力が及ぶ人的範囲の拡大**

　　153条に相当する改正前148条のもとで，時効中断の効力（当時）が及ぶ範囲の限定 （当事者およびその包括承継人にしか及ばないとすること）に対する例外が，判例において， 明文の規定がある場合以外にも認められていた（たとえば，最判平成７・３・10判時1525 号59頁〔債務者の承認による時効中断の効果は物上保証人にも及ぶとした判決〕，最判平成 10・6・22民集52巻４号1195頁〔債務者の承認による時効中断の効果が詐害行為の受益者に 及ぶことを前提とする判決〕，最判平成11・2・26判時1671号67頁〔譲渡担保の設定者が譲渡 担保権者に対して有する清算金支払請求権について，その債務者である譲渡担保権者との間 に時効中断事由があれば，その効果が譲渡担保権者から被担保債権の弁済後に譲渡担保権 の目的物を譲り受けた第三者に及ぶことを前提とする判決〕）。これらの判例は，153条のも とで，時効の完成猶予または更新の効力が及ぶ人的範囲を拡大するものとして妥当する と考えられる。

　　これらの場合は，次の諸点において共通している。①時効の完成猶予または更新の効 力が及ぶとされる者（以下，「第三者」）は，債務者の債務にかかる債権が消滅すれば， それに従ってその物的負担を免れる立場にあること，②第三者は，債務者の債務にかか る債権の消滅時効の援用権を有すること，③ところが，債権者には，第三者との関係で， 債務者の債務にかかる債権の消滅時効の完成を直接阻止する手段がないことである。つ まり，これらの場合の第三者は，①と②の点で，保証人と同様の立場にある。ところが， 債権者は，保証人に対しては457条１項によって主債務にかかる債権の消滅時効の完成 を阻止することができるのに，これらの第三者との関係では③のような状況にある。こ

れでは，債権者と債務者の間における時効の完成猶予または更新の効力が第三者にも及ぶとしなければ，債権者が固有の時効援用権を有する者に対して時効の完成を阻止することができないという不合理な結果を生ずる。そこで，これらの第三者に対しては，債務者に対する時効の完成猶予または更新の効力が及ぶとされる。

3 時効の援用と時効利益の放棄

1 時効の援用

1 意 義

　時効が完成しても，権利の取得または義務の消滅という利益を受けるかどうか
は，当事者の意思に委ねられる。そのような利益を受ける旨の意思表示を**時効の
援用**という。

時効の法的構成（時効援用の法的性質）

　民法では，時効の完成によって，取得時効では権利が取得され（162条・163条），消滅
時効では権利が消滅する（166条1項ほか）と定められている。もっとも，当事者が援用
しなければ，裁判所は時効によって裁判をすることができないとも定められている
（145条）。このため，時効の効果の発生にとって時効の完成と時効の援用がどのような
関係に立つかが，問題とされてきた。これについては，以下のような見解が主張されて
きた。ただし，どの見解をとるかで，具体的問題の結論が顕著に異なるわけではない。

（1）**確定効果説（攻撃防御方法説）**

　民法の関連規定を素直に読めば，次のように解される。すなわち，時効の完成により，
権利の取得や消滅という効果が発生する。ただ，弁論主義の制約から，裁判所は，職権
で時効をもとに裁判をすることができず，当事者による訴訟上の主張が必要となる。
145条はこれを定めたものである。この見解は，時効の完成により時効の効果が確定的
に発生すると考えることから，確定効果説と呼ばれる（また，訴訟において請求を基礎づ
けるための判断資料の提出を攻撃防御方法の提出と呼ぶが，時効の援用はこの判断資料の提
出にあたるので，攻撃防御方法説と呼ばれることもある）。民法の起草者は，この立場であ
った。また，この見解を述べる古い判決例（大判明治38・11・25民録11輯1581頁）がある
ほか，いわゆる「取得時効と登記」に関する一連の判例（たとえば，時効による所有権取
得は時効完成時の所有者に登記なくして対抗することができるとする判例〔大判大正7・3・
2民録24輯423頁，最判昭和42・7・21民集21巻6号1653頁〕や，時効による所有権取得は時
効完成後の第三者に対しては登記がなければ対抗することができないとする判例〔大連判大
正14・7・8民集4巻412頁，最判昭和33・8・28民集12巻12号1936頁〕）は，確定効果説を
前提とするものである。

　ただし，この見解に対しては，次の批判がある。すなわち，弁論主義は民事訴訟法の
原則であり，145条がなくても，当事者が主張しない時効を基礎に判決することができ
ないのは当然である。確定効果説からは，民法が，そのような当然の事柄を，なぜ時効
に限って規定したのか明らかにならない（たとえば，売買による所有権取得も，弁済によ

る債権の消滅も，当事者が主張しなければそれに基づいて判決することはできない。民法典は，それらについて，ことさら何も定めていない），という批判である。

ただ，売買による所有権の取得や弁済による債権の消滅などの場合，その取得や消滅の原因さえあれば，その効果は訴訟において誰でも主張することができる。これに対して，時効を援用することができる者は，145条にいう「当事者」に限られる。そのため，実体法上発生した効果を訴訟上主張しうる者を限定する点に145の意義があるとみるならば，確定効果説によると同条は意味のない規定になるという上記の批判は，あたらないように思われる。

(2) 不確定効果説

時効の完成によって権利の取得や消滅が一応生ずるが，その効果の発生または不発生は，援用または放棄があって初めて確定するという考え方がある。これは，時効の完成によって時効の効果が不確定的に生ずるとするものであることから，不確定効果説と呼ばれている。これは，さらに次の三つの考え方に分かれる。

①時効の援用により時効の効果が確定的に発生すると考える見解（援用を時効の効果を発生させるための条件のようにみる考え方であることから，停止条件説と呼ばれる），②時効利益の放棄があると確定的に時効の効果が消滅すると考える見解（時効利益の放棄を，不確定的に発生している時効の効果を消滅させるための条件のようにみる考え方であることから，解除条件説と呼ばれる），③時効の効果は時効の完成と援用を要件として生ずるとする見解（要件説と呼ばれる）である。最高裁判決には，停止条件説に立つことを明言したものがある（最判昭和61・3・17民集40巻2号420頁〔百選I41〕。ただし，かなり特殊な事案）。また，停止条件説は，学説における多数説でもある。

不確定効果説では，145条は，時効の利益の享受を潔しとしない者に，時効の効果を及ぼすことで良心に反して時効利益を押しつけないよう，利益を享受するか否かの選択権を与える規定であると説明される。もっとも，これに対しては，泥棒が盗品の時効による取得を主張すること，未弁済を知る債務者が時効による債権の消滅を主張することが許されるならば，援用を良心に結びつけることは無意味であるとの批判がある。また，確定効果説によっても，時効の利益の享受を望まない「当事者」が時効の利益を押しつけられることはない。

(3) 訴訟法説（法定証拠提出説）

以上の二つの見解は，時効の効果は実体法上の権利変動であるとする考え方を前提にしている（時効をこのように捉える考え方を，実体法説という）。これらに対して，時効は実体法上の権利得喪原因ではなく，裁判で援用することにより，他の権利得喪原因の証明を要することなく，権利得喪の裁判を受けることを認める制度であるとする見解がある（時効をこのように捉える考え方を，訴訟法説という）。これによると，時効は，権利得喪についての一種の法定証拠というべきものになる（法定証拠提出説と呼ばれる。なお，この見解は，時効制度の正当化根拠を立証困難の回避に求める立場に通じる）。

この見解に対しては，162条や166条1項等の文言に完全に反するという批判がある。

2 時効の援用権者

時効の援用は，「当事者」がこれをおこなうとされている（145条）。

取得時効によって権利を取得し，または消滅時効によって義務または負担を免

れる者は，当事者にあたる。もっとも，145条かっこ書から明らかなように，ここにいう「当事者」にあたる者は，ほかにもある。そこで，この「当事者」とは誰のことかが問題になる。

Case 92

ZがAに対して債権を有していたが，この債権について消滅時効が完成していた。

① この債権のために，Bが保証していた。

② この債権のために，Cが，所有する甲土地に抵当権を設定していた。

③ Dも，Aに対して債権を有していた。

Case 93

Eは，Fから乙建物を賃借していた。建物の敷地（丙土地）は，実はYの所有地であったが，Fについて所有権の取得時効が完成していた。

　　　Case 92 のAは，消滅時効の対象となる債権の債務者であり，*Case 93* のFは，取得時効の対象となる権利の取得者である。そのため，AとFが時効を援用することができることに疑いはない。問題は，それ以外のB，C，D，Eが，Zの債権の消滅時効やFによる丙土地の取得時効を援用することができるかにある。

　他人間の法律関係に当事者の意思を無視して介入することは，原則として許されない。私的自治の原則に反し，他人に財産的不利益を生じさせることもあるからである。たとえば，AとZの間の法律関係に第三者が介入して，Zの債権の消滅時効を援用することができるとなると，Zは財産権の喪失という重大な不利益を被る。これは，財産権の不可侵という考えに反しうる。また，「自己の法律関係は自己の意思によって形成することができる」とする私的自治の原則を承認し，したがって，「他人による法律関係の形成を甘受する必要はない」と認めるならば，この場合のAやFは，たとえ自己の利益になることであっても，第三者によるその押しつけを，原則として拒むことができる。これによると，B，C，DはAとZの間の法律関係に，EはFとYの間の法律関係に介入することができないことになり，時効援用権を認められないことになる。

　しかしながら，他方で，他人間の法律関係への介入を正当化する理由がある場合には，その介入が認められることがあってもよいはずである。この点に関して，B，C，DはZの債権の消滅が認められることに，EはFの所有権取得が認められることに，利益を有する（Bは保証義務を免れ，Cは物的負担〔甲土地喪失の危険〕を免れ，Dは債権回収不能の危険を減じさせ，Eは賃借権喪失の危険を免れる立場にある）。

　したがって，ここでは，どのような者が他人間の法律関係について時効を援用することができるか（時効援用権者の範囲），その時効の援用によりどのような法律関係の変動が生ずることになるか（時効援用の効果）が，問題になる。

1 判例の一般的定式

　判例は，一貫して，当事者とは時効によって直接に利益を受けるべき者（とその承継人）のことであるとしている（大判明治43・1・25民録16輯22頁，大判大正4・

12・11民録21輯2051頁，最判昭和42・10・27民集21巻 8 号2110頁ほか）。

❷ 直接受益者

問題は，「時効によって直接に利益を受けるべき者」（**直接受益者**）とは誰か，である。その典型は，時効完成の当事者，すなわち，消滅時効によって債務を免れる債務者や，取得時効によって目的物の権利を取得する者である。そのほかに，判例上，次のような判断例がある。

1 **該当する者** 消滅時効につき直接受益者にあたるとされた者に，保証人（主たる債務について。前掲大判大正 4・12・11），連帯保証人（同前。大判昭和 7・6・21民集11巻1186頁），物上保証人（被担保債権について。前掲最判昭和42・10・27），担保不動産の第三取得者（同前。最判昭和48・12・14民集27巻11号1586頁），売買予約の仮登記がされた不動産に抵当権の設定を受けた者（予約完結権について。最判平成 2・6・5 民集44巻 4 号599頁），仮登記担保契約の目的不動産の第三取得者（同前。最判平成 4・3・19民集46巻 3 号222頁），詐害行為の受益者（被保全債権について。最判平成10・6・22民集52巻 4 号1195頁）などがある。

これらの判例を受けて，平成29年民法改正により，消滅時効を援用することができる「当事者」について，145条にかっこ書が設けられた。その結果，（連帯）保証人，物上保証人，第三取得者は，同かっこ書より当事者にあたる。売買予約の仮登記がされた不動産に抵当権の設定を受けた者と詐害行為の受益者は，「権利の消滅について正当な利益を有する者」として当事者にあたる。取得時効については，直接受益者にあたる者に関する特段の判例はない。

2 **該当しない者** 直接受益者に該当しないとされた者として，表見相続人からの譲受人（相続回復請求権の消滅時効について。大判昭和 4・4・2 民集 8 巻237頁），一般債権者（債務者に対する他の債権の消滅時効について。大決昭和12・6・30民集16巻1037頁），建物賃借人（建物賃貸人による敷地所有権の取得時効について。最判昭和44・7・15民集23巻 8 号1520頁），後順位抵当権者（先順位抵当権者の被担保債権の消滅時効について。最判平成11・10・21民集53巻 7 号1190頁〔百選Ⅰ42〕）などがある。

> 145条かっこ書および上記の判例を前提とすると，(Case 92) と (Case 93) は，次のようになる。
> (Case 92) では，①の B は，保証人であるから，145条かっこ書により，Z の A に対する債権の消滅時効を援用することができる。②の C は，物上保証人であるから，145条かっこ書により，Z の A に対する債権の消滅時効を援用することができる。

③のDは，Aの一般債権者であるから，ZのAに対する債権の消滅時効を援用することができない。ただし，Aが無資力の場合，Aの時効援用権を代わりに行使することができる（債権者代位権に基づく代位行使〔423条1項本文〕）。

（*Case 93*）のEは，Fの所有する乙建物の賃借人であるから，その敷地所有権のFによる取得時効を援用することができない。

③ 判例の変遷とそれに対する評価

　判例は，145条の「当事者」に該当するのは直接受益者であるとすることにおいて，一貫している。しかしながら，この基準を用いた具体的判断においては，判断の変更もみられる。たとえば，物上保証人について，かつては直接受益者にあたらないとされていたが（大判明治43・1・25民録16輯22頁），後に直接受益者に該当すると改められた（前掲最判昭和42・10・27）。また，詐害行為の受益者についても，かつては直接受益者にあたらないとされていたが（大判昭和3・11・8民集7巻980頁），今では直接受益者に該当するとされている（前掲最判平成10・6・22）。このため，学説では，時効の援用権者の画定基準として，「時効によって直接に利益を受けるべき者」という基準は，判例上あまり機能していないと評されてきた。そして，学説では，具体的な事案類型ごとにきめ細かな利益考量をおこなう必要があると説かれてきた。

> 発展学習 　（判例における）時効援用権者の画定基準について
> 　これに対し，判例の直接受益者基準は援用権者画定基準として機能しているとする見解もある。この見解によると，判例のいう直接受益者とは，当該時効によって，その義務が消滅する者または権利を取得する者をいう。そして，ある者が時効援用権を有するかどうかは，判例によると，次の二つの要素から判断される。第一に，時効を援用しようとする者とその相手方との間に，「直接の法律関係」を観念しうるかどうか（法律関係の「直接性」），第二に，その「直接の法律関係」が，他の援用権者の権利義務と別個に，独立して権利取得や義務消滅を導くものであるかどうか（法律関係の「可分性」）である（そして，上記の判例変更は，直接受益者基準を適用する際のこれらの要素の捉え方が変わったことによるものであり，判例のとる実質的基準や判例の拠って立つ時効観が変わったことによるものではないとされている）。
> 　この見解からは，従来の判例の立場（現在では145条かっこ書に該当する者を含む）は，次のように説明される。たとえば，（*Case 92*）①の保証人Bは，主債務にかかる債権が時効消滅すれば債権者Zに対する自己の保証債務が消滅する立場にあり，主債務者Aの債務は保証債務の消滅によって影響を受けない。また，（*Case 92*）②の物上保証人Cも，被担保債権が時効消滅すればZに対する自己の物的負担が消滅する立場にあり，Aの債務はCの負担消滅によって影響を受けない。したがって，直接受益者にあたる。それに対し，一般債権者は，債務者に対する他の債権者の債権が時効消滅しても，他の債権者との間で権利取得や義務（法的負担）免脱が生ずるわけではない。したがって，「直接

性」の要素が充たされず，直接受益者にあたらない。また，*Case 93* の建物賃借人Ｅは，乙建物の賃貸人Ｆによる丙土地の取得時効を援用することができれば，丙土地の所有者であるＹとの関係で建物退去，土地明渡しの請求を免れ，建物の利用を続けることができる（したがって，「直接性」の要素は充たされる）。しかしながら，そのためには，乙建物の所有権がＦに帰属している以上，Ｆに，丙土地の所有権を帰属させるか，丙土地の利用権原を生じさせるか，あるいは，Ｙに対する土地賃料相当額の損害金を負担させることが必要になる。これは，「可分性」の要素を充たさない。したがって，Ｅは，直接受益者にあたらない。

補論　**同前**

　上記の見解によって，判例の立場は整合的に説明することができると思われる。ただ，その判例の立場がどのような根拠によって正当化されるかは，必ずしも明らかではない。これは，次のように考えることもできるのではないかと思われる。

　時効が援用されると，従来の権利者が財産権を失うことになる。しかし，財産権の意に反する喪失は，容易に認められるべきでない。そのため，他人から財産権をその意に反して奪うことは，それを正当化する事情のあるときにのみ許される。この事情としては，他人の財産権を奪う以上，その財産権を奪わなければそれに匹敵する財産権を失うことが求められよう。したがって，時効の援用をすることができるのは，権利者が時効によって失う権利と同等の財産権を取得し，または維持することになる者に限られる。つまり，単に介入すれば利益を得られるとか，介入しなければ不利益を被る恐れがあるだけでは足らない。

　また，時効の援用によって，援用の相手方以外の者（たとえば，他の時効援用権者）の法律関係を変動させることも，原則としてあってはならない。それは，他人に利益を与える場合であっても同じである。私的自治の原則を承認するならば，利益の享受もまた，各人の意思に原則として委ねられるからである。ただし，他人の権利関係への介入を正当化する事情がある場合には，例外が認められてよい。この事情としては，他人の法的地位を動かす以上，それをしなければ自己の法的地位が保全されない（権利の維持が不可能になる，義務負担を生ずる，可能であるはずの義務免脱が不可能になる）ことが求められよう。ここでも，単に介入すれば利益を得られるとか，介入しなければ不利益を被る恐れがあるというだけでは足らない。

　債務者がその債務にかかる債権の消滅時効を援用することや，土地占有者が土地所有権の取得時効を援用することは，債務が保証されている場合や，土地が他人に賃借されている場合であっても，以上の二つの介入根拠を充たす。債務者は，時効の援用により債務を免れることになるが，その法的利益は，債権者の債権存続の法的利益と完全に等価の関係にある。また，債務の消滅によって，保証人は，保証債務の付従性によってその債務の消滅という法律関係の変動を受ける。しかしながら，債務者が主債務を消滅させて保証の実行を回避することは，保証契約上当然に予定されている事態であり（保証人の意思に当然に沿うものであり），私的自治への介入にあたらない。土地占有者は，時効の援用によって土地所有権を取得するが，その法的利益は，元の所有者の所有権維持の法的利益と完全に等価の関係にある。また，占有者の所有権取得によって，土地賃借人は，賃借権の喪失を免れ，土地明渡義務を免れるという潜在的な法律関係の変動を受ける。しかしながら，これも，土地賃貸借によって当然に予定されている事態であり（賃借人の意思に当然に沿うものであり），私的自治への介入にあたらない。

　保証人や抵当権設定者（物上保証人）も，上記の二つの介入根拠を充たす。主債務に

かかる債権または被担保債権の消滅時効を援用すれば，保証人は保証債務を，抵当権設定者は物的負担を免れる（反対にいえば，時効を援用しなければ，それらの実現を求められる）が，その法的利益は，債権者が失う保証債権や抵当権と完全に等価である。また，次の**3**で述べる援用の効果が及ぶ範囲から，保証債権や抵当権の消滅は，（主たる）債務者の法的地位に影響を及ぼさない。

　これに対して，一般債権者は上記の介入根拠を充たさない。他の債権者の債務者に対する債権について消滅時効を援用することができなくても，自己の債権を失うわけではないからである（ただし，債務者が無資力である場合には，時効を援用することができなければ，実質的に債権を失うのと同様になる。そのため，債務者の時効援用権の代位行使が認められる）。

　建物賃借人が賃貸人による建物の敷地の取得時効を援用することができるかについては，次のようにいえる。時効を援用することができなければ，建物賃借人は賃借権を実質的に失い，建物退去，土地明渡しの義務を負う。しかしながら，ここでは，時効援用によって保全される建物賃借権が敷地所有者の土地所有権と同等の財産権と評価されるかどうかが，問題になる。建物賃借権はそこまで価値のある権利と考えられないために，建物賃借人には時効援用権が認められていないと解することができる（ただし，建物賃借人は，賃借権保護のためなら賃貸人の私的自治を制約しうる立場にあるから，賃貸人の時効援用権を代位行使することができるかが問題になる。もっとも，建物賃借人の権利と敷地所有者の権利の軽重関係に変化が生ずるわけではないので，これを認めることは，建物賃借人の時効援用権の否定に矛盾することになる）。

　判例は，後順位抵当権者は，先順位抵当権者の被担保債権の消滅時効を援用することができないとしている（最判平成11・10・21民集53巻7号1190頁〔百選Ⅰ42〕）。これは，直接受益者基準は法律関係の「直接性」と「可分性」という二つの要素から判断されるという上記の見解によれば，現行法上は先順位抵当権の（時効を援用した後順位抵当権者との関係のみでの）相対的消滅という法律関係が想定されていないために，後順位抵当権者は他から別個独立の「直接の法律関係」を有しないことになる（「可分性」の要素が否定される），ということから説明されている。この場合については，次のように考えられる。後順位抵当権者は，先順位抵当権者の被担保債権が消滅しなくても，抵当権そのものを失うわけではない。したがって，後順位抵当権者には時効援用権が認められない。もっとも，抵当権の本質を優先弁済的効力に求めるならば，先順位抵当権が消滅しなければ，後順位抵当権は実質的に失われたも同然となることがありうる（債務者が無資力であるとき）。そして，この場合に時効の援用によって保全されるのは抵当権および金銭債権であり，時効の相手方が失うのも抵当権および金銭債権であるから，両者は等価と評価されうる。また，後順位抵当権が実質的に失われたも同然の状況においては，後順位抵当権者は，自己の権利を守るために必要な限度で，債務者の私的自治への介入を許される（債権者代位権が認められるのと，同じ理屈である）。さらに，被担保債権の消滅時効が問題となる先順位抵当権者以外に先順位抵当権者（たとえば，1番抵当権の被担保債権の消滅時効を3番抵当権者が援用しようとする場合の，2番抵当権者）が存在する場合，順位昇進の原則の結果として，他の先順位抵当権者が自己の意思によらない利益を受ける可能性がある。しかしながら，後順位抵当権者には，自己の債権と抵当権の保護という介入の根拠があるから，この利益の押しつけも許されてよい。そうすると，後順位抵当権者は，その抵当権が実質的に失われていると認められる状況においては，時効援用権を認められてもよさそうである。ただ，時効援用権を一定の実質的要件が充たされる場合（ここでは，債務者無資力の場合）に限って認めることは，ある事実状態の継

続のみによって権利変動を認めるという時効の制度趣旨に適合しない。そこで，上に述べた状況は，後順位抵当権者が債権者としての地位に基づいて債務者の時効援用権の代位行使を認められる状況であるため，その代位行使により優先弁済を受けさせることにすればよい（後順位抵当権者に固有の時効援用権は認められない。抵当物件が債務者以外の者の所有に属するときは，時効援用権の代位行使も認められないが，仕方がない）。

3 時効の援用の効果が及ぶ範囲

　援用権者が複数ある場合（たとえば，主債務者と保証人），その一人がした時効の援用は，その者が直接に利益を受ける限度で効果を生ずる（大判大正8・6・24民録25輯1095頁）。複数の当事者は，自己の財産権を保護するために各自が独立の時効援用権を有し，それを行使する。その効果は，その当事者の財産権を保護する限度で認められれば十分である。それを超えて効果を付与するならば，他人の法律関係への過剰な介入を認めることになる。そのため，ある者が時効援用権を行使しても，他の時効援用権者の援用権および法律関係に直接の影響を生じない。

　たとえば，保証人が主債務にかかる債権の消滅時効を援用しても，その債権は，債権者とその保証人の間でのみ（つまり，保証人が保証債務を免れる限度で）消滅する。債権者は，主債務者や他の保証人との関係でその債権を失うわけではない。

　それに対し，主債務者が消滅時効を援用すると，主債務はもちろん，保証債務も消滅する。もっとも，これは，保証債務の付従性の結果であり，時効援用の直接の効果ではない。

> *Case 92* ①については，本文で述べたとおりである。*Case 92* ②においても，同じ結果になる。Cが，被担保債権の消滅時効を援用した場合，Cの抵当権の負担の消滅に必要な限度で，被担保債権は消滅したものとされる。被担保債権が完全に消滅するわけではない。それに対し，Aが被担保債権の消滅時効を援用した場合には，Cが所有する甲土地上の抵当権も消滅する。抵当権も，保証債務と同様に債務の履行を確保するためにあるので，付従性が認められる。したがって，ここでの抵当権の消滅は，抵当権の付従性によるものであり，援用の直接の効果ではない。

2 時効利益の放棄

1 意　義

　時効の利益を受けるかどうかは，当事者の意思に委ねられている。したがって，

当事者は，完成した時効の利益を放棄することも可能である。

　時効利益の放棄は，放棄者の一方的な意思表示によっておこなわれる単独行為である（相手方の同意を要しない。大判大正 8・7・4 民録25輯1215頁）。

　時効利益を放棄した者は，すでに完成していた時効を援用することができなくなる。そのうえで，放棄の時から新たに時効の進行が開始する（最判昭和45・5・21民集24巻 5 号393頁）。

　時効援用権者が複数ある場合，各自が独立した援用権，放棄権を有するから，一人の放棄は，他の援用権者に直接の影響を及ぼさない（大判昭和 6・6・4 民集10巻401頁）。

 主張立証責任の所在
　　時効利益の放棄は，時効の効果の発生を妨げる事由であるから，時効の効果を争う者に主張・立証責任がある。

2　時効利益の事前放棄の禁止

　時効の利益を受けるかどうかは，当事者に委ねられる。ただし，当事者は，時効の利益を「あらかじめ放棄することができない」（146条）。ここにいう「あらかじめ」とは，時効完成前を意味する。

　時効の利益を受けるかどうかは，当事者の自由である。しかしながら，時効完成前の放棄も効果を認められるとすると，たとえば債権者が，有利な立場を利用して債務者に時効利益の放棄を強制する恐れがある。これを避けるため，時効利益の事前放棄は禁止されている。

 時効利益の事前放棄を一般的に禁ずることの合理性
　　本文に述べた趣旨からすれば，時効利益の事前放棄を一般的に禁ずる必要があるか，疑わしい。債権者が優越的地位を不当に行使して債務者に時効利益の事前放棄をさせたときや，時効にかからない権利を作り出すに等しいときは，その放棄を公序良俗違反により無効とすればよく，そのような事情がないときには，私的自治の原則から事前放棄を有効と認めてもよいと考えられるからである。債権の消滅時効は債務者の債務承認により更新されるが，この承認は，債権者の働きかけによってされる債務者の意思的行為である。時効利益の事前放棄はこの点で同様であることからしても，時効完成前の時効利益の放棄を一律に禁ずることは過剰な規制であるようにも思われる。もっとも，かりに当事者の合意による時効期間の延長が認められるならば（⇒p.417 発展学習 参照），これと債務承認による中断とで，許容されてよい時効利益の事前放棄と同様の結果が得られる。

3 時効完成後の自認行為

時効利益の放棄との関係で，次のような問題が生ずる。

> ### Case 94
>
> 　Aは，親Bの遺品の整理をした際，Cが7年前にBに差し入れた100万円の借用証書を発見した。そこでAがCに対してその支払を求めたところ，Cは，「利息を免除してくれるなら，近いうちに支払う」と約束し，Aもこれを了承した。ところが，その後に，Cが消滅時効を援用した。Cの時効援用は認められるか。
>
> 　Cは消滅時効の完成した債務について，いったんAに対して債務の存在を認め，返済を約束している。これがCによる時効利益の放棄なら，Cは，それにより時効の援用権を失ったので，再度時効が完成するまでの間は時効を援用することができない。しかし，Cは，その時点で時効の完成を知らなかったのかもしれない。その場合，放棄の対象となる時効利益があると知らずにCがした発言を，時効利益の放棄と考えてよいか。もし，そうは考えられないとすれば，Cは，あらためて時効を援用することができるか。これが，ここでの問題である。

1　かつての判例

　この問題について，判例はかつて，次のような立場をとっていた（最判昭和35・6・23民集14巻8号1498頁）。時効利益の放棄は，債務者が時効の完成を知ってすることが必要である。しかし，時効完成後に債務者が債務の存在を前提とする行為（**時効完成後の自認行為**という）をした場合には，それは，時効完成を知ってしたものと推定するべきである。

　これによると，債務者は，反対の証明をすることによって推定を覆すことができるはずである。ところが，この反証が認められることはまずなかった。現実には，時効完成後の自認行為は，時効完成を知ってされたものと擬制され，その結果，時効利益の放棄が擬制されているようなものだった。

　この判例に対しては，強い批判が加えられた。すなわち，時効完成後の自認行為者が時効の完成を知っていたものと推定することは，経験則に反する。実際はその逆で，時効の完成を知らないからこそ自認行為をするのであるから，自認行為を時効利益の放棄と推定することはできない，という批判である。

2　現在の判例

　現在の判例は，この批判を容れて，次のような法律構成をとっている。すなわ

ち，時効完成後の自認行為を，時効の完成を知ってされたものと推定することは
できない。したがって，これを時効利益の放棄と当然に考えることはできない。
しかしながら，時効完成後に自認行為をした者は，信義則上，もはやその時効を
援用することができない（最大判昭和41・4・20民集20巻4号702頁〔百選Ⅰ43〕）。

　時効完成後の自認行為者が援用権を喪失するとされる理由は，次の2点にある。
第一に，時効完成後に債務を承認した者がその後に時効による債務の消滅を主張
することは，自己の行為に矛盾する態度となること（矛盾的態度の禁止）。第二に，
自認行為があると，相手方も，債務者はもはや時効の援用をしないと考えるであ
ろうから，相手方のこの信頼を保護する必要があることである。

> これによると，(*Case 94*) は，次のようになる。Cが，時効の完成を知りながら
> 債務を承認していた場合には，時効利益の放棄となり，Cは，その完成した時効を
> 援用することができない。Cが時効の完成を知らなかったとしても，その承認によ
> って時効援用権を失うので，同じ結果になる。

補論　**意思表示の成立要件と時効利益の放棄，自認行為による時効援用権喪失の根拠**

　現在の判例法理は，学説においてもおおむね支持されている。しかしながら，結論は
ともかく，その理由づけには疑問がある。

　判例および学説は，一致して，債務者が時効完成を知らないでした行為は時効利益の
放棄ではありえないとしている。放棄する対象を知らないでした行為が放棄の意思表示
であるとはおよそ考えられないから，というのがその理由である。

　これは，時効利益を放棄するという内容の意思表示の成立を問題としている。そして，
この立場は，意思表示の成立について，次のように考えるものといえる。すなわち，自
己の行動が自己の権利関係に変動をもたらすことになるという認識が行為者に欠けてい
る以上，その行動を意思表示とみることはできない，という考え方である。

　ところで，意思表示の成立に関しては，行為者に表示意識がなくても，行為意識さえ
あれば意思表示は成立しうる，とするのが通説的理解である（⇒p.60の**3**）。たとえば，
単なる報告書と思って押印したところ，高価な物品の購入申込書だったという場合も，
契約申込みの意思表示になるとされるのである。これは，行為者が金銭の支払という不
利な法律効果の発生を認識せずにした行為も意思表示になる，ということである。では，
なぜ，権利の放棄について，放棄の対象を知らないでした行為は，放棄の意思表示では
ありえないのだろうか。上述のような利益状況に照らして，両者を別異に扱うことに合
理的な説明をつけることは，困難であると思われる。したがって，意思表示に関する通
説的理解による限り，債務者が時効完成を知らなくても，時効利益放棄の意思表示は成
り立ちうる，と考えられるはずである（⇒p.61の 補論 も参照）。

　もっとも，これは，時効完成後の債務の承認は当然に時効利益放棄の意思表示となる，
とまでいうものではない。債務の承認が時効利益放棄の意思表示となるためには，相手
方または社会一般からみて，その承認に，時効利益放棄の意思表示としての外形が認め
られることが必要である。ここで，人は一般に，時効完成を知っていたならば時効利益
を放棄することになる行為をするものではない，という経験則が意味をもつ。この経験

則からは，時効完成後に債務の承認がされても，一般に，そこから時効利益放棄の意思を読み取ることはできない，つまり，時効利益放棄の表示行為の外形がない，ということになる。そのため，特殊な事情がない限り，時効完成後の自認行為は，やはり，時効利益の放棄の意思表示にならない。

これは，判例および学説の一般的見解と，同じ結論である。しかしながら，結論に至る理由づけが異なるため，自認行為者の援用権喪失の根拠にも違いを生ずる。

判例および学説における一般的見解は，時効完成後に自認行為があると，債権者が，債務者は時効を援用しないと信頼する，その信頼を保護する必要がある，とする。しかしながら，時効の完成を知っていれば時効利益の放棄をしないのが普通であるとすれば，時効完成後に自認行為がされた場合，相手方の状況は，次のいずれかである。すなわち，①相手方も時効の完成を知らなかったので，債権の存在について確認がとれたと考えたか，②相手方は時効の完成を知っており，自認行為によって時効利益が放棄されたと信じたか，のいずれかである。

①の場合，相手方には，債務を履行してもらえるという信頼は生じている。しかしながら，時効利益は放棄された，したがって時効の援用がされることはない，という信頼は生じていない。相手方も時効の完成を知らなかったのであるから，時効利益の放棄に思いが至ることはありえないからである。

②の場合，相手方が時効利益の放棄を信頼したとしても，その信頼は正当なものとはいい難い。それは，次の理由による。時効の完成を知っていれば時効利益の放棄をしないのが通常であるならば，時効完成後に自認行為がされた場合，時効の完成を知っている相手方は，債務者が時効の完成を知らないのではないかと，当然に疑うべきである。そして，その疑いは，たとえば，債務者に時効完成の事実を告げて，それでも債務を履行するかと問うことによって，晴らすことができる。それをせずに，ただ漫然と自認行為を受け入れたのであれば，相手方の信頼は正当なものとはいえない。つまり，相手方のこの信頼は，必ずしも保護に値しない。

したがって，債務者に自認行為後の時効援用を禁ずるとしても，その理由として相手方の信頼保護の必要性をあげることは，適当ではない。債務者が自認行為後の時効の援用を禁じられるのは，むしろ，次の理由によるものと思われる。すなわち，第一に，自認行為は，債務者の債務履行の意思を示していること。第二に，自認行為により債務の存在が明らかになり，立証困難の問題が生じないこと。第三に，そのような状況下では，権利者の権利喪失を生じさせるべきではないと考えられることである。

 時効援用の信義則による制限の活用

時効の援用の信義則による制限は，立証困難という事情がなく，時効援用権者の利益保護の要請が希薄であり，かつ，第三者の法的利益を害する事情がない場合には，時効によって権利を失うことになる者の財産権保護の見地から，積極的に活用されてよいと思われる。たとえば，泥棒にも所有権の時効取得が認められると一般にされているが（ただし，強盗は平穏の要件を充たさないこと，窃盗は公然の要件を充たさない場合があることにつき，p. 402 の 3 参照），泥棒本人による時効の援用は，それを認めなければ第三者の法的利益を害するという事情がない限り，信義則上許されないと考えるべきである。

第6章

民法の基本原則

1 総　　論

　民法典は，人びとの自由の尊重を基本としている。そこで，契約の自由を広く
認め，また，所有権など私権の自由（私権に対する人為的拘束を排し，他者による侵
害から保護すること）を認めている。しかしながら，これらの自由も絶対ではなく，
社会的制約が内在している。そのことを１条が示している。

　１条は，公共福祉の原則，信義誠実の原則，権利の濫用の禁止という三つの原
則を宣言している。これらの原則は，いずれも，私権に対する社会的制約の内在
を示すものと理解されている。もっとも，これは，公益が私益に優先することま
で意味するわけではない。人びとが私権を自由に享受することを前提としながら，
その私権にも自ずと限界があることを示すものである。

2 公共福祉の原則

　１条１項は，「私権は，公共の福祉に適合しなければならない」と定めている。
これは，一般に，**公共福祉の原則**と呼ばれている。

　公共の福祉とは，社会共同生活の全体としての利益という意味である。そして，
私権はこれに適合しなければならないというのは，私権の内容や行使は，公共の
福祉と調和を保つべきであって，公共の福祉に反する場合には私権としての効力
を認められない，ということである。

　この原則は，私権を制約する法令を合憲であると判断する際に言及されること
があるものの（たとえば，最大判昭和37・6・6民集16巻7号1265頁），具体的問題が
この原則によって解決されることは，あまりない。

3 信義則（信義誠実の原則）

1 意　　義

　１条２項は，「権利の行使及び義務の履行は，信義に従い誠実に行わなければ
ならない」と定めている。これは，**信義誠実の原則**，あるいは単に**信義則**と呼ば
れている。

　この原則は，元来，契約関係において債務者がどのように行動するべきかとい

う問題に関するものとされていた。しかし，現在では，あらゆる法律関係についての人びとの行動準則とされている。そのため，信義則の適用は，非常に広範に説かれている。

2 信義則の適用による問題解決

1 適 用 例

本書においても，信義則を用いて具体的問題を解決しようとする見解が，[発展学習]や[補論]まで含めれば，いくつか出てきた。たとえば，①沈黙はどのような場合に詐欺になりうるかという問題を，信義則により判断する見解（⇒p.171の[発展学習]〔「沈黙による詐欺について」〕），②法律行為の無効の主張は，行為の時から長期が経過した場合には信義則により許されないことがあるとする見解（⇒p.109の[補論]），③無権代理人が本人を相続した場合に，無権代理人が本人の立場で追認拒絶をすることは，信義則に反して許されないとする見解（⇒p.303の*(1)*），④時効完成後の自認行為者は，信義則上，その後に時効を援用することができないとする見解（⇒p.440の**2**）などである。

2 信義則の機能

これらの場合，信義則を用いることの当否が問題になる。その際，信義則を用いる必要があるか否かは，当該の問題が既存の法理によって適切に解決されうるかどうかに，大きく影響される。すなわち，信義則の適用は，次のような場合に唱えられている。

第一に，ある問題についてそれを処理するための法理は存在するが，その法理の内容を具体化する必要がある場合に，その手がかりとして信義則が用いられる（信義則による規範の具体化。本書ではこれに該当する例は出てこなかったが，たとえば，最判昭和41・3・29判時446号43頁〔弁済提供金がわずかに不足するだけの場合に，「債務の本旨」（493条）に従った弁済の提供がないとして相手方がその受領を拒絶することを，信義則に照らして許されないとした〕）。

第二に，既存の法理による処理が妥当でない場合に，その法理を修正するために信義則が用いられる（信義則による規範の修正。たとえば，上記②）。

第三に，問題処理のための法理が存在しない場合に，信義則により解決が図られる（信義則による規範の補充。たとえば，上記①③④）。

❸　信義則を用いる場合の注意点

　このように，信義則の適用は非常に広範に唱えられている。しかしながら，その適用に際して，注意すべきことがある。

　第一に，既存の法理による処理が妥当でないとして信義則による解決が必要であるとする場合には，既存の法理による処理が本当に妥当でないかどうかの検証を，まずは慎重におこなう必要がある。

　第二に，解決法理の欠如を補う必要がある場合，一般条項がその有力な手段になることは，間違いない。しかしながら，この場合も，他の具体的準則の類推によることができないのかが問題になる。また，信義則を適用する場合も，単に信義則の適用というだけでは問題解決法理として説得力に欠けるうえ，他の事実への展開可能性も乏しくなる。そこで，その問題におけるどのような要素を捉えて（たとえば，上記①に関して p. 171 の 発展学習 〔「沈黙による詐欺について」〕，上記④に関して p. 440 の❷を参照），どのような意味で信義則を用いるのかを，できるだけ明確に示す必要がある（たとえば，上記③に関して p. 303 の(1)，p. 309 の 補論 を参照）。

4　権利の濫用の禁止

1　意　義

　1 条 3 項は，「権利の濫用は，これを許さない」と定めている。これは，**権利の濫用の禁止**と呼ばれている。

　権利の濫用とは，外見上は権利の行使にあたるが，権利の行使として社会的に許される限度を超えており，権利の行使と認めることができない場合をいう。

　「自己の権利を行使する者は，何人をも害しない」という法諺がある。これは，権利者に広範な自由が認められるとする点では今なお妥当する考え方である。ところが，その自由にも制約があることを，権利の濫用の禁止は示している。

　そうすると，問題は，元来は自由であるはずの権利者の行動がどのような場合に権利の濫用になるか，という点にある。

2　権利の濫用の判断基準

Case 95

　ある村に温泉街があり，村民の多くは温泉にかかわる仕事によって生計を立てていた。この温泉街は，遠方にある温泉源から A 鉄道会社が湯管を引いて開かれていた。

447

Aは湯管を引く際，わずか2坪ではあるが，Bの所有地上にBの許可なく湯管を通していた。この事情を知ったCは，Bからこの2坪の土地を譲り受けて，それに隣接する自己所有地とあわせて約3000坪の土地を2000万円で買い取るよう，Aに求めた。Aが買取りを拒んだので，Cは，土地所有権に基づく妨害排除請求として，Aを相手に湯管の除去と立入りの禁止を請求した。問題の土地は，非常に急な傾斜地にあって利用価値がほとんどなく，3000坪で時価3万円程度であった。また，湯管の除去は技術的には可能だが，その費用は1200万円程度かかり，温泉街は270日程度の休業を余儀なくされると予想された。

問題の所在 民法典制定当初は，ドイツ民法に倣って，他人を害する意図のみをもって権利を利用することは権利の濫用として許されないと考えられていた（主観的害意説）。しかし，これは，基準として適当とはいえない。そのことは，この例を考えれば明らかである。この例では，土地所有者としてのCの請求を権利の行使として認めてよいかが，問題になっている。これを主観的害意説で判断するとすれば，Cの請求は認められることになろう。なぜならば，Cの意図は，自己の利益を図ることにあるのであって，もっぱら他人を害することにあるとはいえないからである。しかしながら，Cの請求を認めることは，結論として妥当でない。

　権利の濫用であるかどうかは，客観的要因と主観的要因を総合して判断される（大判昭和10・10・5民集14巻1965頁〔百選Ｉ1〕）。

　客観的要因とは，権利者が権利を主張することによってどのような利益を得るか，その権利の主張によって他者はどのような不利益を被るか，ということである。そして，両者を比較考量して，前者の利益が小さく，後者の不利益が大きいほど，その主張は権利の濫用とされやすくなる。

　もっとも，このような客観的利益考量だけでは，ある者が権利者の権利を侵害して大規模な既成事実を作ってしまうと，権利者はそれを否定することができない（補償金の支払を求めることはできようが，権利の喪失は避けられない）ことになりかねない。そこで，権利の主張が権利の濫用にあたるか否かは，客観的利益考量のほかに当事者の主観的な状態も考慮して，総合的に判断するほかないことになる。

　総合判断による場合，主観的害意や客観的利益考量による判断と比べると，判断の明確さが相当失われることになる。しかしながら，それは一般条項の宿命であって，仕方がない。判断の明確さを追求するあまり不当な結論に至るのでは，一般条項を用いる意味がなくなる。

　最後に，三つの原則の相互関係に，簡単に触れておく。

　公共福祉の原則が問題解決のための法理として用いられることは，あまりない。そのため，公共福祉の原則と信義則，権利の濫用の禁止の関係は，あまり問題にならない。

　信義則と権利の濫用の禁止は，もともと，異なった適用場面が想定されていた。このことは，1条2項と1条3項を比べてみれば，明らかである。

　1条2項によると，信義則は「権利の行使及び義務の履行」を適用対象とする。これは，信義則が，権利義務の関係で結ばれている者どうし（たとえば，契約当事者，夫婦，親子といった関係にある者どうし）の間に妥当する原則と考えられていたことを示している。

　これに対し，1条3項は，何の限定もなく一般的に，権利の濫用は許されないとしている。これは，権利の濫用の禁止が，権利義務の関係で結ばれていない人びとの間にも妥当する基本原則と考えられていたためである。

　しかしながら，現在では，二つの原則が厳密に区別されずに用いられることもしばしばある。たとえば，「……は信義（誠実の原）則に反し，権利の濫用として許されない」などと表現されることも，珍しくない（最判昭和51・5・25民集30巻4号554頁，最判昭和53・11・30判時914号54頁，最判平成8・6・18家月48巻12号39頁ほか）。したがって，ある問題について，いずれの原則を適用すべきかにこだわる必要は，あまりない。むしろ，当該の問題について一般条項を用いなければならないのかどうか，その必要があるとしてそれはどのような要素を考慮してのことであるかに，注意を払うほうがよい。

事 項 索 引

454

判 例 索 引

大審院・最高裁判所

≪著者略歴≫

佐久間　毅（さくま　たけし）

1963年　大阪府に生まれる
1986年　京都大学法学部卒業
現　在　同志社大学大学院司法研究科教授

《主　著》
代理取引の保護法理（有斐閣，2001年）
民法の基礎2　物権〔第2版〕（有斐閣，2019年）

民法の基礎1　総則〔第5版〕
Elements of Civil Law I —— General Provisions, 5th. Ed.

2003年4月10日	初版第1刷発行
2005年4月10日	第2版第1刷発行
2008年3月18日	第3版第1刷発行
2018年4月20日	第4版第1刷発行
2020年4月10日	第5版第1刷発行
2024年7月20日	第5版第9刷発行

著　者　　佐久間　毅
発行者　　江　草　貞　治

発行所　株式会社　有斐閣

郵便番号　101-0051
東京都千代田区神田神保町2-17
https://www.yuhikaku.co.jp/

印刷・製本　共同印刷工業株式会社

© 2020, Takeshi Sakuma. Printed in Japan
落丁・乱丁本はお取替えいたします
★定価はカバーに表示してあります
ISBN 978-4-641-13832-2